HISTORIA ABREVIADA DEL
PENSAMIENTO CRISTIANO

HISTORIA ABREVIADA DEL
PENSAMIENTO CRISTIANO

JUSTO L. GONZÁLEZ

editorial clie

EDITORIAL CLIE
C/ Ferrocarril, 8
08232 VILADECAVALLS
(Barcelona) ESPAÑA
E-mail: clie@clie.es
http://www.clie.es

HISTORIA ABREVIADA DEL PENSAMIENTO CRISTIANO
ISBN: 978-84-944527-8-9
Depósito Legal: B-15109-2016
Teología cristiana
Historia
Referencia: 224956

Impreso en USA. / Printed in USA.

Contenido

Prefacio

$\bullet$————$\bullet$

Este libro es una versión abreviada de *Historia del pensamiento cristiano* publicada originalmente en tres tomos y, recientemente, por la Editorial CLIE en un solo grueso volumen. Al tiempo que me alegro de poder brindarle al público lector esta versión más concisa, al prepararla he comprobado una vez más lo que hace tiempo aprendí tanto en el púlpito eclesiástico como en el podio universitario: ¡es tan difícil ser breve! Pero también tengo que confesar que prefiero conferencias y sermones breves, y por tanto espero que esa versión algo más corta ponga la historia del pensamiento cristiano al alcance de un público más amplio sin sobrecargarle de información que, por muy interesante que sea, no es esencial para comprender el curso de la teología cristiana a través de los siglos.

¿En qué se diferencia esta versión de la más completa? En primer lugar, he eliminado las extensas notas bibliográficas de aquella otra edición. En segundo lugar, algunos personajes y debates secundarios han sido eliminados o al menos bastante abreviados, de modo que los personajes centrales y los grandes temas se destaquen más. Tercero, en algunos casos he juntado varios capítulos para mostrar más claramente la relación entre ellos.

Naturalmente, todo lo que ha sido eliminado en esta versión abreviada está todavía accesible en la versión más amplia, de modo que, si algún lector o lectora desea saber más acerca de uno de los temas o personajes que aparecen aquí, todo lo que tendrá que hacer es acudir al texto más amplio, donde encontrará información adicional.

En el proceso de abreviación, he contado con la valiosa ayuda de mi esposa Catherine, profesora emérita de Historia Eclesiástica en el Columbia Theological Seminary, quien ha blandido el lápiz rojo con la elegancia de una esgrimista avanzada, la sabiduría de una profesora experimentada y el amor de una compañera inseparable.

Introducción

Dada la naturaleza del tema, la historia del pensamiento cristiano es necesariamente una tarea teológica. La tarea del historiador o historiadora no puede ser mera repetición de lo que ha sucedido o de lo que alguien ha dicho o pensado. Al contrario, tiene que comenzar seleccionando el material que ha de tratar y de incluir, y tal selección tiene siempre una dimensión subjetiva. La *Patrología* de Migne, que no pasa del siglo XII ni incluye todas las fuentes disponibles, consta de 382 gruesos volúmenes. Al tiempo que la tradición historiográfica misma provee cierta guía en cuanto a qué es necesario incluir, y qué es de importancia secundaria, en última instancia la decisión depende de quien escribe la historia.

Luego, el lector o lectora tiene derecho a preguntarse: ¿con qué presuposiciones aborda el autor el tema con que ha de tratar? En respuesta a tal pregunta, debo decir ante todo que mi punto de partida es la encarnación de Dios en Jesucristo. Tal encarnación implica que la verdad no se pierde ni se tuerce cuando se presenta en términos concretos, limitados y hasta transitorios. Al contrario, la verdad —o al menos la verdad que nos es dado conocer— nos llega allí donde lo eterno se une con lo histórico, donde Dios se hace carne, donde un ser humano específico, en una situación específica, puede decir: «Yo soy la verdad».

Esto quiere decir que trato de no dejarme llevar por largas tradiciones filosóficas que dan a entender que la verdad se da solo en lo abstracto. Al contrario, en Jesucristo la Verdad se da en un hombre concreto, en una situación concreta. Pero, por otra parte, tampoco quiero dejarme llevar por otra corriente de pensamiento que pretende que todo es relativo, que la verdad no nos es dada a los humanos. Entre una y otra postura, la fe cristiana afirma que la verdad se nos da en un hombre particular, pero de tal modo que es pertinente para toda la humanidad.

Esto quiere decir que al evaluar las doctrinas y los sistemas teológicos jamás podremos decir: «He aquí la verdad eterna y absoluta, libre de todo contexto histórico y toda conjetura». Pero tampoco hemos de pensar que las doctrinas no importan, que todo es relativo. La teología y las doctrinas son palabras humanas, y por tanto falibles. Pero las doctrinas dan testimonio de la Palabra de Dios —de ese Verbo/Palabra de Dios que era desde el principio y que se encarnó en Jesucristo— y por tanto su valor depende de la medida en que ese testimonio sea cierto y certero.

En conclusión, al tiempo que como investigador sigo los diversos caminos que ha seguido la teología cristiana a través de los siglos, como creyente trato de juzgarlos todos a la luz de aquel que pudo decir «Yo soy la verdad».

De igual modo, te invito, apreciable lector o lectora, a que, al leer estas páginas, sin dejarte desanimar por los recovecos que la teología cristiana ha seguido, veas en ella el hilo conductor de los propósitos de Dios a través de la historia, y trates de descubrir lo que esto pueda significar para los propósitos de Dios hoy para el mundo, para la iglesia y para ti.

PRIMERA PARTE

Desde los inicios hasta el Concilio de Calcedonia

I
La cuna del cristianismo

El cristianismo nació en un pesebre que a veces gustamos de pintar en tonos de apacible quietud. Pero aquel pesebre era indicio no de tranquilidad y de separación de las vicisitudes del mundo, sino, por el contrario, de participación en ellas. Fueron órdenes llegadas desde muy lejos y condiciones económicas que posiblemente ellos mismos no alcanzaban a comprender las que, según el tercer Evangelio, llevaron a José y María a la ciudad de David cuando «salió edicto por parte de Augusto César de que toda la tierra fuese empadronada». Alrededor del pesebre no todo era paz y sosiego, sino que las gentes venidas de muchas partes comentaban, a menudo amargamente, acerca de las razones y las consecuencias que tendría aquel censo.

Es decir, que desde sus comienzos el cristianismo existió como el mensaje del Dios que «de tal manera amó al mundo» que vino a formar parte de él. El cristianismo no es una doctrina eterna y etérea acerca de la naturaleza de Dios, sino que es la presencia de Dios en el mundo en la persona de Jesucristo. El cristianismo es encarnación, y existe por tanto en lo concreto e histórico.

Sin el mundo, el cristianismo resulta inconcebible. Por tanto, en un estudio como este debemos comenzar describiendo, siquiera brevemente, el mundo en el que la fe cristiana nació y dio sus primeros pasos.

El mundo judío

Fue en Palestina, entre judíos, que el cristianismo nació. Entre judíos y como judío Jesús vivió y murió. Sus enseñanzas se relacionaban con la situación y el pensamiento judíos, y sus discípulos las recibieron como judíos. Más tarde, cuando Pablo andaba por el mundo predicando el evangelio a los gentiles, siempre comenzaba su tarea entre los judíos de la sinagoga. Por tanto, debemos comenzar nuestra historia del pensamiento cristiano con un esfuerzo por comprender la situación y el pensamiento de los judíos entre quienes nuestra fe nació.

La envidiable situación geográfica de Palestina fue causa de muchas desgracias para el pueblo que la tenía por Tierra Prometida. Palestina, por donde pasaban los caminos que llevaban de Egipto a Asiria y de Arabia a Asia Menor, fue siempre objeto de la codicia imperialista de los grandes estados que surgían en el Cercano Oriente. Durante siglos, Egipto y Asiria se disputaron aquella estrecha faja de terreno. Cuando Babilonia sucedió a Asiria, la sucedió también en su dominio sobre Palestina, que completó destruyendo a Jerusalén y llevando consigo al exilio a una buena parte del pueblo. Tras conquistar Babilonia, Ciro permitió el regreso de los exiliados e hizo de Palestina parte de su imperio. Al derrotar a los persas en Iso, Alejandro se hizo dueño de su imperio y con él de Palestina, que quedó bajo la dirección de gobernadores macedonios. En el año 323, Alejandro murió y comenzó un período de desórdenes que duró más de veinte años. Tras ese período, los sucesores de Alejandro habían consolidado su poder, aunque la lucha entre los Tolomeos y los Seleucos por el dominio de Palestina y las regiones circundantes se prolongó por más de cien años. Finalmente, los Seleucos lograron hacerse dueños de Palestina, pero poco después los judíos se rebelaron cuando Antíoco Epífanes trató de obligarlos a adorar otros dioses junto a Yahveh, y lograron conquistar la libertad religiosa y más tarde la independencia política. Sin embargo, tal independencia era posible solo por las divisiones internas de Siria, y desapareció tan pronto como entró en escena otro estado poderoso y pujante: Roma. En el año 63, Pompeyo tomó Jerusalén y profanó el templo, penetrando al lugar santísimo. Desde entonces, Palestina quedó supeditada al poder romano, y tal era su condición política cuando tuvo lugar en ella el advenimiento de nuestro Señor.

Bajo los romanos, los judíos cobraron fama de pueblo poco dócil y difícil de gobernar. Esto se debía al carácter exclusivista de su religión, que no admitía «dioses ajenos» ante el Señor de los ejércitos. Siguiendo su política de tener en cuenta las características nacionales de cada pueblo conquistado, Roma respetó la religión de los judíos. En contadas ocasiones los gobernantes romanos abandonaron esta práctica, pero el desorden y la violencia les obligaban a retornar a la antigua política. Ningún gobernante romano tuvo la fortuna de resultar popular entre los judíos.

Con el correr de los años y las luchas patrióticas, la ley se hizo sostén y símbolo de la nacionalidad judía, y —sobre todo con la decadencia del profetismo y, en el año 70 d. C., la destrucción del templo— llegó a ocupar el centro de la escena religiosa. El resultado de esto fue que la ley, que había sido confeccionada por los sacerdotes a fin de dirigir el culto del templo y la vida toda del pueblo, vino a contribuir ella misma al surgimiento de una nueva casta religiosa distinta de la sacerdotal, así como de una nueva religiosidad cuyo centro no era ya el templo, sino la ley. Los escribas se dedicaban tanto a la preservación como a la interpretación de la ley y, aunque les separaban diferencias de escuela y temperamento, produjeron todo un cuerpo de jurisprudencia acerca de cómo debía aplicarse la ley en diversas circunstancias. Esto se debía a que la religión hebrea iba tornándose cada vez más personal, al tiempo que apartaba su interés del ceremonial del templo. En su larga lucha, los fariseos comenzaban a triunfar sobre los saduceos; la religión de conducta personal sobre la religión del sacrificio y el ritual.

Es necesario que nos detengamos por unos instantes en hacer justicia a los fariseos, tan mal interpretados en siglos posteriores. Los fariseos, contrariamente a lo que a menudo se supone, subrayaban la necesidad de una religión personal. En una época en que el culto del templo tendía a perder su actualidad, los fariseos se esforzaban por interpretar la ley de tal modo que sirviese de guía diaria para la religión del pueblo. Naturalmente, esto les llevó al legalismo que les ha hecho objeto de tantas críticas, y fue motivo fundamental de su oposición a los saduceos.

Los saduceos eran los conservadores entre los judíos del siglo primero. Como autoridad religiosa, solo aceptaban la ley escrita, y no la ley oral que había resultado de la tradición judía. Por ello negaban la resurrección y la vida futura, la complicada angelología y demonología del judaísmo tardío, y la doctrina de la predestinación. En esto se oponían a los fariseos, que aceptaban todas estas cosas, y por ello el Talmud les llama, aunque con poca exactitud, «epicúreos». Su religión giraba alrededor del templo y de su culto más bien que de la sinagoga y sus enseñanzas, y no debe sorprendernos, por tanto, que desaparecieran pocos años después de la destrucción del templo, mientras que los fariseos fueron poco afectados por ese acontecimiento.

Saduceos y fariseos no constituían la totalidad del judaísmo del siglo primero, sino que había una multiplicidad de sectas y posiciones de las que poco o nada sabemos. Entre estas sectas, no podemos dejar de mencionar la de los esenios, a quienes la mayoría de los autores atribuyen los famosos «rollos del mar Muerto» y de quienes por tanto sabemos algo más que de los demás grupos.

Todo esto sirve para darnos una idea, siquiera somera, de la variedad de sectas y opiniones que existían en Palestina en tiempos de Jesús. Pero esta variedad no ha de ocultar la unidad esencial de la religión judía, que giraba alrededor del templo y de la ley. Si los fariseos diferían de los saduceos en cuanto al lugar del templo en la vida religiosa del pueblo, o en cuanto a la extensión de la ley, esto no ha de ocultarnos el hecho de que para la masa del pueblo judío tanto el templo como la ley eran aspectos fundamentales del judaísmo. No existía entre ambos contradicción directa alguna, aunque sí existía la importantísima diferencia práctica de que el culto del templo solo podía celebrarse en Jerusalén, mientras que la obediencia a la ley podía cumplirse en todo sitio. De aquí que este último aspecto de la religiosidad judía fuese suplantando paulatinamente al primero, hasta tal punto que la destrucción del templo en el año 70 d. C. no significó en modo alguno la destrucción de la religión judía.

La diversidad de sectas e interpretaciones se debe a la profunda vitalidad del judaísmo de la época. Además, todas estas sectas compartían los dos rasgos principales del judaísmo, es decir, su monoteísmo ético y su esperanza mesiánica y escatológica. Desde tiempos remotos el Dios de Israel había sido el Dios de justicia y misericordia, que exigía de sus hijos una conducta justa y limpia, no solo en el sentido ceremonial, sino también en lo que a las relaciones sociales se refería. Este monoteísmo ético continuaba siendo el centro de la religión judía, aun a pesar de la diversidad de sectas. Además, a través de los rudos golpes que la historia les había proporcionado, y confiando siempre en la misericordia y justicia divinas, los judíos habían llegado a una religión en la que la esperanza jugaba un papel central. De uno u otro modo, todos esperaban que Dios salvara a Israel de sus males políticos y morales. Esta esperanza de salvación tomaba diversos matices y giraba unas veces alrededor del Mesías y otras alrededor del Hijo del Hombre. La expectación mesiánica se unía por lo general a la esperanza de que el reino de David fuese restaurado dentro de este mundo, y la tarea del Mesías consistía precisamente en restaurar el trono de David y sentarse sobre él. Por otra parte, la figura del Hijo del Hombre aparecía más entre los círculos apocalípticos, era de carácter más universal que el Mesías, y vendría a establecer no un reino davídico sobre esta tierra, sino una nueva era, un cielo nuevo y una tierra nueva. A diferencia del Mesías, el Hijo del Hombre era un ser celestial, y sus funciones incluían la resurrección de los muertos y el juicio final. Estas dos tendencias fueron acercándose a través de los años, y en el siglo primero habían aparecido posiciones intermedias según las cuales el reino del Mesías sería la última etapa de la era presente, y luego le seguiría la nueva era que habría de establecer el Hijo del Hombre. En todo caso, el pueblo judío era aún el pueblo de la esperanza, y haríamos mal interpretando su religión en términos simplemente legalistas.

Otro aspecto de la religión judía que más tarde resultaría ser uno de los pilares de la doctrina trinitaria del cristianismo era su concepto de la sabiduría. Aunque no parece que el judaísmo rabínico haya llegado al punto de hacer de la sabiduría una realidad con su propia subsistencia, su especulación al respecto fue la base sobre la cual más tarde los cristianos pudieron decir que Cristo, —o si no, el Espíritu Santo— es llamado «Sabiduría» en el Antiguo Testamento.

Sin embargo, no todos los judíos vivían en Palestina, sino que eran muchos los que vivían en otras regiones del mundo antiguo. Estos judíos, junto con los prosélitos que habían logrado hacer de entre los gentiles, constituían la diáspora o dispersión, fenómeno de gran importancia para comprender el carácter del judaísmo del siglo I, así como la expansión del cristianismo en sus primeros años.

Los judíos de la diáspora no se disolvían en la población de su nueva patria, sino que formaban un grupo aparte que gozaba de cierta autonomía dentro del orden civil. Sobre todo en los grandes centros de la diáspora —como en Egipto— los judíos vivían en una zona determinada de la ciudad, no tanto porque se les obligase a ello como porque así lo deseaban. Allí elegían a sus propios gobernantes locales y establecían además una sinagoga donde dedicarse al estudio de la ley. El imperio les concedía cierto reconocimiento legal y proveía leyes que les hiciesen respetar, como la que prohibía obligar a un judío a trabajar en el día de reposo. De este modo la comunidad judía venía a ser como una ciudad dentro de la ciudad, con sus propias leyes y administración. Esto no ha de extrañarnos, pues era práctica corriente en el Imperio romano. Por otra parte, los judíos de la diáspora, esparcidos por todo el mundo, se sentían unidos por la ley y por el templo. Aunque muchos de ellos morían sin haber estado jamás en Palestina, todo judío mayor de veinte años enviaba una cantidad anual al templo. Además, al menos en teoría, los dirigentes de Palestina eran también dirigentes de todos los judíos de la diáspora.

Desde muy temprano comenzaron a existir diferencias entre el judaísmo de Palestina y el de la diáspora. La más importante de estas diferencias era la que se refería el lenguaje. Tanto en la diáspora como en Palestina comenzaba a perderse el uso del hebreo, y se hacía cada vez más difícil entender las Escrituras en su lengua original. Como era de esperarse, este proceso de pérdida del hebreo era mucho más rápido entre los judíos de la diáspora que entre los que aún vivían en Palestina. Si bien entre los judíos de Palestina pronto comenzó a traducirse el Antiguo Testamento al arameo, primero oralmente y luego por escrito, este proyecto de traducción fue mucho más rápido y completo en la diáspora, donde las sucesivas generaciones de judíos iban perdiendo el uso del hebreo y comenzaban a utilizar los idiomas locales, y sobre todo el griego, que era el lenguaje del estado y del comercio.

Fue en Alejandría que esta helenización lingüística del judaísmo alcanzó su máxima expresión. Además, Alejandría era un centro de cultura helenista y, como veremos más adelante, los judíos de aquella ciudad querían presentar su religión de tal modo que fuese accesible a las personas cultas de la región. De esta necesidad surgió la traducción griega del Antiguo Testamento que recibe el nombre de versión de los Setenta, Septuaginta o LXX.

La LXX jugó un papel de importancia en la formación del pensamiento judaico-helenista. Para traducir los antiguos conceptos hebreos era necesario utilizar términos griegos cargados de connotaciones totalmente ajenas al pensamiento bíblico. Por otra parte, los gentiles instruidos podían ahora leer el Antiguo Testamento y discutir con los judíos acerca de su validez y significado. Para no salir maltrechos en tales discusiones, los judíos se veían obligados a conocer mejor la literatura filosófica de la época y a interpretar la Biblia de tal modo que su superioridad quedase manifiesta. Así llegaron hasta a afirmar que los grandes filósofos griegos habían copiado de la Biblia lo mejor de su sabiduría.

En cuanto a la historia del cristianismo, la LXX jugó un papel de importancia incalculable. La LXX fue la Biblia de los primeros autores cristianos que conocemos, la Biblia que usaban casi todos los escritores del Nuevo y fue, por tanto, el molde en que se forjó el lenguaje del Nuevo Testamento y uno de los mejores instrumentos que poseemos para comprender ese lenguaje.

Por otra parte, la LXX era también síntoma del estado de ánimo de los judíos de la diáspora, y sobre todo de Alejandría. La tendencia helenizante les había alcanzado, y se sentían obligados a mostrar que el judaísmo no era tan bárbaro como podría pensarse, sino que guardaba relaciones estrechas con lo netamente griego.

La expresión máxima de este intento por parte de los judíos de armonizar su tradición con la cultura helenista se halla en Filón de Alejandría, contemporáneo de Jesús, quien se esforzó en interpretar las Escrituras judías de tal modo que resultasen compatibles con las doctrinas de la Academia. Mediante la interpretación alegórica de las Escrituras, Filón podía afirmar su carácter revelado e infalible y deshacerse al mismo tiempo de sus aspectos más difíciles de conciliar con el platonismo.

El Dios de Filón es una combinación de la idea de lo bello de Platón con el Dios de los patriarcas y profetas. Su trascendencia es absoluta, de tal modo que no existe relación directa alguna entre él y el mundo. Aún más, como Creador, Dios se halla allende las ideas del bien y de lo bello. Dios es el ser en sí, y no se halla en el tiempo y el espacio, sino que estos se hallan en él. Puesto que Dios es absolutamente trascendente y puesto que —en sus momentos más platónicos— Filón le concibe como un ser impasible, la relación entre Dios y el mundo requiere otros seres intermedios. El principal de estos seres es el logos o verbo, que fue creado por Dios antes de la creación del mundo. Este logos es la imagen de Dios y su instrumento en la creación.

En cuanto al fin de la criatura humana, Filón sostiene —en forma típicamente platónica— que es la visión de Dios. El humano no puede comprender a Dios, puesto que la comprensión implica cierto modo de posesión y el humano no puede poseer lo infinito. Pero el ser humano sí puede ver a Dios de manera directa e intuitiva. Esta visión es tal que el ser humano se trasciende a sí mismo, y se produce entonces el éxtasis. El éxtasis es la meta y culminación de todo un proceso ascendente a través del cual el alma se va purificando. En nosotros, el cuerpo sirve de lastre al alma y lo racional se opone a lo sensual. La purificación consiste entonces en librarse de las pasiones sensuales que hacen del alma esclava del cuerpo. Aquí introduce Filón toda la doctrina estoica, según la cual la apatía o falta de pasiones ha de ser el objeto de todo ser humano. Pero en Filón la apatía no es —como en los estoicos— el fin de la moral, sino el medio que lleva al éxtasis.

Por último, es necesario completar este cuadro del judaísmo del siglo primero con una palabra sobre las corrientes protognósticas que circulaban en medio de él. Tales tendencias probablemente evolucionaron del dualismo apocalíptico, cuyos seguidores encontraron refugio en un dualismo ultrahistórico cuando sus esperanzas apocalípticas no se cumplieron. Empero, es imposible seguir con exactitud el desarrollo de tales tendencias gnósticas dentro del judaísmo, o determinar hasta qué punto surgen del apocalipticismo —y, por tanto, en cierta medida, de influencias persas— o de otras fuentes, inclusive cristianas.

El mundo grecorromano

Si bien por razones didácticas hemos separado el mundo judío del resto del mundo en que se desarrolló la iglesia cristiana, lo cierto es que en el siglo primero de nuestra era la cuenca del Mediterráneo gozaba de una unidad política y cultural que nunca había tenido. Esta unidad se debía a la combinación del pensamiento griego con el impulso de Alejandro y la organización política de Roma.

Pero las conquistas de Alejandro no tuvieron lugar en un vacío cultural, sino que incluyeron a países de culturas antiquísimas, tales como Egipto, Siria, Persia y Mesopotamia. En cada uno de estos países la cultura local quedó eclipsada durante los primeros siglos de dominación helenista, para luego surgir transformada y pujante, de tal modo que se extendió más allá de sus antiguas fronteras.

Este resurgimiento de las antiguas culturas orientales tuvo lugar precisamente durante el siglo primero de nuestra era. Es por esto que, al estudiar el marco helenista en que el cristianismo dio sus primeros pasos, debemos tener en cuenta, además de la filosofía helenística que había heredado y desarrollado las antiguas tradiciones de la filosofía griega, las muchas religiones que de Oriente trataban de invadir el Occidente. Seguidamente, debemos añadir a estos factores culturales y religiosos el factor político y administrativo, que en este caso es el Imperio romano.

La filosofía griega había sufrido un gran cambio tras las conquistas de Alejandro. Aristóteles, que había sido maestro del propio Alejandro, pronto cayó en desuso. Por su parte, la Academia platónica siguió existiendo —hasta el año 529 d. C. en que Justiniano la clausuró— y a través de ella Platón ejerció una influencia notable en el período helenista. La influencia de Platón alcanzaba mucho más allá de los límites de la Academia, y es de notar que, aunque el Museo de Alejandría fue fundado sobre bases aristotélicas, pronto fue capturado por el espíritu platónico, y vino a ser uno de sus principales baluartes. Luego, si bien el helenismo no desconocerá la contribución de Aristóteles, será Platón —y a través de él, Sócrates— quien ejercerá mayor influencia en la formación de la filosofía de la época.

Sin embargo, había ciertos aspectos en que el platonismo no se conformaba más que el aristotelismo al espíritu de la época. De estos aspectos el más importante, aunque no el único, es el que se refiere al marco político. Tanto el pensamiento de Aristóteles como el de Platón fueron forjados dentro del marco de referencia de la antigua ciudad griega. Pero cuando, con Alejandro, surge la sociedad cosmopolita, el individuo se encuentra perdido en la inmensidad del mundo, los dioses entran en competencia con otros dioses, y las reglas de conducta con otras reglas. Se requiere entonces una filosofía que, al tiempo que se dirija al individuo, le dé pautas que seguir en la dirección de su vida. Se requiere una filosofía que no se ciña al marco estrecho de la antigua ciudad, ni tampoco al de la distinción entre griegos y bárbaros. Esta es la función del estoicismo y del epicureísmo dentro de la historia de la filosofía griega. Más tarde, al hacerse aguda la decadencia de los antiguos dioses, la filosofía tratará de ocupar su lugar, y surgirán entonces escuelas filosóficas de marcado carácter religioso, tales como el neoplatonismo.

Sin lugar a dudas, es Platón, de entre todos los filósofos de la antigüedad, quien más ha influido en el desarrollo del pensamiento cristiano. De entre sus doctrinas, las que más nos interesan aquí son la de los dos mundos, la de la inmortalidad y preexistencia del alma, la del conocimiento como reminiscencia y la que se refiere a la idea del bien.

La doctrina platónica de los dos mundos fue utilizada por algunos pensadores cristianos como medio para interpretar la doctrina cristiana del mundo, así como del cielo y la tierra. Mediante la doctrina platónica podía mostrarse cómo estas cosas materiales que tenemos a nuestro alrededor no son las realidades últimas, sino que hay otras realidades de un orden diverso y de mayor valor. Como se comprenderá fácilmente, en una iglesia perseguida como la de los primeros siglos esta doctrina tenía gran atractivo, aunque muy pronto llevó a algunos cristianos a posiciones con respecto al mundo material que constituían una negación implícita de la doctrina de la creación. Esta tendencia se hizo más aguda por cuanto el platonismo tendía a imprimir un sello ético en la distinción entre los dos mundos, haciendo del mundo presente la patria del mal, y del mundo de las ideas el objeto de la vida y la moral humanas.

La doctrina de la inmortalidad del alma atrajo desde muy temprano a los cristianos que buscaban en la filosofía griega un apoyo para la doctrina cristiana de la vida futura. La doctrina platónica hacía de la vida futura no un don de Dios, sino algo que correspondía naturalmente al ser humano por razón de lo divino que en él hay. La doctrina platónica afirmaba no solo la inmortalidad, sino también la preexistencia y la transmigración de las almas. Todo esto era muy distinto del cristianismo, pero no faltaron pensadores cristianos que, en su afán de interpretar su nueva fe a la luz de la filosofía platónica, llegaron a incluir todo esto en el cuerpo de la doctrina cristiana.

La doctrina platónica del conocimiento se basa en una desconfianza absoluta en los sentidos como medio para llegar a la verdadera ciencia. Por ello, Platón recurrirá a la anamnesis o reminiscencia, que a su vez requiere la doctrina de la preexistencia de las almas. Naturalmente, la corriente central del pensamiento cristiano, que nunca aceptó la doctrina de la preexistencia de las almas, tampoco podía aceptar la doctrina del conocimiento como reminiscencia. Pero la desconfianza hacia los sentidos sí encontró terreno fértil entre cristianos, y a través de la epistemología de San Agustín dominó el pensamiento cristiano durante siglos.

Por último, la doctrina platónica acerca de la idea del bien influyó grandemente en la formulación del pensamiento cristiano acerca de Dios.

De aquí surgió la costumbre, tan arraigada en ciertos círculos teológicos, de hablar acerca de Dios en los mismos términos en que Platón hablaba acerca de la idea del bien: Dios es impasible, infinito, incomprensible, indescriptible, etc.

Juntamente con el platonismo, fue el estoicismo la tendencia filosófica que más influyó en el desarrollo del pensamiento cristiano. Su doctrina del logos, su elevado espíritu moral y su doctrina de la ley natural, dejaron una huella profunda en el pensamiento cristiano.

Según la doctrina estoica, el universo está sujeto a una razón o logos universal. Este logos no es una simple fuerza externa, sino que es más bien la razón que se halla impresa en la estructura misma de las cosas. Este concepto del logos se unirá más tarde al pensamiento platónico para servir de contexto dentro del cual se forjará la doctrina cristiana del logos.

De la existencia de esta razón universal, que todo lo penetra, se sigue la existencia de un orden natural de las cosas, y sobre todo de un orden natural de la vida humana. Este orden es lo que los estoicos llaman «ley natural», y se halla impreso en el ser íntimo de todos los humanos. Con el correr del tiempo, los cristianos vieron en esta doctrina un aliado contra quienes se burlaban de la austeridad de sus costumbres.

Aparte del neoplatonismo —que no discutiremos todavía porque su origen no se remonta más allá del siglo segundo de nuestra era— las otras corrientes filosóficas del período helenista ejercieron poca influencia sobre el cristianismo.

En todo caso, es necesario tener en cuenta que los primeros siglos de nuestra era se caracterizan por un espíritu ecléctico que está dispuesto a aceptar la parte de la verdad que pueda encontrarse en cada una de las escuelas filosóficas. Por esta razón, unas escuelas influyen sobre otras de tal modo que es imposible distinguir claramente entre ellas. Aun en el caso de las dos tendencias filosóficas más claramente definidas, que son el platonismo y el estoicismo, es imposible encontrar en los primeros siglos de nuestra era un pensador perteneciente a una de ellas que no haya incluido en su pensamiento uno u otro elemento de la otra.

Ya hemos dicho que para comprender el marco dentro del que se desarrolló el cristianismo es necesario tener en cuenta no solo las doctrinas filosóficas del período helenista, sino también las religiones que en esa época se disputaban los corazones. Demasiado a menudo caemos en el error de suponer que la religión olímpica que encontramos en los poemas homéricos era la misma religión a que se tuvieron que enfrentar los primeros cristianos. Una religión nacional, que se distingue por su carácter colectivo y por la unión estrecha entre los dioses y la nación, no puede subsistir como tal cuando la nación pierde su existencia propia, o cuando, dentro de una sociedad cualquiera, el individuo logra cierto grado de autonomía frente a la colectividad. La antigua religión egipcia no podía subsistir incólume tras las conquistas de Alejandro, cuando Egipto perdió su carácter de nación independiente. De igual modo, tampoco la antigua religión griega podía continuar siendo la misma ante los avances del individualismo. De aquí el gran auge que tomaron durante el período helenista las religiones de misterio, que son muy distintas de las religiones nacionales.

Además de los aspectos mitológicos que constituyen el centro de los misterios, conviene señalar que todas estas religiones, en contraste con las religiones nacionales, eran individualistas. No se pertenecía a ellas por el mero nacimiento físico, sino que era necesario ser iniciado en los misterios. No sabemos exactamente en qué consistían estas iniciaciones, dado el carácter secreto de su culto. Pero sí sabemos que la iniciación era un rito mediante el cual el neófito quedaba unido al dios, y se hacía así partícipe de su fuerza e inmortalidad.

El hecho de que estos cultos, cuyas características íntimas y ritos secretos desconocemos, nos parezcan extraños e incomprensibles no ha de ocultarnos la gran atracción que ejercieron sobre los corazones del período helenístico. En una época individualista y cosmopolita, las gentes no podían satisfacerse con meras religiones colectivas y nacionales. Los misterios, que apelaban al individuo, y a individuos de todas las nacionalidades, respondían efectivamente al espíritu de la época, y de ahí su crecimiento inusitado.

Hay, sin embargo, otros dos aspectos de la religión del período helenista que nos interesan aquí: el culto al emperador y la tendencia sincretista de la época. El culto al emperador no era una fuerza vital en la vida religiosa del mundo grecorromano, y si fue uno de los principales puntos de conflicto entre el estado y el cristianismo naciente, esto se debió solo a que se le usaba como criterio de lealtad política.

Por otra parte, el período helenista se caracteriza por su sincretismo religioso. El establecimiento de relaciones culturales, mercantiles y políticas entre diversas regiones del mundo mediterráneo tenía que llevar inevitablemente al establecimiento de relaciones y ecuaciones entre las diversas divinidades regionales. Isis se identifica con Afrodita y Deméter, al tiempo que Zeus se confunde con Serapis. Debido al politeísmo que es parte de su estructura fundamental, cada religión de misterio se siente autorizada a aceptar y adaptar cuanto de valor pueda hallarse en otras religiones. Si hay una religión del período helenista, esta es el sincretismo.

Cada culto compite con los demás, no en ser más estricto, sino en ser más abarcador, en incluir más doctrinas diversas.

Por último, al tratar de la cuna del cristianismo no debemos olvidar un factor de tanta importancia como el Imperio romano. Con la unidad de su estructura y la facilidad de sus medios de comunicación, el Imperio romano, a la vez que persiguió al cristianismo, le proveyó los medios necesarios para su expansión. La sabia organización administrativa del imperio dejó su huella en la organización de la iglesia, y las leyes romanas fueron una de las principales canteras de donde se extrajo el vocabulario teológico latino.

De todo esto se sigue lo que ya hemos señalado más arriba, es decir, que el cristianismo no nace en el vacío, sino que —como encarnación que es— nace en medio de un mundo en el que ha de tomar cuerpo, y aparte del cual resulta imposible comprenderle, como resulta imposible comprender a Jesucristo aparte del cuerpo físico en que vivió.

II
Los padres apostólicos

L os primeros escritos cristianos que poseemos fuera de los que hoy forman el canon del Nuevo Testamento son los de los llamados «padres
apostólicos». Se llaman así porque en una época se supuso que habían
conocido a los apóstoles. En algunos casos, esta suposición puede no haber sido del todo desacertada. En otros casos era un simple producto de la
imaginación. El nombre de «padres apostólicos» surgió en el siglo XVII,
cuando se aplicaba a cinco obras o grupos de obras. Pero con el correr
de los años se han añadido otros tres miembros a este grupo, de modo
que hoy son ocho los escritos o grupos de escritos que se agrupan bajo el
título común de «padres apostólicos».

Con una sola excepción, todos estos escritos son obras dirigidas
a otros cristianos. Son obras de la iglesia en su intimidad. Por ello son
extremadamente útiles para darnos a conocer la vida y el sentir de la
iglesia en su juventud. A través de ellos podemos conocer algunos de los
problemas que afligían y preocupaban a los cristianos de los primeros
siglos. Las divisiones internas, las persecuciones externas, el conflicto con
el judaísmo de una parte y con el paganismo de otra, todo esto se pone de
manifiesto en las obras de los padres apostólicos.

El carácter de estas obras es muy variado. Hay entre ellas varias cartas, una especie de manual de disciplina, un tratado exegético-teológico,
una defensa del cristianismo y una colección de visiones y profecías. Esta
misma variedad de los padres apostólicos aumenta su valor, pues nos hace
ver toda una serie de aspectos diversos en la vida de la iglesia primitiva.

Clemente romano

La más antigua obra de este grupo que podemos fechar con cierto grado
de exactitud es la *Primera epístola a los corintios* de Clemente de Roma,
quien era obispo de Roma hacia fines del siglo primero. El motivo de
la carta se manifiesta desde las primeras líneas, y nos recuerda la iglesia

de Corinto que ya conocemos por las epístolas de Pablo. De nuevo la discordia ha surgido entre los cristianos de aquella ciudad. De aquí que el interés de esta epístola sea sobre todo práctico, y que al exponer su doctrina debamos comenzar por su enseñanza moral.

Clemente parece derivar sus argumentos de dos fuentes: el Antiguo Testamento y la doctrina estoica de la armonía en el universo. El modo en que emplea el Antiguo Testamento es bien sencillo: va refiriéndose por orden a los principales personajes del Antiguo Testamento y mostrando que fueron obedientes, hospitalarios y humildes. Como base adicional de su enseñanza moral, Clemente toma el tema estoico de la armonía o concordia. La consiguiente necesidad de la obediencia y los malos frutos de la envidia constituyen el centro de la epístola. La armonía se manifiesta en toda la creación y se deriva del carácter mismo de Dios que la ha establecido en todas las cosas.

En la cristología de Clemente no cabe duda alguna acerca de la preexistencia del Salvador. Jesús es descendiente de Jacob, pero solo según la carne. Además, es posible que cierto pasaje cuyo texto no es del todo seguro se refiera a los padecimientos de Cristo como «los sufrimientos de Dios».

En esta epístola de Clemente a los corintios aparece por primera vez la doctrina de la sucesión apostólica. Por inspiración del Señor Jesucristo, los apóstoles sabían que llegaría el día cuando habría necesidad de autoridad en la iglesia. Por ello, nombraron a ciertos santos varones para que les sucedieran, y estos a su vez han ido nombrando a sus sucesores según ha sido necesario. Estas personas no reciben su autoridad de la congregación, y por tanto no puede esta deponerlos de sus cargos. En cuanto a los títulos que llevan, Clemente habla de obispos y diáconos, aunque en otras ocasiones usa el término de «presbíteros» para referirse a los obispos. Por esta época todavía no había quedado fijada la distinción entre obispos y presbíteros.

La popularidad de Clemente de Roma hizo que desde muy temprano se le atribuyesen obras que no eran suyas con el propósito de hacerlas circular bajo el manto de su autoridad. De estas obras, la más antigua es la *Segunda carta de San Clemente a los corintios*. Esta obra es un sermón, posiblemente de mediados del siglo segundo, atribuido erróneamente a Clemente de Roma. Su propósito es exhortar a los creyentes a la penitencia. De hecho, aparece en él la doctrina de la «segunda penitencia» o segunda oportunidad de arrepentimiento, que encontraremos también, y por la misma época, en el *Pastor de Hermas*.

Aparte de la doctrina de la penitencia, cuya semejanza con Hermas es tal que no merece discusión aparte, es interesante esta homilía por su doctrina de la iglesia y por su escatología. Ambas las desarrolla el autor contra quienes pretenden que la carne nada tiene que ver con las cuestiones espirituales.

La *Didajé*

La *Didajé* o Doctrina de los Doce Apóstoles —el término griego *didajé* significa «doctrina»— constituye, sin lugar a dudas, uno de los descubrimientos literarios más importantes de los tiempos modernos. Olvidada durante siglos en antiguas bibliotecas, esta obra fue descubierta en Constantinopla en el año 1873. Parece haber sido escrita a fines del siglo primero o principios del segundo, aunque utilizando algunos materiales anteriores. Su lugar de composición sería entonces alguna pequeña comunidad de Siria o Palestina, apartada de las corrientes centrales del pensamiento cristiano. Así quedaría resuelta la más grande dificultad que hallan los eruditos al tratar de determinar el origen y la fecha de composición de esta obra, que radica precisamente en el contraste entre la proximidad de esta obra con los tiempos apostólicos en ciertos aspectos, y la distancia que en otros aspectos la separa de los apóstoles.

La *Didajé* consta de dieciséis capítulos, que podemos dividir según tres partes principales. La primera de estas partes (capítulos 1-6) es lo que generalmente se llama «el documento de los dos caminos». Como veremos más adelante, este documento se encuentra también en la llamada *Epístola de Bernabé*. Al parecer, este documento existía independientemente tanto de la *Didajé* como de la *Epístola de Bernabé*. Según él, hay dos caminos, uno de la vida y otro de la muerte. El camino de la vida es el que siguen quienes aman a Dios y a su prójimo, y además evitan el mal en todas sus formas y cumplen con sus deberes cristianos. El camino de la muerte está lleno de maldición, y es el que siguen aquellos que se entregan a la mentira, el vicio, la hipocresía y la avaricia.

La segunda parte (capítulos 7-10) contiene una serie de instrucciones litúrgicas. El capítulo siete trata del bautismo, que ha de ser en el nombre del Padre, del Hijo y del Espíritu Santo. Para este bautismo debe utilizarse agua viva —es decir, agua que corra— pero de no haber esta puede también usarse otra agua cualquiera, y en caso de extrema escasez de agua el bautismo puede ser administrado por infusión, derramando agua sobre la cabeza tres veces en el nombre del Padre, del Hijo y del Espíritu Santo. Este es el más antiguo de los textos en que se menciona el bautismo por infusión.

El capítulo ocho distingue a los cristianos de los hipócritas —es decir, los judíos— en dos cosas: en su modo de ayuno y en su oración. Los hipócritas ayunan el segundo y el quinto día de la semana, mientras que los cristianos deben ayunar en otras dos ocasiones. En cuanto a la oración, los cristianos se distinguen de los hipócritas orando tres veces al día la oración del Señor.

Los capítulos nueve y diez, junto al catorce, han sido objeto de amplias controversias, pues es difícil determinar si se refieren al ágape —especie de comida fraternal que celebraban los cristianos primitivos— o a la eucaristía. De hecho, este texto parece ser anterior a la distinción entre el ágape y la eucaristía, que todavía se hallan unidos en una sola celebración. Así, aunque en el texto se habla solo del vino y el pan, también se nos dice que los participantes han de saciarse. El capítulo catorce es de especial interés porque en él se habla de esta celebración como «sacrificio»; pero esto no parece referirse al sacrificio de Cristo, sino a la comunión como sacrificio que los cristianos presentan ante Dios.

La tercera parte de la *Didajé* (capítulos 11-15) es una especie de manual de disciplina. Los capítulos once a trece se ocupan del problema que crean los falsos profetas. ¿Cómo pueden distinguirse los falsos profetas de los verdaderos? A esto, la *Didajé* responde que al profeta se le conoce por su actuación. Si un profeta pide dinero, si manda que sea puesta una mesa para de ella comer, o si no practica lo que enseña, es un falso profeta y un «traficante de Cristo». Por otra parte, los profetas verdaderos son merecedores de su sustento, y la comunidad debe proveérselo. El capítulo quince habla de obispos y diáconos que han de ser elegidos por los cristianos, aunque no se explica la relación que estos guardan con los profetas. La conclusión (capítulo 16) trata del fin de los tiempos y de cómo es necesario estar apercibidos.

Desde el punto de vista de la historia del pensamiento cristiano, la *Didajé* es importante sobre todo como expresión del moralismo que muy temprano se posesionó de algunas corrientes teológicas. En ocasiones, este moralismo cae en el más agudo legalismo. Así, por ejemplo, la distinción entre los hipócritas y los cristianos se basa principalmente en que sus días de ayuno son distintos, o en que los cristianos repiten el Padrenuestro tres veces al día.

Pero la *Didajé* es también importante desde el punto de vista de la historia de la liturgia por sus instrucciones referentes al bautismo y a la eucaristía. En cuanto a la historia de la organización eclesiástica, la *Didajé* nos revela un período de transición entre el primitivo sistema de autoridad carismática y la organización jerárquica que poco a poco va apareciendo dentro de la iglesia. En la *Didajé* son todavía los profetas quienes gozan de más estima, pero ya se ha agravado el problema de la dificultad en reconocer la autenticidad de los dones carismáticos, y junto a los profetas aparecen los obispos y diáconos. Más tarde, los profetas terminarán por desaparecer, y será la jerarquía que aquí vemos apuntar la que regirá los destinos de la iglesia.

Ignacio de Antioquía

A través de las siete epístolas de Ignacio de Antioquía logramos un atisbo, siquiera momentáneo, de lo que era la situación de la iglesia a principios del siglo segundo. Corrían las primeras décadas del siglo segundo e Ignacio, obispo de Antioquía, había sido condenado a morir devorado por las fieras en la capital imperial. Hacia ella le llevaban los soldados de Roma cuando Ignacio escribió estas siete epístolas que han llegado hasta nosotros. Sobre su espíritu se cernían varias preocupaciones. En Antioquía quedaba la iglesia que él había dirigido por tantos años. Quedaba posiblemente acéfala, amenazada desde fuera por la persecución de la cual el mismo Ignacio era víctima, y desde dentro por falsos maestros que tergiversaban la verdad del cristianismo. Por delante estaba Roma, la ciudad de la prueba suprema, el lugar donde él había de ganar su galardón como mártir o de sucumbir ante la fatiga y el sufrimiento. Y allí, en aquella Asia Menor que Ignacio atravesaba, había también una iglesia que él debía confortar y aconsejar. Le preocupaba lo que pudiese suceder en la iglesia de Antioquía, de la que al principio no tenía noticias. Le preocupaba lo que pudiese suceder en Roma, donde era posible que sus hermanos en Cristo le arrebatasen de las garras del martirio que ya él sufría en su imaginación, o también que él mismo sucumbiese en el último instante. Y le preocupaba Asia Menor, donde ya veía apuntar los problemas que él tan bien había llegado a conocer en Antioquía. Todo esto se manifiesta en las siete cartas de Ignacio que han llegado hasta nosotros, cuatro escritas desde Esmirna y tres desde Troas.

No sería justo esperar que estas siete cartas, escritas dentro de un espacio de uno o dos meses y bajo enormes presiones, nos dieran una exposición sistemática del pensamiento de Ignacio. Al parecer, las falsas enseñanzas a que Ignacio se oponía eran de dos órdenes. En primer lugar, había quienes negaban la vida física de Jesucristo y se abstenían de participar en la comunión. Para estas personas, Jesús parece haber sido una especie de ser celestial, sin contacto real alguno con las situaciones concretas de la vida humana. Esta opinión, que ve en la realidad humana de Jesucristo una mera apariencia, recibe el nombre de «docetismo». En segundo lugar, había ciertas tendencias judaizantes que hacían de Jesucristo un simple maestro dentro del marco del judaísmo.

La cristología es el punto en el que Ignacio ve más amenazada la doctrina cristiana. A la doctrina de los docetas Ignacio se opone terminantemente. Jesucristo es verdaderamente del linaje de David; nació verdaderamente; verdaderamente comió y bebió; verdaderamente fue bautizado por Juan el Bautista; verdaderamente fue clavado en una cruz; y verdaderamente resucitó de entre los muertos. Aún después de su resurrección y ascensión Jesucristo sigue existiendo en carne, y sigue manifestándose aún más claramente que antes. Esta afirmación de la realidad de la humanidad de Cristo no hace que Ignacio afirme menos su divinidad. Al contrario, Ignacio afirma que Jesucristo es «nuestro Dios». Jesucristo es Dios hecho hombre. Cómo es posible esta unión de humanidad y divinidad en Jesucristo es un problema que Ignacio no se plantea.

En cuanto a su interpretación de la obra de Jesucristo, Ignacio se acerca más a Juan que a Pablo. Para él, el centro del cristianismo es la revelación. Jesucristo ha venido para darnos a conocer a Dios más que para salvarnos de las ataduras del pecado. Pero no debemos exagerar este contraste entre Ignacio y San Pablo. Después de todo, la revelación a que se refiere Ignacio no es simplemente un conocimiento intelectual de Dios, sino que consiste en una acción divina mediante la cual el humano se une a Dios y se libera así de sus grandes enemigos (que, según Ignacio, son la muerte y las divisiones). En Cristo y en su victoria sobre el Maligno, Dios nos ofrece la victoria sobre la muerte y las divisiones, que son los instrumentos del poderío del Diablo sobre los humanos. Es por eso que Ignacio da tanta importancia a la inmortalidad y la unión como resultado de la obra de Cristo. Esta obra de Cristo se llega a nosotros a través de la iglesia y los sacramentos.

Para Ignacio la iglesia es una, y es él quien primero emplea la frase «iglesia católica». Esta unidad de la iglesia se debe no a la armonía o al buen espíritu que los cristianos tienen entre sí, sino a la presencia en ella de Jesucristo mismo. Esto no quiere decir, sin embargo, que la unidad de la iglesia sea puramente espiritual. Al contrario, la unidad de la iglesia se basa en una jerarquía que representa a Dios el Padre, a Cristo y a los apóstoles. Sin embargo, Ignacio no pretende ocultar las flaquezas de los cristianos. Demasiado bien conoce él las divisiones y contiendas de que son capaces los creyentes. Lo que sucede es que es en la iglesia donde se da la presencia de Cristo, aun en medio de la miseria humana.

Ignacio no nos ofrece una exposición sistemática de los sacramentos, pero no cabe lugar a dudas de que para él la eucaristía es de extrema importancia. Para Ignacio, la eucaristía es «la carne de Jesucristo», y también «medicina de inmortalidad, antídoto contra la muerte y alimento para vivir por siempre en Jesucristo» y solo los herejes se apartan de ella.

En cuanto al bautismo, al repetir el cristiano el rito del cual Cristo participó, participa también del poder purificador de Cristo. Para esto es que Cristo fue bautizado, pues en su bautismo purificó las aguas con que nosotros somos purificados.

A manera de conclusión, podemos decir que Ignacio es un pensador de pocas inclinaciones sistemáticas o especulativas, pero con un sentido profundo de la importancia de algunas de las doctrinas fundamentales del cristianismo, así como una amplia visión de las consecuencias de esas doctrinas. Esto, unido a su interés eclesiástico y pastoral, y a su actitud de entrega total en el umbral del martirio, hace de sus epístolas uno de los más ricos tesoros que nos ha legado la antigüedad cristiana.

Policarpo de Esmirna

Existe también una *Epístola de San Policarpo a los filipenses*, escrita en conexión con el martirio de Ignacio. Según testimonios antiguos, Policarpo había sido discípulo de Juan en Éfeso. La teología que se encuentra en su carta muestra gran afinidad con la de Juan, Ignacio y otros autores de la misma región. En todo caso, la importancia de esta epístola de Policarpo está no tanto en su doctrina, que nada tiene de original o profunda, como en el ser ella testigo de la autenticidad de las epístolas de Ignacio.

El *Martirio de Policarpo* es la obra más antigua de su género que se conserva. Es una carta escrita por la iglesia de Esmirna a la iglesia de Filomelio y a toda la iglesia católica. Es interesante en primer lugar por lo dramático de su narración y por la sinceridad de su estilo. Además, en esta obra se halla la más antigua alusión a la costumbre de conservar las reliquias de los mártires. Y nos interesa sobre todo como testimonio del conflicto entre cristianos y paganos que trataremos en el próximo capítulo.

Papías de Hierápolis

Papías también fue discípulo de Juan, y más tarde llegó a ser obispo de Hierápolis. En aquella ciudad se dedicó a coleccionar cuanto dicho o enseñanza del Señor oía narrar a los que por allí pasaban. De este modo compiló y compuso su obra *Explicaciones de las sentencias del Señor*, en cinco libros, de la cual no se conservan más que algunos fragmentos, y estos de escasa importancia en cuanto a la historia del pensamiento cristiano se refiere.

En la antigüedad, Papías fue un escritor bastante discutido debido a su milenarismo. En épocas más recientes, Papías ha sido discutido por los eruditos debido a que ofrece importantes testimonios acerca de la paternidad de los dos primeros evangelios, así como de la existencia de dos Juanes, Juan el apóstol y Juan el anciano.

La *Epístola de Bernabé*

Bajo este título existe una obra que en la antigüedad algunos consideraron como parte del Nuevo Testamento, y que fue probablemente escrita en Alejandría alrededor del año 170. Aunque a él se la atribuyen algunos de los antiguos escritores cristianos, no fue Bernabé el compañero de Pablo quien escribió esta obra.

Esta llamada *Epístola de Bernabé* comprende dos partes claramente distinguibles. La primera parte (capítulos 1-17) es de carácter doctrinal, mientras que la segunda parte (capítulos 18-21) es de orden práctico.

La parte doctrinal se caracteriza por su interpretación alegórica del Antiguo Testamento. La interpretación que debía darse al Antiguo Testamento había sido ya un problema entre los judíos helenistas, y así el judío alejandrino Filón había ofrecido una interpretación alegórica del Antiguo Testamento que resultaba compatible con su propia doctrina platónica. De igual modo, los cristianos se enfrentaban ahora a la aparente incompatibilidad entre algunos de los preceptos del Antiguo Testamento y las enseñanzas del Nuevo. Además, el surgimiento de la iglesia cristiana había dado lugar a la controversia entre cristianos y judíos, y esta controversia giraba principalmente alrededor de quiénes interpretaban correctamente el Antiguo Testamento. Luego era necesario descubrir métodos de interpretación que aproximasen ambos testamentos. Uno de estos métodos era la alegoría, procedimiento mediante el cual se despojaba a los preceptos del Antiguo Testamento de ese carácter algo primitivo que chocaba a los cristianos.

Como ejemplo del alegorismo de la *Epístola de Bernabé* podemos ofrecer su interpretación de la prohibición de comer cerdo en el Antiguo Testamento. Según este autor, este mandamiento en realidad nos indica que no debemos juntarnos con quienes son como los cerdos, que unas veces se acuerdan de su señor y otras se olvidan, según su conveniencia. Sin embargo, esto no quiere decir que la llamada *Epístola de Bernabé* niegue el carácter histórico de todo el Antiguo Testamento. Al contrario, las narraciones del Antiguo Testamento son históricamente ciertas, y el Pseudo Bernabé normalmente no las pone en duda, aunque sí afirma que tales narraciones señalan a Jesucristo. Tal interpretación, que ve en los hechos figuras o «tipos» de Jesucristo, recibe el nombre de «tipología».

La segunda parte de la *Epístola de Bernabé* repite la enseñanza de los dos caminos que encontramos ya al principio de la Didajé.

Aunque el interés doctrinal del Pseudo Bernabé gira alrededor de la cuestión de la relación entre el Antiguo Testamento y el cristianismo, a través de su discusión de este tema puede descubrirse su modo de entender otras doctrinas fundamentales. En cuanto a la persona de Cristo, el Pseudo-Bernabé afirma su preexistencia y su participación en la creación. Jesucristo «vino en carne a fin de que llegara a su colmo la consumación de los pecados de quienes persiguieron de muerte a los profetas», y sufrió para «cumplir la promesa a los padres», para «destruir la muerte» y para «mostrar la resurrección», es decir, para mostrar que «después de hacer él mismo la resurrección, juzgará». Este juicio tendrá lugar próximamente, y nuestro autor afirma que el Señor consumará todas las cosas cuando el mundo cumpla seis mil años, pues Dios hizo el mundo en seis días, y mil años son como un día ante los ojos de Dios.

El *Pastor de Hermas*

Entre los padres apostólicos se incluye también una obra de carácter apocalíptico que se conoce como el *Pastor de Hermas*, y que es la más extensa de este cuerpo de literatura. Hermas vivió a fines del siglo I y durante la primera mitad del siglo II, y su obra consiste en una recopilación de materiales procedentes de distintos períodos en su labor como profeta o predicador de la iglesia romana. La principal preocupación de Hermas parece haber sido la falta de celo y dedicación de algunos hermanos, pero sobre todo el problema de los pecados postbautismales, es decir, de aquellos pecados cometidos después de la conversión y el bautismo. Eran muchos los que habían caído en apostasía a causa de las persecuciones y luego se habían arrepentido sinceramente de su flaqueza. ¿Qué esperanza quedaba entonces para tales personas? ¿Debían considerarse irremisiblemente perdidas? Si se les perdonaba, ¿qué garantía había de que no volverían a caer? El *Pastor de Hermas* se enfrenta a estas preguntas en cinco visiones, doce mandamientos y diez parábolas.

Las cinco visiones son una exhortación a la penitencia y a la firmeza ante las persecuciones. El centro de esta sección es la tercera visión, o «Visión de la torre». En esta tercera visión, la iglesia se presenta en forma de dama y le muestra a Hermas una gran torre que se está construyendo con las piedras que una multitud trae, unas del fondo del mar y otras esparcidas por la tierra. Las piedras que vienen del fondo del mar están ya listas para ser colocadas en la torre. Pero solo algunas de las piedras traídas de la tierra sirven para la construcción, mientras que otras son arrojadas a un lado. Entonces la dama explica a Hermas que la torre es ella misma, la iglesia, y que las piedras son las personas con las cuales la iglesia se construye. Las buenas piedras son aquellos que viven en santidad, y las piedras sacadas de lo hondo del mar son los mártires que sufrieron por el Señor. Las piedras rechazadas son los que han pecado pero quieren hacer penitencia, y por esto no se les echa demasiado lejos de la torre, puesto que más tarde serán útiles para la construcción. Pero hay otras piedras que al arrojarlas se hacen pedazos, y estos son los hipócritas, los que no se apartaron de la maldad, y que por tanto no tienen esperanza de salvación ni de pertenecer a la iglesia.

Los doce mandamientos son un resumen de las obligaciones del cristiano, y afirma Hermas que cumpliéndolos se alcanza la vida eterna. Es en el mandamiento cuarto que más claramente aparece la enseñanza de Hermas de que es posible una sola penitencia después del bautismo, pero que el que pecare después de esta segunda penitencia difícilmente logrará el perdón.

Las diez parábolas unen las enseñanzas de las visiones con las de los mandamientos, y tratan sobre todo de asuntos prácticos y morales. En la novena parábola se encuentra de nuevo la visión de la torre, aunque se afirma aquí que la construcción ha sido detenida por algún tiempo para dar lugar al arrepentimiento.

Para Hermas, el cristianismo parece ser antes que nada una serie de preceptos que debemos seguir. Así toda su obra, inclusive sus visiones y sus parábolas, tiene el carácter de mandamiento práctico. Nada hay aquí del sentido místico de Ignacio ni tampoco de la investigación teológica que encontramos en la llamada *Epístola de Bernabé*. Aún más, aparece en Hermas por primera vez la doctrina de que es posible hacer más de lo que requiere el mandamiento de Dios, y así lograr una mayor gloria. Aunque nada se dice aquí de la doctrina del tesoro de los méritos o de su transferencia, ya vemos apuntar en esta obra las bases de lo que será más tarde el sistema penitencial de la iglesia occidental.

Hermas se refiere al Salvador como «Hijo de Dios» y lo identifica con el Espíritu Santo. El Espíritu Santo preexistente habitó en el Salvador, y este obedeció de tal modo la voluntad divina que fue hecho partícipe de la divinidad.

Es difícil coordinar en un todo sistemático la doctrina de la iglesia que se encuentra en el *Pastor*. No cabe duda de que para Hermas la iglesia es de gran importancia, ya que es ella la que le dirige e interpreta sus visiones. La iglesia es preexistente, y el mundo fue creado para ella. Pero Hermas no intenta aclarar qué relaciones hay entre la iglesia preexistente y esta iglesia local de Roma, llena de dificultades, a la que él se dirige. En cuanto al gobierno de la iglesia, Hermas se refiere a «apóstoles, obispos y diáconos», aunque en otro pasaje habla de «los presbíteros que presiden la iglesia». Al parecer, todavía no se había fijado en Roma la jerarquía tripartita. Además, es interesante notar que Hermas no dice una palabra acerca del episcopado monárquico.

Otra literatura cristiana del mismo período

Además de las obras que se cuentan entre los padres apostólicos, hay otros escritos cristianos de la misma época que conviene mencionar. Algunos de estos escritos pretenden ser antiguas obras judías en las que se preveía la obra de Cristo, y por ello se les incluye en la literatura seudoepigráfica del Antiguo Testamento. Otros son el resultado de interpolaciones cristianas dentro de antiguos escritos judíos.

A esto hay que añadir la literatura apócrifa del Nuevo Testamento, que se fue haciendo extremadamente abundante con el correr de los siglos. Entre los más antiguos de tales materiales se cuentan el *Evangelio de Pedro*, el *Apocalipsis de Pedro*, el *Evangelio según los hebreos* y la *Epístola de los doce apóstoles*. Los dos primeros proceden de Siria, hacia fines del siglo primero o principios del segundo. El *Evangelio según los hebreos* probablemente fue escrito en el siglo segundo, aunque no se sabe dónde. Y la *Epístola de los doce apóstoles* también procede de la misma época, y probablemente de Asia Menor.

Consideraciones generales

Al estudiar los padres apostólicos descubrimos los comienzos de ciertas escuelas o tendencias teológicas cuyo desarrollo posterior tendremos ocasión de considerar más adelante. Pero también encontramos, tras esta diversidad de escuelas, ciertos puntos de contacto.

Entre las escuelas, encontramos en primer lugar la que abarca Asia Menor y Siria. Más adelante se desarrollará también una distinción entre el pensamiento de Asia Menor y el de Siria. Por ahora estas dos regiones se unen en contraste con Roma de una parte y Alejandría de la otra. Este cristianismo de Asia Menor y de Siria se nos da a conocer, además de en la literatura joanina, en las obras de Ignacio, Policarpo y Papías, así como en buena parte de las obras seudoepigráficas que acabamos de mencionar.

En estos escritos el cristianismo no es ante todo una enseñanza moral, sino la unión con el Salvador, mediante la cual se alcanza la inmortalidad. Lo fundamental no es entonces seguir cierto código de ética, sino unirse estrechamente con el Señor Jesucristo. De aquí el profundísimo interés de Ignacio por la eucaristía. Y de aquí también su clamor por la unidad de la iglesia, ya que es en la unión de los cristianos entre sí que se da la unión con Cristo. Por otra parte, la realidad histórica de este Cristo es para los cristianos de esta escuela fundamento imprescindible de su fe.

En Roma vemos desarrollarse lentamente otro tipo de cristianismo muy distinto. Allí, según se ve claramente en la *Primera epístola a los corintios* de Clemente Romano y en el *Pastor de Hermas*, el cristianismo toma un giro práctico y ético que puede llevar al moralismo y al legalismo. El interés de Clemente y Hermas no es especulativo ni místico, sino práctico. Hermas, por su parte, comienza el proceso de sistematización del orden penitencial que más tarde caracterizará a la iglesia romana, y es también él quien primero nos habla de obras de supererogación. La salvación entonces no resulta ser tanto un don de Dios a través de la unión con Jesucristo, sino una recompensa que Dios otorga a quienes cumplen sus mandamientos. Y Jesucristo, más que el iniciador de una nueva era, es el maestro de una nueva ley.

En la llamada *Epístola de Bernabé* tenemos el primer escrito de la naciente escuela teológica alejandrina. Esta escuela, que se caracteriza por la influencia platónica y por su interpretación alegórica del Antiguo Testamento, tiene sus antecedentes en el filósofo judío y alejandrino Filón. Esta tendencia combina el interés ético que hemos encontrado ya en Roma con un interés especulativo y con una carencia de sentido histórico.

Pero esta diversidad de escuelas no ha de hacernos pensar que no había en la iglesia de esta época cierta unidad de enseñanzas y de pensamiento. Al contrario, encontramos en muchos aspectos una uniformidad sorprendente.

Así, con respecto a la persona de Cristo, los padres apostólicos concuerdan en afirmar su preexistencia, así como su divinidad y su humanidad. Y en lo que a las relaciones entre Cristo y el Padre se refiere, aparte de la falta de claridad que hemos encontrado en Hermas, todos los padres apostólicos concuerdan en hacer uso de diversas fórmulas trinitarias, siquiera primitivas. Para todos los padres apostólicos el bautismo ejerce un verdadero poder de purificación. En cuanto a la eucaristía, es el centro de la adoración cristiana, aunque todavía no encontramos discusiones sistemáticas de la presencia de Cristo en ella, ni tampoco se concede virtud alguna a las palabras de la institución en sí.

El impacto de los padres apostólicos sobre el desarrollo posterior del pensamiento cristiano no fue uniforme. Algunos quedaron prácticamente olvidados hasta fechas relativamente recientes. Otros, como el *Pastor de Hermas* y la *Epístola de Bernabé*, gozaron de tal prestigio que hubo quien los incluyó en el canon del Nuevo Testamento.

III
Los apologistas griegos

Junto a los últimos padres apostólicos aparecen en la historia de la literatura cristiana los llamados «apologistas griegos». Estos son escritores cuyo propósito es defender la fe cristiana ante las falsas acusaciones que constituyen el fundamento de las persecuciones. Aunque casi todas estas obras van dirigidas a los emperadores, en realidad los autores esperaban que fuesen leídas por un amplio círculo de personas cultas. Esto era en extremo importante, ya que la suerte de las comunidades cristianas en las diversas localidades dependía de la opinión pública local. Durante todo el siglo segundo el imperio siguió frente al cristianismo la política que Trajano había señalado en su carta a Plinio el Joven, según la cual los cristianos no debían ser buscados por las autoridades, pero sí era necesario castigarles si alguien les delataba.

En su defensa del cristianismo, los apologistas se veían en la necesidad de atacar al paganismo por una parte y de refutar las acusaciones que se hacían contra los cristianos por otra. Aunque los apologistas no hacían tal distinción, podemos decir que estas acusaciones eran de dos órdenes: populares y cultas.

Las acusaciones populares se basaban en los rumores que corrían de boca en boca acerca de las costumbres y creencias de los cristianos. Así, algunos pretendían que los cristianos llevaban a cabo relaciones incestuosas, que comían niños, que adoraban los órganos sexuales de sus sacerdotes, que su dios era un asno crucificado, y un sinnúmero de cosas semejantes.

Las acusaciones cultas —que conocemos sobre todo por el *Octavio* de Minucio Félix y el *Contra Celso* de Orígenes— consistían principalmente en hacer ver la ignorancia y la incapacidad de los maestros cristianos. Estos cristianos, si no son ateos, por lo menos adoran a un dios indigno de serlo, ya que está constantemente inmiscuyéndose en los asuntos humanos. Sus mismos evangelios están llenos de contradicciones, y lo poco que hay de bueno en sus doctrinas lo han tomado de Platón y los filósofos griegos, aunque esto también lo han corrompido. Tal es el caso de la absurda doctrina de la resurrección, que no es más que una tergiversación burda de la doctrina platónica de la inmortalidad y la trasmigración de las almas. Además, los cristianos son en realidad gentes subversivas, opuestas al estado, ya que no aceptan la divinidad del César ni responden tampoco a sus responsabilidades civiles y militares.

A todas estas acusaciones tienen que enfrentarse los apologistas griegos del siglo II. A las acusaciones populares, completamente carentes de fundamento, los apologistas responden con una negación rotunda. Pero los ataques cultos no pueden ser echados a un lado con tanta facilidad, sino que es necesario responder a ellos. Fue la necesidad de responder a tales acusaciones lo que movió a los apologistas a escribir las obras que ahora estudiamos.

Arístides

La más antigua que poseemos es la de Arístides, quien dirigió su apología al emperador Adriano, y por tanto debe haberla escrito antes del año 138.

Esta *Apología* de Arístides comienza con un breve discurso acerca de la naturaleza de Dios y del mundo. Dios es el primer motor del mundo, e hizo todas las cosas por razón del ser humano. Luego, quien tema a Dios debe también respetar a los demás. Dios no tiene nombre, y Arístides le define en términos negativos: sin principio, sin fin, sin orden, sin composición, sin género, etc.

Después de esta breve introducción, Arístides procede a dividir la humanidad en cuatro grupos: los bárbaros, los griegos, los judíos y los cristianos. Cada uno a su turno, va mostrando el apologista cómo tanto los bárbaros como los griegos y los judíos se han apartado en su religión de la recta razón. Los bárbaros han hecho dioses que necesitan ser guardados para que no los roben, y siendo esto así, ¿cómo esperan que estos dioses les guarden a ellos? Los griegos se hicieron dioses semejantes a los humanos, y aun peores, que cometen adulterio y toda otra clase de iniquidad. Finalmente, los judíos, aunque aventajan tanto a griegos como bárbaros al afirmar que Dios es solo uno, han caído también en la idolatría, puesto que de hecho adoran a los ángeles y a sus leyes y no a Dios. Frente a estos pueblos, Arístides coloca a los cristianos, que son los únicos que han hallado la verdad. Los cristianos son un pueblo nuevo en el cual hay una mezcla divina, y este nuevo pueblo se distingue por sus prácticas superiores y por el amor que une a sus miembros.

Justino Mártir

El más importante de los apologistas griegos del siglo II es sin duda Justino Mártir, no solo por la extensión de sus obras, sino también y sobre todo por la profundidad y originalidad de su pensamiento. Filósofo por vocación, llegó al cristianismo tras una peregrinación intelectual que él mismo narra en su *Diálogo con Trifón*. No por esto dejó el manto de filósofo, sino que consideró que en el cristianismo había encontrado la verdadera filosofía. Esta es la tesis de sus dos *Apologías,* que más bien parecen ser dos partes de una sola.

En su tarea de defender el cristianismo, Justino se enfrenta a dos problemas básicos: por una parte, el de la relación entre la fe cristiana y la cultura clásica, y por otra, el de la relación entre el Antiguo Testamento y esa fe. Justino basa su respuesta a la primera de estas cuestiones en su doctrina del logos o Verbo. Aunque la doctrina del logos tiene sus orígenes en la filosofía griega, Justino no es el primero en unirla a la tradición judaico-cristiana, pues Filón de Alejandría y el cuarto Evangelio le sirven de precedentes. De hecho, la doctrina de Justino acerca del logos se relaciona estrechamente con la de Filón, de la que se deriva.

Siguiendo un pensamiento harto difundido entre los filósofos griegos, Justino afirma que todo conocimiento es producto del logos. Pero este logos, al tiempo que es el principio racional del universo, es también el Cristo preexistente del prólogo del cuarto Evangelio. Luego, combinando estas dos tradiciones con respecto al logos, Justino llega a la conclusión de que todo conocimiento es don de Cristo, y que por tanto quienes en la antigüedad vivieron conforme al Verbo, en cierto modo eran «cristianos», aunque no conocían al Verbo sino «en parte». Este Verbo, sin embargo, se ha hecho carne, y es así que los cristianos le conocen.

Justino discute el problema de las relaciones entre el Antiguo Testamento y la fe cristiana en su *Diálogo con Trifón*. Para él, el Antiguo Testamento se refiere al Nuevo en dos maneras: mediante acontecimientos que señalan a otros acontecimientos del Nuevo Testamento, y mediante profecías que hablan de lo que en el Nuevo Testamento es una realidad. Los primeros son «tipos» o «figuras», y los segundos son «dichos». Los «dichos» en que Justino encuentra un testimonio del mensaje cristiano no merecen detener nuestra atención, ya que, salvo algunas excepciones, son los textos proféticos que han llegado a ser tan conocidos.

Los «tipos» son de más interés, puesto que aquí vemos desarrollarse la hermenéutica tipológica que será característica de ciertas escuelas cristianas. Según esta interpretación tipológica, hay en el Antiguo Testamento hechos que son figuras de las cosas por venir. Así, afirma Justino que el cordero pascual con cuya sangre fueron untadas las casas de los israelitas era un «tipo» de Cristo, puesto que por la sangre del Salvador se libran los que creen en él. De igual modo, el cordero que debía ser sacrificado y asado señalaba a la pasión de Cristo, puesto que el cordero se asa en forma de cruz.

Esta interpretación tipológica no debe confundirse con el alegorismo alejandrino. En este último, la importancia de la realidad histórica de los hechos del Antiguo Testamento desaparece tras su nuevo significado místico, mientras que en la tipología de Justino el significado está en el hecho histórico mismo, aunque lo trasciende.

Por lo demás, Justino concibe a la manera neoplatónica este logos que habló en los filósofos y los profetas. Según él, Dios es del todo trascendente, sin nombre alguno excepto el de Padre. Para comunicarse con este mundo Dios ha engendrado el logos, que ejerce la función de mediador entre el Padre y su creación. Las múltiples manifestaciones de Dios en el Antiguo Testamento no son apariciones del Padre, sino del logos que le sirve de mediador y revelador. De aquí surge cierta tendencia a establecer la distinción entre el Padre y el Verbo en términos de la trascendencia e inmutabilidad del uno y la inmanencia y mutabilidad del otro, y también la tendencia a hablar del Padre y el Verbo como si se tratase de dos dioses, el uno absoluto y el otro secundario o subordinado a aquel. De hecho, Justino llega a llamar al Verbo «otro dios».

Por otra parte, la importancia de Justino para el historiador no se limita a lo que propone sobre la relación entre la fe cristiana y la filosofía pagana, o entre los dos testamentos, sino que se extiende a lo que nos dice acerca del culto cristiano, y sobre todo del bautismo y la comunión. Respecto a esta última, Justino afirma que el creyente recibe el cuerpo y la sangre de Jesucristo, pero al mismo tiempo afirma que el pan sigue siendo pan físico que alimenta el cuerpo.

En resumen, podemos decir que el pensamiento de Justino, tal como lo conocemos por las obras que han llegado hasta nosotros, constituye un intento de lograr una interpretación cristiana del helenismo y del judaísmo. Ambos tienen un sitio dentro del plan de Dios. Pero esto no lleva a Justino a abandonar el carácter único del cristianismo en pos de una equiparación de todas las doctrinas. Al contrario, el cristianismo es el único punto de vista desde el que pueden juzgarse correctamente tanto el judaísmo como el helenismo. Esto implica toda una doctrina de la historia de la que logramos atisbos en las obras de Justino, pero que veremos desarrollarse más adelante en otros pensadores que construyen sobre sus fundamentos, y especialmente en Ireneo.

Taciano

Taciano es uno de esos personajes de la antigüedad cristiana que se hallan rodeados de una muralla de oscuridad contra la que se estrellan los más decididos esfuerzos de los historiadores. Nacido en Oriente —si no en Asiria al menos en Siria—, Taciano parece haberse convertido al cristianismo en Roma y mediante los esfuerzos de Justino, quien por aquella época enseñaba en la ciudad imperial. Tras el martirio de Justino, Taciano fundó su propio centro de enseñanza. Algunos años después marchó a Siria, donde se dice que fundó una escuela herética. Los antiguos concuerdan en hacerle fundador de la secta de los encratitas, pero bien poco sabemos acerca de esta herejía. Después de esto, posiblemente por el año 180, Taciano desaparece definitivamente de la historia.

Además de su *Discurso a los griegos*, Taciano compuso el *Diatessaron*, que es el primer intento de armonizar los cuatro evangelios, y que desafortunadamente se ha perdido en su casi totalidad.

En el *Discurso a los griegos*, Taciano se esfuerza en demostrar la superioridad de la que él llama «religión bárbara» sobre la cultura y religión helénicas. La religión griega no tiene derecho alguno a considerarse superior a la bárbara, ya que los griegos adoran en sus diosas a las mujerzuelas que sirvieron de modelo a los escultores, además de que las historias que se cuentan de los dioses mismos no son muy dignas de encomio. Y, si todo esto resulta poco, recuerden los griegos que Moisés fue anterior a Homero, y que cualquier cosa buena que se encuentre en la religión helénica ha sido simplemente copiada del Antiguo Testamento.

En medio de esta serie de ataques a la civilización griega, Taciano expone la doctrina cristiana. Naturalmente, no debemos esperar aquí una exposición sistemática del pensamiento de Taciano, ya que ese no es el propósito de su obra. Pero sí resulta claro que para Taciano el centro de la doctrina cristiana es Dios y el Verbo o logos. Este surge de Dios de igual modo que de una luz se encienden otras, sin pérdida alguna para la primera. A través de él todas las cosas fueron hechas, primero la materia y luego el mundo. De esta creación forman parte los ángeles y los humanos, ambos creados libres, pero que por el mal uso de su libertad han dado origen al mal.

El alma no es inmortal, sino que de por sí muere con el cuerpo y luego resucita con él para sufrir una muerte inmortal. Pero esto no sucede al alma que conoce la verdad, sino que sigue viviendo aún después de la destrucción del cuerpo.

Atenágoras

Atenágoras, el «filósofo», fue contemporáneo de Taciano, aunque por su espíritu y estilo distaba mucho de él. Poco o nada sabemos de Atenágoras, aunque sus obras dejan entrever un espíritu refinado y ardiente. Su estilo, aunque no clásico, es el más terso, claro y correcto de cuantos escritores cristianos de la época han llegado hasta nosotros. Son dos las obras de Atenágoras que han llegado hasta nuestros días: la *Súplica a favor de los cristianos* y *Sobre la resurrección de los muertos*.

En cuanto a las acusaciones populares, Atenágoras las rechaza categóricamente. ¿Cómo pensar que los cristianos sean capaces de semejantes actos que a todos son repulsivos, cuando profesan una doctrina moral superior a la de los demás? Los cristianos son incapaces de comer niños, puesto que el homicidio y hasta el aborto les están prohibidos. Y los cristianos son también incapaces de uniones incestuosas, puesto que condenan el más leve pensamiento contra la castidad, y alaban la virginidad por sobre toda otra forma de vida.

En *Sobre la resurrección de los muertos*, Atenágoras se esfuerza en probar la posibilidad de la resurrección del cuerpo, mostrando por una parte que dicha resurrección resulta del todo adecuada al carácter de Dios, y por otra que la naturaleza humana misma la requiere. Sin embargo, Atenágoras no ve contradicción alguna entre la resurrección de los muertos y la inmortalidad del alma, sino que afirma que esta última requiere aquella, ya que el ser humano no es verdaderamente tal sino en la unión del alma y del cuerpo.

Teófilo de Antioquía

Allá por el año 180 o poco después escribía Teófilo, obispo de Antioquía, sus *Tres libros a Autólico*. En estos intenta el obispo antioqueño mostrar a su amigo Autólico la verdad del cristianismo. Su obra, sin embargo, carece de la profundidad de los escritos de Justino, y también de la elegancia de los de Atenágoras. Su conocimiento de la cultura clásica parece haber sido en extremo superficial, y de esa superficialidad adolece también su defensa del cristianismo.

El primero de los *Tres libros a Autólico* trata de Dios; el segundo, de la interpretación del Antiguo Testamento y los errores de los poetas; y el tercero, de la excelencia moral del cristianismo. Según Teófilo, solo el alma pura puede conocer a Dios. A Autólico, que le había pedido que le mostrase su Dios, Teófilo responde que le muestre su hombre, es decir, que le muestre la pureza que es necesaria para ver a Dios. En cuanto a la naturaleza de este Dios que solo los de alma pura pueden conocer, es decididamente trinitaria. De hecho, es Teófilo el primer autor cristiano que utiliza la palabra «trinidad». Al igual que Justino y Taciano, Teófilo llama logos a la Segunda Persona de la Trinidad, aunque introduce en la teología cristiana la distinción de Filón entre el logos inmanente, que existía siempre en la mente o corazón de Dios y el logos expresado. Como logos inmanente, este logos existe en Dios eternamente; como logos expresado, fue engendrado antes de todas las cosas, y es en este sentido que se dice de él que es «el primogénito de toda creación». Esta distinción sería importante en las controversias de siglos subsiguientes.

Hermias

Bajo el título de *Burla de los filósofos paganos*, se incluye entre los apologistas griegos del siglo II la obra de Hermias. Sin embargo, la fecha de composición de esta breve obra apologética es del todo insegura, a tal punto que algunos críticos la sitúan a fines del siglo II, mientras que otros piensan que pertenece al VI. Es una obra carente tanto de elegancia literaria como de interés teológico, y en ella se pone de manifiesto un desprecio total hacia la filosofía pagana. De un modo irónico y punzante, Hermias muestra las contradicciones entre los sabios de la antigüedad, con el propósito de probar que ninguno de ellos es digno de atención. Si hay algún valor positivo en esta obra está en el modo en que manifiesta el sentido del humor de un cristiano de los primeros siglos.

El *Discurso a Diogneto*

La situación es totalmente diferente respecto a otro apologista cuya fecha es difícil de determinar. Este es el autor anónimo del *Discurso a Diogneto*, documento cuyo estilo le hace obra maestra de la literatura cristiana de los primeros siglos. Sin caer en la violencia excesiva de un Taciano o un Hermias, el *Discurso a Diogneto* trata de mostrar la sinrazón de los dioses paganos, así como de las prácticas judías, y expone de manera positiva y sencilla el carácter de la fe cristiana, que no viene de los seres humanos, sino del Dios creador del Universo, y que se manifiesta en la moral superior de sus seguidores.

Melitón de Sardis

Este fue un prolífico autor del siglo II que escribió, entre sus muchas obras, una *Apología* dirigida al emperador Antonino que, como muchas otras obras de ese tiempo, se ha perdido. Pero sí se conserva sin embargo una *Homilía pascual*. En ella, Melitón resume toda la historia de Israel y especialmente del éxodo y la institución de la pascua, refiriéndolo todo a Jesucristo mediante una interpretación tipológica. Como el resto de los escritos de los apologistas, la *Homilía pascual* de Melitón subraya la preexistencia y divinidad de Cristo, quien es a un tiempo Dios y hombre. Es en esta homilía suya que primero encontramos la afirmación de que hay en Jesucristo «dos naturalezas».

Consideraciones generales

Al pasar de los padres apostólicos a los apologistas griegos del siglo II, nos encontramos en una atmósfera completamente distinta. Estamos ahora siendo testigos de los primeros encuentros del cristianismo con la cultura clásica, y de la manera en que los cristianos se esfuerzan por interpretar las relaciones entre ambos. Así, algunos se muestran decididos defensores de las semillas de verdad que creen hallar en la filosofía pagana, mientras que otros no ven entre el cristianismo y el helenismo sino una inevitable guerra a muerte. Por otra parte, en su esfuerzo de presentar su fe de tal modo que pueda ser comprendida por los paganos, los cristianos se ven obligados a sistematizar su pensamiento, y así se puede decir que los apologistas son los primeros pensadores sistemáticos del cristianismo. En esta tarea de sistematización y en su doctrina del logos, que abre el camino al diálogo entre la fe cristiana y la cultura clásica, estriba el valor de la obra de los apologistas.

En cuanto a su concepción general del cristianismo, podemos decir que los apologistas parecen ver en él sobre todo una doctrina, ya sea esta moral o filosófica. Cristo es antes que nada el Maestro de una nueva moral o de una verdadera filosofía. Pero no debemos olvidar que en la homilía de Melitón Cristo se presenta como el vencedor de la muerte y de los poderes del mal, y el cristianismo como la participación en la victoria de Cristo. Es decir, que es posible que estos apologistas, que al dirigirse a los paganos hablan de Cristo como maestro e iluminador, tengan de su obra salvadora una visión mucho más amplia y profunda que lo que las obras que han llegado hasta nosotros nos dejan entrever.

En todo caso, no es del todo cierto que los apologistas constituyan un nuevo punto de partida en el camino de la «helenización progresiva» del cristianismo, como algunos han pretendido. Su posición ante la filosofía no es uniforme, como lo muestra claramente el contraste entre Justino, Atenágoras y Teófilo, de una parte, y Hermias y Taciano de otra. Aun entre los que más utilizan los instrumentos filosóficos, como Justino y Atenágoras, doctrinas tales como la de la encarnación y la resurrección de los muertos, que resultan repugnantes al espíritu helénico, no pierden su carácter central. Esto no quiere decir, sin embargo, que los apologistas no hayan sido uno de los instrumentos para la penetración del helenismo en la teología cristiana. Lo que quiere decir es sencillamente que tal penetración no ha pasado todavía de lo formal, e influye poco en el contenido doctrinal. Lentamente, lo formal se hará sentir en lo material, y entonces la iglesia se verá envuelta en grandes luchas doctrinales.

Por lo pronto, eran otros los problemas teológicos que agitaban la vida interna de la iglesia, y haríamos mal en interpretarlos exclusivamente en términos de la oposición entre el espíritu hebreo y la mente griega. Nos referimos a las primeras herejías, que estudiaremos en el próximo capítulo.

IV
Las primeras herejías: reto y respuesta

Desde muy temprano la iglesia cristiana tuvo que luchar contra las tergiversaciones del cristianismo que introducían algunas personas. En
aquellos primeros siglos llegaban a la fe cristiana conversos de todo tipo
de trasfondo religioso y cultural. Era de esperarse que estos conversos
interpretasen el cristianismo según ese trasfondo, pero algunos llevaban
esto a tal extremo que despojaban a su nueva fe de su carácter único. Así,
desde muy temprano el apóstol Pablo tuvo que luchar contra aquellos
que pensaban que el cristianismo no debía ser más que una nueva secta
dentro del judaísmo. Otros se dedicaban a «vanas genealogías y fábulas
de viejas», como las llama la *Epístola a Timoteo*. Otros, en fin, pretendían
tomar del cristianismo solo aquello que más les convenía y adaptarlo a
sus antiguas creencias, al estilo de Simón el Mago, de quien nos hablan los
Hechos de los apóstoles. De todo esto surgió una sorprendente variedad de
doctrinas que pretendían ser cristianas pero que sin embargo atacaban u
olvidaban algunos de los aspectos fundamentales de la fe cristiana.

La existencia de esta diversidad de doctrinas se manifiesta ya en
el Nuevo Testamento, cuyos escritores se esfuerzan en detenerlas. La
Epístola a los gálatas, la *Epístola a los colosenses*, toda la literatura joanina y la *Primera Epístola de Pedro* nos hacen ver el vigor con que los
primitivos cristianos se opusieron a tales tergiversaciones de su fe. En
Ignacio de Antioquía hemos encontrado ya una oposición firme frente
a quienes afirman que Jesucristo vivió en la carne solo en apariencia.
Poco más tarde, Justino vuelve a atacar a estos falsos maestros del cristianismo. Además, casi todos los apologistas escribieron contra los herejes obras que no han llegado hasta nosotros. Fue en el siglo II, y sobre
todo en su segunda mitad, que estas doctrinas lograron una pujanza
tal que provocaron en la iglesia una reacción de gran importancia para

la historia del pensamiento cristiano. A fin de comprender el origen y fuerza de estas doctrinas es necesario resumir su historia desde sus primeras manifestaciones.

Los cristianos «judaizantes»

El primer problema doctrinal que confrontó la primitiva iglesia cristiana fue el de sus relaciones con el judaísmo. La lenta solución de este problema se ve ya en el libro de *Hechos de los apóstoles*, así como en las epístolas paulinas. Hubo, sin embargo, personas que nunca aceptaron la solución que Pablo ofrecía y que a la larga siguió toda la iglesia. Estos son los llamados cristianos judaizantes.

Sin forzar demasiado el material que ha llegado hasta nosotros, parece posible dividir estos cristianos judaizantes en tres grupos principales. En primer lugar, cabe mencionar ciertos cristianos que seguían la ley judía pero no pretendían que los demás la siguieran. Estos pueden ser llamados judaizantes moderados y al parecer nunca presentaron problema alguno para la iglesia, que tampoco condenó su posición.

Pero existía también otro grupo de cristianos judaizantes —más bien de judíos cristianizados— que afirmaba que para ser cristiano era necesario cumplir la ley del Antiguo Testamento, que Pablo era un apóstata de la verdadera fe, y que Cristo no había sido hijo de Dios desde el principio, sino que había sido adoptado como tal debido a su carácter. Esta es la secta de los llamados «ebionitas», que parece haber perdurado por algunos siglos.

Al parecer, según los ebionitas hay un principio del bien y un principio del mal. El principio del mal es el señor de este siglo, pero el principio del bien triunfará en el siglo por venir. Mientras tanto, el principio del bien se da a conocer en este mundo a través de su profeta, que se ha presentado en diversas encarnaciones. Adán, Abel, Isaac y Jesús son encarnaciones del profeta del bien. Pero, a partir de Adán cada encarnación del profeta del bien se halla acompañada de su contraparte que sirve los propósitos del principio del mal. Caín, Ismael y Juan el Bautista son manifestaciones del principio del mal, que también se llama principio femenino.

Dentro de este sistema de pensamiento, Jesús es antes que nada un profeta del principio masculino o principio del bien. Por lo demás, Jesús es solo un hombre a quien Dios ha elegido para proclamar su voluntad. Jesús no nació de una virgen, y fue en el momento de su bautismo que recibió de lo alto el poder que le capacitó para su misión. Esta misión no consistía en salvar a la humanidad —ningún ser humano puede hacer tal cosa—, sino en llamar a los humanos a la obediencia de la ley, que ha sido dada por el principio masculino. La ley era en efecto el centro de la religiosidad ebionita y, aunque no ofrecían sacrificios sangrientos, los ebionitas hacían mucho hincapié en la circuncisión y la observancia del sábado. Las leyes que en el Antiguo Testamento se refieren a la celebración de sacrificios no fueron dadas por Dios, sino que han sido añadidas al texto sagrado debido a la influencia del principio femenino. Es por esto que, a pesar de su estricta observancia de la ley, Epifanio nos dice que los ebionitas no aceptan el Pentateuco en su totalidad. Aparentemente, este tipo de cristianismo judaizante era una adaptación del movimiento esenio, del que se diferenciaba por el lugar que Jesús ocupaba en su pensamiento. Pero este lugar no era central, sino periférico.

Hay sin embargo otra tendencia dentro del cristianismo judaizante que, sin negar su relación estrecha con el ebionismo, se caracteriza por ciertas influencias gnósticas. El principal exponente de este tipo de cristianismo judaizante parece haber sido Elxai, también llamado Elkesai, Elcesai o Elchasai. Elxai vivió en la primera mitad del siglo II. Su fuerza parece haberse encontrado en Oriente, sobre todo más allá del Éufrates, de donde el mismo Elxai puede haber sido originario. En todo caso, la importancia de esta secta es mayor de lo que podría pensarse a partir de los escasos datos que poseemos, pues al parecer el profeta Mohamed, fundador del islam, recibió su influencia.

El gnosticismo

Bajo el título general de «gnosticismo» se conoce un grupo variadísimo de doctrinas religiosas que florecieron por el siglo II de nuestra era, y que tenían un marcado carácter sincretista. Se ha discutido mucho sobre los orígenes del gnosticismo, pero el hecho es que los gnósticos tomaban cualquier doctrina que les interesase, sin importarles su origen, ni tampoco el contexto del que la arrancaban. Cuando estos gnósticos se enfrentaron al cristianismo naciente, hicieron todo lo posible por adaptar a sus sistemas aquellas enseñanzas del cristianismo que les parecieron más valiosas. Esta manera de proceder presentaba un reto urgente a los cristianos que no la aceptaban, puesto que se veían en la obligación de mostrar cómo el gnosticismo desvirtuaba la doctrina cristiana, y por qué razones era imposible hacer de Jesucristo un simple elemento de un sistema gnóstico cualquiera.

A pesar de sus muchas especulaciones acerca del origen del mundo, el gnosticismo es antes que nada una doctrina de la salvación. Esto era típico del mundo religioso de la época, en el que las religiones nacionales perdían fuerza al tiempo que la ganaban las religiones que ofrecían la salvación del individuo. Pero, ¿en qué consiste esa salvación? Según el gnosticismo, consiste en la liberación del espíritu, que se halla esclavizado debido a su unión con las cosas materiales. El espíritu no pertenece en realidad a este mundo, sino que es parte de la sustancia divina que por alguna razón ha caído y ha quedado aprisionada en lo material. Es necesario entonces liberar al espíritu de su prisión, y esto se logra mediante el conocimiento o *gnosis*, de donde deriva su nombre el gnosticismo.

Este conocimiento no consiste en una mera información, sino que es más bien una iluminación mística producto de la revelación de lo eterno. El conocimiento es entonces conocimiento de la situación humana, de lo que éramos y de lo que debemos llegar a ser, y mediante este conocimiento podemos librarnos de nuestras ataduras al mundo material. Por eso es necesario que el Dios trascendente envíe un mensajero que traiga al mundo su revelación libertadora.

Nuestro conocimiento de los gnósticos se deriva de sus escritos y de las obras en que algunos de los antiguos escritores eclesiásticos les atacan, los llamados «heresiólogos». Hasta hace algunas décadas poseíamos solo una pequeñísima cantidad de escritos gnósticos, y nos veíamos por tanto en la necesidad de sujetarnos al testimonio de los heresiólogos. Naturalmente, se planteaba siempre la cuestión de hasta qué punto estos escritos dedicados precisamente a atacar las doctrinas gnósticas eran fidedignos. Recientemente se ha descubierto una buena cantidad de escritos gnósticos, y estos han venido a ampliar y definir en mucho nuestros conocimientos sobre el gnosticismo.

Había muchas escuelas gnósticas, todas en competencia mutua, y es difícil establecer las relaciones entre sus doctrinas. Según los antiguos escritores eclesiásticos, de Justino en adelante, el primer gnóstico fue Simón Mago, cosa que los historiadores ponen en duda. Su discípulo Menandro es un personaje oscuro que parece haber sido gnóstico judío más bien que cristiano. Según testimonio de los heresiólogos, Cerinto parece haber sido el primero de los gnósticos en intentar una reinterpretación del evangelio. Vivió a fines del siglo I en la ciudad de Éfeso, donde chocó con Juan, y su enseñanza gira alrededor del dualismo característico de todos los sistemas gnósticos. Satornilo o Saturnino fue discípulo de Menandro. Según él, el mundo fue hecho por siete ángeles, uno de los cuales era Jehová. Estos ángeles pretendieron crear al ser humano a la imagen del Dios Supremo, pero fracasaron. La secta de los carpocracianos surgió en Alejandría, donde se dice que vivió su maestro Carpócrates alrededor del año 130. También en Alejandría, y entre los años 120 y 140, floreció Basílides, quien decía haber sido discípulo del apóstol Matías, electo por los once tras la traición de Judas. Por último, fue en Alejandría que Valentín recibió su educación. No sabemos cómo Valentín llegó a sus posiciones teológicas, pero el hecho es que lo encontramos en Roma a mediados del siglo II, donde fue expulsado de la iglesia alrededor del año 155.

De las obras de los heresiólogos podemos deducir el siguiente bosquejo de la doctrina de Valentín: el principio eterno de todos los seres es el Abismo. Este es incomprensible e insondable, y en él se encuentra el Silencio. En el Silencio, el Abismo engendró a otros dos seres: la Mente y la Verdad. De este modo surge la primera «tétrada»: Abismo, Silencio, Mente y Verdad. Pero la Mente (masculino), en unión con la Verdad (femenino), dio origen al Verbo y la Vida. De estos surgen a su vez el Hombre y la iglesia, y de este modo se completa la «ogdoada». Sin embargo, este no es el fin de las emanaciones divinas, sino que cada una de las dos últimas parejas de seres o eones quiso honrar al Abismo multiplicándose, y así surgieron otros veintidós eones, diez del Verbo y la Vida y doce del Hombre y la iglesia. De este modo quedó completa la Plenitud, que comprende los treinta eones dispuestos en quince parejas. De todos estos eones, el último es la Sabiduría, y es precisamente este eón quien da origen a nuestro mundo material. Esto sucede cuando la Sabiduría sobrepasa los límites de sus posibilidades al pretender conocer al Abismo, lo cual la lleva a una pasión violenta, de tal modo que produce un nuevo ser, aunque sin la participación de su compañero. Debido a su origen, este nuevo ser es un «aborto», y por ello crea un profundo desorden en la Plenitud. Así continúa la historia, hasta que aparecen tres nuevos eones: Cristo, Espíritu Santo y Jesús. Cristo desciende a Jesús en su bautismo, para traer verdadero conocimiento (la *gnosis*) a los espíritus que habían quedado atrapados en la materia debido a la pasión de la Sabiduría. Antes de la crucifixión, Cristo salió de Jesús, de modo que solamente este último fue crucificado. Ahora, gracias al conocimiento impartido por Cristo, los espíritus humanos pueden regresar a la Plenitud de donde salieron.

Lo que antecede es un resumen de lo que los heresiólogos nos dicen acerca del sistema de Valentín. Pero el pensamiento de este gnóstico —o al menos de sus discípulos— se nos presenta también en la obra recientemente descubierta en Egipto y conocida como el *Evangelio de la Verdad*. Lo que allí encontramos no es exactamente lo mismo que vemos en los heresiólogos, pues el énfasis no recae sobre las cosmogonías y los eones —aunque esto también está presente—, sino en cómo la salvación se alcanza mediante el verdadero conocimiento o *gnosis*.

Esto viene a confirmar lo que antes habíamos dicho: la gran atracción que el gnosticismo ejerció sobre los primeros siglos de nuestra era no puede comprenderse a partir de su especulación cosmogónica, sino solo a partir de su doctrina y promesa de la salvación. Pero la doctrina de la salvación tiene que fundamentarse en nuestro lugar en el universo, y ese es el propósito de complicadas genealogías como la que acabamos de resumir.

Por otra parte, puesto que la materia es mala, los gnósticos no podían concebir que el Salvador tuviera cuerpo material, lo cual les llevaba al docetismo. Tampoco podían creer que un Dios bueno hubiera hecho este mundo material, ni que al final habría una resurrección de los muertos. Por todas esas razones, pero sobre todo por su sincretismo, el gnosticismo resultaba ser un problema urgente para los cristianos de los siglos II y III, que veían su fe amenazada, no ya por ataques externos y violentos, sino por doctrinas que pretendían tomar en cuenta los mayores valores del cristianismo, pero que en realidad lo hacían desaparecer disuelto en un mar de doctrinas que le eran totalmente ajenas.

Marción

Entre la inmensa muchedumbre de tergiversaciones de su mensaje a que tuvo que enfrentarse la naciente iglesia cristiana, ninguna era tan peligrosa como la de Marción, oriundo de la región del Ponto, donde su padre era obispo. De allí partió, hizo un recorrido por Asia Menor, y pasó a Roma. Allí continuó forjando su pensamiento hasta que, probablemente en el año 144, fue expulsado de la iglesia. Entonces fundó una iglesia marcionita, y esto fue lo que le hizo uno de los más temibles rivales del cristianismo ortodoxo. Los distintos maestros gnósticos eran solo eso: maestros que nunca fundaron más que escuelas. Marción fundó una iglesia frente a la que ya existía, y esta iglesia llegó a tener tantos adeptos que durante algún tiempo pudo pensarse que resultaría victoriosa en el conflicto.

El pensamiento de Marción es francamente dualista. Puede decirse que el dualismo de Marción, como el de los gnósticos, no es un dualismo absoluto, sino que se deriva de un monismo inicial. En este mundo material reinan la ley y la justicia. Frente a esto, el evangelio cristiano es el evangelio de la gracia, el evangelio del Dios cuyo amor es tal que perdona a los pecadores más abyectos. Luego, el evangelio cristiano es el mensaje de un Dios «otro», «extranjero», que no es el dios que gobierna este mundo.

El dios que gobierna este mundo es el que los judíos llaman Jehová. Este es el dios que hizo todas las cosas «y vio que eran buenas». Este es el dios que requiere sacrificios sangrientos; el dios que dirige a su pueblo en batalla; el dios que ordena que poblaciones enteras sean pasadas a cuchillo. Por encima de este Jehová, justiciero y vengativo, hay otro Dios, el «Dios no conocido», que es el Dios de amor. Este no se relaciona con este mundo, sino que es «el Extranjero». Si Jehová es justo, fiero y belicoso, este Dios supremo es amable, plácido y bueno hasta lo infinito.

El dualismo de Marción le relaciona estrechamente con los gnósticos. El problema del mal que existe en este mundo parece haber sido una preocupación de primer orden tanto para Marción como para los principales maestros gnósticos. Al igual que ellos, Marción rechazaba todo lo que se relacionase con la materia, el cuerpo y el sexo. También, al igual que muchos de ellos, Marción estaba dispuesto a conceder al Antiguo Testamento cierta veracidad, pero solo como la revelación de un dios o principio inferior.

Pero hay también otros aspectos de su doctrina que separan a Marción del gnosticismo. En primer lugar, Marción no pretende poseer un conocimiento secreto mediante el cual se ha de lograr la salvación. Según él, su doctrina se sigue de un estudio cuidadoso del mensaje cristiano tal como Pablo lo predicaba. Este mensaje se encuentra, según Marción, en las epístolas de Pablo y en el Evangelio de Lucas, aunque es necesario revisar esas epístolas y ese evangelio a fin de eliminar las muchas interpolaciones judaizantes de que han sido objeto. Pablo era el heraldo de un mensaje radicalmente nuevo, el mensaje de la revelación del Dios hasta entonces desconocido. En segundo lugar, Marción no manifiesta ese interés especulativo que es característico de los sistemas gnósticos. La numerología y la astrología no tienen importancia alguna en su pensamiento. Por último, Marción se distingue de los gnósticos por su marcado interés en la organización. Los maestros gnósticos fundaron escuelas o tendencias, pero Marción fundó una iglesia.

En resumen, podemos decir que la doctrina de Marción es un paulinismo exagerado y descarriado. El mismo Marción, al confeccionar su canon del Nuevo Testamento e incluir en él solo las epístolas de Pablo y el Evangelio de su compañero de viajes, da testimonio de su interés en exponer el mensaje del apóstol a los gentiles. El contraste entre la ley y el Evangelio, la doctrina de la gracia de Dios y el carácter cristocéntrico de su mensaje colocan a Marción junto a Pablo y frente a buena parte de los cristianos de entonces. Ya desde los tiempos de los padres apostólicos se notaba la tendencia a hacer del cristianismo una nueva doctrina moral, y a privarle así del sentido del don gratuito de Dios que tanto había subrayado el apóstol Pablo. Era necesario que se alzase una voz de advertencia, y Marción quiso darla. Pero al subrayar en demasía el contraste entre el mensaje paulino y la proclamación de la iglesia llegó a tergiversar la doctrina del mismo Pablo a quien se proponía reivindicar. Así, la doctrina de Marción acerca de dos dioses, su interpretación negativa del Antiguo Testamento y su cristología doceta se oponen tan radicalmente al pensamiento paulino como a la doctrina de la iglesia en general.

El montanismo

Montano era un sacerdote pagano convertido al cristianismo y bautizado alrededor del año 155. Poco después de su bautismo comenzó a declararse poseído del Espíritu Santo, y a profetizar a título de esa posesión. Pronto se le unieron dos mujeres, Prisca y Maximila, quienes profetizaban como él. Esto no era extraño en modo alguno, pues en diversas regiones había aún la costumbre de permitir las profecías por parte de personas inspiradas. Lo que resultaba novedoso era el contenido de las profecías de Montano y sus dos compañeras, según las cuales había comenzado ahora una nueva dispensación, establecida con la nueva revelación dada por el Espíritu a Montano, Prisca y Maximila. Esta nueva revelación no contradecía a la que había sido dada en Jesucristo, sino que la superaba en el rigor de su ética y en ciertos detalles escatológicos.

La ética montanista era decididamente rigurosa. El martirio no debía evitarse, sino que era aconsejable buscarlo: práctica esta a que se había opuesto siempre la mayoría de los cristianos. El matrimonio, si bien no era del todo malo, tampoco era del todo bueno, y quien enviudaba no podía contraer segundas nupcias. Esta ética se basaba en una aguda expectación escatológica. Según Montano y sus dos profetisas, en ellos terminaría la era de la revelación, e inmediatamente después vendría el fin del mundo.

Montano y los suyos eran buenos organizadores, y no veían oposición alguna entre la nueva revelación del Espíritu y la buena organización eclesiástica, de modo que pronto adoptaron la estructura jerárquica de la iglesia. El montanismo se extendió rápidamente por toda Asia Menor, y luego llegó hasta Roma y el norte de África, donde logró conquistar el espíritu del más grande de los escritores cristianos de habla latina de la época, Tertuliano.

La oposición del resto de los cristianos al montanismo se debía en parte a razones teológicas, y en parte a razones prácticas. En el campo de la teología, las pretensiones montanistas de haber recibido una nueva revelación hacían peligrar el carácter final de la revelación dada en Jesucristo. En el orden práctico, el montanismo debilitaba la organización de la iglesia, y hasta llegó a constituirse en iglesia rival de la «gran iglesia».

Los monarquianos

El período que vio el auge del gnosticismo vio también los comienzos de la especulación y definición de las relaciones entre el Padre, el Hijo y el Espíritu Santo. Las más antiguas noticias que tenemos acerca de los llamados «monarquianos» nos los presentan como defensores de la «monarquía» o unidad de Dios frente a la multiplicidad de eones que postulaban los gnósticos y el dualismo de Marción.

Tras los primeros esbozos de los *alogoi* —así llamados porque rechazaban la doctrina del logos— aparecen entre los monarquianos dos tendencias claramente definidas que se conocen como «monarquianismo dinámico» y «monarquianismo modalista».

El monarquianismo dinámico conserva la unidad de Dios haciendo de la divinidad de Jesucristo una fuerza impersonal procedente de Dios, pero que no es Dios mismo. Se le llama «dinámico» por razón del término griego *dynamis*, que quiere decir «fuerza» o «poder». El primer monarquiano de esta clase de quien tenemos noticias es Teodoto. Pero su principal proponente fue Pablo de Samosata, a quien volveremos a encontrar en el curso de esta historia.

Pero había otra doctrina muy diferente que también subrayaba la unidad de Dios, aunque sin limitar la divinidad de Jesucristo. Esta postura no negaba la divinidad plena de Jesucristo, sino que sencillamente la identificaba con el Padre. Debido a esta identificación, que daba a entender que el Padre había sufrido en Cristo, se le llama en ocasiones «patripasianismo».

Este movimiento continuó desarrollándose hasta llegar a su culminación a principios del siglo III en la persona de Sabelio. Aparentemente Sabelio pensaba que el Padre, el Hijo y el Espíritu Santo no son sino tres modalidades en que Dios se da a conocer, de modo que Dios unas veces es Padre, otras Hijo y otras Espíritu Santo, pero no hay distinción alguna entre los tres.

La respuesta

Ante el impacto de las herejías que florecieron en el siglo II de nuestra era, los cristianos que veían en esas doctrinas una amenaza para su fe se vieron obligados a tomar medidas para evitar su propagación. Aunque la organización de la iglesia en esta época no era tal que le permitiese tomar decisiones rápidas y finales, es sorprendente el modo como los cristianos de todo el mundo mediterráneo reaccionaron de manera semejante ante el reto de las herejías. No es que no hubiese diferencia de escuelas —y en el próximo capítulo estudiaremos a los representantes de tres tendencias teológicas distintas—, sino que, a pesar de esas diferencias, los cristianos ortodoxos de todo el mundo mediterráneo apelaron a los mismos instrumentos a fin de combatir las herejías: el canon del Nuevo Testamento, los credos, la regla de fe y el énfasis en la sucesión apostólica.

En realidad, estos instrumentos eran instancias prácticas y particulares del argumento fundamental que podía esgrimirse contra las herejías: la autoridad apostólica. Estos instrumentos a que nos referimos —el énfasis en la sucesión apostólica, el canon del Nuevo Testamento, la regla de fe y los credos— se hallan unidos por el común denominador de la autoridad apostólica. La importancia de la sucesión apostólica está precisamente en que las iglesias que la poseen pueden pronunciarse con certidumbre acerca de la doctrina apostólica. El canon del Nuevo Testamento es el conjunto de los libros apostólicos, o cuya doctrina es apostólica porque fueron escritos por los acompañantes y discípulos de los apóstoles. La regla de fe es un intento de bosquejar y resumir la fe de los apóstoles. Los credos son la expresión de esa fe, que el creyente acepta en el bautismo, y conviene recordar que pronto se creó la leyenda de que el más común de esos credos —el credo romano— había sido compuesto por los apóstoles. Por último, la lucha teológica contra las herejías —a la que dedicaremos los capítulos que siguen— usó siempre como un argumento principal el origen apostólico de la doctrina que defendía.

Entre estos instrumentos que la iglesia utilizó para detener el ímpetu de los herejes, quizá debemos comenzar por el énfasis en la sucesión apostólica. Como era de esperarse, los apóstoles, y luego sus discípulos, gozaron de gran autoridad en las primeras generaciones cristianas. Ya desde fines del siglo primero, Clemente de Roma utiliza el argumento de la sucesión apostólica, no contra los herejes, pero sí contra los cismáticos. Pocos años más tarde, Ignacio de Antioquía, esta vez contra los herejes, subraya la autoridad del obispo y los presbíteros como representantes de Cristo y sus apóstoles. Clemente subraya la sucesión sin mencionar siquiera el episcopado monárquico —quizá no lo había todavía en Roma—, mientras que Ignacio subraya la autoridad del obispo sin prestar gran atención a la sucesión. Pronto el impacto de las herejías hizo a los cristianos unir la idea de la sucesión apostólica con el episcopado monárquico, y de este modo surgió el énfasis en la cadena ininterrumpida de obispos que unía a la iglesia del presente con los tiempos apostólicos. Según este argumento, es posible señalar iglesias que pueden probar que sus obispos son sucesores de los apóstoles. Si bien estas iglesias son pocas —después de todo, los apóstoles fundaron pocas de las iglesias que existen en el siglo II—, ellas son las depositarias de la fe, y las demás son apostólicas solo por derivación, en cuanto su doctrina concuerda con la de las iglesias estrictamente apostólicas.

El canon del Nuevo Testamento fue otro instrumento que la iglesia del siglo II utilizó en su lucha contra las herejías. Este instrumento tiene la peculiaridad de haber sido tomado de los herejes mismos, pues el primer canon del Nuevo Testamento fue el de Marción. Sin embargo, si bien la iglesia tomó de Marción la idea de un canon o lista fija de libros inspirados, no tomó de él la idea de la existencia misma de tales libros. Al contrario, desde sus mismos comienzos la iglesia cristiana adoptó el Antiguo Testamento como Escritura inspirada por Dios. En cuanto al Nuevo Testamento, aunque no todos incluían siempre los mismos libros, pronto se llegó a un consenso que incluía los cuatro Evangelios, Hechos y las Epístolas paulinas. Pero también hubo quien incluyó libros tales como el *Pastor de Hermas*, la *Epístola de Bernabé* y la *Primera epístola de Clemente a los corintios*.

Aunque desde nuestra perspectiva la sucesión apostólica y la determinación del canon parecen ser un acto de clausura, de hecho, en su época lo que hicieron no fue cerrar, sino abrir la tradición. Mientras muchos de los herejes pretendían tener la autoridad de un apóstol particular de quien decían haber recibido una tradición secreta, o la de un solo evangelio que llevaba el nombre de alguno de los apóstoles, la iglesia en general insistió en una tradición abierta que había venido de *todos* los apóstoles, conocida de *todos* sus sucesores, y documentada por una variedad de testigos escritos —los evangelios— que, aunque no concordaban siempre en todos los detalles, sí estaban de acuerdo en las cuestiones principales que se debatían. Por otra parte, sí es cierto que el proceso de definir y limitar la autoridad llevó a la exclusión creciente de algunas personas; en particular, de las mujeres.

Sin embargo, el énfasis en la sucesión apostólica y la formación de un canon del Nuevo Testamento no bastaban como normas para determinar el carácter de una doctrina. La sucesión apostólica podía garantizar cierta continuidad, y era norma valiosísima, pero no constituía en sí misma una exposición de la doctrina correcta. Fue esta necesidad lo que dio origen a la idea de una *regla de fe*, y la que al mismo tiempo acrecentó la importancia del *credo* como prueba de ortodoxia. La regla de fe no era una fórmula fija, sino una especie de bosquejo de las doctrinas cristianas.

Al mismo tiempo que comenzaba a forjarse el canon del Nuevo Testamento, iba formándose en Roma una fórmula que habría de ser luego el núcleo de nuestro «Credo Apostólico», y que conocemos bajo el nombre de «Antiguo símbolo romano», título que a su vez se abrevia mediante el símbolo «R». Al parecer, R surgió no como una fórmula afirmativa, sino como una serie de preguntas que se hacían al catecúmeno en el acto de ser bautizado. Estas preguntas eran tres, siguiendo la antiquísima fórmula tripartita del bautismo, y al principio se limitaban a preguntar a quien recibía el bautismo si creía en el Padre, en el Hijo y en el Espíritu Santo.

Pronto se vio en Roma la necesidad, cada vez mayor, de que estas preguntas sirviesen para determinar la fe ortodoxa de quien recibía el bautismo. Puesto que el punto que se debatía era sobre todo la cuestión cristológica, se añadieron varias cláusulas a la segunda pregunta. De este modo surgió una fórmula bautismal de carácter interrogatorio, que debe haber sido muy parecida a la que presenta Hipólito en su *Tradición Apostólica* (principios del siglo III):

> ¿Crees en Dios Padre Todopoderoso?
> ¿Crees en Cristo Jesús, el Hijo de Dios, que nació por el Espíritu Santo de la Virgen María, que fue crucificado bajo Poncio Pilatos, y murió, y al tercer día se levantó vivo de entre los muertos, y ascendió a los cielos, y se sentó a la diestra del Padre, y vendrá a juzgar a los vivos y a los muertos?
> ¿Crees en el Espíritu Santo, en la santa iglesia y en la resurrección de la carne?

Para comprender el sentido antiherético —y sobre todo antimarcionita— de R, es necesario analizar algunas de sus afirmaciones básicas y ver cómo constituyen otras tantas negaciones de las doctrinas de los gnósticos y de Marción. En la primera cláusula lo primero que debemos señalar es la unión de los términos «padre» y «todopoderoso». El término griego que aquí se emplea —y podemos dar por sentado que el griego era el idioma original de R— para señalar el carácter de Dios no quiere decir simplemente «todopoderoso» en el sentido de que tiene poder para hacer cualquier cosa que sea su voluntad, sino que significa más bien «que todo lo gobierna». Esto quiere decir que —contrariamente a lo que afirmaban, por ejemplo, Marción y Valentín, ambos en Roma— el Dios que gobierna este mundo físico en que vivimos es también el Dios Padre, y que no es posible distinguir entre un mundo espiritual en que Dios reina y un mundo material que existe fuera o aparte de la voluntad de Dios. De la segunda cláusula puede decirse que toda ella acusa el interés antiherético. En primer lugar, el adjetivo posesivo «su», que se destaca más en el texto griego que en el castellano, establece aún más claramente la identidad entre el Padre de Jesucristo y el Dios que gobierna al mundo, cosa que Marción negaba rotundamente. Después, la referencia a María «la virgen», que indudablemente excluía a los ebionitas, servía también para señalar el hecho de que Jesús había nacido de una mujer, y de una mujer particular, doctrina esta que la mayoría de los docetas no podían aceptar. La referencia a Poncio Pilatos es un modo de establecer una fecha, y subraya el carácter histórico, y no simplemente ideal o espiritual, de la crucifixión y sepultura de Cristo. Por último, la referencia al juicio final contradice la doctrina de Marción de la distinción absoluta entre el Dios justo del Antiguo Testamento y el Dios amoroso y perdonador del Nuevo. La mención del Espíritu Santo en la tercera cláusula es anterior a la formación de R, pero la referencia a la resurrección de la carne sí tiene cierto matiz antiherético. Tanto los gnósticos como Marción rechazaban la doctrina de la resurrección y hablaban en cambio de una inmortalidad natural del espíritu humano. A esto se opone la referencia de R a la resurrección final.

Por último, antes de pasar adelante debemos señalar que los diversos instrumentos antiheréticos que aquí hemos discutido no se aplicaban independientemente los unos de los otros, sino que se corregían y complementaban entre sí. Así, por ejemplo, la regla de fe se utilizó en algunas ocasiones para determinar el carácter espurio de un libro que pretendía ser de origen apostólico, y la autoridad que los obispos derivaban de su carácter de sucesores de los apóstoles se utilizó también a menudo para refutar las interpretaciones escriturarias de los herejes.

V
Los grandes teólogos
de la iglesia antigua

Durante el siglo II fueron muchos los cristianos que se dedicaron a refutar las diversas doctrinas que amenazaban con oscurecer el carácter único del mensaje cristiano. Ya hemos visto que Justino compuso una obra *Contra todas las herejías* y otra *Contra Marción*, y que Teófilo de Antioquía escribió también *Contra Marción* y *Contra Hermógenes*. Todas estas obras se han perdido, y lo mismo ha sucedido con las obras de otros autores cuyos nombres el historiador Eusebio nos ha transmitido.

Ireneo

Es poco lo que sabemos acerca de la vida de Ireneo. Al parecer, nació en Asia Menor —probablemente en Esmirna— alrededor del año 135. Allí escuchó a Policarpo de Esmirna, aunque debe haber sido aún bastante joven cuando el anciano obispo coronó su vida con el martirio. Más tarde —probablemente alrededor del año 170— pasó a las Galias y se estableció en la ciudad de Lyon, donde existía una comunidad cristiana compuesta en parte al menos por inmigrantes del Asia Menor. Allí era presbítero en el año 177, cuando fue enviado a Roma a llevar una carta al obispo de esa ciudad. Al regresar de su misión descubrió que el obispo de Lyon, Potino, había sufrido el martirio, y que él debía ser su sucesor. Como obispo de Lyon Ireneo se dedicó no solo a dirigir la vida de la iglesia en esa ciudad, sino también a evangelizar a los celtas que habitaban la comarca, a defender el rebaño cristiano contra los embates de las herejías y a mantener la paz de la iglesia. Este último interés le llevó a intervenir en la controversia pascual cuando el obispo de Roma, Víctor, se inclinaba a romper con las iglesias del Asia Menor debido a su discrepancia en cuanto a la fecha en que debía celebrarse la Pascua. Pero fue su interés en combatir las herejías de su tiempo y en fortalecer la fe de los cristianos lo que le llevó a escribir las dos obras que le han valido un sitial entre los más grandes teólogos de todos los tiempos. En cuanto a su muerte, se afirma que murió como mártir, aunque nada sabemos en cuanto a los detalles de su martirio. Lo más probable es que haya muerto en el año 202, cuando hubo una matanza de cristianos en Lyon.

Hemos dicho que son dos las obras que colocan a Ireneo entre los teólogos más destacados de la iglesia cristiana. La primera es su *Denuncia y refutación de la supuesta gnosis* y la otra es su *Demostración de la predicación apostólica*. Esto no quiere decir que estas sean las únicas obras que Ireneo escribió, sino que son las únicas que han llegado hasta nosotros.

Al exponer el pensamiento de Ireneo debemos tener en cuenta, ante todo, que no estamos tratando con un pensador sistemático, que derive todas sus conclusiones de una serie de principios especulativos. Luego, el orden lógico que se impone en esta exposición es el que nos sugiere la *Demostración* del propio Ireneo: partir del Dios creador y seguir luego toda la historia de la salvación hasta llegar a la consumación final.

Dios ha creado y gobierna el mundo mediante sus «manos»: el Hijo y el Espíritu Santo. La mayor parte de los pasajes en que Ireneo se refiere a la doctrina de la Trinidad son demasiado breves para poder descubrir su pensamiento al respecto. Ireneo se interesa harto poco en los aspectos especulativos de la doctrina de la Trinidad y se limita a afirmar, tal y como había oído de sus antecesores, que Dios es Padre, Hijo y Espíritu, sin entrar a discutir las relaciones entre ellos. Aquí Ireneo utiliza, además de la doctrina del Verbo, la doctrina típicamente suya de las dos manos de Dios. Estas dos manos son el Hijo y el Espíritu Santo, que no son seres intermedios entre Dios y el mundo, sino que son Dios mismo en su relación con el mundo. Por otra parte, Ireneo se refiere al Hijo como «Verbo de Dios», pero no utiliza este término en el sentido de un ser intermedio entre Dios y el mundo, como lo usara antes Justino, sino que con él subraya más bien la unidad que existe entre Dios y el Verbo, a la usanza del cuarto Evangelio. Este es el sentido de la imagen sobre las «manos de Dios». Los gnósticos y muchos otros tratan de mantener a Dios separado de la creación interponiendo seres intermedios, entre ellos el Verbo. Ireneo, por el contrario, trata de subrayar que las manos mismas de Dios se involucran en la obra de la creación y en la dirección de la historia.

Este Dios trino creó al ser humano según su imagen. Pero el humano mismo no es la imagen de Dios, sino que esa imagen es el Hijo, en quien y por quien el ser humano ha sido creado. Luego, la imagen de Dios no es algo que se halla en el ser humano, sino que es más bien la dirección en que hemos de crecer. Este concepto de crecimiento juega un papel importante en el pensamiento de Ireneo, pues según él Adán no fue creado perfecto —en el sentido de ser desde su propia creación todo lo que Dios le llamaba a ser—, sino que fue creado para desarrollarse y crecer en esa imagen de Dios que es el Hijo. No hay en Ireneo discusión alguna de un «estado original» en que el ser humano, dotado de virtudes que ahora no posee, se paseaba por el Paraíso. Al contrario, para Ireneo Adán no era más que el comienzo del propósito de Dios en la creación. En ese sentido, Adán era «como un niño», y su propósito estaba en el crecimiento, que le llevaría a una relación con Dios cada vez más íntima.

Pero a la creación sucedió la caída, tanto de Satán como de la criatura humana. Al igual que el humano, los ángeles fueron creados por Dios, aunque no fueron creados con el propósito de que creciesen, sino que fueron creados en su madurez. Esto provocó la envidia de Satán, quien tentó al hombre no a que hiciese algo diametralmente opuesto al propósito de su creación, sino que le tentó más bien a que acelerase el proceso que Dios había ordenado y a que quebrantase así el orden establecido por Dios. Cuando Satán dijo: «Seréis como dioses», no estaba haciendo más que afirmar el propósito de Dios en la creación del ser humano. Mas cuando este cedió a la tentación, rompió el plan divino y se hizo así esclavo del pecado y de la muerte. La lucha entre Dios y el Diablo es tal que el ser humano tiene que estar sujeto a uno de ambos, y en el huerto Adán se entregó al Diablo. Luego, el humano es esclavo de Satán, y esto quiere decir, primero, que su crecimiento se ha interrumpido, y después, que ha quedado sujeto a los poderes del Diablo: el pecado y la muerte. Esta doctrina de la caída como una interrupción en el desarrollo es muy distinta de la que después se impuso en el pensamiento occidental. Según Ireneo, la caída no es tanto la pérdida de ciertas perfecciones que el humano tenía, como la interrupción del crecimiento que debió haber sido suyo.

El pecado y la muerte son los poderes en cuyas manos el humano se ha entregado al hacerse siervo de Satanás. Empero, el poder de Dios es tal que aun estos mismos poderes diabólicos son empleados para llevar a cabo el plan de Dios. Así, la muerte sirve de freno a nuestras posibilidades pecaminosas, y la servidumbre al pecado nos capacita para reconocer la bondad de Dios, y para alabarle por su gracia.

Por su parte, Dios no nos abandona, sino que desde el primer momento nos sigue amando. En esto, Dios no hace más que llevar a cabo su plan concebido desde el principio. Este plan o dispensación de Dios es uno solo, pero se manifiesta en una serie de dispensaciones o alianzas particulares que llevan a su propia culminación en Cristo. Estas alianzas son cuatro, y se suceden en orden cronológico. De todas estas alianzas, Ireneo solo presta atención detallada a las dos últimas: la de la ley y la de Cristo.

La ley fue dada por Dios como parte de su plan de amor, a fin de refrenar el pecado. La obediencia a la ley no es el propósito último del humano. La ley misma impone una servidumbre, distinta y opuesta a la servidumbre del pecado, pero que tampoco puede compararse a la libertad que necesitamos para cumplir el propósito de nuestra creación. Es por esto que la misma ley promete el establecimiento de un nuevo pacto o alianza que ha de superarla. La ley no es solo regla, sino que es también promesa, pues ella misma implica que el tiempo de su vigencia llegará a su término. Sin embargo, porque la ley ha sido dada por Dios como medio para guiarnos en el cumplimiento de su voluntad, y porque esa voluntad no cambia, la ley no queda totalmente abrogada, sino que su corazón —la ley moral y sobre todo el Decálogo— sigue exigiendo nuestra obediencia. De este modo Ireneo subraya la unidad —tanto de continuidad como de consumación— entre el Antiguo Testamento y el Nuevo, y con ello refuta a los herejes que pretendían establecer una oposición radical entre ambos testamentos.

Cristo es el centro del pensamiento de Ireneo. En él se da esa continuidad entre la obra de la creación y la obra de la redención que resultaba tan difícil de aceptar para los gnósticos. El humano fue hecho por el mismo Dios que ahora en Cristo le ofrece la salvación. En Cristo, la imagen según la cual y para la cual el humano fue hecho ha venido a habitar entre nosotros. Esta es la obra de Cristo, que Ireneo llama «recapitulación».

La recapitulación es una de las doctrinas fundamentales de Ireneo, y es necesario que la comprendamos si hemos de comprender su pensamiento. Literalmente, la palabra «recapitulación» quiere decir colocar algo bajo una nueva cabeza. Esto es precisamente lo que Cristo ha hecho. Él ha venido a ser la cabeza de una nueva humanidad, de igual manera que el viejo Adán es la cabeza de la antigua. En cierto sentido, la recapitulación de Cristo es un nuevo punto de partida, pero también guarda una estrecha relación con lo que le antecede. Aun cuando la encarnación es un nuevo punto de partida en la historia del mundo, esto no hace de ella algo opuesto a la creación, sino su continuación y culminación. Cristo es el nuevo Adán, y como tal se repite en él la historia del viejo Adán, aunque en sentido inverso. En Adán, el hombre había sido creado para ser como el Hijo, y en Cristo el Hijo toma sobre sí la humanidad. Jesucristo, como hombre, es todo lo que Adán debió haber llegado a ser si no hubiese sucumbido a la tentación. Jesucristo es el nuevo punto de partida en que el hombre, que en Adán se había entregado al Diablo, queda de nuevo libre para crecer en la imagen que es el Hijo. Es por esto que Ireneo subraya el paralelismo entre Adán y Cristo: Adán fue formado de la tierra virgen, y Cristo vino al mundo a través de María, virgen; por la desobediencia de una mujer se produjo la caída del hombre, y la obediencia de otra fue ocasión de su restauración; Adán fue tentado en el paraíso, y Jesús en el desierto; por un árbol entró la muerte en el mundo, y por el árbol de la cruz nos ha sido dada la vida.

Sin embargo, solo se comprende el sentido de esta recapitulación en el pensamiento de Ireneo si se le ve dentro del marco de la victoria sobre el Diablo. Para Ireneo, toda la historia de la salvación es la historia de la lucha entre el Diablo y Dios, y la victoria final de este último. En Adán, el ser humano se había hecho súbdito del Diablo, y por ello la recapitulación en Cristo consiste sobre todo en la victoria sobre el Diablo, por la cual somos hechos libres. En Adán, el Diablo logró separar al humano de la imagen de Dios para la que había sido creado. En Cristo, esa imagen se une al humano, y con ello se destruyen los propósitos del Diablo. Por ello el punto inicial de la victoria de Cristo no es su resurrección, sino la encarnación misma. Cuando Dios se une al humano el Diablo sufre la primera de las grandes derrotas que han de llevar a su destrucción final.

Ireneo no discute la unión de la divinidad y la humanidad en Cristo como si estas fuesen dos naturalezas opuestas. Al contrario, el ser humano fue creado para gozar de la unión con Dios, y en Cristo esa unión logra su máxima expresión. Aún más, Dios y el hombre en Cristo no son dos «substancias» o «naturalezas», sino que en Cristo la divinidad se une a la humanidad porque él es la Palabra que Dios dirige al humano, y es también el humano quien responde a esa Palabra. Al hacer así uso de conceptos dinámicos más bien que substanciales y al negarse a definir la naturaleza de Dios a priori de su encarnación en Cristo, Ireneo evita las dificultades que más tarde darían origen a enconadas controversias cristológicas.

Si bien la encarnación de Dios en Cristo es el comienzo de la victoria sobre el Diablo, no es más que eso: el comienzo. Toda la vida de Cristo, y aun el tiempo que transcurre hasta la consumación final, son parte de la obra de la recapitulación. Tras unirse al hombre, el Hijo de Dios tiene que vivir una vida humana y morir una muerte humana. Su tentación en el desierto constituye otra de esas victorias decisivas sobre el Diablo, cuyas artimañas son incapaces de producir la caída de este nuevo Adán. A través de toda su vida y su ministerio, viviendo la totalidad de una vida humana, Cristo salva esa vida de su antigua sujeción al poder del Diablo. En su muerte y resurrección, Cristo utiliza la más temible arma del mal, la muerte misma, para conquistar el imperio del Diablo. La consumación que esperamos —cuando todas las cosas estén sujetas a sus pies— constituye la victoria final de Cristo sobre el Diablo. Por lo pronto, quienes vivimos entre la resurrección y la consumación final no vivimos en un período de tregua en esta lucha de los siglos, sino que vivimos precisamente en el período en que Cristo está haciendo efectiva su victoria en la cruz, para llevarnos así al día final.

Dentro de esta obra de recapitulación, la iglesia juega un papel importantísimo. Al igual que en Adán todos pecaron porque Adán era cabeza de la humanidad, en Cristo toda la iglesia vence a Satanás porque Cristo es la cabeza de la iglesia. Si bien Cristo ha vencido al Diablo, y con ello ha devuelto al ser humano la posibilidad de crecer hasta alcanzar la plenitud de la semejanza con el Hijo de Dios, esta posibilidad se da solo en ese cuerpo que tiene a Cristo por cabeza. La iglesia es el cuerpo de Cristo, y es en ella que él hace avanzar sus propósitos de recapitulación mediante el bautismo y la eucaristía, que nos unen a Cristo mismo.

Aunque Ireneo no dedica al bautismo tanta atención como a la eucaristía, no cabe duda de que para él el bautismo en el nombre del Padre, del Hijo y del Espíritu Santo constituye el punto de partida de la vida cristiana. El bautismo es el «sello de la vida eterna», y es también la «regeneración en Dios, de modo que ya no seamos hijos de hombres mortales, sino del Dios eterno». Mediante el bautismo viene uno a formar parte de esa nueva humanidad que es el cuerpo de Cristo, y se hace así partícipe de la resurrección de la cabeza de ese cuerpo, que es Cristo el Señor.

En cuanto a la eucaristía, es el alimento mediante el cual los miembros del cuerpo de Cristo se nutren de él, uniéndose a su Señor, no solo por un acto de meditación, sino haciéndose partícipes de su cuerpo y de su sangre. Al beber del cáliz y comer del pan, el creyente se alimenta del cuerpo y de la sangre de Jesucristo, y esto de un modo tan real que es debido a la inmortalidad de ese cuerpo y esa sangre que el creyente espera en la resurrección futura. En la eucaristía, además, Jesucristo nos da pruebas de que la creación no ha de ser despreciada, pues él mismo utiliza el cáliz y el pan, que son parte de la creación, como alimento espiritual de los creyentes.

Por otra parte, la iglesia solo puede llevar a cabo esta obra de unirnos a Cristo si es verdaderamente el cuerpo de Cristo, y por ello es necesario que se mantenga en la doctrina verdadera. De aquí el celo con que Ireneo ataca a los herejes: estos no atacan simplemente a esa institución que se llama «iglesia», sino que con sus especulaciones pretenden invalidar la obra de Cristo. Frente a ellos, los cristianos han de estar firmes en la doctrina que han recibido. Y aquí introduce Ireneo ese argumento antiherético que tan útil fue en los primeros siglos y que tantas controversias habría de causar en los siglos venideros: la sucesión apostólica. La medida para distinguir el error de la verdad es la doctrina recibida de los apóstoles. Ahora bien, si estos tuvieron algún conocimiento secreto, no se lo transmitieron a algún extraño, sino a aquellos a quienes confiaron la dirección de las iglesias, es decir, los obispos. Estos a su vez harían lo mismo, confiando la verdadera doctrina a quienes habrían de ser sus sucesores. Luego, los gnósticos mienten cuando pretenden poseer una doctrina secreta que sus maestros recibieron de alguno de los apóstoles.

La importancia de la labor teológica de Ireneo es mucho mayor de lo que la brevedad de estas páginas podría indicar. Su teología, fundada en la Biblia y en la doctrina de la iglesia más que en sus opiniones personales, ha sido fuente de renovación teológica en más de una ocasión. La amplia visión cósmica que su doctrina del plan de Dios y la recapitulación de Cristo da a su pensamiento le vale el honor de haber sido el primer pensador cristiano en buscar el sentido teológico de la historia. Su posición cronológica, entre la iglesia de los apóstoles y de sus sucesores inmediatos y la iglesia de los siglos III y IV, le hace encrucijada en los caminos de la historia del pensamiento cristiano. Pero es sobre todo su rica y profunda comprensión del carácter único y cósmico del cristianismo lo que le ha valido un sitial entre los más grandes teólogos de todos los tiempos.

Tertuliano

Es interesante notar que los orígenes de la literatura cristiana en latín no se hallan en Roma, sino en el África Septentrional. Fue allí donde se forjó el vocabulario teológico que luego pasaría a ser patrimonio de toda la iglesia Occidental. Y allí florecieron los más altos ingenios del cristianismo latino de los primeros siglos: Tertuliano, Cipriano, Agustín y otros.

Tertuliano vivió en Roma hasta la edad aproximada de cuarenta años, cuando se convirtió al cristianismo (a fines del siglo II, quizá en el año 193). Tras su conversión, regresó a la ciudad de Cartago, y allí se dedicó a una extensa labor literaria en pro de su nueva fe, a la que defendió contra los embates de los persecutores y de los herejes. Sin embargo, a principios del siglo III —probablemente en el año 207— abandonó la comunión de la iglesia africana para hacerse montanista. Las razones por las que Tertuliano se hizo montanista no están claras, pero parece que Tertuliano veía el montanismo como un espíritu de protesta contra el poder creciente de la jerarquía, y contra su supuesta falta de rigor al tratar con los pecadores arrepentidos. Fue este aspecto del montanismo el que llevó a Tertuliano, que siempre había manifestado un excesivo rigor moral, a sumarse a sus filas.

Tras su conversión, Tertuliano escribió varias obras dirigidas a los paganos en defensa de los cristianos. De estas, la más extensa y de más valor es su *Apología*, escrita en el año 197. Además de esa *Apología*, Tertuliano escribió otras obras que arrojan luz sobre las persecuciones y la actitud de los cristianos ante ellas. Entre estas merecen citarse sus dos libros *A los gentiles* y su obra acerca de *El testimonio del alma*. Por otra parte, y reflejando en ello su espíritu dado a la controversia, Tertuliano escribió toda una serie de obras polémicas dirigidas contra herejes de toda suerte. Su *Prescripción contra los herejes* es de tal importancia que requiere que lo discutamos más adelante, en la exposición del pensamiento de Tertuliano. Lo mismo puede decirse de su obra *Contra Práxeas*. Su obra en cinco libros *Contra Marción* es la principal fuente de donde derivamos nuestro conocimiento de las doctrinas del heresiarca del Ponto. Además, Tertuliano escribió contra los valentinianos, contra los gnósticos y contra el docetismo en general. Todas estas obras tienen una importancia capital para la historia del pensamiento cristiano, no solo porque en ellas se nos da a conocer el pensamiento de Tertuliano, sino también porque a través de ellas podemos ver algunas de las controversias que ocupaban a los cristianos de fines del siglo II y principios del III. Por último, Tertuliano escribió varias obras de carácter moral y práctico. Algunas de estas obras fueron escritas antes de su paso al montanismo, tales como *Acerca de la penitencia*, *Acerca de la paciencia* y *A su mujer*. Otras fueron escritas desde el punto de vista montanista, tales como *Acerca de la monogamia*, *Acerca del ayuno*, *Acerca de la modestia* y la *Exhortación a la castidad*.

Todas estas obras reflejan el carácter rigorista y legalista de Tertuliano, aunque, como era de esperarse, este se manifiesta más claramente en las obras montanistas. En todo caso, todas estas obras tienen gran importancia por lo que nos dan a conocer acerca de la vida práctica y de la adoración de los cristianos en tiempos de Tertuliano. Al intentar reconstruir la historia de la liturgia cristiana o la historia de las costumbres cristianas, Tertuliano viene a ser forzosamente una de nuestras principales fuentes.

Tertuliano es antes que nada un pensador práctico y concreto. Ninguna de sus obras fue escrita por el mero placer de escribir o de especular, sino que todas llevan un propósito definido y práctico. Entre ellas, quizá la mejor introducción a su pensamiento se halla en su *Prescripción contra los herejes*.

La *Prescripción* deriva su título del término latino *praescriptio*, que en círculos forenses se aplicaba a la apelación que un acusado o parte de un juicio hacía refiriéndose no al asunto mismo del juicio, sino al juicio en sí, y al modo como la otra parte había planteado su demanda o acusación. La *praescriptio* es entonces una objeción que afirma que la parte opuesta está fuera de orden, y que por tanto el juicio ha de ser suspendido. Luego, cuando Tertuliano dio a su libro el título de *Prescripción contra los herejes* estaba dando a entender que no se trataba aquí de una discusión de las doctrinas de los herejes, sino de un intento de negarles el derecho mismo a discutir con los ortodoxos.

Los primeros siete capítulos de la *Prescripción* tratan acerca de las herejías en general, y afirman que estas no han de maravillarnos, pues ya el Nuevo Testamento afirma que habrían de venir, y sirven para fortalecer la fe de los creyentes, que ven cómo se cumplen las palabras de la Escritura. En todo caso, las herejías no son producto de la fe, sino que surgen de la filosofía. Las herejías no son más que los antiguos errores de los filósofos llevados al plano de la fe, y tanto los filósofos como los herejes se hacen las mismas preguntas acerca del origen del mal y del ser humano. Esta unión de la filosofía con la revelación no puede resultar sino en la más absurda tergiversación de esta última, pues: «¿Qué tiene que ver Atenas con Jerusalén? ¿Qué la Academia con la iglesia? ¿Qué los herejes con los cristianos?».

Sobre la base de este pasaje y otros parecidos, se ha acusado a Tertuliano de ser antiintelectualista. Pero lo cierto es que Tertuliano no aboga por un irracionalismo ciego. El sí cree que hay cosas que son sencillamente demasiado maravillosas para ser comprendidas, tales como la crucifixión o el poder del bautismo. Pero esto no constituye una aseveración general de que la fe ha de basarse en la imposibilidad racional. Lo que sucede es más bien que Tertuliano cree que la especulación desenfrenada puede llevar al error, y que lo que es verdaderamente importante para el cristiano es lo que de hecho Dios ha revelado.

El centro del argumento de la *Prescripción* se plantea en el capítulo quince, en el que Tertuliano afirma que la discusión con los herejes a partir de las Escrituras se halla fuera de orden, pues los herejes no tienen derecho alguno a utilizar esas Escrituras. De aquí en adelante se desarrolla el verdadero argumento del libro, que afirma que las Escrituras pertenecen a la iglesia y que solo ella puede usarlas. Las Escrituras, así como la verdadera doctrina —resumida en la «regla de fe»—, fueron entregadas por los apóstoles a sus sucesores, y por estos a sus sucesores y así sucesivamente hasta llegar al día de hoy. Los herejes no pueden probar, como puede hacerlo la iglesia ortodoxa, que son sucesores de los apóstoles.

Luego, la iglesia que siempre ha utilizado las Escrituras es la única que tiene el derecho de utilizarlas e interpretarlas.

El argumento de Tertuliano es poderosísimo y contundente. Si los herejes no tienen derecho alguno a utilizar las Escrituras, solo la iglesia ortodoxa y apostólica tiene el derecho de determinar lo que es doctrina cristiana y lo que no lo es. Sin embargo, pocos años después el propio Tertuliano rompía con esas iglesias y se pasaba al bando montanista. Esta ruptura le obligó a emprender precisamente el tipo de refutación de los herejes que había excluido en la *Prescripción*. Una vez negada la autoridad final de las iglesias apostólicas, el argumento caía por tierra y era necesario refutar a los herejes de otro modo. Esto sirvió para que Tertuliano produjese algunas de sus obras de mayor importancia, sobre todo su *Contra Práxeas*.

Es poco lo que sabemos acerca de Práxeas. Al parecer, era oriundo de Asia Menor, donde había conocido tanto el monarquianismo como el montanismo, y había rechazado este y aceptado aquel. Al llegar a Roma se le recibió con gran honra, y Práxeas contribuyó a combatir el montanismo y a propagar el monarquianismo en esa ciudad. Es por ello que Tertuliano afirma que Práxeas «sirvió al Diablo en Roma de dos modos: echando la profecía e introduciendo la herejía; echando al Paracleto y crucificando al Padre».

Fue en respuesta a Práxeas que Tertuliano desarrolló su doctrina trinitaria. A fin de responder a Práxeas, Tertuliano apela a la terminología jurídica de la época, de donde toma dos términos que la iglesia continuaría empleando hasta nuestros días: «substancia» y «persona». «Substancia» ha de entenderse aquí no en su sentido metafísico, sino en el sentido que le daba la jurisprudencia de la época. Dentro de este contexto, la «substancia» corresponde a la propiedad y al derecho que una persona tiene a ella. Tomando el ejemplo de la monarquía, la substancia del emperador es el imperio, y por ello es posible que el emperador comparta su substancia con su hijo, como, de hecho, lo hizo Vespasiano. La «persona», por otra parte, ha de entenderse en el sentido de «persona jurídica» más bien que en su sentido usual. La «persona» es un ser que tiene cierta «substancia». Es posible que varias personas tengan una misma substancia, o que una sola persona tenga más de una substancia: y aquí se halla el centro de la doctrina de Tertuliano, no solo con respecto a la Trinidad, sino también con respecto a la persona de Cristo.

A partir de este concepto de substancia y de persona, Tertuliano afirma la unidad del Padre, el Hijo y el Espíritu Santo sin negar su distinción: los tres participan de una misma e indivisa substancia, pero no por ello dejan de ser tres personas. Luego, el genio de Tertuliano propuso la terminología que más tarde la iglesia de habla latina emplearía para referirse a la Trinidad: «una substancia en tres personas».

La cristología de Tertuliano, que logra su más feliz expresión en *Contra Práxeas*, es antes que nada una cristología antidoceta. En todas sus obras se manifiesta su interés en afirmar la realidad del cuerpo de Cristo. Para Tertuliano, la realidad del cuerpo de Cristo no es una simple doctrina, sino que de ella depende toda la soteriología cristiana. Por otra parte, la doctrina del monarquianismo modalista le obliga a pensar no solo en la necesidad de afirmar la realidad de la humanidad de Cristo, sino también en cómo esa humanidad se relaciona con la divinidad del Salvador. A esta tarea se enfrenta haciendo uso de los mismos conceptos con los que ya ha expresado las relaciones entre el Padre, el Hijo y el Espíritu Santo. Estos términos son «substancia» y «persona». En el Salvador hay una substancia humana y otra divina, unidas en una sola persona. Con estos breves rasgos que nunca llegó a completar, Tertuliano se adelantaba a su época aún más que con su doctrina trinitaria, pues su fórmula cristológica de las dos naturalezas en una persona era prácticamente la misma que la iglesia adoptaría más de dos siglos después, en el Concilio de Calcedonia.

Otro punto en el que Tertuliano influyó en los siglos posteriores tiene que ver con las consecuencias de sus tendencias estoicas para el desarrollo posterior de la doctrina del pecado original en Occidente. El estoicismo de Tertuliano le llevaba a concebir tanto el alma como a Dios mismo como seres corporales, y esto a su vez le llevaba a afirmar que el alma surgía de las almas de los padres, al igual que el cuerpo surge de los cuerpos de los padres. Esta doctrina recibe el nombre de «traducionismo», y es a partir de ella que se llega a entender el pecado original como una herencia que se traspasa de padres a hijos, juntamente con el cuerpo. Este no es el único modo de entender el pecado original, pero —debido en gran medida a la influencia de Tertuliano— se ha arraigado de tal modo en la mente occidental que esto es lo que viene a nuestra mente cuando se nos habla de «pecado original».

Lo que Tertuliano dice con respecto al bautismo es importante para la historia del culto cristiano, ya que en su tratado *Sobre el bautismo* ofrece indicaciones de cómo se administraba ese sacramento en el norte de África en su tiempo. Su propia opinión es que el bautismo tiene una eficacia real, y por tanto comienza su tratado exclamando: «¡Feliz nuestro sacramento del agua, puesto que, lavando los pecados de nuestra antigua ceguedad, nos liberta y nos introduce a la vida eterna!».

Sobre la eucaristía, Tertuliano no ofrece detalles claros, y es posible debatir sobre si la interpretaba en términos realistas o simbólicos, aunque probablemente el hecho mismo de plantear tal pregunta sea un anacronismo.

La importancia de Tertuliano para la historia del pensamiento cristiano es inmensa. Tertuliano no se limitó a traducir conceptos tomados de los escritores griegos, sino que imprimió su propia personalidad a su terminología. Por ello, Tertuliano no solo señaló el camino que habría de seguir el latín teológico, sino que señaló también el camino que habría de seguir la teología latina. Su legalismo, que era en parte producto de ciertas antiguas tendencias en la iglesia occidental, vino a ser también causa de la tendencia legalista que ha caracterizado al cristianismo latino. Algunos de sus dichos —«la sangre de los cristianos es semilla», «¿qué tiene que ver Atenas con Jerusalén?», etc.— han venido a formar parte de la herencia común de todas las personas cultas de Occidente. Sus doctrinas de la sucesión apostólica, del origen del alma y del pecado original han dejado huella profunda en el desarrollo de la iglesia cristiana. Sus fórmulas trinitarias y cristológicas se anticiparon en mucho al desarrollo posterior de estas doctrinas. ¿Cuál es el saldo de esta obra inmensa, con sus rigideces legalistas y sus momentos de increíble inspiración, con su firme defensa de la ortodoxia y su inexplicable carácter cismático? No lo sabremos hasta que la obra de cada cual sea probada.

La escuela de Alejandría: Clemente y Orígenes

En las primeras dos secciones de este capítulo hemos estudiado dos tendencias teológicas distintas entre sí, pero con muchos puntos de contacto. Ahora debemos dedicar nuestra atención a otra tendencia contemporánea de aquellas dos, pero muy diferente de ambas: la teología alejandrina.

A fines del siglo segundo y principios del tercero, Alejandría era una de las principales ciudades del imperio. En importancia política y económica, solo Roma y Antioquía podían hacerle sombra. La biblioteca de Alejandría era un arsenal de conocimientos sorprendentes para su época. El Museo, como su nombre indica, fue dedicado a las musas, y en él se congregaban y trabajaban los más distinguidos literatos, científicos y filósofos.

Por otra parte, la posición geográfica de Alejandría contribuyó a darle un sabor especial al pensamiento que en ella se forjaba. En Alejandría se daban cita las influencias orientales, a fin de amalgamarse allí en un todo ecléctico. Ya hemos visto que desde principios de nuestra era había en Alejandría un buen número de judíos y cómo estos tradujeron las escrituras e interpretaron su religión de un modo que acusaba las influencias que dominaban el ambiente alejandrino. Y no eran solo los judíos con sus Escrituras quienes venían a Alejandría, sino también los babilonios con su astrología, los persas con su dualismo, y un sinnúmero de orientales con sus diversas y confusas religiones mistéricas.

Puesto que ya hemos tratado sobre el judaísmo helenista, así como del gnosticismo de Basilides y otros, debemos aquí ofrecer una breve descripción del neoplatonismo de Plotino, la filosofía que llegó a dominar en Alejandría. Al igual que los demás filósofos de su tiempo, Plotino era un ecléctico que tomaba sus ideas de Platón, de Aristóteles y del estoicismo. El punto de partida de su sistema es el Uno inefable, que se encuentra más allá de toda esencia y de todo nombre que pudiera dársele. Todo cuanto existe se deriva de ese Uno absolutamente trascendente, aunque no por un acto de creación, sino más bien por lo que ha de entenderse en términos de la metáfora de la emanación, como un perfume que se expande a partir de su fuente.

Esa emanación parte del Uno perfecto y se extiende hacia la imperfección y la multiplicidad. El primer nivel de emanación es el Intelecto, en el que se combinan características del demiurgo de Platón y del logos de Filón. Luego viene el Alma del mundo, de la que toda alma humana es parte. Así se va desenvolviendo toda una jerarquía del ser, de tal modo que en su último nivel no hay sino materia pura, que es lo mismo que la multiplicidad absoluta.

Dentro de este marco, cada uno de nosotros es un alma aprisionada dentro del cuerpo. Luego, nuestra tarea es sobreponernos a las ataduras de nuestros cuerpos y ascender hasta llegar a esa unión mística con el Uno que recibe el nombre de «éxtasis».

Clemente y Orígenes, cuyo pensamiento estudiaremos en este capítulo, ilustran un modo de enfrentarse a las herejías muy distinto del de Ireneo o Tertuliano.

La historia externa de la escuela de Alejandría es difícil de reconstruir. Lo cierto parece ser que Panteno —de quien poco o nada sabemos— fundó en Alejandría una escuela privada al estilo de las que tenían los filósofos y la que Justino había tenido en Roma. A su muerte, Clemente le sucedió como cabeza de esa escuela, hasta que tuvo que huir debido a la persecución bajo Septimio Severo. Orígenes, por su parte, recibió a los dieciocho años no la dirección de una institución de estudios superiores, sino simplemente la responsabilidad de preparar a los catecúmenos para el bautismo. Más tarde, al ver que su fama crecía y que eran muchos los que estaban interesados en los conocimientos superiores que él podía ofrecerles, dejó la catequesis a cargo de Heraclas y fundó una escuela de investigaciones superiores, siguiendo el ejemplo de Panteno y Clemente. Luego, cuando aquí usamos el término «escuela de Alejandría» no nos estamos refiriendo a una institución determinada, sino que usamos el término «escuela» en el sentido de «tendencia teológica», aunque reconocemos que la gran labor de la escuela de Alejandría se llevó a través de la obra catequética y de los centros de estudios superiores que dirigieron Clemente y Orígenes.

Puesto que nada de la obra de Panteno ha llegado a nuestras manos, el primer pensador que aquí nos interesa es Clemente. En lo que a la vida de Clemente se refiere, nuestros conocimientos son harto escasos. Suponemos que sus padres eran paganos porque Clemente lo fue cuando era joven. Al parecer nació en Atenas, donde se educó. Luego viajó en pos de la sabiduría por Italia, Siria y Palestina, y por fin dio con Panteno en Alejandría y encontró en él la dirección que su espíritu necesitaba. Tras estudiar y colaborar por algún tiempo con Panteno, y a la muerte de este, Clemente le sucedió en la función docente, posiblemente por el año 200. Pero pronto la persecución de Séptimo Severo (año 202) le obligó a abandonar Alejandría, y desde entonces la historia de su vida se torna aún más nebulosa. Sólo sabemos que estuvo en Capadocia y en Antioquía, y que murió entre el año 211 y el 215.

Además de algunos fragmentos, los escritos de Clemente que han llegado hasta nosotros son cinco: *Exhortación a los griegos*, *El Pedagogo*, *Tapices*, *¿Quién es el rico salvo?* y los *Fragmentos de Teodoto*.

Para estudiar la doctrina de Clemente debemos partir de su modo de concebir la relación entre la teología y la filosofía o entre la verdad cristiana y la verdad de la filosofía griega. Aquí Clemente se coloca resueltamente en la tradición de Justino y Atenágoras, y frente a la actitud de Taciano y Tertuliano.

En cuanto al origen de la verdad que hay en la filosofía, nuestro autor adopta dos posiciones, tomadas ambas de sus antecesores, que son difíciles de compaginar. Por una parte, dice que los filósofos tomaron sus ideas de los hebreos. Por otra parte, afirma que la filosofía fue dada a los griegos con el mismo propósito con que la ley fue dada a los judíos: para servir de ayo que les condujese a Cristo. Aún más, la filosofía es el pacto que Dios ha establecido con los griegos, y —así como los judíos cuentan con sus profetas— bajo este pacto ha habido también hombres inspirados como Homero, Pitágoras y Platón. La verdad es una y proviene de Dios, de modo que los cristianos pueden y deben ver en la filosofía el reflejo de esa misma verdad que les ha sido revelada. Y si esto hace a algunos temer que caigamos en el error, es porque no tienen fe en el poder de la verdad, que se impone a sí misma.

Sin embargo, esto no quiere decir que la fe sea innecesaria para conocer la verdad, sino todo lo contrario. La filosofía trabaja a base de demostraciones racionales, sí; pero hasta los filósofos concuerdan en la imposibilidad de demostrar los primeros principios sobre los que se fundamenta toda otra demostración. Estos primeros principios solo pueden ser aceptados por un acto de la voluntad, es decir, por fe. Luego, todo conocimiento verdadero presupone un acto de fe. Pero hay más, ya que la fe no es solo el punto de partida del conocimiento, sino que el conocimiento es también necesario para la fe. La fe no consiste simplemente en adivinar o decidir arbitrariamente qué principios son ciertos.

Si el hecho de que «el conocimiento ha de ser creído» es la base de la respuesta de Clemente a quienes pretenden formular una filosofía autónoma, el hecho de que «la fe ha de ser conocida» es la base de su oposición a los herejes. Los herejes son como quienes no saben distinguir la moneda falsa de la buena, pues no tienen los conocimientos necesarios para hacer esa distinción. Si la fe no es una decisión arbitraria, sino que toma en cuenta la contribución del conocimiento, los herejes no tienen la verdadera fe, pues su «fe» se basa en sus propios gustos, y no en el conocimiento de las Escrituras.

Para Clemente no cabe duda de que las Escrituras son inspiradas por Dios. Su certeza acerca de esta inspiración es tal que ni siquiera se detiene a formular una teoría de ella. Dios habla en las Escrituras, y el modo en que esto se relaciona con los que las escribieron no es un problema de primera magnitud.

Lo que sí es importante determinar es el modo en que Dios habla en sus Escrituras, pues si pensamos que en ellas encontramos la expresión literal de la Palabra de Dios nuestra interpretación será muy distinta de lo que será si pensamos que en ella Dios nos habla mediante alegorías o símbolos. Como fiel miembro de la tradición exegética que hemos encontrado en el judaísmo alejandrino de Filón y en la *Epístola de Bernabé*, Clemente ve en la interpretación alegórica uno de los instrumentos principales de la hermenéutica bíblica. Sin embargo, debemos cuidarnos de no exagerar su tendencia al alegorismo, pues Clemente no tiende a abandonar el sentido histórico de las Escrituras, como lo harían algunos de sus precursores en la propia Alejandría. Mientras que el autor de la supuesta *Epístola de Bernabé*, por ejemplo, atribuiría a un ángel malo la interpretación literal que los judíos habían dado a la ley, Clemente subraya una y otra vez la realidad del sentido literal e histórico de las Escrituras. A fin de mantener a la vez este sentido histórico de las Escrituras y la profundidad y libertad que nacen de la interpretación alegórica, Clemente formula la doctrina de los dos sentidos de las Escrituras. Esta doctrina se basa en toda una concepción cosmológica de sabor marcadamente platónico, y según la cual las realidades de este mundo son símbolo de las realidades eternas. De igual modo que las cosas de este mundo son ciertas, pero al mismo tiempo tienen su valor máximo como señales que apuntan al mundo de las realidades últimas, los textos escriturarios son literalmente ciertos, pero tienen su valor máximo como señales o alegorías que dan a entender las verdades más profundas del universo. Todo texto tiene dos sentidos: uno literal y otro espiritual, y esta es la regla fundamental de la exégesis de Clemente. El sentido literal es el que se descubre en el texto mismo, sin pretender descubrir sentido oculto alguno. Esto no quiere decir que el sentido literal sea siempre el sentido que se desprende de una interpretación literalista e ingenua del texto, y por esta razón quizá sea más acertado llamar a este sentido «primer sentido», en contraste con los sentidos ulteriores que pueden descubrirse mediante la interpretación alegórica. Hay casos en que este «primer sentido» coincide con el sentido recto de las palabras de las Escrituras, como sucede en las narraciones históricas del Antiguo Testamento. Pero hay casos en que el «primer sentido» es el sentido figurado, pues una interpretación en sentido recto sería falsa. Tal es el caso de las múltiples parábolas, metáforas y alegorías que aparecen en las Escrituras, y cuyo «primer sentido» no ha de buscarse en su interpretación recta, sino en su sentido figurado.

Este «primer sentido» literal del texto bíblico no es ciertamente el más elevado, y el cristiano que pretenda llegar a un conocimiento profundo de su fe no ha de quedar satisfecho con él, pero esto no quiere decir que tal «primer sentido» carezca de importancia, o que pueda abandonársele sin abandonar la verdad bíblica. Por el contrario, el «primer sentido» es el fundamento de todo otro sentido. Sobre todo en el caso de los textos históricos y proféticos, negar este sentido del texto bíblico sería una negación de la acción y las promesas de Dios. Solo una razón puede justificar la negación del primer sentido de un texto: que diga algo que sea indigno de Dios. Así, por ejemplo, los textos en que se habla de Dios en términos antropomórficos han de ser interpretados de tal modo que se vea claramente que su antropomorfismo no es más que una alegoría que sirve para descubrir realidades más profundas.

Siempre hay, por encima del sentido primero o inmediato de un texto bíblico, uno o más «sentidos ulteriores» que se descubren mediante la interpretación alegórica. Según Clemente, las riquezas del conocimiento de Dios son tales que se equivocaría completamente quien creyese que solo puede haber una enseñanza en un texto bíblico. La misericordia y el amor de Dios son tales que en el mismo texto Dios da a conocer sus misterios a los más ignorantes y a los más sabios, hablando en diversos niveles que se ajustan al nivel de percepción de cada clase de creyentes. Luego, el cristiano que aspira a llegar a los más altos escalones de esta filosofía, que es el cristianismo, ha de buscar siempre, tras el sentido primero o literal de un texto bíblico, su sentido ulterior, alegórico o espiritual, que a su vez puede desdoblarse en varios sentidos diversos. Este es el fundamento de la interpretación alegórica de Clemente, que a su vez constituye una de las características de todo su pensamiento teológico, y que se ciñe a ciertos límites o principios exegéticos.

El primero de estos principios exegéticos ha sido señalado ya más arriba: la interpretación alegórica no debe descartar el sentido primero del texto, salvo cuando este sea tal que contradiga lo que sabemos del carácter y la dignidad de Dios. Así, por ejemplo, el sacrificio de Isaac, sin dejar de ser un acontecimiento histórico, es también una señal o tipo que anuncia el sacrificio de Jesucristo.

El segundo principio exegético de Clemente es que cada texto ha de ser interpretado a la luz del resto de las Escrituras. En primera instancia, esto quiere decir simplemente que todo texto ha de ser interpretado según su contexto inmediato. Pero para Clemente este principio hermenéutico tiene un alcance mucho más amplio, y sirve de inspiración a sus más complicadas interpretaciones alegóricas. En efecto, Clemente aplica este principio de tal modo que, para interpretar un texto bíblico, es necesario acudir a otros textos donde aparecen las mismas ideas, las mismas cosas, los mismos nombres y hasta los mismos números. Así se descubre el significado alegórico de cada uno de los elementos que componen el texto en cuestión y se logra la interpretación alegórica, no a base de la imaginación del exégeta, sino a base del simbolismo bíblico. Naturalmente, careciendo como carecía de los conocimientos críticos e históricos de nuestros días, Clemente caería en las más desatinadas interpretaciones en virtud de este principio exegético. Pero esto no ha de hacernos olvidar que en este principio hay un intento de dirigir la interpretación alegórica de tal modo que esta quede siempre dentro del marco del pensamiento bíblico. Como ejemplo del modo en que Clemente aplica este principio podemos citar el texto en que, a fin de aclarar el sentido del capítulo sexto del *Evangelio según San Juan*, en que Jesús insta a sus discípulos a comer su cuerpo y beber su sangre, Clemente apela a Génesis 4:10, en que Dios dice a Caín: «La voz de la sangre de tu hermano clama a mí desde la tierra». De aquí parte Clemente para mostrar que en el lenguaje bíblico la sangre es símbolo de la Palabra, y que por ello la sangre a que se refiere el Señor no es otra cosa que él mismo.

De este método exegético, que parte de la existencia de diversos niveles de sentido en el texto bíblico, así como de su inclinación hacia la investigación filosófica, surge otra de las características fundamentales del pensamiento de Clemente: su distinción entre los simples cristianos y los «verdaderos gnósticos». En efecto, Clemente cree que, además de la simple fe que poseen todos los cristianos, es dable poseer una comprensión más profunda de las verdades eternas, una «gnosis» superior reservada para los espíritus que se dedican a la búsqueda intensa de la verdad. Esta «gnosis», que Clemente contrapone a la «falsa gnosis» de los herejes, es de un carácter tanto ético como intelectual. A esta «gnosis» se llega por diversos medios a los que Clemente se refiere con frecuencia, pero cuya relación interna no siempre resulta clara: la inspiración personal, la exégesis alegórica de las Escrituras, el empleo de la dialéctica platónica, y una tradición secreta a la que Clemente apela repetidas veces, pero cuyo carácter, contenido y medios de transmisión son difíciles de determinar. En todo caso, lo que aquí nos interesa es que el pensamiento de Clemente tiene un marcado carácter aristocrático y hasta esotérico que hace de él poco más que la simple expresión de lo que podemos suponer haya sido el pensamiento de un reducidísimo grupo de cristianos de esa ciudad.

La doctrina de Dios de Clemente ha de expresarse sobre todo en términos negativos: Dios no tiene atributos; Dios se halla allende la categoría de substancia; nada puede decirse directamente de él, pues Dios es incapaz de definición. Pero a estas aserciones de carácter marcadamente platónico debemos añadir otra de un matiz netamente cristiano: Dios es trino. Junto al Padre, y desde toda la eternidad, está el Verbo. Este Verbo de Dios, principio de todo conocimiento y de toda creación, se ha encarnado en Jesucristo. La encarnación es el punto culminante hacia el que el Verbo mismo ha dirigido toda su obra anterior, tanto entre los gentiles como entre los judíos. En efecto, el propósito para el que el Verbo ha inspirado la filosofía a los griegos y la ley a los judíos es para que tanto la una como la otra sirvan de ayo que conduzca a Cristo, el Verbo encarnado.

Sin embargo, a pesar de la importancia que Clemente concede a la encarnación, es necesario confesar que su modo de comprender esa encarnación deja mucho que desear. El Verbo asumió una naturaleza humana completa, sí, y Cristo era humano tanto en cuerpo como en alma. Pero esta unión de lo divino y lo humano es tal que se pierden algunas de las características fundamentales de lo humano. Así, por ejemplo, Clemente dice que Cristo comió, no porque le fuera necesario, sino para mostrar que su cuerpo era real.

Clemente no expone detenidamente su doctrina del Espíritu Santo. Quizá al subrayar la función del Verbo como iluminador e inspirador de los creyentes se le hace difícil asignar al Espíritu una función paralela. Esto no quiere decir que Clemente no distinga la persona del Espíritu de las otras dos personas de la Trinidad; aunque sin emplear el término «persona», desconocido para Clemente en este contexto. Para él, el Espíritu es sobre todo el principio de cohesión que atrae a los humanos hacia Dios. En todo caso, sí hay en Clemente una doctrina clara del carácter trino de Dios.

Este Dios trino es el Creador. El mundo es el resultado de la acción de Dios, y no de una emanación de la divinidad ni de la ordenación de una materia preexistente. La creación —doctrina que, según Clemente, enseñan tanto las Escrituras como los filósofos— tuvo lugar fuera del tiempo, pero esto no hace que la creación se disuelva en una simple preservación, y Clemente llega a afirmar que Dios, que creó todas las cosas en el principio, ya no crea, sino que ha dejado la preservación y multiplicación de las cosas al orden natural.

La creación incluye no solo a los humanos y el mundo en que vivimos, sino también a los ángeles y demás seres celestiales. Como un reflejo de la obra de Dios en siete días, toda la creación encuentra su estructura fundamental en el número siete: siete son los miembros del primer orden angélico; siete los planetas; siete los astros de las Pléyades; etc., etc. Aquí vemos en Clemente los comienzos de uno de los intereses que han de caracterizar a buena parte de la teología de cariz platónico en los siglos por venir: la investigación de la estructura jerárquica del universo, y sobre todo de las huestes celestiales.

La doctrina de Clemente acerca del ser humano guarda con la de Ireneo relaciones que sorprenden en dos pensadores de tendencias tan diversas. Para Clemente, como para Ireneo, Adán fue creado con una inocencia infantil, y debía lograr el propósito de su creación en un crecimiento ulterior hacia la perfección. Con la caída de Adán —cuya causa es el ejercicio de las funciones sexuales antes de lo que Dios había ordenado— este quedó sujeto al pecado y la muerte. Adán más bien que la cabeza del género humano —como lo era para Ireneo— es para Clemente el símbolo de lo que nos sucede a todos individualmente. Cuando un niño nace no está bajo «la maldición de Adán». Pero a fin de cuentas todos pecamos, y todos venimos a ser como Adán. Entonces quedamos sujetos al Diablo y somos esclavos del pecado y la muerte. Esto no quiere decir que la libertad humana quede completamente destruida. Al contrario, cuando Dios, a través del Verbo, ofrece la fe, es el humano quien por su propia libertad ha de decidir aceptarla. Esta fe no es más que el comienzo de la nueva vida, que Clemente describe a veces como el nuevo comienzo del desarrollo que quedó interrumpido con el pecado, y a veces como un proceso de divinización. Tras la fe —y aquí se manifiesta de nuevo el carácter esotérico del pensamiento de Clemente— han de venir el temor y la esperanza, pero todo ha de culminar en el amor y, por último, la «gnosis». Si todo esto ha de tener lugar en esta vida, o si es posible continuar el proceso de divinización después de la muerte, es una cuestión que no queda claramente resuelta en las obras de Clemente.

Debemos cuidarnos, sin embargo, de no interpretar la doctrina de Clemente acerca de la salvación en términos excesivamente individualistas, pues la iglesia juega un papel de primera importancia en el proceso de la salvación. La iglesia es la Madre de los creyentes, y es en su seno que tiene lugar el proceso de iluminación y divinización que ha de constituir la meta de la vida del «verdadero gnóstico». A esta iglesia se penetra mediante el bautismo, y en ella el creyente es alimentado mediante la eucaristía. El bautismo es el lavacro de los pecados, y en él tiene lugar la iluminación que constituye la raíz de la vida cristiana. Sin embargo, Clemente no hace del bautismo el punto en el que se nos da esa vida en toda su plenitud, sino solo el punto de partida de un crecimiento que ha de llevar a la perfección. En cuanto a la eucaristía, Clemente afirma su eficacia real para alimentar la fe y para hacer al comulgante partícipe de la inmortalidad.

El valor del pensamiento de Clemente se encuentra principalmente en el modo en que hace girar toda su teología alrededor de un principio fundamental: el Verbo. La doctrina del Verbo le sirve de fundamento en su intento de relacionar la filosofía pagana con las Escrituras. El Verbo es el principio de unión de toda la historia humana, y sobre todo de ambos testamentos. La iluminación y participación del Verbo es la base de la vida superior del «gnóstico verdadero». Al mismo tiempo, es en la doctrina del Verbo que se ven más claramente los conflictos no resueltos entre la tradición helenista y la cristiana: en la doctrina del Verbo de Clemente aparecen lado a lado elementos platónicos y elementos del cuarto Evangelio que han de influir en toda su interpretación de la verdad cristiana. Es precisamente en esta dualidad del pensamiento de Clemente, a veces no resuelta, que estriba su interés para la historia del pensamiento cristiano. Pero la importancia de Clemente para la historia del pensamiento cristiano está en el modo en que comunicó algunas de sus ideas fundamentales a su discípulo Orígenes, quien luego las sistematizó e hizo de ellas un imponente edificio teológico.

A diferencia de Clemente, Orígenes era hijo de padres cristianos. Su padre, Leónidas, entregó la vida como mártir en el año 202, durante la persecución de Séptimo Severo. En esa ocasión, Orígenes exhortó a su padre a ser fiel hasta la muerte, y su celo era tal que su madre se vio obligada a esconder sus ropas para que no pudiese salir a la calle y hacerse arrestar.

Poco después de la muerte de su padre, Orígenes, todavía en plena adolescencia, comenzó a enseñar literatura y filosofía como medio de ganarse el sustento. Pronto la comunidad cristiana de Alejandría tuvo que enfrentarse al grave problema de que, debido a que muchos se habían ausentado a causa de la persecución, no había quien instruyese a los catecúmenos en la doctrina cristiana. El obispo Demetrio encomendó esa tarea a Orígenes, quien a la sazón contaba dieciocho años y quien había sido discípulo de Clemente. Debido a su temperamento, Orígenes tomó esta responsabilidad con gran celo y se dedicó no solo al estudio intenso, sino a la práctica de una vida austera, que para él fue siempre parte integrante de la vida filosófica.

La fama de Orígenes crecía, y pronto sus discípulos eran tantos que se le hacía imposible instruirlos a todos. Fue entonces que entregó la labor catequética propiamente dicha —la preparación de los catecúmenos para el bautismo— a su discípulo Heraclas, y se reservó la instrucción de quienes venían en busca de conocimientos más profundos. De este modo, Orígenes fundaba una nueva escuela de estudios avanzados al estilo de los antiguos filósofos o de Justino o Panteno. Fue en esta escuela de estudios avanzados que Orígenes comenzó a exponer sus más profundos pensamientos, y fue a través de ella que alcanzó renombre mundial, hasta tal punto que numerosos paganos —entre ellos el gobernador de Arabia y la madre del emperador— hacían grandes esfuerzos por poder escuchar al famoso filósofo. Pero entonces una serie de conflictos con su antiguo discípulo y ahora obispo Heraclas le llevaron a partir de Alejandría y establecerse en Cesarea de Palestina, donde transcurrió el resto de su vida.

En Cesarea, Orígenes fundó una escuela teológica semejante a la que había organizado en Alejandría. En ella se dedicó a la enseñanza teológica por espacio de casi veinte años. Por último, tras largos años de labor docente, teológica y literaria, Orígenes tuvo ocasión de probar en su propia vida lo que de niño había esperado y admirado en su padre, y lo que había enseñado en su *Exhortación al martirio*. Bajo el gobierno de Decio se desató en todo el imperio la más cruenta persecución que los cristianos habían conocido. Se trataba de una persecución sistemática y organizada cuyo propósito no era tanto matar a los cristianos como hacerles abjurar de su fe, de modo que la suerte de los mártires, más que en la muerte, consistía en largos períodos de torturas. A tales torturas fue sujeto Orígenes por espacio de varios días y, a juzgar por el testimonio de Eusebio, su conducta fue admirable. No sabemos cómo Orígenes logró salir de los calabozos del imperio, pero sí sabemos que murió, posiblemente a causa de las torturas, en la ciudad de Tiro, en el año 253, cuando contaba casi setenta años de edad.

La obra literaria de Orígenes fue inmensa; tanto que no podemos dar aquí ni siquiera una lista de los títulos de sus obras. Debido a las vicisitudes de la historia, la inmensa mayoría de las obras de Orígenes se han perdido, pero la pequeña fracción que ha llegado hasta nosotros es ya un conjunto impresionante.

Para dar una idea de la producción literaria de Orígenes, debemos comenzar por su labor como estudioso de la Biblia. Orígenes siempre se tuvo por exégeta del texto sagrado, y a esta labor dedicó sus mayores esfuerzos. Entre las obras relacionadas con este aspecto de la labor literaria de Orígenes, debemos mencionar la *Hexapla*, los escolios, las homilías y sus numerosos comentarios. La *Hexapla* es el primer intento en la historia de la iglesia cristiana de proveer los instrumentos necesarios para establecer el texto original de las Escrituras. Consistía esta obra —la mayor parte de la cual se ha perdido— en una presentación paralela, en seis columnas, del texto hebreo de la Biblia, de una transliteración del texto hebreo en caracteres griegos, y de las cuatro versiones griegas que circulaban entonces. A estas, Orígenes añadía cualquier otra versión existente, y así había secciones —las correspondientes a los Salmos— en que la obra llegaba a tener hasta nueve columnas. Mas Orígenes no se contentó con esta labor de compilación, sino que se dedicó a comparar el texto de la Versión de los Setenta con el texto hebreo, y creó todo un sistema de signos para señalar las alteraciones, las omisiones y las adiciones. En esto se adelantó en muchos siglos a la crítica moderna. Los *escolios* eran explicaciones de algunos pasajes individuales de difícil interpretación. Todos se han perdido, excepto algunos fragmentos.

De las homilías o sermones de Orígenes, la mayoría se ha perdido, pero se conserva un número suficiente para darnos una idea de la predicación de Orígenes. Se trata sobre todo de una predicación de carácter moral, donde las especulaciones que encontramos en los comentarios juegan un papel secundario. Los comentarios son las principales obras exegéticas de Orígenes. Aunque ninguno de ellos ha llegado hasta nosotros en su totalidad, se conservan porciones bastante extensas de varios de ellos. Estos son la fuente principal de nuestro conocimiento del método exegético de Orígenes, que es de importancia primordial para comprender su pensamiento.

Además de estas obras de carácter exegético, se conservan de Orígenes una obra apologética, otra sistemática, y algunas de carácter práctico que son de menos interés para nuestros propósitos.

La obra apologética a que nos referimos es *Contra Celso*. Celso era un filósofo pagano que algunos años antes había escrito una obra contra los cristianos, *La palabra verdadera*. Esta era un ataque mordaz y bien documentado no solo a las costumbres cristianas, sino también y sobre todo a las doctrinas y Escrituras cristianas. Debido a que Orígenes se dedica a refutar los argumentos de Celso uno por uno, su obra carece de un principio de unidad interna. A pesar de ello es de vital importancia para la historia del encuentro entre el paganismo y el cristianismo en los primeros siglos de nuestra era.

Por último, la gran obra sistemática de Orígenes es la que se conoce como *De los primeros principios, De principiis*. Puesto que sobre esta obra ha de basarse buena parte de nuestra exposición del pensamiento de Orígenes, baste decir por ahora que se trata de una obra en cuatro libros y que la mayor parte de ella se conserva solo en una traducción latina de Rufino, quien se tomó el trabajo —y con ello complicó el nuestro— de corregir las opiniones de Orígenes que le parecían demasiado audaces. Luego, al hacer uso de esta obra debemos recordar siempre este hecho, y buscar en el resto de las obras de Orígenes la clave que nos ayude a descubrir el sentido del texto original.

Al exponer el pensamiento de Orígenes, debemos partir de su modo de interpretar las Escrituras, pues la exégesis fue siempre el principal interés del maestro alejandrino. La inmensa mayoría de sus obras son de carácter exegético, y la interpretación escrituraria ocupa el lugar central aún en su obra sistemática *De principiis*.

Aunque Orígenes se halla lejos de ser literalista en su interpretación del texto sagrado, sí cree firmemente en la inspiración literal de cada palabra en las Escrituras. En ellas no hay «una iota ni una tilde» que no contenga un misterio, y de ahí la gran importancia que Orígenes concede a la labor de restaurar el texto bíblico original. Esto no quiere decir que el sentido verdadero de la Biblia sea siempre el que se desprende de una interpretación literal. Al contrario, el hecho de que aun los pasajes al parecer más absurdos hayan sido inspirados por Dios prueba la necesidad de interpretar la Biblia «espiritualmente». De aquí se sigue el principio de que un texto bíblico tiene —o puede tener— tres sentidos diversos pero complementarios: un sentido corporal, otro moral, y un tercero espiritual.

Lo que antecede no ha de hacernos pensar que Orígenes desprecie el sentido literal de las Escrituras. Pero sí afirma que hay casos en los cuales es necesario desechar el sentido literal de un texto. Todo texto bíblico tiene un sentido espiritual, pero no todo texto tiene un sentido literal. Así, por ejemplo, comentando acerca de ciertas leyes de Levítico, Orígenes afirma que se sonrojaría si tuviese que interpretarlas como los judíos y confesar que fueron dadas por Dios. Según una interpretación literal, no podría negarse que las leyes humanas —como las de los romanos, atenienses y lacedemonios— son superiores a estas leyes. Este es el error de los judíos y marcionitas, que todo lo interpretan literalmente. Pero es el sentido espiritual de las Escrituras el que verdaderamente cautiva el interés de Orígenes. Ese sentido le da plena libertad de alzarse en esos vuelos especulativos que son tan de su agrado y tan característicos del pensamiento alejandrino, tanto cristiano como judío y pagano. Por otra parte, la exégesis espiritual le permite descubrir puntos de contacto entre la filosofía platónica y el mensaje bíblico, sin sentirse obligado a abandonar ninguno de estos dos polos de su pensamiento.

Conviene señalar, sin embargo, que esta exégesis espiritual no es siempre alegórica en el sentido estricto de ese término. Al contrario, Orígenes se hallaba demasiado sumergido en la vida y fe de la iglesia para no hacer uso de la larga tradición de interpretación tipológica que habían establecido pensadores como San Pablo y Justino. Por esta razón la tipología ocupa un lugar de importancia en la exégesis espiritual de Orígenes, de modo que en sus obras aparecen temas tradicionales como el del sacrificio de Isaac como «tipo» o «figura» de la pasión de Cristo, o el de la circuncisión como tipo del bautismo.

Por otra parte, esta tradición tipológica no es óbice para que Orígenes dé vuelos a la interpretación alegórica. La alegoría es el método exegético característico del gran maestro alejandrino, y de ella hace uso a cada paso. Tal alegoría alcanza vuelos nunca antes igualados en la exégesis cristiana, y en ella Orígenes encuentra el medio de justificar y apoyar mediante textos bíblicos más de una doctrina totalmente extraña a las Escrituras, hasta tal punto que ha sido posible interpretar su pensamiento como un sistema filosófico que poco tiene que ver con el cristianismo. Aunque tal interpretación resulta exagerada, conviene tenerla en mente como un indicio de los peligros que la interpretación alegórica hace correr al pensamiento de Orígenes.

Sin embargo, sí hay en el pensamiento de Orígenes otra clave que ha de dirigirle en cuanto a lo que ha de encontrar en las Escrituras: la regla de fe de la iglesia. Como hemos señalado en un capítulo anterior, esta «regla de fe» no era una fórmula escrita o fija, sino que era más bien la predicación tradicional de la iglesia, y su contenido variaba ligeramente de localidad en localidad. Pero sí había ciertas doctrinas fundamentales que la regla de fe afirmaba y que Orígenes no creía poder contradecir. Luego, la regla de fe le servía de freno que mantenía su pensamiento —en parte al menos— dentro de los ámbitos de la doctrina tradicional de la iglesia.

El primer artículo de esta regla de fe se refiere a Dios. Según Orígenes, Dios es tal que su naturaleza no puede ser comprendida por entendimiento humano alguno. Dios es invisible, no solo en el sentido físico que impide que nuestros ojos le vean, sino también en el sentido intelectual, pues no hay mente alguna capaz de contemplar su esencia. Por muy perfecto que sea el conocimiento de Dios que logremos, debemos recordar siempre que él es mucho mejor de lo que nuestro entendimiento puede concebir. Dios es una naturaleza simple e intelectual, y se halla allende toda definición de esencia. Todo el lenguaje antropomórfico con que la Biblia se refiere a Dios ha de ser entendido alegóricamente, como dándonos a entender algún aspecto del modo en que Dios se relaciona con la creación y con los humanos. Si hay algún modo en que Orígenes se atreve a hablar de Dios en sentido recto, este es refiriéndose a él como el Uno. La unidad absoluta —la unidad frente a la multiplicidad del mundo, como la entendía el platonismo de entonces— es el atributo por excelencia del ser de Dios.

Mas este Dios inefable es también el Dios trino de la regla de fe de la iglesia. Orígenes no solo conoce y emplea frecuentemente el término «Trinidad», sino que también contribuyó grandemente al desarrollo de la doctrina trinitaria, pues en su pensamiento se encuentra al menos una de las fuentes de los debates trinitarios que habían de sacudir a la iglesia casi un siglo más tarde.

Siguiendo la regla de fe por entonces establecida, Orígenes afirma que Dios es Padre, Hijo y Espíritu Santo. Pero en cuanto a las relaciones exactas entre estos tres, la regla de fe le permitía cierta libertad de movimientos. Y aquí es donde Orígenes pone en juego su originalidad y capacidad especulativa. En lo que respecta a las relaciones entre el Padre y el Hijo, hay en Orígenes dos tendencias opuestas que él, haciendo uso de sus grandes dotes intelectuales, logró mantener en equilibrio, pero que luego dividirían a sus discípulos en dos grupos violentamente antagónicos. La primera de estas tendencias es la de subrayar la divinidad y eternidad del Hijo, y su identidad con la divinidad. Sin embargo, juntamente con esta tendencia a subrayar la igualdad y coeternidad entre el Padre y el Hijo, aparece en Orígenes la tendencia a subrayar la distinción entre ambos. Si bien Orígenes se niega a hacer consistir la diferencia entre el Padre y el Hijo en una limitación de este último, sí hay en el Hijo cierta limitación necesaria para que el Dios que trasciende a toda esencia y toda definición sea capaz de ser conocido. El Hijo es la imagen de Dios; su nombre; su rostro. El Padre se halla más allá de la naturaleza personal; el Hijo es el don personal, capaz de relacionarse con el mundo y con los humanos. Dentro de este marco de pensamiento —que es característico de la teología que ha recibido la influencia del platonismo— el Verbo viene a ser un ser intermedio entre el Uno inefable y la multiplicidad del mundo. Esta tendencia a subrayar la distinción entre el Padre y el Hijo se manifiesta en todo el pensamiento de Orígenes, y resulta fácilmente comprensible si recordamos que una de las grandes herejías de la época era el monarquianismo modalista, que tendía a hacer del Padre, el Hijo y el Espíritu Santo tres manifestaciones sucesivas de Dios.

La mayoría de los discípulos de Orígenes no supo mantener esta tensión, y pronto los veremos dividirse de tal modo que, mientras un grupo subrayará la coeternidad del Hijo con el Padre, el otro subrayará la subordinación del Hijo al Padre y la distinción entre ambos.

En cuanto a la Tercera Persona de la Trinidad, Orígenes afirma que el Espíritu Santo procede del Padre, y no es una criatura, sino que el Espíritu es coeterno con el Padre y el Hijo. Hay en el pensamiento de Orígenes la misma tensión en lo que se refiere al Espíritu Santo que ya hemos notado en lo que se refiere al Hijo. Pero también aquí debemos subrayar que ni por un momento Orígenes pone en tela de juicio la divinidad del Espíritu Santo, como tampoco la del Hijo.

Por último, conviene señalar que Orígenes tiende a distinguir entre las diversas operaciones o radios de acción de las tres personas de la Trinidad en lo que a sus relaciones con las criaturas se refiere. Por consiguiente, todas las criaturas derivan su ser del Padre; de entre estas, las racionales derivan su carácter de tales del Hijo; y por último las criaturas racionales que son santificadas lo son por obra del Espíritu Santo.

La doctrina de Orígenes acerca de la creación pone de manifiesto el alcance de la influencia del idealismo platónico sobre su pensamiento. El mismo argumento que le servía para probar la generación eterna del Hijo, y que partía de un concepto estático de la divinidad según el cual el Padre ha de ser siempre Padre, le lleva a afirmar la eternidad de la creación, pues el Creador ha de ser siempre Creador. Por otra parte, el carácter de esta creación eterna se halla determinado también por principios idealistas, pues no es posible que la materia sea eterna. Luego, Orígenes postula una creación eterna, pero no una materia eterna. El mundo que Dios crea en primer término no es este mundo visible, sino el mundo de los intelectos. Estos son los recipientes primarios de la actividad creadora de Dios, como también serán más tarde los beneficiarios de su acción salvadora. Estos intelectos fueron creados de tal modo que su propósito se encontraba en la contemplación de la Imagen de Dios, que es el Verbo. Pero estaban también dotados de libertad, la cual les permitía apartarse de la contemplación de esa Imagen y dirigir su mirada hacia la multiplicidad. Ningún ser creado es bueno o malo por razón de su esencia, sino por razón del uso que hace o ha hecho de su propia libertad.

Haciendo uso de su libertad, cierto número de estos intelectos que Dios había creado se apartaron de la contemplación de la Imagen, y con ello «se enfriaron» y se convirtieron en almas. Mas no todos se apartaron en igual medida, y esta es la razón de la diversidad y jerarquía de los seres racionales. Esta jerarquía es múltiple e incluye tronos, principados, potestades y todos los seres celestiales de que hablan las Escrituras. Pero básicamente se compone de tres niveles: los seres celestiales, cuyos cuerpos son etéreos; los que hemos caído hasta este mundo, con nuestros cuerpos carnales; y los demonios, cuyos cuerpos son aún más bastos que los nuestros.

De toda esta especulación acerca del origen de los seres racionales surge la doctrina de la doble creación, que Orígenes toma de Filón. Según esta doctrina, las dos narraciones paralelas de la creación que aparecen en el Génesis corresponden a dos acciones diversas por parte de Dios. La primera es la creación de los intelectos, y es de ellos que se dice que Dios los creó «varón y hembra», es decir, sin distinciones sexuales. La segunda es la creación de este mundo visible, que Dios plasmó a fin de que sirviese de campo de prueba a los espíritus caídos, y en el cual Dios hizo primero el cuerpo del hombre y luego el de la mujer.

En este mundo, cada uno de nosotros se halla a prueba a fin de que, mediante el ejercicio de nuestra libertad, podamos regresar a la unidad y armonía de todos los seres racionales que es el propósito de Dios. Entretanto, y mientras nos acercamos a ese fin, parece probable —y aquí Orígenes no se atreve más que a sugerir— que tengamos que pasar por toda una serie de encarnaciones que nos lleven de escalón en escalón de la jerarquía de los seres.

Este propósito divino de restaurar la unidad original incluye a todos los seres racionales. Los demonios —y aun el Diablo, que es el principio del mal y cuya caída fue la causa de la caída del resto de los intelectos— forman también parte de este propósito, y al fin volverán a su estado original de intelectos dedicados a la contemplación del Verbo. Esto quiere decir, naturalmente, que el infierno y la condenación no son eternos, y Orígenes los interpreta como una purificación por la que algunos seres tienen que pasar: una especie de fiebre cuyo propósito es destruir la enfermedad.

Pero esto no quiere decir que no tengamos que luchar contra el Diablo y sus demonios. Aunque el Diablo haya de ser salvo en la consumación, por lo pronto sigue siendo el Adversario, y está decidido a arrastrar consigo a cuantos seres racionales —y, sobre todo, almas humanas— le sea posible. Aún más, puesto que todos hemos pecado —de no haber pecado no estaríamos en este mundo—, todos nos hemos hecho sus servidores, y él ejerce sobre nosotros un poder maligno y subyugante.

Por otra parte, tenemos el impedimento de que nuestra caída ha sido tal que hemos quedado imposibilitados para contemplar las cosas de Dios por nuestros propios medios. Y, puesto que en tal contemplación está la salvación, nos hallamos imposibilitados para ejercer nuestra libertad de tal modo que podamos librarnos de la condición en que estamos, y regresar a nuestro anterior estado intelectual. A fin de librarnos de estos dos impedimentos, el Verbo se hizo carne. El propósito de la encarnación es, por una parte, destruir el poder del Diablo y, por otra, dar a los humanos la iluminación que necesitan a fin de ser salvos. Cristo es el vencedor del Diablo y el iluminador de los humanos.

En la encarnación, el Verbo de Dios se unió a un intelecto que no había caído, y mediante él a un cuerpo que, aunque distinto en su origen, en nada difería del resto de los cuerpos humanos. Al así declarar que el Verbo de Dios se unió no solo a un cuerpo humano, sino también a un intelecto creado, Orígenes estaba afirmando algo que más tarde algunos de sus seguidores alejandrinos negarían, y por lo cual fueron declarados herejes.

Como ya hemos señalado, el propósito de esta encarnación del Hijo de Dios es librar al humano del poder del Diablo y mostrarle el camino de la salvación. Cristo logra su victoria sobre el Diablo a través de toda su vida, y sobre todo en su encarnación y muerte. En la encarnación, Cristo penetró los dominios del Diablo, y con ello comenzó su obra victoriosa. Pero fue en la muerte de Cristo que el Diablo mismo, dejándose engañar por la aparente debilidad del Salvador, le introdujo en el ámbito más recóndito de su imperio, donde Cristo le venció al retornar victorioso de entre los muertos. Desde entonces, todos los muertos que así lo deseen pueden seguirle, escapando así de las garras de la muerte y de su amo, el Diablo.

El otro aspecto fundamental de la obra de Cristo es mostrar el camino de la salvación. El Verbo se encarnó porque el humano era incapaz, por sus propios medios, de la contemplación de las realidades divinas que era necesaria para regresar a su estado original de intelecto en comunión con Dios. Luego Cristo es, además del Salvador victorioso, el ejemplo e iluminador. En él el humano ve a Dios, y ve también cómo ha de dirigir su vida a fin de ser salvo.

La escatología de Orígenes, como contraparte que es de su doctrina de la creación, acusa la misma influencia platónica que ya hemos señalado con respecto a la creación. Se trata de una escatología puramente espiritualista, en la que todos los intelectos regresarán a su estado original de armonía y comunión con Dios. Pero aun esta restauración universal —o *apocatástasis*— no es final en el sentido estricto del término, pues después de este mundo habrá otros que se sucederán en una secuencia interminable. Puesto que los intelectos son libres y seguirán siéndolo aún después de la consumación de este mundo, cabe esperar que lo que ha sucedido en este «siglo» o eón sucederá de nuevo, y entonces surgirá un nuevo mundo y un nuevo proceso de restauración. Aquí Orígenes se deja llevar por su curiosidad especulativa y —aunque afirma que no se le debe seguir en todo esto como si se tratase de una expresión de la regla de fe— se dedica a investigar el carácter de esos otros mundos. Estos no han de ser, como creían los estoicos, simples repeticiones del mundo que ahora conocemos. Al contrario, han de ser distintos, y no hay modo de saber si han de ser mejores o peores. En todo caso, Orígenes está seguro al menos de una cosa, y es que Cristo sufrió de una vez por todas en este mundo y no ha de sufrir en los venideros.

Todo lo que antecede no ha de hacernos pensar acerca de Orígenes como un individualista que, apartado de la fe y la vida de la iglesia, lleva a cabo sus especulaciones por cuenta propia. Al contrario, cada vez que Orígenes se prepara a proponer una de sus teorías más audaces cuida de aclarar que lo que ha de decir no es más que una opinión, y que no ha de ser creído como si se tratase de una exposición de la regla de fe. Además, Orígenes presta gran importancia al papel de la iglesia misma y de los sacramentos en el plan de salvación. Fuera de la iglesia nadie es salvo —aunque Orígenes interpreta esta iglesia no tanto en términos de una estructura jerárquica como en términos de una comunidad de fe. Los sacramentos, por su parte, obran para la santificación de quien participa de ellos, y en la Eucaristía se da la presencia real y física de Cristo; aunque, por otra parte, el creyente que tiene ciertas dotes intelectuales debe elevarse por encima de esta interpretación común y ver el sentido simbólico del sacramento.

Orígenes fue sin lugar a dudas el más grande pensador de la escuela de Alejandría. Su pensamiento, en extremo audaz, le valió tanto una multitud de discípulos agradecidos como otro grupo no menos numeroso de enemigos y una larga historia de anatemas por parte de sínodos y concilios. Entre sus discípulos se cuentan Gregorio Taumaturgo, el evangelizador del Ponto, Eusebio de Cesarea, primer historiador de la iglesia y Dionisio el Grande, quien sucedió a Heraclas como obispo de Alejandría. Pero su influencia se extiende también a los más grandes teólogos de la iglesia Oriental —Atanasio, Basilio el Grande, Gregorio Nacianceno y Gregorio de Niza, entre otros— y hasta algunos de los teólogos occidentales —Hilario de Poitiers y Ambrosio de Milán. Sin embargo, ninguno de estos grandes doctores de la iglesia aceptó la doctrina de Orígenes en su totalidad, y ninguno de ellos se sintió llamado a defender sus más audaces especulaciones cuando fueron condenadas, primero por teólogos individuales como Metodio de Olimpo y Rufino, y luego por sínodos y concilios como el que convocó Justiniano en la ciudad de Constantinopla en el año 553.

A diferencia del de Clemente, el pensamiento de Orígenes es teocéntrico. En Clemente, el Logos era el punto de contacto entre la filosofía pagana y la revelación cristiana, y esto determina el carácter de su teología. En Orígenes, al contrario, todo gira en torno al Dios Trino, y en última instancia del Padre. La consecuencia de esto es que Clemente tiende a interpretar toda la verdad cristiana a partir de la doctrina del Logos como iluminador, y llega así a la más peligrosa de sus doctrinas: la de un cristianismo «gnóstico», que solo está al alcance de quienes reciben del Logos una iluminación especial. Esto es consecuencia inmediata del punto de partida de Clemente, que tiende a hacer del cristianismo una simple verdad superior que ha de ser recibida por la iluminación del Logos. Orígenes parte no del Logos, sino de un Dios cuyas características están prácticamente determinadas por el platonismo. El resultado de esto es el conjunto de doctrinas que más tarde le valieron la censura de buen número de cristianos: la eternidad del mundo, la preexistencia de las almas y la existencia de otros mundos en el futuro. Pero esta diferencia entre Clemente y Orígenes es más cuestión de diversos énfasis que de una verdadera oposición. En sus doctrinas de Dios y del Verbo, Clemente y Orígenes no difieren grandemente. Donde difieren es en el énfasis que el primero coloca sobre el Verbo en contraste con el énfasis que Orígenes pone sobre el Dios Trino, y especialmente sobre el Padre.

Por otra parte, Orígenes sobrepasa a Clemente al menos en dos aspectos: en la amplitud y coherencia total de su sistema teológico y en lo audaz de sus doctrinas. Lo primero le valió ser una de las principales fuentes de la teología oriental. Lo segundo le valió ser condenado repetidas veces por esa misma teología.

La historia de las vicisitudes del pensamiento de Orígenes a través de la vida de la iglesia sería demasiado compleja para intentar presentarla aquí. Hay, sin embargo, un aspecto en el que la influencia de Orígenes será de consecuencias tales que deberá ocupar nuestra atención en más de un capítulo: el desarrollo de la doctrina de la Trinidad.

Pero antes de continuar describiendo el desarrollo de nuestra historia en Oriente —donde la influencia de Orígenes se hizo sentir con más fuerza— debemos hacer un breve paréntesis para bosquejar el desarrollo de la teología occidental en el siglo tercero.

VI
La teología en el siglo III

Entre la teología alejandrina que acabamos de estudiar y la teología occidental del siglo tercero existen diferencias marcadas. En términos generales, estas diferencias son las mismas que hemos visto comenzar a perfilarse desde los tiempos de los padres apostólicos: el carácter práctico del cristianismo occidental frente a los intereses especulativos de los alejandrinos; la influencia estoica en el mundo latino frente a la influencia platónica en el mundo de habla griega; la tendencia a la alegoría en Alejandría frente a la inclinación legalista de Roma.

Esto no quiere decir que la teología occidental carezca de valor o de interés. Al contrario, durante el siglo tercero se discutieron en Occidente ciertos temas, y se dieron ciertos pasos, que serían de enorme importancia para el futuro de la iglesia Occidental. La inmensa mayoría de estos temas era de carácter práctico más bien que especulativo, pero aun estos asuntos prácticos eran tratados desde un punto de vista lógico. En cuanto a los centros de actividad teológica y literaria, estos fueron sobre todo Roma y África del Norte. En la iglesia de Roma aparecen por este tiempo sus dos primeros grandes teólogos, Hipólito y Novaciano, ambos cismáticos y tenidos por la iglesia romana por antipapas. En África del Norte, por otra parte, continúa la tradición iniciada por Tertuliano, y esta región produce escritores y pensadores importantes. De entre todos estos, solo podremos estudiar a aquellos cuyo pensamiento resulta más significativo para la historia del pensamiento cristiano: Hipólito, Novaciano y Cipriano.

Hipólito de Roma

Es poco lo que sabemos acerca de la vida de Hipólito, pero sabemos al menos que logró gran prestigio entre los cristianos de Roma a principios del siglo tercero. Cuando Calixto sucedió a Ceferino como obispo de Roma en el año 217, Hipólito se negó a reconocerle, y esto dio lugar a un cisma que continuó hasta el año 235.

El pensamiento de Hipólito recibió una profunda influencia de Ireneo. Del obispo de Lyon toma de Hipólito no solo la mayor parte de su información acerca de las doctrinas de los herejes, sino también la idea de que las herejías son producto de la filosofía. Como Ireneo, Hipólito tiende a interpretar el Antiguo Testamento en términos tipológicos. La doctrina de la recapitulación desempeña en el pensamiento de Hipólito un papel por lo menos tan importante como en el de Ireneo. Luego, podemos colocar a Hipólito dentro de la misma tradición teológica que une a los padres apostólicos de Asia Menor con Ireneo.

Aquí nos interesan sobre todo dos aspectos del pensamiento de Hipólito: su rigorismo moral y su doctrina trinitaria. El rigorismo moral de Hipólito nos interesa porque le llevó a una polémica con Calixto que constituye uno de los puntos focales de todo intento de reconstruir la historia del sistema penitencial de la iglesia. Desde los primeros años, según se ve ya en el *Pastor de Hermas*, existía cierta preocupación por los pecados cometidos tras el arrepentimiento del bautismo y cómo alcanzar el perdón. Pero a fines del siglo segundo y principios del tercero —sin que podamos saber a ciencia cierta a partir de qué fecha— la opinión común era que la iglesia no podía o no debía perdonar a quienes fuesen culpables de homicidio, fornicación o apostasía. Esta era la opinión no solo de Hipólito, sino también de Tertuliano y de Orígenes.

Naturalmente, esta negación del perdón de ciertos pecados, al tiempo que tendía a mantener la fuerza moral de la iglesia, constituía una negación del espíritu de caridad y perdón que caracteriza al evangelio. Luego, era necesario que tarde o temprano se produjese el conflicto entre quienes deseaban preservar la pureza moral de la iglesia a todo costo y quienes creían que el amor evangélico debía practicarse aun a expensas del rigor moral. Tal fue una de las bases del conflicto entre Calixto e Hipólito.

Al parecer, Calixto se atrevió a conceder la gracia del arrepentimiento y la restauración a quienes había caído en fornicación. No sabemos exactamente cuáles fueron los motivos personales del propio Calixto, pues la presentación que de su personalidad hace Hipólito es tal que se hace difícil creerla. Calixto se apoyaba en la parábola del trigo y la cizaña y el ejemplo del arca de Noé, donde había tanto animales limpios como animales inmundos. Hipólito, que tenía otras razones teológicas y hasta personales para desconfiar de Calixto, veía en esto un intento de introducir en la iglesia una laxitud inaceptable.

El rigorismo de Hipólito no le llevaba a oponerse al sistema penitencial que se había desarrollado paulatinamente en la iglesia cristiana. Hipólito no se rebelaba contra el sistema tradicional, sino contra la innovación de

Calixto. El sistema penitencial en sí es parte integrante del cristianismo de Hipólito, incluyendo en ese sistema la facultad del obispo de perdonar pecados. Luego, las controversias del siglo tercero no giran alrededor de la facultad que tiene la iglesia de perdonar pecados, sino del alcance y la aplicación de esa facultad.

La doctrina de la Trinidad constituye el otro foco de la controversia entre Calixto e Hipólito. Ya hemos visto cómo Tertuliano desarrolló su doctrina de la Trinidad en oposición a un tal Práxeas, que se había establecido en Roma, y cuya doctrina consistía en un monarquianismo modalista. Hipólito también desarrolló su doctrina de la Trinidad frente al modalismo, aunque representado ahora por Noeto de Esmirna, quien —según el propio Hipólito— afirmaba que Cristo era el Padre, y que el propio Padre nació, sufrió y murió, y por Sabelio, quien se distinguió tanto en la defensa y exposición del modalismo que este llegó a ser conocido por el nombre de «sabelianismo». Frente a esta doctrina, la posición del obispo Calixto no parece haber sido del todo clara. Frente a la doctrina francamente modalista de Noeto y de Sabelio, y a la doctrina menos clara de Calixto, Hipólito desarrolla su propia doctrina de la Trinidad. Para ello, hace uso del antecedente que encuentra en el *Contra Práxeas* de Tertuliano. Al igual que a su antecesor, el hecho de que se oponga al monarquianismo modalista lleva a Hipólito a subrayar la distinción entre las personas divinas a tal punto que se le hace difícil expresar su unidad. Así, Hipólito, como antes Tertuliano, cae en el subordinacionismo, y presta a Calixto la ocasión de acusarle de «diteísmo». Sin embargo, las tendencias subordinacionistas de Hipólito son limitadas, y él mismo niega categóricamente que se trate de «dos dioses», como diría Justino. Su doctrina no niega en modo alguno la divinidad del Verbo, sino que la afirma explícitamente, si bien niega la existencia eterna del Verbo como una «hipóstasis» distinta de la del Padre. Todo esto ha de entenderse, como en el caso de Tertuliano, en términos de una «economía» divina especial según la cual Dios es Padre, Hijo y Espíritu Santo.

También en su doctrina cristológica sigue Hipólito las pautas trazadas por Tertuliano. Para él, al igual que para el viejo teólogo africano, la unión de la divinidad y la humanidad en Jesucristo es una unión de «dos naturalezas», y en esa unión cada una de esas naturalezas conserva sus propiedades.

Luego, la doctrina de Hipólito, si bien no logra definir con precisión la relación entre el Padre y el Hijo, muestra cómo Occidente se iba plegando lentamente a la influencia de Tertuliano con respecto a las doctrinas trinitaria y cristológica.

Novaciano

Lo poco que sabemos de la vida de Novaciano ha de servirnos de recordatorio de la importancia que cobró el problema de la restauración de los caídos en la iglesia occidental en el siglo tercero. Ya hemos visto cómo esta cuestión fue uno de los factores que provocaron la disputa entre Calixto e Hipólito. Ahora, en el caso de Novaciano, será la misma cuestión la que le llevará a romper con el episcopado establecido y provocar así un nuevo cisma en la iglesia romana.

En este caso, lo que se discutía no era ya el perdón de quienes habían caído en fornicación —batalla que Calixto y los suyos ya habían ganado—, sino el perdón de quienes habían caído en apostasía durante la persecución. Una vez más, pero ahora bajo el obispo Cornelio, las autoridades eclesiásticas estaban dispuestas a perdonar a los pecadores. A esto se oponía Novaciano, aduciendo razones paralelas a las de Hipólito tres décadas antes.

Desde el punto de vista doctrinal, la importancia de Novaciano está en su obra *De Trinitate*, «Acerca de la Trinidad». En esta obra, Novaciano se esfuerza en probar, por una parte, la divinidad del Hijo de Dios y, por otra, que el Hijo es distinto del Padre. Jesucristo es tanto humano como divino. Como hombre, se le llama Hijo del Hombre, y como Dios se le llama Hijo de Dios. La divinidad de Cristo es necesaria ante todo por razones soteriológicas: puesto que la inmortalidad es el «fruto de la divinidad», y el propósito de Cristo es dar la inmortalidad, es necesario que Cristo sea divino. Luego, quien da la salvación eterna es Dios, pues el humano, que no puede conservarse a sí mismo, no puede dar a otro lo que no tiene. Este Dios Salvador es el Hijo, que existía desde el principio en Dios, y a quien el Padre engendró según su beneplácito antes del comienzo del tiempo, de tal modo que entre el Padre y el Hijo existe una comunión de substancia. En Cristo, el Hijo de Dios se une al Hijo del Hombre, y esta unión de ambas «naturalezas» es tal que el Hijo de Dios viene a ser el Hijo del Hombre al asumir la carne, y el Hijo del Hombre viene a ser el Hijo de Dios al recibir el Verbo.

Sin embargo, el propósito fundamental de Novaciano no es tanto probar que el Hijo es Dios, y que esta es la divinidad de Cristo, sino probar, frente al sabelianismo, que el Hijo es distinto del Padre. Este propósito le lleva a subrayar en demasía la subordinación del Hijo, hasta tal punto que algunos, erróneamente, han querido ver en Novaciano un precursor del arrianismo.

En resumen, Novaciano es importante para la historia del pensamiento cristiano como exponente de dos aspectos del desarrollo doctrinal y eclesiástico en Occidente durante el siglo tercero. Por una parte, Novaciano se vio envuelto en las controversias que necesariamente acompañaban al desarrollo del sistema penitencial, y que ocuparon la atención de la iglesia durante todo el siglo tercero. Por otra parte, Novaciano da testimonio del modo en que se iba imponiendo en Occidente la doctrina trinitaria de Tertuliano.

En cuanto al cisma de Novaciano, continuó aún después de su muerte, y la iglesia que él fundó se extendió hacia Oriente, donde se fundió con algunos grupos de tendencias montanistas y continuó existiendo durante varios siglos.

Cipriano de Cartago

En el período que lleva de Tertuliano a San Agustín, la personalidad más notable de la iglesia de África Septentrional es Cipriano de Cartago. Nacido a principios del siglo tercero en el seno de una familia pagana de posición económica desahogada, Cipriano se convirtió al cristianismo cuando contaba aproximadamente cuarenta años de edad. Tras su bautismo, decidió llevar una vida austera, vendiendo sus propiedades para distribuir su riqueza entre los pobres. En el año 248 —quizá el 249— Cipriano fue electo obispo de Cartago por aclamación popular. Aunque al principio se sintió inclinado a huir para no verse obligado a aceptar tal responsabilidad, luego aceptó la elección como la voluntad de Dios, y así comenzó una nueva etapa en su vida.

El episcopado de Cipriano duró apenas nueve años, pero durante ese período realizó una gran labor pastoral y de organización. Sus escritos son de carácter práctico, motivados por algún problema que requería su acción como obispo, y su teología acusa la influencia profunda de Tertuliano, a quien llamaba «el maestro». Al igual que Tertuliano, se ocupa sobre todo de cuestiones morales, prácticas y de disciplina. De hecho, algunas de sus obras no son más que revisiones y anotaciones de las obras de Tertuliano. A principios del año 250, cuando la persecución de Decio puso término a casi medio siglo de relativa paz para las iglesias, Cipriano huyó de Cartago y se escondió. Desde su exilio podía continuar dirigiendo la iglesia, y así lo hizo, sobre todo mediante una correspondencia abundantísima. Por esto le criticaron muchos, entre ellos el clero de Roma, que había perdido a su obispo en la persecución y que escribió a Cipriano pidiendo una explicación de su actitud. Cipriano contestó explicando que su presencia en Cartago solo hubiera traído más sufrimiento sobre la iglesia y que, por otra parte, él no había abandonado sus funciones pastorales. Por fin pasó la tormenta, y a principios del año 251 Cipriano se hallaba de nuevo entre su grey. Entonces surgió el problema de la restauración de quienes habían caído en la apostasía en tiempos de persecución y ahora deseaban volver a la iglesia. Cipriano creía que debía concedérseles la oportunidad de retornar, pero que esto debía hacerse con la debida disciplina y orden, y que la decisión debía quedar en mano de los obispos. A esto se oponía un grupo de confesores que exigía que los caídos que así lo deseasen fuesen admitidos inmediatamente en la iglesia. En consecuencia, el problema de la restauración de los caídos llevó al cisma, como hemos visto que estaba sucediendo al mismo tiempo en Roma, con Novaciano.

A fin de dar a conocer su posición al sínodo y al resto de la iglesia, Cipriano compuso dos tratados: *De los caídos* y *De la unidad de la iglesia*, a los que más adelante tendremos oportunidad de referirnos. Baste decir aquí que la posición de Cipriano con respecto a los caídos era la siguiente: quienes se negasen a hacer penitencia no recibirían el perdón, ni siquiera en el lecho de muerte; los que compraron certificados serían admitidos inmediatamente; los caídos debían hacer penitencia por toda la vida, y quedarían restaurados a la comunión de la iglesia en el lecho de muerte o cuando se desatase de nuevo la persecución; por último, los miembros del clero que habían caído debían ser depuestos. Por otra parte, con respecto al cisma, Cipriano abogaba por la excomunión de los cismáticos. Tanto en una cuestión como la otra, el concilio se pronunció de acuerdo con el obispo de Cartago y —aunque el cisma se prolongó por algún tiempo, y se complicó al aliarse los cismáticos africanos con los novacianos de Roma— esto puso término a estas controversias.

Otros dos problemas son dignos de mención como ocasión de la obra teológica de Cipriano: la plaga que se desató por el año 250, y la controversia acerca del bautismo de los herejes. Al desatarse la plaga en el norte de África, cierto pagano, de nombre Demetriano, acusó a los cristianos de ser culpables de tal calamidad, que constituía un castigo por parte de los dioses por haberles abandonado. A esto respondió Cipriano en su tratado *A Demetriano*, breve pero punzante.

La controversia acerca del bautismo de los herejes giraba alrededor de la cuestión de si este era válido o no, y de la cuestión consecuente de si se debía volver a bautizar a los herejes convertidos. Acerca de esta cuestión, la costumbre variaba según las distintas regiones del imperio, de modo que en África y Asia Menor se acostumbraba bautizar de nuevo a quienes habían recibido el bautismo de manos heréticas, mientras que en Roma se aceptaba como válido el bautismo de los herejes, y no se les volvía a bautizar después de su conversión. Esto llevó a un conflicto entre Cipriano y Esteban, a la sazón obispo de Roma, quien envió a Cartago una epístola en la que instaba a los obispos de África a seguir la costumbre romana y aceptar como válido el bautismo recibido de un hereje. La controversia continuó por algún tiempo, y Esteban llegó a amenazar a Cipriano con romper los lazos de comunión con la iglesia norafricana. Pero la muerte le sorprendió en el año 257, antes de que pudiese llevar la controversia más lejos. Un año más tarde, Cipriano murió como mártir, y esto dio término a la controversia con Roma. Sin embargo, la iglesia de la capital siguió ejerciendo su influencia y ya a principios del siglo cuarto, sin que sepamos cómo ocurrió el cambio, era costumbre en África aceptar el bautismo de los herejes.

Estas controversias constituyen el contexto dentro del que Cipriano forjó su doctrina de la iglesia, y esta doctrina es su principal contribución a la historia del pensamiento cristiano. Si bien hemos visto que Ireneo y Tertuliano se oponían a los herejes subrayando la importancia de la iglesia y de la sucesión apostólica, y que tanto Clemente como Orígenes concedían gran importancia a la iglesia en el plan de salvación, ninguno de ellos se detuvo a desarrollar una doctrina de la iglesia. Cipriano tampoco se detuvo a hacerlo de manera sistemática, pero a través de sus controversias y sus escritos forjó una doctrina de la iglesia que tendría grandes consecuencias en los siglos futuros.

Para Cipriano, la iglesia es el arca indispensable de salvación. De igual modo que en tiempos de Noé nadie que no estuviese dentro del arca pudo salvarse, así también ahora, quien esté fuera de la iglesia no puede alcanzar la salvación. «Fuera de la iglesia no hay salvación» y «no puede tener a Dios por padre quien no tiene a la iglesia por madre». Esta es la base teológica de la posición de Cipriano frente al bautismo recibido de manos heréticas o cismáticas. Si ellos no son la iglesia, ni participan de ella en modo alguno, dentro de su comunidad no puede haber verdadero bautismo.

¿Cómo se define y reconoce esta iglesia fuera de la cual no hay salvación? Según Cipriano, esta es la iglesia de la verdad y la unidad. Aunque Cipriano afirma la verdad como una de las características esenciales de la iglesia, su oposición a los cismáticos le lleva a subrayar la unidad. Aun más, para Cipriano no hay verdad sin unidad, pues el fundamento de toda verdad es el amor, y donde no hay unidad no hay amor.

La unidad de la iglesia está en el episcopado, sobre el cual ha sido constituida. Los obispos son los sucesores de los apóstoles, y su autoridad —que se deriva de esa sucesión— es la misma autoridad que Cristo concedió a los apóstoles. Luego, el obispo está en la iglesia y la iglesia en el obispo, y donde no está el obispo no está la iglesia. El episcopado es uno, pero esto no se debe a que haya una jerarquía tal que todos los obispos estén sujetos a un solo «obispo de obispos», sino que se debe a que en cada obispo está representada la totalidad del episcopado. «El episcopado es uno, del cual cada uno tiene una parte por la totalidad». De aquí se sigue que cada obispo ha de gobernar su diócesis independientemente de una jerárquica monolítica, y Cipriano muestra un alto grado de tolerancia y flexibilidad en cuanto a la diversidad de prácticas y costumbres se refiere. Ningún obispo tiene derecho a dictar sus decisiones a los demás, aunque la unidad del episcopado es tal que los obispos deben consultarse unos a otros en todo asunto de importancia. A partir de este concepto federado del episcopado se comprende la posición de Cipriano ante la sede romana. Por una parte, Cipriano exalta tanto la primacía de Pedro entre los apóstoles como la importancia de la sede romana para la iglesia universal. Por otra parte, Cipriano se niega a conceder al obispo de Roma jurisdicción alguna sobre los asuntos internos de su propia diócesis. De igual manera que la autoridad de Pedro, aunque anterior a la de los demás apóstoles, no era superior, así tampoco la prioridad de Roma le concede autoridad sobre las demás iglesias. Luego, Cipriano piensa en términos de un episcopado federado, en el que cada obispo goza de cierta autonomía, aunque al mismo tiempo ha de prestar oídos a las recomendaciones fraternales de otros obispos, y obediencia a las decisiones de un concilio. Su propio método de gobierno entre las iglesias del norte de África revela esta idea de la autonomía episcopal, pues cuando surgía la necesidad de tomar una decisión que afectaba a sus colegas, Cipriano les convocaba a un concilio.

En resumen, la unidad de la iglesia está en su episcopado federado, en el cual cada obispo participa como de una propiedad común. Esta unidad no es algo completamente ajeno a la verdad, sino que es parte esencial de la verdad cristiana, de tal modo que quien no está en la unidad tampoco está en la verdad. Fuera de esta unidad no hay salvación. Fuera de ella no hay bautismo, ni eucaristía, ni verdadero martirio. Pero esta unidad no consiste en la sujeción a un «obispo de obispos» sino en la común fe y amor de todos los obispos entre sí.

La teología oriental después de Orígenes

El impacto del pensamiento de Orígenes en el ala oriental de la iglesia cristiana fue tal que su huella nunca llegó a desaparecer. En uno u otro grado, todos los grandes padres griegos reflejan su influencia, y los repetidos anatemas de que fue objeto no pudieron evitar que sus obras se leyesen y que algunos aspectos de su pensamiento se divulgasen.

El siglo tercero —que es el período que por ahora nos interesa— se caracteriza en Oriente por ese dominio de la escena teológica por parte del origenismo. Los más destacados teólogos de la época son seguidores de Orígenes. Quienes no son discípulos de Orígenes y logran sin embargo algún renombre, lo logran por su oposición al maestro. Las grandes escuelas teológicas son en realidad otras tantas facciones del origenismo. Y cuando aparece una teología independiente del origenismo, pero francamente herética —como es el caso de la teología de Pablo de Samosata—, son los origenistas quienes se ocupan de oponérsele y condenarla.

Tras la muerte de Orígenes la tradición teológica a que él dio impulso continuó no solo en Alejandría, sino también en Cesarea y en otras regiones de oriente donde se establecieron sus discípulos. En Alejandría, la tradición de Panteno, Clemente y Orígenes halló su continuación en hombres como Heraclas, Dionisio el Grande, Teognosto y Pierio. Luego, aunque solo se conservan fragmentos de las obras de estos sucesores de Orígenes, no hemos de sorprendernos cuando, a principios del siglo cuarto, veamos surgir en Alejandría un grupo destacado de teólogos cuyo pensamiento acusa la influencia de Orígenes. En Cesarea vivió Pánfilo, que había sido discípulo de Orígenes en Alejandría y que luego llegó a ser obispo de Cesarea. En esa ciudad se ocupó de conservar y mejorar la biblioteca que había dejado Orígenes, y fue debido a esto y a la sabia dirección de Pánfilo que su discípulo Eusebio de Cesarea —quien era también un origenista convencido— pudo escribir una famosa y valiosísima *Historia Eclesiástica*. En otras regiones del imperio se destacaron los origenistas Gregorio de Neocesarea —el Taumaturgo— y Luciano de Antioquía. La obra de este último sería de inmensas consecuencias, y antes de terminar este capítulo tendremos ocasión de referirnos a ella. Antes de exponer las distintas tendencias que surgieron dentro del origenismo en el siglo tercero, debemos detenernos a presentar, primero, al único teólogo de importancia que en este período parece pensar independientemente del origenismo —Pablo de Samosata— y luego, la oposición al origenismo representada por Metodio de Olimpo.

Pablo de Samosata

Pablo de Samosata fue electo obispo de Antioquía aproximadamente en el año 260. Pronto hubo quejas acerca de los abusos que cometía y de los errores que enseñaba, de la pompa de que se rodeaba y de las innovaciones que introducía en la vida de la iglesia. Al parecer, Pablo combinaba ciertas tendencias monarquianistas con otras tendencias adopcionistas, defendiendo así la doctrina que se ha llamado —con cierta falta de precisión— «monarquianismo dinámico».

El interés principal de la teología de Pablo estaba en salvaguardar el monoteísmo cristiano. En Antioquía los judíos constituían una fuerte minoría. La existencia de un solo Dios era doctrina fundamental tanto del judaísmo como del cristianismo.

Todo esto llevó a Pablo de Samosata a subrayar la unidad de Dios, aun en perjuicio de la distinción entre el Padre, el Hijo y el Espíritu Santo.

Sin embargo, Pablo no sigue el camino de los patripasianos o modalistas, que afirmaban que el Padre, el Hijo y el Espíritu Santo eran tres modos en que el Dios único se presentaba. Al contrario, Pablo va en pos del monoteísmo estableciendo una diferencia marcada entre el Hijo y el Padre, de tal modo que solo el Padre es Dios; en cuanto al Espíritu Santo, los fragmentos que han llegado hasta nosotros no nos permiten reconstruir el pensamiento de Pablo. Lo que se encarnó en Jesucristo no es una persona subsistente junto al Padre, sino su potencia o *dynamis*, y por tanto esta doctrina recibe el nombre de «monarquianismo dinámico» para distinguirla del monarquianismo modalista.

Por otra parte, la doctrina de Pablo de Samosata ha de distinguirse de las tendencias subordinacionistas que hemos visto en Tertuliano, Hipólito y el propio Orígenes. En su expresión extrema, el subordinacionismo salvaguarda la unidad de Dios haciendo del Hijo —y del Espíritu Santo, cuando se le discute explícitamente— un ser subordinado al Padre, pero distinto de él y con una subsistencia relativamente propia.

Luego, la doctrina de Pablo de Samosata tenía que chocar con la de los origenistas y la de la mayoría de los teólogos orientales por lo menos en dos puntos: en su doctrina de la divinidad y en su cristología. Su negación de la existencia del Verbo como una hipóstasis o persona junto a la del Padre, y sobre todo su negación de la unión real de ese Verbo con la humanidad de Jesucristo, no podían sino escandalizar a la mayoría de los dirigentes eclesiásticos, y aun a buena parte de los laicos de Antioquía. A la postre, un concilio le declaró depuesto.

Metodio de Olimpo

La condenación y deposición de Pablo de Samosata marca la desaparición en Oriente del último sistema teológico de importancia independiente de la influencia de Orígenes. De ahora en adelante —y durante los siglos tercero y cuarto— las grandes controversias teológicas en Oriente serán sobre todo desacuerdos entre diversas escuelas dentro del origenismo y, si bien oiremos algunas voces de protesta contra Orígenes y sus seguidores, estas voces no dejan de manifestar también la influencia del gran maestro alejandrino. Como ejemplo de esto último podemos tomar a Metodio de Olimpo.

La oposición de Metodio a Orígenes gira sobre todo alrededor de cuatro aspectos del pensamiento del alejandrino: la eternidad del mundo, la preexistencia del alma, la escatología espiritualista y la exégesis alegórica. A todas estas doctrinas, Metodio se opone desde un punto de vista que es característico de esa tendencia teológica que ya hemos visto representada en Melitón de Sardes, Papías e Ireneo. Como ellos, Metodio se inclina hacia la interpretación tipológica del Antiguo Testamento, hacia una escatología milenarista, y hacia una interpretación de la historia de la salvación en términos de la «recapitulación» o del paralelismo entre la obra de Adán y la obra de Cristo. Sin embargo, la influencia de Orígenes se manifiesta claramente, por ejemplo, en el modo en que Metodio, al tiempo que ataca las exageraciones de la interpretación alegórica de Orígenes, se deja llevar por otras interpretaciones no menos alegóricas; y también en el modo en que Metodio hace uso de la razón para mostrar los errores de Orígenes.

Los seguidores de Orígenes

Es poco lo que sabemos acerca del desarrollo del origenismo inmediatamente después de la muerte de su fundador. Aunque Eusebio de Cesarea —que pertenecía a esta escuela— nos ha legado en su *Historia Eclesiástica* abundantes datos acerca de algunos de los principales origenistas del siglo tercero y principios del cuarto, estos datos son de carácter biográfico y poco o nada nos dicen acerca de las corrientes de pensamiento de la época. Por otra parte, algunos de los escritores del siglo cuarto hacen referencia a uno u otro de los origenistas del siglo anterior, y a veces hasta citan sus obras. Estas referencias tienen gran valor para la historia del pensamiento cristiano, pues nos ayudan a reconstruir el desarrollo doctrinal que lleva de Orígenes a la crisis arriana. Mas no debemos olvidar que, precisamente porque se trata de referencias postarrianas, es decir, de un período en que la cuestión trinitaria ocupaba el centro de la discusión teológica, el testimonio de los escritores del siglo cuarto no ha de tomarse como una expresión equilibrada de la posición de los maestros del tercero; no que los fragmentos y demás datos que han llegado hasta nosotros hayan sido torcidos, sino que las controversias del siglo cuarto han servido para seleccionar los materiales del tercero que debían citarse, dándonos así solo una visión parcial del pensamiento teológico del período que va de Orígenes a la primera década del siglo cuarto. Es por esto que nos veremos en la necesidad de discutir solo las cuestiones referentes a la doctrina trinitaria, y sobre todo a las relaciones entre el Padre y el Hijo, aunque esto no ha de hacernos olvidar que, tras los datos escasos que poseemos, debe de haber habido una gran actividad teológica, no solo en lo referente a la Trinidad, sino también en lo que se refiere a la exégesis bíblica, la doctrina antropológica, los sacramentos, etc.

A fin de ilustrar el curso de la teología después de la muerte de Orígenes, podemos discutir brevemente el pensamiento de tres de los más destacados origenistas de la época: Gregorio de Neocesarea, Dionisio de Alejandría y Luciano de Antioquía.

Gregorio, conocido como el Taumaturgo, nos ha dejado un credo que tiende a subrayar la divinidad eterna del Hijo y dice poco acerca de lo que lo distingue del Padre. No sabemos a ciencia cierta cuáles fueron los motivos que llevaron a la formulación de este credo, pero no cabe duda de que refleja la continuación de uno de los dos aspectos de la doctrina de Orígenes. Si Orígenes afirmaba la eternidad del Hijo al mismo tiempo que su subordinación al Padre, Gregorio toma el primer aspecto de esta doctrina y deja a un lado el segundo. Esta tendencia entre los seguidores de Orígenes ha recibido el nombre, útil aunque poco exacto, de «origenismo de derecha».

Frente a esta tendencia, algunos de los seguidores de Orígenes tendían a subrayar los aspectos subordinacionistas de la doctrina del maestro. Estos reciben el nombre, también útil, pero no más exacto que el anterior, de «origenistas de izquierda». Se trataba sobre todo de personas que temían la amenaza del sabelianismo, que borraba la distinción entre las tres personas divinas. Estos teólogos veían en el subordinacionismo un medio fácil de distinguir claramente entre el Padre y el Hijo, y de destruir así todo tipo de patripasianismo. Como ejemplos de esta tendencia tomaremos a Dionisio de Alejandría y Luciano de Antioquía.

Dionisio de Alejandría —conocido como «el Grande»— fue uno de los más destacados discípulos de Orígenes. Sucedió a Heraclas como obispo de Alejandría y director de la escuela catequética de esa ciudad. Durante las persecuciones de Decio y Valeriano se vio obligado a ir al exilio, pero en ambas ocasiones fue restaurado a su cargo episcopal, que ocupó hasta su muerte en el año 264. Sus obras, que parecen haber sido numerosas, se han perdido, y solo se conservan de ellas algunos fragmentos que escritores posteriores tuvieron la afortunada inspiración de citar. De estos fragmentos, los que más nos interesan son los que se refieren a su correspondencia con Dionisio de Roma, pues muestran el modo en que un teólogo origenista, ante la amenaza del sabelianismo, se inclina hacia el «origenismo de izquierda», y subraya la distinción entre el Padre y el Hijo a tal punto que escandaliza a los más moderados entre su grey.

Temiendo los extremos del sabelianismo, Dionisio de Alejandría utilizaba en su predicación ciertas frases e imágenes con las que buscaba subrayar la distinción entre el Padre y el Hijo. Algunas de estas frases e imágenes parecían hacer del Hijo una criatura. Por ejemplo, afirmaba Dionisio que hubo un tiempo en el que el Hijo no existió, y que el Hijo era diferente en substancia del Padre. Algunos cristianos de Alejandría decidieron escribir al obispo de Roma, que también se llamaba Dionisio, y pedirle su opinión. Esto resultó en una correspondencia entre los dos Dionisios que muestra las dificultades que la diferencia de idiomas planteaba en la comunicación entre Oriente y Occidente en cuanto a la doctrina de la Trinidad se refiere. En Occidente, y a partir de Tertuliano, existía una terminología relativamente fija, según la cual se empleaba el término *substantia* para referirse a la divinidad común del Padre, el Hijo y el Espíritu Santo, y *persona* para referirse a cada uno de estos tres. Al llevar estos términos al griego, lo natural era traducir «persona» por *prosopon*, que quería decir, además de persona, «rostro» o «máscara». Luego, los orientales tendían a ver en la doctrina occidental ciertas tendencias sabelianistas que no eran de su agrado. En Oriente, por otra parte, la terminología era aún fluctuante, y los términos de *usía* e *hipóstasis* eran aún ambiguos. *Usía* quiere decir tanto la subsistencia particular de una cosa como la substancia común de que participan varios seres individuales. La misma ambigüedad existe en cuanto al término *hipóstasis*. Luego, cuando un oriental hablaba —como Dionisio de Alejandría— de tres *hipóstasis*, podía no estar estableciendo entre las tres personas una distinción tan marcada como su terminología podría sugerir. Esta confusión se hacía aún mayor porque tanto *usía* como *hipóstasis* pueden traducirse al latín por *substantia*. Luego, cuando un occidental —como Dionisio de Roma— oía a un oriental hablar de tres *hipóstasis* no podía sino interpretar sus palabras en términos triteístas o excesivamente subordinacionistas. Estas dificultades, que pueden verse ya en la correspondencia entre Dionisio de Alejandría y su homónimo de Roma, continuarán obstaculizando la comunicación entre Oriente y Occidente hasta que, en el siglo cuarto, tras largas controversias, se aclaren las ambigüedades.

El otro origenista que hemos de discutir aquí es Luciano de Antioquía, quien fundó en esa ciudad una escuela que pronto rivalizaría con la de

Alejandría. Aunque origenista en todo otro sentido, Luciano se oponía a la interpretación alegórica de los alejandrinos, e implantó en Antioquía el estudio de las Escrituras según el método histórico-gramatical. La mayor desventaja de este método era que no se prestaba a la manipulación del texto sagrado que era posible mediante la interpretación alegórica. Mas esta era también su gran ventaja, y cuando los grandes maestros del siglo cuarto tuvieron que enfrentarse a las grandes herejías de la época se vieron en la necesidad de abandonar la exégesis alegórica en pro de una interpretación más estricta y científica. Esta tendencia más tarde habría de caracterizar a la escuela de Antioquía.

La importancia de Luciano, sin embargo, está en un aspecto de su teología acerca del cual no tenemos noticias fidedignas: su doctrina trinitaria. Cuando, algunos años después de su muerte, surgió la controversia arriana, todos los dirigentes del arrianismo eran discípulos de Luciano, y se llamaban unos a otros «colucianistas».

VII
La controversia arriana y el Concilio de Nicea

El siglo cuarto marca el comienzo de una nueva época en la historia de la iglesia y, por ende, en la historia del pensamiento cristiano. La conversión de Constantino hizo de la iglesia perseguida la iglesia tolerada. Con el correr de los años, y sobre todo tras la fundación de Constantinopla, el emperador favoreció cada vez más al cristianismo. Esto hizo del siglo cuarto la época de los grandes padres de la iglesia, pues la energía que antes se dedicaba a la preparación para el martirio y a la refutación de las acusaciones de los paganos pudo ser canalizada hacia otras actividades. Es por esto que el siglo cuarto produjo, junto a los más grandes padres de la iglesia —Atanasio, los Capadocios, Jerónimo, Ambrosio y Agustín entre otros— al primer historiador del cristianismo, Eusebio de Cesarea. Otros creyentes, ante la pérdida de la posibilidad del martirio en manos del estado, se lanzaron al martirio del monacato, y por ello el siglo cuarto vio el desierto egipcio poblarse de chozas de ermitaños. El arte cristiano, hasta entonces escondido en expresiones fúnebres y limitadas, brota como arte triunfal, cuyo tema será cada vez más el Cristo Señor de los cielos y de la tierra. La liturgia, hasta entonces relativamente sencilla, adopta los usos de la corte, pues se establece un paralelismo entre Cristo y el emperador, y comienzan a construirse basílicas dignas de tal liturgia.

Las nuevas condiciones también tenían aspectos o consecuencias negativas. Por una parte, pronto comenzó un movimiento de conversión en masa que inevitablemente tenía que obrar en perjuicio de la devoción y la vida moral de la iglesia. Por otra parte, la protección imperial, que daba a los cristianos el ocio necesario para proseguir sus especulaciones por caminos hasta entonces casi inexplorados, llevaba implícita la posibilidad de la condenación imperial, lo cual daba a las controversias teológicas un matiz político que no habían tenido hasta entonces. Esto fue lo que sucedió en la controversia arriana.

Arrio era un presbítero que gozaba de cierta popularidad en la iglesia de Alejandría y que chocó con su obispo, Alejandro, sobre el modo en que debía interpretarse la divinidad de Jesús. Alejandro era un «origenista de derecha» quien pensaba que la divinidad del Verbo encarnado en Jesús debía salvaguardarse a todo costo. Arrio, por otra parte, ha sido interpretado de diversos modos. Lo más probable es que él y sus «colucianistas» se interesaran sobre todo en afirmar la verdadera humanidad de Jesús. Por tanto, deseaban que esa divinidad se expresara no en términos de substancia, sino en términos de voluntad, es decir, en términos tales que los creyentes puedan imitarle y repetir sus acciones. Desde tal perspectiva, la preocupación fundamental de Arrio era que el Salvador pudiera imitarse. Para Arrio era importante que el Hijo lo fuera por adopción, de tal modo que nosotros pudiéramos seguirle y ser también hijos adoptivos. Aunque resulta más difícil aplicarle esta interpretación al arrianismo posterior, sí parece cierto que en el centro mismo del arrianismo primitivo había el mismo interés en salvaguardar la humanidad del Salvador que fue manifestado anteriormente por Pablo de Samosata. Esto también sirve para explicar por qué es que desde fecha muy temprana se pensó que el arrianismo era una continuación de las enseñanzas y preocupaciones de Pablo de Samosata. Aún más, si se interpreta el arrianismo original no como una especulación sobre la divinidad, sino más bien como surgido de un modo particular de entender la obra de Cristo, es posible empezar a entender el atractivo que el arrianismo tuvo para las masas en Alejandría: atractivo que de otro modo habría que explicar únicamente a base de la popularidad personal de Arrio.

En todo caso, al plantearse la cuestión de si el que se encarnó en Jesús es divino por naturaleza, o es una criatura que ha sido hecha divina por adopción, Arrio y sus seguidores escogían esta última opción. Fue precisamente en este punto que Alejandro y los que le apoyaban consideraban que el arrianismo era inaceptable, y por lo tanto tendían a subrayar no lo que Arrio decía sobre la salvación y la obra salvadora del Hijo, sino su teoría de que el Hijo no era completa y eternamente divino.

La doctrina según la cual el Hijo no es eterno logró amplio apoyo entre el pueblo alejandrino, que iba por la calle cantando: «Hubo cuando no lo hubo». Alejandro, por su parte, atacó la doctrina de Arrio con todos los medios a su disposición y, tras una serie de acontecimientos que no es necesario narrar aquí, convocó a un sínodo en el cual casi un centenar de obispos egipcios estuvo presente, y que condenó y depuso a Arrio.

Sin embargo, este último no se dio por vencido, sino que les escribió a sus compañeros «colucianistas» y logró su apoyo, especialmente el de Eusebio de Nicomedia, quien era el más influyente entre ellos. Eusebio recibió a Arrio en su diócesis y le concedió su protección a pesar de todas las protestas del obispo de Alejandría. De este modo la disputa se volvió un cisma que amenazaba con afectar a la iglesia toda. Las noticias que llegaban de Oriente alarmaron a Constantino, quien había esperado que el cristianismo fuese «el cemento del imperio», y que había sufrido ya la decepción de verse obligado a intervenir en el cisma donatista en el norte de África. Por ello decidió enviar a Oriente a su consejero en asuntos religiosos, Osio de Córdoba, armado de una carta en que el emperador pedía a las partes contendientes que resolviesen su disputa pacíficamente. Cuando Osio le informó que las razones de la disputa eran profundas, y que esta no podía ser resuelta por meros esfuerzos de reconciliación, Constantino decidió convocar un gran concilio de obispos que trataría, además de la cuestión arriana, toda una serie de problemas que requerían solución.

El concilio se reunió en la ciudad de Nicea en el año 325, y a él asistieron más de trescientos obispos. Para estos obispos, la mayoría de los cuales había conocido la persecución, esta gran asamblea, bajo los auspicios del imperio, y a la que todos habían concurrido haciendo uso de las postas del emperador, era un verdadero milagro. De los obispos que asistieron al concilio solo unos pocos tenían opiniones firmes acerca de lo que había de discutirse. Por una parte, el pequeño grupo de «colucianistas», encabezado por Eusebio de Nicomedia —puesto que Arrio no era obispo, no era miembro del concilio— parece haber creído que no sería difícil lograr el apoyo de la mayoría. Por otra parte, otra minoría, encabezada por Alejandro de Alejandría y en la que no faltaban algunos obispos de tendencias sabelianas, iba dispuesta a lograr la condenación de Arrio. Pero la inmensa mayoría no parece haberse percatado de la gravedad del asunto, y su temor al sabelianismo le hacía reacia a toda condenación excesivamente fuerte de las tendencias subordinacionistas. Además, el emperador, cuyo interés estaba en la unidad del imperio más que en la unidad de Dios, se inclinaba a buscar una fórmula que fuese aceptable para el mayor número posible de obispos.

No se conocen los detalles de lo sucedido. Al parecer, Eusebio de Nicomedia, creyendo que esa era la mejor política, leyó ante la asamblea una exposición de la fe arriana en su forma más extrema. Ante tal exposición, la indignación de los obispos fue grande, y desde ese momento la causa arriana estuvo perdida. Durante algún tiempo se trató de producir un documento que, haciendo uso de términos escriturarios, declarase claramente que el Hijo no es una criatura. Pero los arrianos tenían sus propias interpretaciones de todos los textos a que se les enfrentaba. Fue entonces que el emperador intervino y sugirió que se añadiese el término «consubstancial» —*homousios*— a fin de aclarar el carácter divino del Hijo. Se comisionó entonces a un grupo para redactar una declaración de fe que incluyera ese término. El resultado fue el siguiente credo, que el concilio hizo suyo:

> Creemos en un Dios Padre todopoderoso, hacedor de todas las cosas visibles e invisibles; y en un Señor Jesucristo, el Hijo de Dios; engendrado como el Unigénito del Padre, es decir, de la substancia del Padre, Dios de Dios; luz de luz; Dios verdadero de Dios verdadero; engendrado, no hecho; consubstancial al Padre; mediante el cual todas las cosas fueron hechas, tanto las que están en los cielos como las que están en la tierra; quien para nosotros y para nuestra salvación descendió y se hizo carne, y se hizo hombre, y sufrió, y resucitó al tercer día, y vendrá a juzgar a los vivos y los muertos; y en el Espíritu Santo.
> A quienes digan, pues, que hubo [un tiempo] cuando el Hijo de Dios no existía, y que antes de ser engendrado no existía, y que fue hecho de las cosas que no son, o que fue formado de otra substancia [*hipóstasis*] o esencia [*usía*], o que es una criatura, o que es mutable o variable, a estos anatematiza la iglesia católica.

¿Cómo interpretaban los obispos reunidos en Nicea este credo que acababan de formular y que desde entonces en adelante debía ser el credo que todas las iglesias aceptarían como suyo? Es difícil saberlo, y hasta podemos imaginar que quienes firmaron la fórmula de Nicea la interpretasen de diversos modos, según su propia tradición teológica. Para los pocos teólogos que representaban el Occidente en el concilio, pero cuya influencia era grande a través de Osio de Córdoba, el término *homousios* debe haber sido una traducción aproximada de la unidad de substancia que había venido a ser doctrina tradicional en Occidente desde tiempos de Tertuliano. Esta es precisamente la manera tradicional en que Occidente ha interpretado la fórmula de Nicea. Pero esta interpretación —por muy ortodoxa que sea— no corresponde a la realidad histórica del problema que se debatía, que no era tanto la unidad entre el Padre y el Hijo como la divinidad de este último. Había, sin embargo, otros obispos que interpretaban el término *homousios* de manera semejante, pero veían en él una afirmación, no solo de la divinidad del Hijo, sino también de la unidad absoluta y sin distinciones esenciales entre el Padre y el Hijo, y quienes por tanto se inclinaban hacia el sabelianismo. En tercer lugar, la pequeña minoría de seguidores de Alejandro, que había venido al Concilio con el firme propósito de lograr la condenación de Arrio, tendía a interpretar la fórmula *homousios* como una afirmación de la eternidad y divinidad del Hijo, que era el punto de conflicto entre Arrio y los «origenistas de derecha». Para ellos, esta fórmula no era tan explícita como lo hubieran deseado, pues su ambigüedad resaltaba a simple vista, y siempre dejaba el camino abierto a las especulaciones del «origenismo de izquierda». Sin embargo, esto era todo cuanto podía esperarse de una asamblea en la que ellos eran la minoría. Pero la inmensa mayoría de los obispos temía más al sabelianismo que al arrianismo, y si se dispuso a firmar el Credo de Nicea esto se debió, primero, al impacto que había producido el extremismo de la afirmación de fe de Eusebio de Nicomedia; segundo, a la presencia imperial, que sobrecogía a los más valientes; tercero, a la posibilidad de interpretar el *homousios*, no como una afirmación de la unidad absoluta y sustancial de Dios, sino más bien como una afirmación de la divinidad del Hijo. Por último, los arrianos interpretaron el credo de diversos modos, y tomaron ante él actitudes diversas. Algunos —la mayoría— firmaron tanto el credo como los anatemas, buscando para ello alguna interpretación que les permitiese hacerlo sin violar sus conciencias. Otros firmaron el credo, pero no los anatemas. Otros, en fin, no firmaron ni lo uno ni lo otro.

Debido a tal variedad de énfasis y opiniones, a pesar de que el arrianismo fue condenado en Nicea, tal condenación no logró erradicarlo de la iglesia, y durante más de cincuenta años se continuó luchando antes de que por fin se llegase a su rechazo final y definitivo. Así se produjo una de las más arduas y complejas controversias en la historia de la iglesia.

Durante algún tiempo —unos cinco años— los defensores de Nicea dominaron la situación. Las tres sedes principales —Roma, Alejandría y Antioquía— estaban ocupadas por obispos cuya posición era de franco apoyo a la fórmula y las decisiones de Nicea, y Osio de Córdoba era uno de los principales consejeros imperiales. Pero esta situación no podía durar mucho, pues los arrianos no dejaban de moverse, tratando de persuadir al emperador de que los antiarrianos eran unos rebeldes intransigentes, y de convencer a los obispos más conservadores de que la fórmula de Nicea servía para los fines del sabelianismo. El exilio de Eusebio de Nicomedia no duró mucho, pues pronto se percató de su error de táctica al proclamar abiertamente los aspectos más extremistas del arrianismo. Tras reconciliarse con Constantino, regresó a ocupar su sede en Nicomedia, donde estaba la residencia de verano del emperador, y desde allí supo ganarse el favor de la corte y hasta del propio monarca. Por su parte, Arrio escribió al emperador una carta en que se mostraba dispuesto a llegar a un entendimiento con el resto de la iglesia, y Constantino le permitió volver del exilio.

Alejandro de Alejandría murió en el año 328, y le sucedió su hombre de confianza, Atanasio, quien había estado en Nicea y habría de dedicar su vida a defender las decisiones que allí se habían tomado. Luego, los principales opositores que en Oriente tenían los arrianos eran Eustatio de Antioquía, Marcelo de Anquira y Atanasio de Alejandría. Eusebio de Nicomedia comenzó una serie de ataques personales contra los principales dirigentes del partido niceno. Aunque en el fondo había una cuestión doctrinal, a menudo fueron acusaciones de orden moral o disciplinario las que más daño hicieron a los obispos nicenos.

El primero en caer fue Eustatio de Antioquía. En el año 330 —es decir, cinco años después del Concilio de Nicea— Eusebio de Nicomedia logró que fuese condenado como adúltero, tirano y hereje. Además, se le acusó de haberse expresado en forma irrespetuosa acerca de la madre de Constantino. El resultado fue que Eustatio fue desterrado a Tracia, donde murió algún tiempo después, tras haber escrito algunas obras contra los arrianos. Pero su historia no terminó con esto, pues sus seguidores antioqueños nunca aceptaron su condenación, y mucho menos el nombramiento de su sucesor. Se creó así un cisma que duró largos años y que hizo más profunda la intranquilidad de la iglesia oriental.

Mucho más temible que Eustatio era Atanasio, el sucesor de Alejandro en la sede de Alejandría. La importancia de esta sede, su fama tradicional como centro de la actividad teológica en Oriente, y sus relaciones estrechas con Occidente, hubiesen bastado para hacer de su obispo un enemigo temible. A esto debía sumarse el hecho de que ocupaba esa sede uno de los más grandes hombres que jamás la hayan ocupado: Atanasio de Alejandría. Como opositor del arrianismo, Atanasio no solo era intransigente, sino que además sabía tomar la ofensiva. Por estas razones Atanasio fue durante años el gran campeón de la fe nicena, y también el objetivo fundamental de los ataques de Eusebio de Nicomedia.

Ya en el año 331 Atanasio se vio obligado a defenderse ante el emperador de las acusaciones de sus enemigos. En consecuencia, partió en el primero de una larga serie de exilios. Mas no cejaba en su empeño de sostener la fe nicena, y aprovechó su exilio para visitar Occidente y establecer allí vínculos que luego habrían de serle de gran utilidad.

En cuanto a Marcelo de Anquira —el otro obispo oriental que se había opuesto resueltamente al arrianismo en Nicea—, su condenación no

resultó difícil, pues su pensamiento se inclinaba claramente al monarquianismo. En el año 336 —el mismo año de la muerte de Arrio— un
sínodo en Constantinopla le condenó y depuso, y el emperador le condenó al destierro.

En resumen, podemos decir que durante el período que va del Concilio
de Nicea a la muerte de Constantino en el año 337 los defensores del
«gran concilio» sufrieron derrota tras derrota. El interés del emperador,
que era de carácter político más que teológico, unido a la habilidad política de Eusebio de Nicomedia y los suyos, fue la causa principal de tales
derrotas. A esto ha de sumarse la incapacidad de algunos de los principales defensores de Nicea de mostrar en qué modo su doctrina difería
del sabelianismo.

A la muerte de Constantino le sucedieron sus tres hijos, Constantino
II, Constante y Constancio. Oriente quedó en manos de Constancio,
mientras que sus hermanos se dividían Occidente. Al principio, la nueva
situación política tendió a favorecer a los nicenos. Pero pronto resultó
claro que Constancio, a quien había tocado gobernar Oriente, estaba
decidido a apoyar a los seguidores de Eusebio de Nicomedia, quien ocupaba ahora la sede de Constantinopla.

En Occidente el arrianismo nunca había logrado echar raíces, pues allí
el temor al sabelianismo no era tan marcado, y se había llegado mucho
antes a la fórmula «una substancia y tres personas», que —al menos en su
primera parte— concordaba con la fórmula de Nicea. Pero las relaciones
entre los emperadores de Occidente, Constante y Constantino II, no eran
del todo amistosas, y dieron por fin en una guerra que a su vez terminó con
la muerte de Constantino II en el año 340. Estas rivalidades en Occidente
disminuían su influencia sobre Oriente, de modo que Constancio pronto
se sintió libre para proseguir una política de obstaculización de la causa
nicena. En el año 339 Atanasio se vio obligado a partir de nuevo hacia el
exilio, esta vez en Roma.

Tras la muerte de Constantino II en el año 340, al quedar unido
Occidente bajo Constante, Constancio se vio obligado a moderar su
política, y los defensores de Nicea lograron un respiro que permitió a
Atanasio regresar a Alejandría en el 346. Sin embargo, Constancio no se
apartó de su política de apoyo a los opositores de Nicea, sino que solo la
hizo más moderada debido a la influencia de Constante y Occidente.

La fuerza de los antinicenos parecía cada vez mayor. Los obispos
Ursacio, Valente y Germinio, cuya posición no era la de simples antinicenos conservadores, sino la de arrianos convencidos, llegaron a ser
los consejeros favoritos del emperador Constancio, y este quedó como

dueño absoluto del imperio tras la muerte de Constante en el año 350. En el 355 los consejeros arrianos del emperador le sugirieron una fórmula según la cual había un Dios y el Hijo era claramente inferior al Padre. Esta fórmula, conocida como la «blasfemia de Sirmio», declaraba que el Hijo era inferior al Padre, y prohibía toda discusión de la *usía* o substancia de Dios. Esto equivalía a una condenación del Concilio de Nicea, pero los arrianos se consideraban ya suficientemente fuertes para llevar a cabo un ataque frontal. El emperador prestó su apoyo decidido a esta fórmula, y pretendió imponerla, no solo en Oriente, donde el *homousios* nunca había logrado gran popularidad, sino aun en Occidente, donde la unidad de substancia era doctrina tradicional de la iglesia. Sus métodos fueron violentos, y hasta el anciano Osio de Córdoba y el papa Liberio se doblegaron ante el emperador y repudiaron la decisión del Concilio de Nicea.

Pero entre los opositores de Nicea, a quienes Atanasio llamaba «arrianos», la mayoría no lo era en realidad, y reaccionarían contra el arrianismo tan pronto como este osase mostrar su verdadera naturaleza. A partir de mediados del siglo cuarto aparecen entre los opositores del *homousios* niceno por lo menos tres partidos, que se conocen por los nombres de anomoeano, homoeano y homoiusiano (nótese la diferencia entre homousiano y homoiusiano).

Los anomoeanos —del griego *anomoios*, desigual— o arrianos extremos afirmaban que el Hijo era «distinto del Padre en todo». El Hijo no es de la misma substancia —*homousios*— que el Padre, ni tampoco de una substancia semejante —*homoiusios*— sino que es «de una substancia distinta». Los principales portavoces de esta posición, que era en extremo racionalista, eran Aetio y Eunomio.

Los homoeanos —del griego *homoios*, semejante— son conocidos también como «arrianos políticos». Según ellos, la relación entre el Padre y el Hijo es una relación de semejanza; pero nunca llegan a definir en qué consiste esa semejanza. Puesto que siempre que dos cosas son semejantes son también diferentes, esta posición se presta a diversas interpretaciones según la conveniencia del momento. Sin embargo, los dirigentes de este partido —hombres como Ursacio y Valente— eran arrianos convencidos, y no vacilaban en prestar su apoyo a los anomoeanos siempre que las circunstancias lo permitieran. En cuanto a la cuestión del homousios, los homoeanos se inclinaban a evitar su discusión, pues este término los forzaba a definir el carácter de la «semejanza» entre el Padre y el Hijo.

Los homoiusianos —del griego *homoiousios*, de semejante substancia—, a quienes se da erróneamente el nombre de «semiarrianos», son los continuadores de la antigua oposición a la fórmula de Nicea, que se basaba no en su condenación del arrianismo, sino en su falta de precisión frente al sabelianismo. Este partido apareció como tal cuando, tras la llamada «blasfemia de Sirmio», los elementos más moderados se percataron de la necesidad de oponerse, no solo al sabelianismo, sino también al arrianismo. La «blasfemia de Sirmio» afirmaba que el Hijo era substancialmente distinto del Padre, y que la relación entre ambos no podía ser expresada por el término *homousios*, ni tampoco *homoiusios*. Esta es la primera vez que el término *homoiusios* aparece en los documentos que se conservan, pero el hecho de que se le ataque parece implicar que ya algunos comenzaban a hacer uso de él como un medio de evitar caer tanto en el sabelianismo como en el arrianismo. En todo caso, tras la «blasfemia de Sirmio» aparece en la historia del pensamiento cristiano el partido de los homoiusianos, dirigido por Basilio de Anquira. Al principio, los homoiusianos —además de Basilio, debemos mencionar a Cirilo de Jerusalén y Melecio de Antioquía— se oponían tanto a los arrianos como a los nicenos, pero lentamente se fueron percatando de que, por lo menos en su intención, su posición coincide con la de quienes proclamaban el *homousios*.

El nacimiento del partido homoiusiano como grupo definido data del año 358, cuando un sínodo reunido en Anquira bajo la presidencia de Basilio produjo la primera fórmula homoiusiana. En esta fórmula puede verse la reacción de la mayoría conservadora frente a la «blasfemia de Sirmio». En ella se afirma categóricamente la semejanza substancial entre el Hijo y el Padre. Esta semejanza es tal que, en lo que se refiere a la distinción entre el Creador y las criaturas, el Hijo se halla claramente junto al Padre, y no es en modo alguno una criatura. Esto no quiere decir, sin embargo, que haya una identidad total entre el Padre y el Hijo, pues sus substancias —*usiai*— no son una, sino dos. Este partido logró una victoria importante cuando Constancio, probablemente tratando de encontrar una vía media que le trajera cierta unidad a un imperio que se dividía cada vez más por razones religiosas, se declaró a favor suyo.

Así estaban las cosas cuando la muerte de Constancio y la llegada al trono imperial de Juliano el Apóstata, que como pagano que era no se interesaba demasiado en los debates teológicos, privaron de todo apoyo político a todos los partidos religiosos y fue necesario que cada uno de ellos buscase la victoria por medios teológicos y doctrinales.

En tal situación, Atanasio dio un paso decisivo que en última instancia habría de llevar al triunfo de la causa nicena: en un sínodo reunido en Alejandría en el año 362, declaró que las diferencias verbales no eran importantes, siempre que el sentido fuese el mismo. Así, tanto la frase «tres hipóstasis» como la frase opuesta, «una hipóstasis» son aceptables siempre que no se interprete la primera de tal modo que se dé en el triteísmo, ni la segunda de manera sabeliana. Con esto, los nicenos abrían el camino a una alianza con la mayoría conservadora. Solo faltaba un largo proceso de clarificación de términos y sentidos para llegar a una fórmula generalmente aceptada, y con ello a la condenación definitiva del arrianismo.

La importancia del sínodo alejandrino del 362 no se limita a su espíritu conciliador, sino que se debe también a su posición con respecto al Espíritu Santo. Puesto que los arrianos negaban la divinidad absoluta del Verbo, no podían sino llegar a la misma conclusión con respecto al Espíritu Santo. Sin embargo, los obispos reunidos en Nicea, al dedicar todo su interés a la cuestión de la divinidad del Verbo, que había venido a ser el centro de la controversia, no prestaron gran atención a la cuestión del Espíritu, sino que se limitaron a retener la frase «y en el Espíritu Santo». En Nicea, pues, no se planteó la cuestión trinitaria en toda su amplitud. Pero en el período que va del Concilio de Nicea al sínodo alejandrino del 362, al tratar de precisar las cuestiones que se debatían, algunos teólogos prestaron mayor atención a la cuestión del Espíritu. De este modo, la controversia que al principio pareció limitarse a la divinidad del Hijo se extendió a la del Espíritu Santo. Aún más, la larga controversia con respecto a la divinidad del Hijo había hecho ver a muchos que era necesario afirmarla; pero no sucedía lo mismo con la cuestión del Espíritu Santo, que aún no se había discutido ni dilucidado. Luego, algunos teólogos —Eustatio de Sebaste y Maratón de Nicomedia— manifestaron que estaban dispuestos a afirmar la consubstancialidad del Hijo con el Padre, pero no la del Espíritu Santo. Por su parte, el sínodo alejandrino del 362, que se mostraba inclinado a la flexibilidad en todas las cuestiones que fuesen puramente verbales, vio en la posición de estos teólogos —a los que se llamaba «pneumatomacos», es decir, enemigos del Espíritu— un error inaceptable. Luego, el sínodo condenó no solo el arrianismo, sino también la opinión de que el Espíritu Santo es una criatura.

A partir de ese este momento la causa arriana estaba perdida. Aunque el emperador Juliano pronto envió a Atanasio a un nuevo exilio que duró poco más de un año, y luego Valente hizo otro tanto, estos dos breves exilios no pudieron detener el avance de la causa nicena. En el 363 se reunió en Antioquía un sínodo que se declaró en favor del credo niceno, explicando que el término *homousios* no quiere decir sino que el Hijo es semejante al Padre en *usía*, y que el único propósito de este término es condenar la herejía arriana, que hace del Hijo una criatura. Luego, también en Antioquía en el 363 se manifiesta el espíritu de reconciliación entre homousianos y homoiusianos que hemos visto un año antes en Alejandría.

Además, el reinado de Juliano marca un punto de viraje en cuanto a la posición teológica de los emperadores. Antes de Juliano los emperadores que apoyaban a los arrianos resultaban ser los más poderosos —Constantino el Grande y Constancio—, mientras que los que apoyaban la causa nicena, además de gobernar solo en Occidente, lejos del centro de la controversia, eran por lo general los menos poderosos: Constante y Constantino II. Tras la reacción pagana de Juliano se sucede toda una serie de emperadores pronicenos, o al menos no arrianos. La principal excepción a esta regla es el emperador Valentiniano II, quien —siguiendo los consejos de su madre Justina— se aferró al arrianismo aun después de que su causa estuviera perdida. Mas esta excepción es compensada con creces por el caso de Teodosio, quien fue sin lugar a dudas el más grande emperador de la segunda mitad del siglo cuarto, y bajo cuyo reinado se produjo la victoria definitiva de la fe nicena, en el Concilio de Constantinopla, en el 381.

En el campo de la teología, el acercamiento entre homousianos y homoiusianos —es decir, entre los defensores de Nicea y los teólogos conservadores— se hizo cada vez mayor. Atanasio no se contentó con la simple declaración del sínodo del 362, sino que estableció correspondencia con Basilio de Anquira, quien era el jefe de los homoiusianos. De este modo, los últimos años de Atanasio vieron los comienzos del triunfo niceno.

Sin embargo, correspondió a una nueva generación de teólogos lograr las fórmulas que llevarían a la solución definitiva de la cuestión arriana. Las figuras principales de esta generación, que también reciben el nombre de neonicenos, son los llamados «Tres Grandes Capadocios»: Basilio de Cesarea, Gregorio de Nisa y Gregorio de Nacianzo. La importancia de estos tres teólogos es tal que hemos de volver sobre ellos; pero aquí debemos exponer, siquiera en breves rasgos, su contribución a la victoria definitiva de la fe nicena.

El sínodo alejandrino del 362 había señalado la confusión existente en la terminología que se empleaba para referirse a las relaciones entre el Padre, el Hijo y el Espíritu Santo, pero no había ofrecido solución positiva a la cuestión de la terminología. Según ese sínodo, el término *hipóstasis* era ambiguo, y resultaba tan correcto decir «una hipóstasis» como decir «tres hipóstasis», ya que el mismo término se empleaba en un sentido distinto en cada uno de estos casos. Mas ese sínodo no veía otra solución que la de afirmar que en cierto sentido hay tres hipóstasis en Dios, y que en otro sentido hay solo una.

Los Capadocios se lanzaron a la tarea de definir tanto la unidad como la diversidad en Dios, y buscar una terminología capaz de expresar tanto esta como aquella. Aunque en el capítulo que dedicaremos específicamente al pensamiento de los Capadocios discutiremos esto con más amplitud, debemos señalar aquí la esencia de su solución al problema planteado. Esta consistía en la distinción entre los términos *usía* e *hipóstasis*. En la literatura filosófica, y aun en las decisiones del Concilio de Nicea, ambos términos eran sinónimos, y era costumbre traducir ambos al latín por *substantia*. Pero ambos términos eran ambiguos, pues significaban tanto la subsistencia individual de una cosa como la naturaleza común de que participan todos los miembros del mismo género. Los Capadocios definieron ambos términos, reservando el de *hipóstasis* para referirse a la naturaleza de que participan los miembros de un mismo género. De aquí pasaban a afirmar que hay en Dios tres *hipóstasis* y solo una *usía* o, lo que es lo mismo, tres subsistencias individuales que participan de una misma divinidad. Esta fórmula resultaba algo confusa para Occidente, que se había acostumbrado a pensar en términos de la fórmula de Tertuliano: una substancia y tres personas. Para los occidentales, la afirmación de tres hipóstasis divinas parecía ser la afirmación de tres substancias divinas o, lo que es lo mismo, de tres dioses. Pero la labor de clarificación de los Capadocios al señalar que su fórmula incluía también la unidad de *usía* logró satisfacer a los occidentales.

Cuando el emperador Teodosio convocó a un gran concilio que se reunió en Constantinopla en el 381 —y que luego recibió el título de Segundo Concilio Ecuménico—, fue la fórmula de los Capadocios la que se impuso. El Concilio de Constantinopla no redactó un nuevo credo, sino que se limitó a reafirmar el de Nicea. Además, el concilio condenó al arrianismo no solo en su forma primitiva, sino también en sus nuevas modalidades: anomoeanos, homoeanos y pneumatomacos.

Con la acción del Concilio de Constantinopla, el arrianismo dejó de ser un factor de importancia en las discusiones teológicas. Sin embargo, los arrianos —y sobre todo el famoso obispo Ulfilas— habían llevado a cabo un trabajo misionero exitoso entre los pueblos germánicos de allende el Danubio. En los siglos subsiguientes, cuando estos pueblos conquistaron Occidente, llevaron consigo su fe arriana. Los vándalos en el norte de África, los visigodos en España y los lombardos en Italia establecieron reinos arrianos. Solo los francos de entre los principales pueblos invasores se convirtieron al cristianismo ortodoxo en lugar del arriano. Esto hizo que Occidente, que hasta entonces se había visto libre del arrianismo, tuviese que enfrentarse ahora a esta doctrina. Sin embargo, esta confrontación tuvo poco de carácter teológico. Al principio los arrianos persiguieron a los ortodoxos de los países conquistados. Pero pronto, junto a la civilización superior de los conquistados, se impuso su fe ortodoxa y uno a uno de los grandes reinos arrianos fueron convirtiéndose a la ortodoxia. A esto contribuyó también el crecimiento del poderío franco, pues los vecinos arrianos tendían a acogerse a la fe de este imperio creciente.

La derrota del arrianismo se debió en parte a la superioridad intelectual de sus adversarios; en parte a que, durante la larga controversia, el peso de Occidente casi siempre estuvo a favor de los nicenos; en parte a que los arrianos se dividieron a causa de discusiones sutiles, mientras que sus opositores se unieron cada vez más. Pero quizá sea posible ver en la esencia íntima del arrianismo una de las causas principales de su derrota. En efecto, el arrianismo puede interpretarse como un intento de introducir en el cristianismo la costumbre pagana de adorar a seres que, si bien no eran el mismo Dios absoluto, sí eran divinos en un sentido relativo. Frente a esta disminución de la divinidad del Salvador, la conciencia cristiana reacciona violentamente, como se vio cada vez que los arrianos expresaron su doctrina en toda su crudeza. La fe nicena, aun cuando resultaba menos estrictamente racional que el arrianismo, y aun cuando requirió más de medio siglo para definir su verdadero sentido, supo afirmar de manera más clara y radical la doctrina cristiana fundamental de que «Dios estaba en Cristo reconciliando el mundo a sí».

VIII
La teología en torno a Nicea

Aunque en el capítulo anterior centramos nuestra atención en los debates trinitarios que llevaron a los concilios de Nicea y Constantinopla, no pudimos decir mucho acerca de la teología de los grandes personajes que contribuyeron al desarrollo de la doctrina trinitaria. Luego, en el presente capítulo trataremos primero de los grandes defensores de la fe nicena en el tiempo entre esos dos concilios, y luego del desarrollo de esa fe en Occidente, hasta culminar en San Agustín; aunque aquí trataremos solo de ese aspecto de la teología de Agustín, para más adelante dedicarle todo un capítulo al resto.

Atanasio

La vida y obra de Atanasio llenan todo un siglo, y lo llenan de tal modo que es imposible relatar el desarrollo doctrinal de ese siglo sin narrar la vida de Atanasio. Atanasio fue hombre de iglesia y director de almas más que pensador especulativo o sistemático. No que no haya sistema u orden en su pensamiento, sino que su obra se desarrolló no a base de las exigencias de un sistema, sino como respuesta a las necesidades de cada momento. Luego, buscaríamos en vano entre la amplísima producción literaria de Atanasio una obra en que presente la totalidad de su pensamiento teológico. Sus obras son pastorales, polémicas, exegéticas, y hasta se encuentra entre ellas una biografía; pero ninguna de ellas se dedica a la especulación por el simple gusto de especular. La más antigua de sus obras que se conserva es su escrito en dos partes: *Discurso contra los griegos* y *Discurso acerca de la encarnación*. Esta obra fue escrita antes del comienzo de la controversia arriana, pero ya en ella—y sobre todo en su segunda parte—pueden descubrirse los principios teológicos que luego Atanasio utilizaría como punto de partida en su controversia con los arrianos.

La teología de Atanasio es de un carácter eminentemente religioso y no especulativo. La verdad o falsedad de una doctrina no ha de juzgarse simplemente a partir de su coherencia lógica, sino también y sobre todo a partir del modo en que expresa los principios básicos de la religión cristiana. Estos dos principios son el monoteísmo y la doctrina cristiana de la salvación.

Ya antes de estallar la controversia arriana, Atanasio había meditado acerca de la naturaleza de Dios y los modos en que podemos conocerle, como la muestran sus dos obras —que son en realidad dos partes de una misma obra— *Discurso contra los griegos* y *Discurso acerca de la encarnación*. En el *Discurso contra los griegos*, tras un ataque al politeísmo pagano semejante a los de los antiguos apologistas, Atanasio discute los modos de conocer a Dios. Estos son principalmente dos: el alma y la naturaleza. El alma es invisible e inmortal, lo cual la hace superior a todas las cosas visibles y mortales. Luego, los ídolos de los paganos, que son visibles y pueden ser destruidos, no son dioses, sino que son inferiores a quienes los hacen. El alma es por naturaleza capaz de ver a Dios, aunque el pecado la incapacita para lograr esta visión. El alma fue hecha según la imagen y semejanza divina para que fuese como un espejo en el cual reluciese esa imagen, que es el Verbo. Pero el pecado empaña ese reflejo de tal modo que no es posible ver en él al Verbo sino tras un proceso de purificación. Este es un tema de origen platónico que desde tiempos de Orígenes vino a formar parte de la tradición teológica alejandrina. En segundo lugar, es posible conocer a Dios a través de la creación, cuyo orden muestra no solo que hay un Dios, sino también que ese Dios es uno solo. De haber más de un dios, tal unidad y orden serían imposibles.

El orden y razón de la naturaleza muestran que Dios la ha creado y gobierna mediante su Razón, Sabiduría o Verbo. Este Verbo no ha de entenderse como el Logos de los estoicos, es decir, como un principio impersonal que consiste en el orden mismo de la naturaleza. No, sino que el Verbo de Dios que gobierna el mundo es la Palabra —o Verbo— viviente del buen Dios, el Verbo que es Dios mismo. Este Verbo o Palabra no es un simple sonido, como las palabras humanas, sino que es la imagen inmutable del Padre. Es el Dios Uno y Unigénito. Este Verbo se ha unido a las cosas creadas porque estas son hechas de la nada y tienden por tanto a desaparecer si el Verbo no las sostiene en la existencia. Luego, el Verbo es el gran sustentador y ordenador del universo, y administra y gobierna los principios opuestos de que este está hecho —frío y calor, aire y agua, etc.—, de tal modo que todos existen en armonía y sin destruirse mutuamente.

Debemos hacer notar aquí que, aun antes de la controversia arriana, Atanasio había llegado a una doctrina del Verbo que le distinguiría no solo del arrianismo, sino también de buena parte de los teólogos anteriores.

Antes de Atanasio existía entre los teólogos cierta tendencia a establecer la distinción entre el Padre y el Verbo sobre la base de una distinción entre el Dios absoluto y una deidad subordinada. Como Atanasio mostraría más tarde en ocasión de la controversia arriana, todo esto hacía del Verbo una especie de divinidad subordinada, lo cual era incompatible con el monoteísmo cristiano.

Por otra parte, Atanasio estaba convencido de que el Salvador debía ser Dios. Si en el *Discurso contra los griegos* vemos cómo el monoteísmo cristiano constituye una de las columnas del pensamiento de Atanasio, la segunda parte de esa misma obra —*Discurso acerca de la encarnación*— nos muestra otra columna sobre la que descansa ese pensamiento: la doctrina de la salvación. Según Atanasio, la salvación que necesitamos guarda continuidad con la creación, pues se trata de la recreación del ser humano caído. Al crear al ser humano Dios, en su gran misericordia, no quiso que esta criatura, que provenía de la nada, se viese envuelta en la necesidad de volver a la nada. Por ello la creó según su imagen o Verbo, de modo que el humano, participando del Verbo, participase del ser y la razón. Luego, el humano, que sería por naturaleza mortal, recibió en su creación el don de la inmortalidad, que había de conservar siempre que reflejase debidamente la Imagen según la cual había sido hecho.

Pero el humano pecó y se apartó de esa Imagen, y desde entonces se halla prisionero de las garras de la muerte. El pecado no es un mero error que sea necesario corregir, ni una deuda que pagar, ni un olvido que necesita recordatorio. Con el pecado se ha introducido en la creación un elemento de desintegración que lleva hacia la destrucción, y que solo es posible expulsar mediante una nueva obra de creación.

De aquí se desprende el centro de la doctrina de Atanasio acerca de la salvación: solo Dios mismo puede salvar a la humanidad. Si la salvación que necesitamos es en realidad una nueva creación, solo el Creador puede hacerla llegar hasta nosotros. Además, puesto que la inmortalidad que hemos perdido consistía en la existencia según la imagen de Dios, y por tanto en una existencia semejante a la de Dios, la salvación que ahora necesitamos consiste en una especie de divinización (*theopoiesis*). Esto también requiere que el Salvador sea Dios, pues solo Dios puede conferir una existencia semejante a la suya.

Todo esto es el fundamento de la oposición a Atanasio al arrianismo, que destruye el monoteísmo cristiano y lleva de vuelta al politeísmo. Si el Hijo no participa de la naturaleza del Padre de tal modo que podamos hablar de ambos como de un solo Dios, y si al mismo tiempo rendimos culto al Hijo, como la iglesia siempre ha hecho, no queda justificación alguna para el repudio de los cristianos hacia el politeísmo. Por otra parte, la doctrina que hace del Verbo un ser intermedio entre el mundo y un Dios trascendente no resuelve el problema que se plantea, pues se harán necesarios entonces otros seres intermedios entre Dios y el Verbo, y entre el Verbo y el mundo, y así sucesivamente hasta el infinito. Además, si el Hijo es mutable, y resulta de un acto de la voluntad del Padre y no de la propia naturaleza divina, ¿cómo hemos de ver en él al Padre inmutable? Si el Hijo nos revela al Padre, esto no ha de ser porque es menos que el Padre, sino porque es igual al Padre. Aún más, la doctrina arriana del Verbo destruye el sentido de la salvación porque un ser que no es Dios no puede en modo alguno restaurar la creación de Dios. Si Dios es el Creador, Dios ha de ser el Salvador.

En su doctrina de Dios, Atanasio muestra una vez más ese equilibrio y fina percepción que le hacen uno de los más grandes teólogos de todos los tiempos. Para él, Dios es trascendente, pero no de tal modo que se imposibilite su contacto con las criaturas. Este Dios es trino, pues existe como Padre, Hijo y Espíritu Santo. Esta defensa de la doctrina de la Trinidad contribuyó positivamente al desarrollo de esa doctrina. La lucha contra el arrianismo hizo que Atanasio dedicase su atención de tal modo a las relaciones entre el Padre y el Hijo que la discusión acerca del Espíritu Santo quedó relegada a segundo plano. Sin embargo, la aparición de la doctrina de los pneumatomacos, que aceptaban la divinidad del Hijo, pero negaban la del Espíritu Santo, llevó a Atanasio a desarrollar algo más su pensamiento acerca del Espíritu Santo y a afirmar que este, al igual que el Hijo, es consubstancial al Padre.

El principal punto débil de la doctrina trinitaria de Atanasio es la falta de una terminología fija que sirviese para expresar tanto la multiplicidad como la unidad dentro de la Trinidad. Atanasio se percató de la necesidad de tal terminología, como lo muestra la acción del sínodo alejandrino del 362, pero tocó a los Capadocios —de quienes trataremos seguidamente— llevar a feliz término la tarea de establecer esa terminología. Aquí, como en el resto de su labor teológica, Atanasio mostró ser el hombre de aguda percepción religiosa, pero sin gran interés o talento en la sistematización formal del pensamiento. Sin él la obra de los Capadocios hubiera sido imposible. Sin los Capadocios su obra se hubiera perdido en el transcurso de los siglos.

La cristología de Atanasio, en lo que se refiere a la relación entre el Verbo y la naturaleza humana de Jesús, es semejante a la de Arrio: de hecho, ambos teólogos pueden servir de ejemplo de la cristología común entre los pensadores alejandrinos del siglo cuarto, en la que el Verbo se unió a la carne de Jesús, viniendo a ocupar en él el lugar del «alma racional». Esta doctrina, que recibe el nombre de «apolinarismo» y que hemos de discutir en otro capítulo, fue condenada en el Concilio de Constantinopla en el 381. Aunque Atanasio no parece haberse percatado de ello, tal interpretación de la persona de Jesucristo se opone a sus propios principios soteriológicos, pues —como los Capadocios señalarían más adelante— el Verbo asumió la naturaleza humana para librarla de su pecado, y no puede haber dejado de asumir el alma humana, que es sede de nuestro pecado.

Por otra parte, Atanasio subraya la unidad entre lo divino y lo humano en Cristo de un modo que es también característico de la cristología alejandrina. En esta unión los predicados de uno de los términos de esa unión pueden transferirse a otro término. Esto es el principio, también típicamente alejandrino, de la transferencia de los predicados o *communicatio idiomatum*. Así, por ejemplo, Atanasio afirma que es lícito adorar al hombre Jesús, aunque la adoración se debe propiamente solo a Dios. De igual modo, afirma que María es madre o paridora de Dios (*theotokos*). Esta doctrina es también típicamente alejandrina, y en el siglo quinto dará lugar a agudas controversias. Para Atanasio se trata simplemente de una consecuencia más de la unión indivisible entre la divinidad y la humanidad de Jesucristo. Negar que María es la madre de Dios sería lo mismo que negar que Dios nació de María, y esto a su vez constituiría una negación de la encarnación del Verbo.

En conclusión, podemos decir que Atanasio es un pensador típicamente alejandrino, aunque exento de ese excesivo gusto por la especulación que constituye el mayor defecto de la teología alejandrina. En lugar del método especulativo, Atanasio establece firmemente ciertos principios básicos de la fe cristiana, y a partir de ellos juzga toda doctrina. Estos principios son el monoteísmo y la doctrina cristiana de la salvación, y sobre ellos basa Atanasio su oposición al arrianismo.

Por otra parte, esta característica del pensamiento de Atanasio, si bien le permitió mostrar con mayor claridad que los demás las razones que hacían el arrianismo inaceptable, no le permitió establecer una fórmula que sirviese de centro de unión entre los ortodoxos. Esta sería la tarea de los «Tres Grandes Capadocios».

Los Tres Grandes Capadocios

Por el nombre de «los Tres Grandes Capadocios» se conoce a tres obispos y teólogos que dominan el escenario del pensamiento teológico durante la segunda mitad del siglo cuarto. Son ellos Basilio, quien más tarde fue obispo de Cesarea de Capadocia y a quien se conoce como «el Grande»; su hermano menor, Gregorio, quien llegó a ser obispo de la pequeña ciudad de Nisa; y el amigo de ambos, Gregorio de Nacianzo, quien fue patriarca de Constantinopla durante un breve período. Estos tres amigos trabajaron en estrecha unión para lograr la victoria de la fe nicena, y por ello su doctrina trinitaria es prácticamente la misma. Mas esto no quiere decir que estuviesen de acuerdo en todo sentido, y por ello haremos bien en estudiarlos separadamente.

Aunque por lo general se habla de los «Tres Grandes Capadocios», hay una cuarta persona de quien se ha escrito poco, pero cuya influencia sobre, por lo menos, dos de los miembros del famoso trío merece aten- ción. Se trata de Macrina, hermana de Basilio y de Gregorio de Nisa. Fue ella quien le señaló a Basilio su preocupación con su propia sabiduría y prestigio, y le llamó a la vida que después siguió. Aún más, Gregorio de Nisa habla de ella como «la Maestra», y parece dar por sentado que sus lectores sabrán de quién se trata. Desafortunadamente, quedan pocos materiales que nos ayuden a descubrir sus enseñanzas. Empero, es impor- tante mencionarla aquí como recordatorio de que también hubo madres entre los llamados «padres» de la iglesia.

Basilio de Cesarea (¿330?-379) es el mayor y más distinguido de los tres. Hijo de padres de cómoda posición económica, Basilio conoció desde muy temprano la intensa vida religiosa de un hogar cuyo centro era la fe cristiana. Su hermana mayor, Macrina, llevaba una vida de ascetismo que dejó huellas en el espíritu del joven Basilio. Dos de sus hermanos, Gregorio y Pedro, llegaron a ser obispos, el primero de Nisa y el segundo de Sebaste. El propio Basilio recibió una educación esmerada primero en la vecina Cesarea, y luego en Constantinopla y Atenas. En Cesarea, Basilio conoció al joven Gregorio de Nacianzo, quien sería su amigo y colaborador durante toda su vida. Más tarde, en Atenas, ambos amigos se reunieron de nuevo, y fue allí que surgió el cálido afecto que siempre les uniría.

Gregorio de Nacianzo (¿329-389?) era de un carácter muy distinto al de su amigo Basilio. Este último era un hombre decidido, firme y hasta inflexible. Gregorio, por el contrario, era de una naturaleza en extremo sensible y, por tanto, al parecer algo débil en ocasiones. Por esta razón toda la vida de Gregorio es una sucesión de períodos de retiro monástico separados por incursiones en la vida eclesiástica activa. Además, Gregorio difería de su amigo Basilio en cuanto a los talentos de que estaba dotado: mientras Gregorio era sobre todo un gran orador, Basilio era el adminis- trador y estadista.

El tercero de los Grandes Capadocios, Gregorio de Nisa (¿335- 394?), era hermano menor de Basilio y Macrina. Aunque estudió retórica y fue obispo, sus principales talentos no eran los de orador —como su homónimo de Nacianzo—, ni tampoco los de administrador —como su hermano Basilio. Gregorio de Nisa era el teólogo entre los Grandes Capadocios. Como veremos más adelante, sus dotes de teólogo, y sobre todo su labor sistemática, sobrepasan a sus dos colegas y amigos.

A diferencia de su hermano Gregorio de Nisa, Basilio el Grande no se dedicó a la investigación teológica por el solo gusto de tal investigación. Por esta razón no escribió obra alguna en la que intentara exponer la totalidad de la doctrina cristiana de manera sistemática. Al contrario, todas sus obras de carácter dogmático tienen el propósito definido de refutar a los arrianos y los pneumatomacos. Las dos grandes obras de Basilio contra los arrianos y los pneumatomacos son *Contra Eunomio* y *Del Espíritu Santo*. La primera de estas obras es una refutación de los argumentos del arriano anomoeano Eunomio, mientras que la segunda es una defensa de la doxología «Gloria sea al Padre, con el Hijo, juntamente con el Espíritu Santo». Esto le llevó a afirmar y sostener por vez primera la fórmula que habría de dar solución definitiva a la discusión trinitaria: una *usía* y tres *hipóstasis*. Basilio sostiene que estos dos términos no son sinónimos, y que por tanto no han de ser utilizados indistintamente al referirse a la Divinidad. Esta contribución de Basilio de Cesarea al desarrollo del dogma trinitario fue luego tomada por Gregorio de Nacianzo y Gregorio de Nisa, quienes contribuyeron a su triunfo final.

Por otra parte, Basilio contribuyó al desarrollo del dogma trinitario al prestar a la persona del Espíritu Santo mayor atención que los teólogos anteriores. Ya hemos señalado que el Concilio de Nicea se contentó con una breve frase acerca del Espíritu Santo. Atanasio, por su parte, no prestó gran atención a esta cuestión hasta que los pneumatomacos la trajeron a primer plano. En tiempos de Basilio, cuando los pneumatomacos resultaban ser un grupo de casi tanta importancia como el de los arrianos, y cuando había algunos que estaban dispuestos a abandonar la doctrina arriana en lo que se refería al Hijo, pero no en lo que se refería al Espíritu Santo, resultaba imposible atacar al arrianismo sin intentar definir de algún modo el carácter del Espíritu Santo. Por esta razón Basilio se dedicó a mostrar la consubstancialidad del Espíritu Santo con el Padre y el Hijo. Que esto se debe a las circunstancias de la época queda suficientemente probado por el hecho de que, además de los otros dos Grandes Capadocios, la mayoría de los principales eclesiásticos de la época escribió tratados acerca del Espíritu Santo. Entre ellos merecen citarse el de Anfiloquio de Iconio —a quien va dirigido el tratado de Basilio—, el de Dídimo el Ciego y el de Ambrosio de Milán. De este modo, con su insistencia en la persona del Espíritu Santo —que es en realidad una reacción de todos los principales teólogos de la época contra la posición de los pneumatomacos— Basilio contribuyó a hacer del debate acerca del arrianismo un debate trinitario.

Por último, debemos señalar la importancia de Basilio como liturgista y como organizador de la vida monástica. Como testimonio de sus actividades en torno a la liturgia se conserva hasta el día de hoy una Liturgia de San Basilio, que la Iglesia Ortodoxa Griega emplea durante la cuaresma, y cuyos rasgos esenciales parecen ser el resultado de la obra del obispo de Cesarea. Por otra parte, y en lo que se refiere a la labor de Basilio como organizador de la vida ascética, se conservan varias obras atribuidas al obispo de Cesarea y dedicadas al establecimiento de cierto orden dentro de la vida monástica. Algunas de estas obras son de Basilio; otras son de él con extensas interpolaciones y adiciones; otras, en fin, son producto de siglos posteriores.

Si Basilio es el organizador y diplomático entre los Tres Grandes Capadocios, Gregorio de Nacianzo (o Nacianceno) es el orador y poeta. Su carácter apacible y retraído, así como su fina sensibilidad estética, le hacían sentirse inclinado a llevar una vida de retiro monástico, y de hecho lo intentó en más de una ocasión. Pero su sentido de responsabilidad en una época en que la iglesia se debatía en medio de grandes luchas le impulsó a sacrificar su propia tranquilidad y dedicarse a la tarea episcopal. Es por esto que su mejor labor teológica ha de encontrarse no en extensos tratados, sino en sus sermones, poemas y epístolas. Los sermones de Gregorio dan fe de su habilidad retórica, aunque no se limitan a la mera eufonía, sino que tratan de los más arduos problemas teológicos y morales. Sus poemas, si bien no son joyas excepcionales de la literatura griega, muestran al menos un fino gusto artístico, y buen número de ellos son de carácter teológico. Su epistolario, en fin, es ejemplar —Gregorio mismo lo publicó a instancias de un pariente que admiraba sus cartas—, y en algunas de sus epístolas discute cuestiones teológicas, y sobre todo cristológicas, con tal acierto que su exposición fue luego adoptada por los concilios de Éfeso (431) y Calcedonia (451).

Puesto que lo que más nos interesa aquí es la contribución de Gregorio Nacianceno al triunfo final de la fe nicena, comenzaremos exponiendo su doctrina trinitaria. Como en el caso de Basilio, los grandes contrincantes teológicos de Gregorio son los arrianos —y sobre todo Eunomio y su partido anomoeano— y los pneumatomacos. Contra ellos va dirigida buena parte de los discursos, epístolas y poemas del obispo nacianceno, y sobre todo los discursos vigésimo séptimo al trigésimo primero, que reciben el título global de *Discursos Teológicos*. El primero de los discursos teológicos trata acerca de los principios de toda investigación y discusión teológicas. En él, Gregorio ataca la costumbre de los arrianos de sostener discusiones teológicas en todo momento y ante toda clase de audiencia. La discusión teológica solo ha de versar sobre temas que se hallen dentro del alcance de nuestra mente, y solo ha de llevarse hasta el punto en que la mente sea incapaz de proseguir su camino. Por otra parte, los temas teológicos no pueden ser discutidos por todas las personas, y esto se debe no solo a que algunos carecen de la inteligencia para comprender lo que se discute, sino también y sobre todo a que son pocas las personas que tienen la virtud necesaria para recibirlos debidamente.

De aquí pasa Gregorio a refutar directamente los argumentos de Eunomio contra la fe nicena. Buena parte de los argumentos de Eunomio consiste en dilemas cuyo propósito es mostrar la imposibilidad lógica de la doctrina nicena. Gregorio toma ordenadamente estos dilemas y va mostrando la falacia envuelta en cada uno de ellos. Sin embargo, el corazón de la defensa de Gregorio está en su insistencia en el carácter de los términos «Padre», «Hijo» y «Espíritu Santo» como términos de relación. Por último, Gregorio discute la persona del Espíritu Santo, quien es Dios y a quien han de atribuirse todos los predicados de la divinidad.

Empero, el punto en el que la doctrina de Gregorio va más allá de la de Basilio es el de las relaciones entre las tres personas de la Trinidad. El intento de distinguir entre el Padre, el Hijo y el Espíritu Santo a base de sus propiedades, distinguiendo entre el Padre absolutamente trascendente y el Hijo o Verbo que se relaciona con el mundo, no podía sino llevar al subordinacionismo y en última instancia al arrianismo. Atanasio se había percatado de ello y por esta razón negaba categórica y repetidamente que la trascendencia del Padre fuese tal que le colocase a mayor distancia de la creación que el Hijo. Este énfasis en la identidad entre la trascendencia del Padre y la del Hijo, si bien destruía uno de los fundamentos del arrianismo, no lograba mostrar en qué la doctrina nicena difería del sabelianismo. Esta fue la gran tarea de los Capadocios. A ella se dedicó Gregorio, atacando el problema a partir de las relaciones internas de las diversas personas de la Trinidad. Según Gregorio, no pueden establecerse entre las tres personas de la Trinidad otras distinciones que las que se refieren al origen de cada una de ellas. Estas distinciones no se refieren en modo alguno a la substancia o a la naturaleza. Las tres características de origen que Gregorio establece en este pasaje pronto fueron aceptadas, tanto por Oriente como por Occidente, como medio de expresar la distinción que existe en el seno de la Trinidad: la característica del Padre en no ser engendrado (*agennesia*); la del Hijo es ser engendrado (*gennesia*); y la del Espíritu es su procesión. Con estos términos, Gregorio añadía sentido a la fórmula característica de los Tres Grandes Capadocios: «una *usía* y tres *hipóstasis*».

Además de su doctrina trinitaria, la cristología de Gregorio da grandes muestras de su genio teológico. Oponiéndose sobre todo a la doctrina de Apolinario —que ya hemos mencionado en el capítulo anterior y que hemos de discutir más detenidamente más adelante—, Gregorio llega a ofrecer fórmulas que más tarde se utilizarían como medios de resolver las controversias cristológicas. Sin embargo, puesto que lo que ahora nos interesa es ante todo el desarrollo de la doctrina trinitaria, hemos de posponer la discusión de la cristología de Gregorio para otro capítulo.

Como administrador, Gregorio de Nisa nunca supo realizar una gran labor, para tristeza de su hermano y obispo metropolitano Basilio de Cesarea. Como orador y literato, Gregorio queda también muy por debajo de su homónimo de Nacianzo. Pero como teólogo y expositor de la experiencia mística sobrepasa en mucho a todos sus contemporáneos orientales. Sin embargo, no debemos olvidar que la labor de los Tres Grandes Capadocios fue llevada a cabo en estrecha ayuda e inspiración mutua, y que Gregorio solo pudo alcanzar sus logros teológicos debido a la obra de Basilio de Cesarea y Gregorio de Nacianzo.

De entre los Tres Grandes Capadocios, es Gregorio de Nisa el que más y mejor uso hace de la filosofía pagana. Ávido lector de las obras de Orígenes, Gregorio concuerda con él en la utilidad de la filosofía en la investigación teológica. Pero, sin dejar de hacer uso de la filosofía, Gregorio se percata mucho mejor que Orígenes de los peligros que esta encierra. Al igual que Orígenes, Gregorio ofrece a menudo una interpretación alegórica de la Biblia. Sin embargo, nunca olvida el carácter histórico de la revelación bíblica.

Ahora bien, la influencia de Orígenes sobre Gregorio va mucho más allá de los principios exegéticos. El temperamento y los intereses de Gregorio son semejantes a los de Orígenes, y por ello hace uso de él como de una fuente constante de principios teológicos. Al igual que Orígenes, Gregorio construye todo su sistema teológico sobre la doctrina de la libertad de los intelectos, y subraya esta libertad hasta tal punto que la doctrina de la gracia parece peligrar. Esta libertad, y no algún principio negativo autónomo, es el origen del mal. El mal existe solo como una ausencia, un cierto carácter negativo, y no como una esencia subsistente.

Luego, el mal no es eterno, y cuando llegue el día en que Dios sea «todo en todos» el mal no existirá ya más, y aun los malos se salvarán.

Aunque en todo lo que antecede Gregorio repite los principios y doctrina de Orígenes, esto no ha de hacernos pensar que no hay diferencia alguna entre Gregorio y el maestro alejandrino. Al contrario, el obispo de Nisa tomó los principios de Orígenes y los aplicó dentro del contexto de su época, cuando el desarrollo teológico había llegado a tal punto que se hacía necesario corregir algunas de las conclusiones de Orígenes. Como ejemplo de esto podemos tomar la preexistencia de las almas. Orígenes afirmaba que las almas, aunque eran criaturas, habían existido desde el principio, de tal modo que no hubo un tiempo en el que no había almas. Al hacer tales declaraciones, Orígenes mostraba no haberse percatado claramente de la distancia que separa la doctrina cristiana de la creación de la doctrina neoplatónica de las emanaciones. Más tarde, el correr de los años, y sobre todo la controversia arriana, hicieron que los teólogos dedicaran mayor atención a lo que significa el término «criatura», de modo que se llegó a la conclusión de que una criatura no puede ser eterna. Luego, Gregorio afirma que las almas son preexistentes solo en la mente de Dios, y no en realidad. Sin embargo, en otros puntos Gregorio resulta ser más idealista que el propio Orígenes. Así, por ejemplo, Gregorio afirma que solo los seres intelectuales y Dios son realidades en el sentido estricto; la materia no es más que una concomitancia de cualidades e ideas: peso, color, forma, extensión, etcétera.

Aunque es difícil determinar cuánto de la doctrina trinitaria de Gregorio le pertenece originalmente, y cuánto se deriva de su hermano y maestro Basilio, sí podemos al menos exponer esa doctrina y mostrar, al menos, cómo su convicción e interés neoplatónicos le ayudaron a resolver algunas de las dificultades que sus contemporáneos planteaban, y a lograr más claridad que ellos.

En el tratado *Que no hay tres dioses*, Gregorio responde a Ablabio, quien le planteaba la cuestión de cómo, si nos referimos a Pedro, Santiago y Juan, cuya naturaleza es la misma, como tres hombres, no hemos de hacer lo propio con respecto a las tres personas de la Trinidad, y referirnos a ellas como a tres dioses. A esto responde Gregorio que cuando hablamos de Pedro, Santiago y Juan como «tres hombres» estamos hablando con poca exactitud, y dejándonos llevar por un hábito del lenguaje. En realidad, la naturaleza humana es una sola, y el hombre que hay en Pedro es el mismo hombre que hay en Juan. Naturalmente, tal explicación se deriva directamente del realismo que forma parte de la tradición platónica de

Gregorio, y no ha de sorprendernos por extraña que nos parezca a quienes no estamos acostumbrados a pensar en tales términos.

Ahora bien, continúa Gregorio, si el uso impropio del lenguaje es aceptable en lo que se refiere a la humanidad de Pedro, Santiago y Juan, la misma inexactitud puede ser trágica si se aplica a la naturaleza divina. Negar la unidad esencial de Pedro y Santiago es un error filosófico, mientras que negar la unidad de Dios es una impiedad. Tal es precisamente la impiedad en que caen los arrianos al negar que Jesucristo es Dios, pues tienen que adorarle o que no adorarle. Si le adoran, sus propias premisas les hacen impíos, pues adoran a quien no es el Dios verdadero. Y si no le adoran no son más que judíos que se niegan a adorar a Cristo.

Además, hay otra razón por la cual es lícito hablar de una multiplicidad de hombres y no de una multiplicidad de dioses: las operaciones de los hombres son múltiples e individuales, mientras que las operaciones de las tres personas divinas son siempre comunes a las tres. Esto implica que la distinción entre las tres personas divinas no puede basarse en sus relaciones externas, ni puede tampoco establecerse a partir de un subordinacionismo que establezca una diferencia de poder o de gloria entre las tres personas. Luego, solo queda la distinción a partir de las relaciones internas de la Trinidad.

La cristología de Gregorio no es tan profunda como la de su homónimo de Nacianzo. Esto no impide que, frente a las doctrinas de Apolinario, defienda la integridad de la naturaleza humana de Jesucristo. Por otra parte, aunque la distinción entre la naturaleza humana y la divina no desaparece con la encarnación, la unión de ambas es tal que se da la *communicatio idiomatum,* es decir, la comunicación de las propiedades de una naturaleza a la otra. Es por esta razón que Gregorio afirma, como era ya costumbre en su época, que María es «madre de Dios», y no simplemente «madre del hombre Jesús». Hay, sin embargo, cierta tendencia idealista y docetista en la afirmación de Gregorio —que más tarde sería general— de que María continuó siendo físicamente virgen aun en el nacimiento de Jesús.

Por último, y aunque este no sea nuestro interés primordial, debemos mencionar la teología mística de Gregorio. El misticismo de Gregorio es de sabor neoplatónico, y se caracteriza por la doctrina de los pasos sucesivos de purificación y ascenso, en un progreso constante y perpetuo. Este aspecto del pensamiento de Gregorio influyó profundamente en el autor seudónimo de ciertas obras que circularon en la Edad Media bajo el nombre de Dionisio el Areopagita y, a través de él, en toda la mística medieval.

Aparte de sus grandes logros en otros campos de la vida eclesiástica —la liturgia y la administración en el caso de Basilio, la retórica y la poesía en el de Gregorio Nacianceno y la mística en el de Gregorio de Nisa—, la obra de los Tres Grandes Capadocios consistió en clarificar, definir y defender de tal modo la doctrina trinitaria que esta por fin se impuso sobre todas las formas del arrianismo y sobre los pneumatomacos. Basilio sentó las bases de la obra de sus dos compañeros, y además divulgó la doctrina trinitaria mediante sus innovaciones litúrgicas y su habilidad como administrador. Gregorio de Nacianzo se aseguró de que los mejores recursos de la retórica fuesen puestos al servicio de la fe nicena, y al mismo tiempo compuso himnos con los que contribuía a popularizar su doctrina, como antes lo habían hecho los arrianos. Gregorio de Nisa, construyendo sobre los cimientos de Basilio y de Gregorio de Nacianzo, logró dar a su doctrina mayor precisión y coherencia lógica.

Cabe preguntarse si en todo esto los Tres Grandes Capadocios fueron en realidad fieles a la fe nicena, o si, por el contrario, su exposición de la doctrina trinitaria, al tiempo que pretende defender y exponer la doctrina de Nicea, abandona en realidad la intención de los obispos reunidos en aquel gran concilio. No cabe duda de que existen razones que justifican la distinción entre los «antiguos nicenos» y los «nuevos». Atanasio por su parte, y luego los Capadocios tienen que enfrentarse a contrincantes que, aunque son todos arrianos, son diferentes. Atanasio se enfrentó a un arrianismo joven, cuyas consecuencias últimas no se habían manifestado aún, y que por tanto debía ser refutado mostrando sus tristes consecuencias para la fe cristiana. Los Capadocios se enfrentan a un arrianismo maduro cuyos frutos ya son conocidos. Por esta razón, la tarea de los Capadocios será no ya la de tratar de descubrir las consecuencias del arrianismo, sino la de refutar esas consecuencias.

Por otra parte, y debido quizá a la diferente tarea que se les impone, los Capadocios difieren de Atanasio en cuanto a su metodología teológica. El gran obispo alejandrino refería toda cuestión tocante a la divinidad del Hijo a sus consecuencias soteriológicas. Los Capadocios, por su parte, se limitan a refutaciones lógicas y escriturarias, sin hacer un esfuerzo consciente por relacionar la doctrina trinitaria con la soteriología. Para ellos se trata simplemente de una doctrina fundamental del cristianismo, más que de un punto de partida necesario para la soteriología cristiana. La batalla toca ya a su fin, y la tarea de los Capadocios —y sobre todo de Gregorio de Nisa— consiste en sistematizar la fe de la iglesia y exponerla con la mayor claridad lógica que sea posible. De aquí que, con Gregorio, volvamos al origenismo que Atanasio parecía haber dejado atrás.

La doctrina trinitaria en Occidente

En Occidente, el arrianismo nunca logró el arraigo que logró en Oriente. Esto parece deberse a dos razones principales: la tradición trinitaria del cristianismo latino y su preocupación por otros asuntos que parecían más urgentes. Lo primero se comprenderá fácilmente si se recuerda que ya desde tiempos de Tertuliano Occidente había llegado a la fórmula trinitaria que habría de prevalecer a través de toda su historia: «una substancia y tres personas». Mas esto no basta para explicar la acogida poco entusiasta que el arrianismo tuvo en Occidente, sino que es necesario tomar también en cuenta el interés práctico de los latinos y el hecho de que en su territorio el estoicismo jugaba el papel que en Oriente desempeñaba el neoplatonismo. Las discusiones occidentales de la Trinidad, en su interés por refutar el sabelianismo, se inclinaban al subordinacionismo. Pero este subordinacionismo no llegó al extremo del arrianismo, y esto quizá se debe a que en Occidente no se hacía sentir tanto como en Oriente la influencia del neoplatonismo y de la teología alejandrina, con su énfasis en la trascendencia de Dios. Cuando se concibe a Dios como un ser absolutamente trascendente, se corre el peligro de hacer del Verbo un ser intermedio entre Dios y el mundo, como sucede en el arrianismo. La influencia estoica, con su énfasis en la inmanencia de Dios, salvó a Occidente de tal doctrina.

Esto no quiere decir, sin embargo, que el arrianismo y la controversia trinitaria no hayan penetrado en Occidente. Hubo, por el contrario, lugares y períodos en que el arrianismo se hizo sentir. Durante el gobierno de Constancio, todo Occidente sintió la presión imperial en favor del arrianismo. Algunos años más tarde, cuando la emperatriz Justina quiso imponer el arrianismo en la parte del imperio que correspondía a su hijo Valentiniano II, la reacción popular —bajo la hábil dirección de Ambrosio de Milán— mostró claramente que el arrianismo era ya un credo carente de fuerza vital.

Esto no evitó que Occidente produjese obras con las que pretendía intervenir en la controversia que rugía en Oriente. Al principio tales obras eran calcadas de sus congéneres orientales y hasta en ocasiones eran poco más que versiones revisadas de alguna obra griega. Pero poco a poco, hasta culminar en el *De Trinitate* de Agustín, Occidente forjó sus propias formas de discutir y expresar la doctrina trinitaria.

El primer pensador que ha de ocupar nuestra atención aquí es Hilario de Poitiers, quien en sus doce libros *De Trinitate* refleja claramente las influencias sufridas durante su exilio en Oriente. Su discusión de la cuestión trinitaria no tiene gran originalidad, y su importancia estriba en haber ofrecido al mundo de habla latina un tratado en el que se hallan resumidos la controversia arriana y los argumentos en pro de la fe nicena. Por su parte, el gran campeón de la fe nicena en el norte de Italia, Ambrosio de Milán, tampoco tiene ideas nuevas que aportar a la cuestión trinitaria. Su obra en defensa de la fe nicena fue sobre todo la del administrador y predicador. Cuando el emperador Graciano le pidió una obra acerca del Espíritu Santo, Ambrosio se limitó a tomar el tratado de Basilio de Cesarea *Del Espíritu Santo* y producir una obra que no es más que una versión libre de la de Basilio. Algo más original fue Lucifer de Cagliari, natural de Cerdeña, aunque su originalidad no fue tanto de pensamiento como de acción. En sus obras, escritas en latín vulgar, no vacila en atacar al emperador Constancio, y algunos de sus comentarios llegan hasta a ser ofensivos. Tras su muerte, algunos de sus seguidores, no contentos con la liberalidad con que se recibía a los arrianos convertidos a la ortodoxia, rompieron con el resto de la iglesia, y surgió así la secta de los «luciferianos». Carente de contenido doctrinal, esta secta desapareció antes de medio siglo, aunque no sin antes producir algunos hábiles maestros y escritores —entre ellos, Gregorio de Elvira, quien compuso un tratado *Acerca de la fe ortodoxa contra los arrianos.*

Fue a principios del siglo quinto, con San Agustín, que Occidente mostró su profundidad y originalidad de pensamiento con respecto a la doctrina trinitaria. En sus quince libros *De Trinitate* (399-419), Agustín señala el camino que desde entonces ha de seguir el pensamiento trinitario occidental, y las diferencias entre el modo en que los teólogos latinos posteriores tratan el dogma trinitario y el modo en que lo hacen los griegos solo pueden comprenderse a partir de las características particulares del pensamiento de Agustín al respecto. Tales circunstancias nos obligan a adelantarnos en algo a nuestro bosquejo y discutir aquí la doctrina trinitaria de San Agustín, aunque la exposición global del pensamiento del gran obispo de Hipona no ha de aparecer sino más adelante.

Agustín parte del dogma trinitario como cuestión de fe. Para él no cabe duda acerca del carácter trino de Dios. Por ello, su *De Trinitate* no se dedica, como la mayor parte de las obras acerca de este tema que hemos estudiado, a ofrecer pruebas de la divinidad del Hijo o del Espíritu Santo, ni tampoco a probar su unidad de esencia con el Padre. En lo esencial, la obra de San Agustín se construye sobre los cimientos de los Tres Grandes Capadocios, cuya teología no conocía directamente, sino solo a través del *De Trinitate* de Hilario.

Al igual que los Capadocios, Agustín hace notar que la distinción entre las personas de la Trinidad no se deriva de su acción externa, sino de sus relaciones internas. Esto no quiere decir que sea imposible o totalmente incorrecto referir a una de las personas divinas alguna de las acciones de la Trinidad (como cuando afirmamos que «el Verbo se hizo carne»). Lo que sucede es que las limitaciones de nuestro vocabulario y nuestra mente nos impiden expresar o ver simultáneamente cómo toda la Trinidad actúa en cada una de las obras de Dios y por ello referimos esas obras a una u otra de las personas divinas. Esto es lo que los teólogos medievales llamarán «apropiación».

Sí hay una diferencia notable entre San Agustín y los teólogos griegos en lo que a la doctrina trinitaria se refiere. Los griegos —y entre ellos los Capadocios— parten de la diversidad de las personas o hipóstasis, y de ella pasan a la unidad de esencia o *usía*. Agustín, por el contrario, parte de la unidad esencial de Dios, y de ella pasa a la distinción de las personas. Agustín nunca llegó a comprender lo que los Capadocios querían significar con el término *hipóstasis* —que él traducía *substantia*—, pero entre él y ellos existe una diferencia que no es puramente verbal. No se trata simplemente de que Agustín rechazara el término *hipóstasis* para luego hacer de «persona» su equivalente, sino que se trata de que Agustín se muestra renuente a subrayar la diversidad de las personas del modo en que lo hacían los Capadocios. Su modo de entender la unidad y simplicidad de Dios le hace rechazar todo intento de hablar de Dios como un ser «triple»: como lo había hecho antes Mario Victorino, famoso retórico convertido al cristianismo y a quien Agustín admiraba.

El tema de las relaciones intradivinas sirve a Agustín de punto de partida para sus dos grandes contribuciones al pensamiento trinitario: su teoría de la procesión del Espíritu Santo y su doctrina de los vestigios de la Trinidad en las criaturas.

Los teólogos anteriores a Agustín habían tenido dificultades al tratar de expresar la diferencia que existe entre la generación del Hijo y la procesión del Espíritu Santo. De tales dificultades sacaban provecho los arrianos, planteando la cuestión de cómo es posible que, si ambos derivan su ser del Padre, el uno sea Hijo y el otro no. Agustín comienza confesando su ignorancia acerca del modo en que pueda distinguirse entre la generación del Hijo y la procesión del Espíritu Santo. Pero luego propone la teoría —que más tarde se propagaría por todo Occidente y se encontraría a la raíz misma de los debates sobre el *Filioque*— de que el Espíritu Santo es el vínculo de amor que existe entre el Padre y el Hijo.

La otra contribución importante de Agustín al desarrollo del pensamiento trinitario es su teoría de los *vestigia Trinitatis*: los vestigios o marcas de la Trinidad en sus criaturas. En todas las cosas creadas, pero sobre todo en el alma humana, podemos ver las huellas del Creador y de su carácter trino. No se trata simplemente de que podamos utilizar ciertas cosas como medios de explicar la doctrina trinitaria, sino que se trata de que *todas* las cosas, por haber sido creadas por el Dios trino, llevan en sí vestigios de la Trinidad. Más tarde esta doctrina sería desarrollada sistemáticamente por los teólogos medievales, que llegarían a distinguir entre la sombra, el vestigio, la imagen y la semejanza de la Trinidad en sus criaturas. Por lo pronto, Agustín centra su atención en el ser humano, del cual dice la Escritura que fue hecho a imagen y semejanza de la Trinidad. Aunque San Agustín usa de diversas trilogías para mostrar la huella de la Trinidad en el alma humana, la más conocida y la que luego tuvo una carrera más destacada a través de la historia del pensamiento cristiano es la que se compone de la memoria, la inteligencia y la voluntad, que, a pesar de ser tres, son distintas entre sí: son una sola mente. Así, Agustín utiliza las relaciones internas de las facultades del alma —y no cabe duda de que el obispo de Hipona es hombre de profunda sensibilidad sicológica— para mediante ellas tratar de comprender, en la medida de lo posible, las relaciones internas de la Trinidad.

En resumen, podemos decir que Agustín señaló el camino que habría de seguir el pensamiento trinitario por lo menos en tres puntos fundamentales: su insistencia en la unidad divina por encima de la diversidad de personas; su doctrina de la procesión del Espíritu; y su teoría de los *vestigia Trinitatis*, sobre todo en el campo de la sicología humana. El primero de estos puntos, aunque evitaba el peligro de triteísmo que existía siempre en la doctrina de los Capadocios, llevaba a Agustín muy cerca del sabelianismo que los obispos orientales conservadores habían temido siempre como posible resultado del *homousios* niceno. El segundo punto contribuyó grandemente a clarificar la doctrina occidental del Espíritu Santo, y una de sus consecuencias sería la controversia acerca del *Filioque*, que tendría lugar en la Edad Media entre griegos y latinos. El tercer punto dominó todo el pensamiento trinitario de la Edad Media, y vino a ser la base de toda una escuela mística que pretendía llegar a Dios mediante la contemplación de sus huellas en las criaturas.

Pero mientras Agustín discurría acerca de los problemas trinitarios, Oriente comenzaba a verse sacudido por un nuevo tema de controversia: la persona del Salvador. Hasta ahora, se había discutido principalmente acerca de la divinidad del Hijo. Ahora, los pensadores eclesiásticos se plantean la cuestión de cómo esa divinidad se relaciona con la humanidad en Jesucristo. Este es el tema central de las controversias cristológicas a las que debemos dedicar ahora nuestra atención.

IX
Las controversias cristológicas

L as controversias que acabamos de estudiar giraban alrededor de la cuestión de la divinidad del Hijo y del modo en que esa divinidad le relaciona con el Padre y el Espíritu Santo. Hay otra pregunta que necesariamente tendrían que plantearse los teólogos una vez que considerasen decidida la divinidad del Hijo: ¿cómo se relacionan la divinidad y la humanidad en Jesucristo?

Desde los comienzos de la historia del pensamiento cristiano hemos visto algunas de las respuestas que es posible dar a esta pregunta. Por una parte, es posible afirmar la divinidad de Jesucristo y negar su humanidad. Esta solución, llamada «docetismo», fue condenada por la inmensa mayoría de los cristianos, pues despojaba de todo sentido a la doctrina fundamental de la encarnación. Por otra parte, es posible afirmar la humanidad de Jesucristo y hacer de la revelación de Dios en él un resultado de su excelencia moral. Esta posición, que era la de los llamados «ebionitas», tampoco satisfacía la sensibilidad religiosa de la mayoría de los cristianos, que afirmaban categóricamente que «Dios estaba en Cristo».

Tres tipos de cristología

La mayoría de los cristianos se situaba entre estas dos posiciones, aunque inclinándose a veces en una u otra dirección. En ciertas ocasiones —como en el caso de Pablo de Samosata— se acercaban demasiado a uno de los extremos, y entonces recibían el repudio general. Pero aun los teólogos cuya cristología era más ortodoxa —Ignacio, Ireneo, Orígenes y Tertuliano— no habían hecho un gran esfuerzo por lograr definiciones precisas acerca de la unión de lo divino con lo humano en Jesucristo. Durante el siglo cuarto, y sobre todo en las etapas iniciales de la controversia arriana, era demasiado el interés despertado por la cuestión trinitaria para que los teólogos se dedicaran a pensar con detenimiento acerca de la cuestión propiamente cristológica. Así, por ejemplo, aunque la cristología de Arrio era muy distinta de la que Occidente había tenido por ortodoxa desde tiempos de Tertuliano, así como de la de algunos de los obispos orientales reunidos en Nicea —Eustatio de Antioquía, entre otros— el credo niceno no dice una sola palabra en contra de tal cristología. Cuando se debatía la cuestión de la divinidad del Salvador, ¿quién podía sentirse inclinado a reflexionar acerca de la relación entre esa divinidad y su humanidad?

Por otra parte, este problema se complicaba debido al modo en que, a través de los años y de manera casi totalmente inconsciente, cada uno de los principales centros intelectuales y doctrinales del cristianismo se había acostumbrado a plantearse y resolver la cuestión cristológica de una manera que le era característica. Estos centros son Occidente, Antioquía y Alejandría.

En Occidente los rasgos fundamentales del dogma cristológico habían quedado establecidos desde tiempos de Tertuliano. Más de un siglo antes del Concilio de Nicea, Tertuliano se había planteado el problema de la dualidad de naturalezas en Cristo, y del modo en que esas dos naturalezas —«substancias», como él las llamaría— se unen en una sola persona. Su respuesta, aunque naturalmente carece de la claridad y precisión que solo podrían lograrse tras largas controversias, aventaja en mucho a muchas de las propuestas en los siglos cuarto y quinto, pues Tertuliano se percata tanto de la necesidad de afirmar la inmutabilidad del Verbo como de la necesidad de afirmar la humanidad integral de Jesucristo, que ha de incluir un alma racional humana.

La fórmula de Tertuliano, según la cual hay en Cristo dos substancias unidas en una sola persona, no fue inmediatamente aceptada por los teólogos occidentales, la mayoría de los cuales sí le siguió en cuanto a las «dos naturalezas» pero no tomó de él el uso de la frase «una persona». Su cristología, sin embargo, sí era esencialmente la de Tertuliano, con su insistencia en la realidad de ambas naturalezas y en su unión de tal modo que hubiese entre ellas una verdadera *communicatio idiomatum*. Más tarde, Agustín, quien pronto alcanzó prominencia como el gran maestro de Occidente, recuperó el término «persona» en su contexto cristológico y así llevó a Occidente de nuevo a la olvidada fórmula de Tertuliano sobre las dos naturalezas y una persona. De ese modo Occidente llegó a una posición intermedia entre la confusión de la humanidad y la divinidad en Cristo de una parte, y su distinción extrema por otra. Luego, mientras rugían las controversias cristológicas en Oriente, Occidente las observaba con interés, pero sin involucrarse profundamente en ellas, porque la disputa nunca se volvió tema candente en Occidente. Cuando por fin se llegó a un acuerdo y pasó la controversia, la antigua fórmula de Tertuliano resultó ser el eslabón que sirvió para unir a quienes se inclinaban en direcciones divergentes.

En Oriente la situación era muy distinta de lo que era en Occidente, pues allí el campo se hallaba dividido entre dos tendencias cristológicas divergentes que no podían sino chocar: la antioqueña y la alejandrina. Esto no quiere decir, sin embargo, que estas dos tendencias deban identificarse completamente con las dos grandes ciudades orientales, sino que se trata más bien del conflicto entre una teología de sabor helenista, cuyo centro estaba en Alejandría, y otra cuyo centro estaba en Antioquía, donde el elemento sirio era poderoso. Si los teólogos de la ciudad de Alejandría constituían un grupo prácticamente monolítico, los de Antioquía se hallaban divididos en dos tendencias: una que seguía las directrices de Alejandría y otra típicamente antioqueña. Por esta razón una y otra vez la ciudad de Antioquía resultó ser el campo de batalla entre ambas tendencias, mientras que Alejandría nunca se vio invadida por tendencias antioqueñas. A mediados del siglo tercero existía ya en Antioquía esta diversidad de tendencias. De hecho, la lucha entre Pablo de Samosata y sus opositores fue uno de los primeros episodios en la gran controversia que siglo y medio más tarde dividiría a los cristianos orientales. Luego, no ha de sorprendernos que a principios del siglo cuarto, con Eustatio de Antioquía, los partidarios de la tradición siria hayan logrado apoderarse de nuevo del episcopado. En Eustatio se repite la historia de Pablo y, otra vez más, aunque ahora con menos razón, los origenistas de Siria —que en este caso son los lucianistas, y por tanto defensores de la posición arriana—, con la ayuda de Eusebio de Nicomedia, condenan y deponen al obispo de tendencias sirias y origenistas. Al igual que Pablo de Samosata, Eustatio cree que la divinidad que se halla presente en Jesucristo no es personal, doctrina que pronto abandonarán sus sucesores en la escuela de Antioquía. Su interés está en salvaguardar la realidad de la humanidad de Cristo, y pretende lograr tal propósito distinguiendo claramente entre lo divino y lo humano en él, en perjuicio de la verdadera unión de ambas naturalezas. Así, la unión de lo divino y lo humano en Cristo se debe a la conjunción de la voluntad humana con la divina, de tal modo que aquella siempre quiere lo mismo que esta. Además, Jesús es un verdadero hombre, con cuerpo y alma humana, quien verdaderamente creció y se desarrolló, al igual que los demás hombres. En Cristo, la «Sabiduría» impersonal de Dios moraba como en un templo, pero la personalidad era humana.

Esta tendencia a subrayar la distinción entre las dos naturalezas de Cristo, así como el carácter real de su humanidad, subsiste y se acentúa en los sucesores de Eustatio. Entre ellos, bástenos por el momento discutir brevemente a Diodoro de Tarso y Teodoro de Mopsuestia.

Diodoro de Tarso fue uno de los más destacados teólogos de su tiempo, y entre sus discípulos se cuentan personajes tan señalados como Teodoro de Mopsuestia y Juan Crisóstomo. Sin embargo, sus tratados, perseguidos por quienes —con razón— veían en ellos los orígenes del nestorianismo, han desaparecido, y solo quedan de ellos algunos fragmentos citados en obras más afortunadas. En todo caso, sabemos que la inmensa mayoría de su producción literaria consistía en comentarios bíblicos, y que en ellos Diodoro seguía, frente al alegorismo alejandrino, la exégesis histórica y gramatical que Luciano de Antioquía había implantado en esa Antioquía. Naturalmente, su énfasis en el sentido literal de las Escrituras llevó a Diodoro —al igual que al resto de los teólogos antioqueños— a prestar mayor atención al Jesús histórico, tal y como los Evangelios le presentan. Según él, el Verbo habitó en Jesús, «como en un templo», o «como moró en los profetas del Antiguo Testamento», aunque en el caso de Jesús esta unión es permanente.

Al parecer, Diodoro llegó a este énfasis en la distinción entre la humanidad y la divinidad en Cristo debido a su oposición a la cristología alejandrina, que ya hemos visto representada en la persona de Atanasio y que más adelante —en este mismo capítulo— aparecerá de nuevo en Apolinario. Esta cristología alejandrina tenía toda la razón al insistir en la necesidad de que la unión entre la divinidad y la humanidad en Cristo fuese tal que se diese en él la *communicatio idiomatum*: es decir, que los atributos de la humanidad pudiesen predicarse también del Verbo. Sin embargo, al tratar de aplicar este principio lo hacían de tal modo que la naturaleza humana de Jesucristo quedaba mutilada; es decir, Jesucristo carecía de alma racional humana. Diodoro, por su parte, veía el error de los alejandrinos, pero no parece haberse percatado de la necesidad de afirmar la *communicatio idiomatum*. Esto le llevó a proponer una cristología en la que se afirmaba que el Verbo se había unido a un hombre, y no solamente a una carne humana, pero le llevó también a establecer una distinción excesiva entre el Verbo y el «hombre asumido», de tal modo que no se daba entre ellos la *communicatio idiomatum*.

La doctrina de Teodoro de Mopsuestia es muy semejante a la de Diodoro, aunque ajustándose al desarrollo que la teología había alcanzado en su época: Teodoro murió cincuenta años más tarde que Diodoro. Teodoro, siguiendo la vieja tradición antioqueña, subraya la distinción de las dos naturalezas en Cristo mucho más que la unidad de su persona. Sin embargo, Teodoro no lleva esto al extremo de afirmar —como antes lo había hecho Diodoro— que en Cristo hay dos hijos o señores. Sí hay la distinción indestructible entre el que asume y el que es asumido; pero hay también la unión de ambos, también indestructible y permanente. Esta distinción y unión entre la humanidad y la divinidad son tales que Teodoro puede hablar, como lo haría más tarde toda la ortodoxia cristiana, y como lo había hecho antes Tertuliano, de una unión de «dos naturalezas» en «una persona».

Al igual que sus antecesores, Eustatio y Diodoro, Teodoro interpreta la presencia de Dios en Jesucristo en términos de la habitación del Hijo en él. Esta presencia es distinta de la omnipresencia de Dios en el mundo. Dios está presente en el mundo «por su naturaleza y poder», pero está presente en Jesucristo «por su beneplácito». Es también de este modo que Dios habita en los santos y profetas. Por ello, en el caso particular de Jesucristo, es necesario añadir que Dios habita en él «como en un hijo». Este Dios que habita en Jesucristo no es una fuerza impersonal, sino que es la segunda persona de la Trinidad, que ha asumido la naturaleza humana de tal modo que existe entre ambas naturalezas una armonía absoluta. Sin embargo, esta «conjunción» no priva a la humanidad de Jesucristo de característica humana alguna, de modo que puede haber un verdadero desarrollo que hace del niño de Belén el maestro de Galilea (y aquí encontramos otro tema típicamente antioqueño).

Para Teodoro, el «hombre asumido» por el Verbo sigue siendo el sujeto propio de los atributos humanos, y estos no han de transferirse al Verbo sino con la salvedad de que tal cosa es posible solo «por relación», y no directamente. La verdadera *communicatio idiomatum* se da solo en una dirección: los atributos del Verbo se hacen extensivos al hombre; pero no viceversa.

Luego, todas las afirmaciones de Teodoro acerca de la «unidad de persona» en Jesucristo nunca logran borrar la impresión de que, según él, en Cristo hay en realidad dos personas que actúan con una armonía tal que parecen ser una sola; y conviene hacer recordar aquí que el término *prosopon*, que Teodoro aplica a la «persona» de Jesucristo, tiene precisamente, aunque no necesariamente, la connotación de una apariencia externa. Con todo esto, parece peligrar la doctrina de la encarnación, aunque no más que cuando —como en el caso de los alejandrinos— se subrayaba la unidad de Cristo a expensas de su humanidad.

Si hemos de caracterizar en pocas palabras la cristología antioqueña, podemos decir que se trata de una cristología del tipo «Logos-hombre», en contraposición a la cristología del tipo «Logos-carne» de los alejandrinos. Es decir que, mientras los alejandrinos —y sobre todo los del siglo cuarto— se contentan con afirmar la unión del Verbo con la carne humana, los antioqueños ven la necesidad de afirmar la unión del Verbo con una naturaleza humana completa. Por otra parte, mientras los antioqueños se muestran más dispuestos a ceder en lo que a la unidad de la persona de Jesucristo se refiere, los alejandrinos insisten en conservar y subrayar esa unidad, aun a expensas de la naturaleza humana del Salvador.

Apolinario

Por su parte, la cristología alejandrina era muy distinta a la antioqueña. Debido a sus tendencias helenísticas, los teólogos alejandrinos, desde Clemente en adelante, creían deber mantener la inmutabilidad del Verbo aun en perjuicio de la integridad humana de Jesucristo. Así, por ejemplo, ya hemos señalado la tendencia docética que encierra la afirmación de Clemente de que Cristo estaba desprovisto de todas las pasiones humanas. El propio Orígenes, aun cuando está convencido de la necesidad de condenar el docetismo, afirma que la constitución del cuerpo de Jesús no era igual a la de los demás cuerpos humanos.

Esta tendencia se acentúa en los siglos tercero y cuarto, cuando la necesidad de afirmar la presencia personal del Hijo en Jesucristo, y de afirmar al mismo tiempo su unión con la humanidad, da origen a la cristología del tipo «Logos-carne». Según este tipo de cristología, lo que el Verbo asumió no fue un hombre, sino la carne humana. Aunque hubo precedentes en esta posición, su más conocido representante es Apolinario de Laodicea. Dos son los intereses principales que Apolinario tiene en cuenta al formular su cristología: la integridad de la persona de Jesucristo frente a los antioqueños y la inmutabilidad del Verbo de Dios frente a los arrianos.

La cristología de Apolinario, concebida en parte para refutar al arrianismo, parte de la misma presuposición tricotomista que la cristología de Arrio: el ser humano se compone de cuerpo, alma y espíritu. En esta distinción, el alma no es más que el principio vital que da vida al cuerpo. Por tanto, el alma es impersonal e inconsciente, mientras que todas las facultades racionales quedan atribuidas al espíritu o "alma racional", que es por ende la sede de la personalidad.

A partir de esta tricotomía, Apolinario cree poder explicar el modo en que el Verbo se unió a la humanidad en Cristo, sin por ello perder su inmutabilidad: en Cristo el Verbo ocupaba el lugar del espíritu o alma racional, de modo que en él un cuerpo y alma humanos se unieron a la razón divina. De este modo Apolinario salva la inmutabilidad del Verbo, pues este es siempre el agente activo, y nunca el agente pasivo, en la vida de Cristo. De este modo, además, se resuelve el problema de cómo dos naturalezas —la divinidad y la humanidad— pueden unirse sin formar una nueva naturaleza. Cristo es humano porque su cuerpo y su alma racional o principio vital son humanos; pero es divino porque su razón es el Verbo mismo de Dios. Si en Cristo se uniese un hombre completo, con su propia personalidad y su propia razón, al Hijo de Dios, resultarían dos personas, y esto destruiría la realidad de la encarnación, que afirma que en Cristo Dios se unió al hombre. Luego, Apolinario no encuentra otra solución que la de mutilar la naturaleza humana de Cristo, despojándola de sus facultades racionales, y colocando al Verbo en el sitio que estas deberían ocupar. En esta doctrina tenemos la conclusión natural de la cristología del tipo «Logos- carne», y Apolinario no ha añadido más que el rigor lógico de su poderosa mente.

En términos generales podemos decir que la gran oposición a Apolinario y los suyos se debió, tanto en Occidente como en Oriente, a consideraciones de orden soteriológico. En Occidente se le condenó repetidamente durante el pontificado del papa Dámaso I (366-384), y siempre las consideraciones soteriológicas jugaron un papel importante en tales condenaciones. Pero fue en Oriente que los Tres Grandes Capadocios se dedicaron a refutar detenidamente las doctrinas de Apolinario. Al igual que en el caso de Occidente, los Capadocios se sintieron obligados a refutar las doctrinas de Apolinario debido a sus implicaciones soteriológicas. Para los Capadocios, como para todo el cristianismo oriental, la doctrina de la deificación constituye un aspecto fundamental de la soteriología cristiana. Como había dicho Atanasio, haciéndose eco de Ireneo, «Él se hizo hombre para que nosotros fuésemos hechos dioses». Cuando Dios asumió la humanidad, no lo hizo solo con el propósito de participar de la vida de la humanidad, sino también y sobre todo con el propósito de que la humanidad pudiese participar de la vida divina. Según los Capadocios, todo esto es echado por tierra por Apolinario, y por ello es necesario condenarlo del modo más enfático que sea posible.

Mucho se ha criticado a los Capadocios por haber condenado a Apolinario cuando su cristología no parecía diferir grandemente de la del obispo de Laodicea. Sin embargo, si nos colocamos en la perspectiva de los Capadocios, veremos por qué veían ellos un abismo entre su cristología y la de Apolinario. Para los Capadocios, el Verbo se hizo hombre no tanto para dar un ejemplo a la humanidad o para pagar una deuda que los humanos habían contraído con Dios, como para derrotar las fuerzas del mal que nos tenían prisioneros y para al mismo tiempo abrir el camino a la deificación. Porque Dios asumió la humanidad, esta es capaz de alcanzar la deificación. Luego, lo que importa a los Capadocios es que en Cristo Dios haya verdaderamente asumido la humanidad, y no que esta continúe siendo idéntica a la nuestra, o tan libre como la nuestra. Por esto la doctrina de Apolinario resultaba inaceptable para los Capadocios. Y también por esto podían ellos describir la unión de lo divino y lo humano en Cristo en términos tales que lo humano parecía perderse en lo divino.

La controversia nestoriana y el Concilio de Éfeso

La condenación de Apolinario no constituyó en modo alguno la solución del problema cristológico. Los propios Capadocios, aunque estaban convencidos de la necesidad de condenar al anciano teólogo de Laodicea, no tenían una cristología mucho más satisfactoria que la de su contrincante. La vieja tensión entre alejandrinos y antioqueños no había sido resuelta y, aunque la escuela de Alejandría sufrió un duro revés con la condenación de Apolinario, el conflicto era inevitable. Además, el siglo quinto marca una etapa más en el proceso mediante el cual la iglesia de los llamados a ser «mansos y humildes» se vio envuelta cada vez más en intrigas y luchas por el poder que nada tenían que envidiar a las de la corte bizantina. Roma, Alejandría, Antioquía y Constantinopla, todas luchaban por lograr la hegemonía en la estructura eclesiástica; y todas permitieron que sus intereses políticos se hicieran sentir en sus decisiones teológicas.

En un intento de simplificar una historia harto compleja, podemos decir que la controversia cristológica del siglo quinto comienza a principios del año 428 con la elevación al patriarcado de Constantinopla del antioqueño Nestorio. El conflicto surgió cuando Nestorio se pronunció en contra del término «Madre de Dios» (*theotokos*), que se aplicaba a María. Tal término había venido a ser de uso común entre la mayoría de los cristianos, y para los alejandrinos era consecuencia de la *communicatio idiomatum*. Pero Nestorio veía en la aplicación del título «Madre de Dios» a María una confusión de lo divino y lo humano en Jesucristo. Según él, resulta aceptable llamar a María «Madre de Cristo», pero no «Madre de Dios».

Tan pronto como tuvo noticias de la predicación de Nestorio contra el título de «Madre de Dios», Cirilo, el obispo de Alejandría, apeló a todas las fuerzas que podían ayudarle a lograr la condenación del patriarca de Constantinopla. Además, Cirilo contaba con el apoyo de la sede romana. Desde que el Concilio de Constantinopla elevó la sede de esa ciudad a un nivel semejante al de Roma, Alejandría había encontrado en la vieja capital su más fuerte aliado contra las pretensiones de la nueva sede.

Por su parte, Nestorio contaba con el apoyo del patriarca de Antioquía, Juan, que debía sostenerle por razón de pertenecer a la misma escuela teológica. Aunque el patriarca de Antioquía no era tan poderoso como el de Alejandría, era sin embargo un poder que debía ser tenido en cuenta, como quedó ampliamente probado en el transcurso de la controversia.

Una serie de mutuas condenaciones entre Cirilo y Juan creó tal desasosiego en la iglesia oriental que los emperadores —Valentiniano III y Teodosio II— convocaron a un concilio general que debía reunirse en Éfeso. Al llegar la fecha solo unos pocos de los partidarios de Nestorio y Juan de Antioquía habían llegado a Éfeso. Enfrentándose a la protesta de numerosos obispos y del legado imperial, Cirilo comenzó las sesiones del concilio. Ese mismo día, en el curso de unas pocas horas, Nestorio fue condenado y depuesto, sin que se le diese siquiera la ocasión de exponer sus doctrinas. El patriarca Juan llegó cuatro días más tarde con su séquito de orientales. Al conocer las decisiones del concilio de Cirilo, se reunió con un pequeño número de obispos y declaró que estos constituían el verdadero concilio. Entretanto habían llegado a Éfeso los legados papales. Estos se reunieron con el Concilio de Cirilo y entre ambos ratificaron la condenación de Nestorio, y añadieron a ella a todos los obispos que formaban parte del concilio presidido por Juan de Antioquía.

Ante tal confusión, y temiendo que todo diese en un cisma irreparable, el emperador Teodosio II ordenó que tanto Cirilo como Nestorio y Juan fuesen encarcelados. Pero pronto Cirilo logró hacer valer su habilidad política, y la intervención del emperador llevó a la deposición de Nestorio y el nombramiento de un nuevo patriarca de Constantinopla.

Sin embargo, todo esto no hizo más que aumentar la gravedad de la situación, pues la controversia que antes había girado alrededor de la persona de Nestorio ahora comenzó a girar también alrededor de los anatemas que Cirilo había promulgado contra Nestorio. Algunos antioqueños de ortodoxia irreprochable afirmaban que el documento en cuestión era herético. Roma buscaba el modo de hacer caso omiso de un documento que mostraba claramente la distancia que la separaba de su aliado alejandrino.

Por fin, tras largas deliberaciones y negociaciones, Nestorio fue declarado hereje y enviado a un remoto exilio. Allí quedó olvidado, y pocos años más tarde su suerte era desconocida en Constantinopla. Sin embargo, Nestorio vivió hasta después del Concilio de Calcedonia (451), en el cual creyó ver la reivindicación de su propia doctrina. Sus últimos años transcurrieron en el esfuerzo de hacerse oír desde el exilio y mostrar al mundo que él había tenido razón, y que su doctrina coincidía con la de los padres reunidos en Calcedonia.

¿Fue Nestorio verdaderamente hereje? ¿Era su doctrina tal que constituía una negación de alguno de los principios fundamentales del cristianismo? ¿O fue condenado solo por razón de su falta de tacto y de la ambición y habilidad política de Cirilo? ¿Entendían su doctrina correctamente quienes le condenaron? ¿O lo que condenaron fue más bien una caricatura del pensamiento de Nestorio? Todas estas son preguntas que aún se hacen los eruditos, y a las cuales no todos contestan de la misma manera. Además, la cuestión se complica debido al modo en que algunos tienden a interpretar la controversia nestoriana a la luz de controversias posteriores. Así, por ejemplo, son muchos los protestantes que ven en la protesta de Nestorio contra el título «Madre de Dios» un antecedente del protestantismo.

Al subrayar la integridad de cada una de las dos naturalezas de Cristo, y atribuirle a cada una de ellas su propio *prosopon*, Nestorio se colocaba en una posición en la que se hacía difícil dar un sentido real a la unión de ambas naturalezas. Para él esta unión consiste más bien en una «conjunción», de tal modo que cada una de las dos naturalezas conserva sus propios predicados, sin que estos se confundan entre sí. Por ello, Nestorio no puede aceptar la doctrina alejandrina de la *communicatio idiomatum*, y esta es la base de su oposición al término *theotokos*. María no es la «Madre de Dios», sino solo «Madre del Hombre» o «Madre de Cristo». Lo contrario sería «confundir las naturalezas», y llegar así a una tercera naturaleza que no sería humana ni divina, sino un ser intermedio.

¿Dónde está el error de Nestorio, si es que lo hay? El punto débil de la cristología de Nestorio está precisamente en las consecuencias de una distinción excesiva entre la naturaleza humana y la divina en Jesucristo. En efecto, si la relación entre estas dos naturalezas es tal que a cada paso podemos y debemos establecer una distinción entre ellas, ¿en qué sentido podemos decir que Dios «habitó entre nosotros»? Luego, la controversia nestoriana no gira simplemente alrededor de la maternidad divina de María —como han pensado algunos intérpretes protestantes—, sino alrededor de la persona y obra de Jesucristo.

Fue frente a la cristología «divisiva» —es decir, que dividía al Salvador— de Nestorio que Cirilo desarrolló su propio pensamiento cristológico. Antes de los comienzos de la controversia nestoriana, Cirilo había sostenido una cristología que le acercaba a Apolinario. Para él como para toda la tradición alejandrina, era necesario pensar acerca de la encarnación en términos de la unión de la divinidad a un cuerpo humano. Sin embargo, la predicación de Nestorio, y luego las negociaciones con Juan de Antioquía, le obligaron a elaborar y definir su doctrina cristológica. Según Cirilo, la unión de la divinidad y la humanidad en Cristo es una «unión hipostática», y él es el primero en emplear esta expresión que luego vino a ser marca de la ortodoxia cristológica. En Cristo la naturaleza divina se une a la humanidad en una sola hipóstasis, es decir, en la hipóstasis del Verbo. La naturaleza humana de Cristo carece de hipóstasis propia; es «anhipostática», como diría el propio Cirilo. Esta doctrina de la «anhipóstasis» —o carencia de hipóstasis— de la naturaleza humana de Cristo es para Cirilo el fundamento de la *communicatio idiomatum*. Puesto que el Verbo es la hipóstasis o principio de subsistencia de la humanidad del Salvador, a él ha de referirse todo cuanto se diga de esa humanidad. María es Madre de Dios, no porque en ella haya comenzado a existir la divinidad de Jesucristo, sino porque ella es la Madre de un ser humano que solo subsiste en virtud de su unión al Verbo, y de la cual puede y debe decirse por tanto que es Dios. Luego, es necesario afirmar no solo que Dios nació de una virgen, sino que Dios caminó por los campos de Galilea, y que sufrió y murió.

El monofisismo y el Concilio de Calcedonia

En su lucha contra Nestorio, Cirilo había desatado fuerzas que luego resultaban difíciles de detener. Convencidos de que la verdadera fe exigía la confesión de la naturaleza única del Salvador, y que toda aceptación de la doctrina antioqueña de las dos naturalezas equivalía a una apostasía, muchos de los viejos aliados de Cirilo se dedicaron ahora a procurar la condenación de tal doctrina. Y muchos de los antioqueños abrigaban sentimientos paralelos hacia la cristología alejandrina. Debido a esta situación, la paz no podía durar. Tan pronto como las circunstancias lo permitiesen, el conflicto volvería a surgir. Esto fue precisamente lo que sucedió cuando, en el año 344, Dióscoro sucedió a Cirilo como patriarca de Constantinopla.

Al ocupar Dióscoro el trono episcopal, las circunstancias parecían ser ideales para llevar a feliz término la destrucción final de la escuela y las pretensiones antioqueñas. Un nuevo obispo en Antioquía, más inclinado a la vida monástica que a la participación activa en los asuntos eclesiásticos, le había confiado el gobierno de su diócesis a Teodoreto de Ciro. Aunque respetado por su extensa erudición, Teodoreto resultaba sospechoso para muchos debido a su estrecha amistad con el depuesto Nestorio. Luego, el obispo de Antioquía y su colega resultaban fácilmente vulnerables. Mediante el soborno del principal consejero del emperador, Dióscoro logró que este promulgase un edicto «antinestoriano» que iba dirigido en realidad contra los antioqueños ortodoxos. Como era de esperarse, este edicto causó tal revuelo en Antioquía que a partir de ese momento Dióscoro no tuvo dificultad alguna en hacer aparecer a Teodoreto y los suyos como un puñado de revoltosos.

La cuestión pudo no haber ido más lejos, pero Dióscoro estaba decidido a lograr el triunfo final de Alejandría sobre Antioquía, y decidió utilizar el caso de Eutiques para lograr ese propósito. Eutiques era un monje de Constantinopla, venerado por muchos y respetado por todos, pues era padrino del gran chambelán Crisapio. En cuanto a su doctrina, Eutiques era enemigo acérrimo del nestorianismo y de todo cuanto pudiera parecérsele, pero no se sentía inclinado a formular su propia cristología en términos precisos.

Tras una larga serie de excusas y de idas y venidas, Eutiques se presentó ante un sínodo constantinopolitano, sin percatarse de que él no era más que un instrumento que Dióscoro estaba empleando para lograr la victoria de la causa alejandrina. El legado imperial, aunque parecía favorecer a Eutiques, tenía instrucciones de Dióscoro de asegurarse de que Eutiques se negase a confesar la dualidad de naturalezas en Jesucristo; y que fuese condenado por ello. El propósito de Dióscoro era hacerse entonces campeón de la causa de Eutiques, lograr su reivindicación, y de ese modo lograr la condenación de quienes antes le habían condenado.

En cuanto a la doctrina de Eutiques, es difícil saber en qué consistía. Los dos puntos doctrinales que Eutiques se negó a afirmar fueron las fórmulas «dos naturalezas después de la encarnación» y «consubstancial a nosotros». Más tarde se llegó a afirmar que había dicho que el cuerpo humano de Cristo descendió del cielo. Pero esto parece ser una exageración, y probablemente lo que Eutiques decía era que, por razón de la encarnación, el cuerpo de Jesucristo había sido deificado de tal modo que no era «consubstancial a nosotros». En todo caso, no cabe duda de que Eutiques era —como diría el papa León— un pensador «imprudente y carente de pericia».

No satisfecho con la decisión del sínodo constantinopolitano, Eutiques apeló a los obispos de las principales sedes, entre ellos el obispo de Roma, León. Por su parte, Flaviano, el patriarca de Constantinopla que había presidido en el juicio de Eutiques, escribió también a Roma. Esto era lo que esperaba Dióscoro, pues así el conflicto local se había hecho universal, y sería necesario convocar a un concilio general que él se ocuparía de dirigir.

Dióscoro logró que el emperador convocase un concilio general que debía reunirse en Éfeso en el 449. A este concilio asistieron unos ciento treinta obispos, y desde el principio resultó claro que Dióscoro no estaba dispuesto a tolerar oposición alguna a su política. Contrariamente a lo que Dióscoro había esperado, Roma se declaró en contra suya, pues el papa León escribió a Flaviano de Constantinopla una carta —conocida como la *Epístola dogmática*— en la que apoyaba la condenación de Eutiques. Para el Papa, Eutiques ha de ser contado entre quienes son «maestros del error porque nunca fueron discípulos de la verdad», y su principal error consiste en negar la consubstancialidad del Salvador con la humanidad, pues la gloria y novedad de la encarnación no destruyen el carácter de la naturaleza humana. En toda esta exposición de la doctrina cristológica, León no está haciendo innovación alguna. Al contrario, su fórmula es exactamente la misma expuesta por Tertuliano dos siglos y medio antes, y que había llegado a ser la fórmula tradicional de Occidente: dos naturalezas o substancias en una sola persona.

Luego, en la controversia que gira alrededor de Eutiques se encuentran las tres principales corrientes cristológicas de la iglesia antigua: la occidental, la alejandrina y la antioqueña. Todas estas concuerdan en que es necesario afirmar la unidad de la divinidad y la humanidad en Jesucristo, pero no en el modo en que esto ha de hacerse.

Dos días antes del inicio del concilio, el emperador nombró a Dióscoro para que lo presidiera. Bajo tales condiciones el concilio efesio del año 449 no podía ser sino lo que luego León lo llamó: un «latrocinio». A pesar de las protestas de Flaviano y de los legados papales, la *Epístola dogmática* de León nunca fue leída. El propio Flaviano fue tratado con tal violencia que murió a los pocos días. Eutiques fue declarado perfectamente ortodoxo, y varios de los obispos que le habían condenado antes cambiaron ahora su posición, y se prestaron a anatematizar a cuantos condenaran a Eutiques. Acto seguido, el concilio se dedicó a la tarea de condenar y deponer a los principales exponentes de la cristología antioqueña.

El papa León no se sentía inclinado a aceptar los decretos y decisiones del concilio de obispos que para él era más bien un conciliábulo de ladrones. Inmediatamente, León comenzó su campaña en contra del «latrocinio» de Éfeso escribiendo a cuantos en Oriente podían tener razones para oponerse a lo que allí se había hecho: obispos, monjes, políticos y hasta miembros de la familia imperial. Todos estos esfuerzos resultaban vanos.

Esta situación cambió cuando, antes de cumplirse el año del «latrocinio» de Éfeso, el emperador cayó de su caballo y murió. Le sucedieron su hermana Pulqueria y el militar Marciano, que contrajo matrimonio con ella. Pulqueria había constituido siempre una de las mayores esperanzas del papa León. Ahora ella y Marciano convocaron un nuevo concilio, que se reunió en Calcedonia en el 451. Allí Dióscoro fue condenado, depuesto y enviado al exilio, donde murió algún tiempo después, venerado por los monofisitas, que veían en él al gran defensor de la verdadera fe, y casi olvidado de los ortodoxos, para quienes Dióscoro no era más que un fanático que se había valido de su sede para imponer sus doctrinas. Sus compañeros de «latrocinio» fueron perdonados una vez que confesaron su error. Por último, los obispos que habían sido depuestos en el 449 por Dióscoro y los suyos fueron devueltos a sus sedes.

Las dificultades surgieron al intentar redactar una confesión de fe. Por una parte, parecía oponerse a ello el famoso canon efesio del 431 (canon VII), que prohibía componer o exponer una fe distinta de la que había sido afirmada en Nicea. Tras largos debates, se promulgó una "definición de fe" —no un credo— que dice como sigue:

> Siguiendo pues a los santos Padres, enseñamos todos a una voz que ha de confesarse uno y el mismo Hijo, nuestro Señor Jesucristo, el cual es perfecto en divinidad y perfecto en humanidad; verdadero Dios y verdadero hombre, de alma racional y cuerpo; consubstancial al Padre según la divinidad, y él mismo consubstancial a nosotros según la humanidad; semejante a nosotros en todo, pero sin pecado; engendrado del Padre antes de los siglos según la divinidad, y en los últimos días y por nosotros y nuestra salvación, de la Virgen María, la Madre de Dios, según la humanidad; uno y el mismo Cristo Hijo y Señor Unigénito, en dos naturalezas, sin confusión, sin mutación, sin división, sin separación, y sin que desaparezca la diferencia de las naturalezas por razón de la unión, sino salvando las propiedades de cada naturaleza, y uniéndolas en una persona e hipóstasis; no dividido o partido en dos personas, sino uno y el mismo Hijo Unigénito, Dios Verbo y Señor Jesucristo, según fue dicho acerca de él por los profetas de antaño, y nos enseñó el propio Jesucristo, y nos lo ha transmitido el credo de los padres.

Al componer y aceptar esta fórmula, de igual modo que al sancionar la *Epístola dogmática* de León y las epístolas doctrinales de Cirilo, los obispos reunidos en Calcedonia no creían estar violando el canon efesio del 431, que prohibía enseñar una fe distinta de la de Nicea. Al contrario, la *Definición de fe* de Calcedonia era para ellos un simple comentario o explicación de la fe de Nicea, aunque con miras a las herejías que habían aparecido después del Gran Concilio. El credo de la iglesia continuaría siendo el de Nicea, aunque debería interpretársele según lo proponía la *Definición* de Calcedonia, que condenaba no solo a quienes, como

Eutiques, «confundían» las naturalezas del Salvador, sino también a los que, como Nestorio, las «separaban». La frase «de dos naturalezas», usada tanto por Cirilo como por Eutiques, no es condenada, aunque sí se rechaza el uso que de ella hacía Eutiques. De igual modo, aunque se aceptaba la frase «en dos naturalezas», que Nestorio había empleado frecuentemente, se rechazaba la interpretación que este le daba.

El propósito de los emperadores Marciano y Pulqueria al convocar el Concilio de Calcedonia parecía haberse logrado. Tras condenar las posiciones extremas y las herejías anteriores el concilio había logrado producir una *Definición de fe* en la que concordaba la casi totalidad de los obispos. Pero la unidad así lograda era más aparente que real. Pronto resultó evidente que había fuertes minorías que no estaban dispuestas a aceptar la *Definición de fe*, y surgieron grupos disidentes que perdurarían por lo menos hasta el siglo veintiuno. Además, aun entre quienes aceptaban lo hecho en Calcedonia había divergencias en cuanto al modo en que debía interpretarse la *Definición*: divergencias que a veces dieron en luchas violentas. Todo esto hizo que las controversias cristológicas, resueltas en principio en Calcedonia, se prolongasen de hecho a través de varios siglos. Pero el recuento de tales controversias corresponde a la segunda parte de esta *Historia*.

X
¿Apostólica o apóstata?

Todo parece indicar que cuando los obispos salieron de la gran iglesia de santa Eufemia estaban convencidos de que habían sido fieles a la fe de los apóstoles. Pero, ¿estarían en lo cierto? ¿No cabe ver el desarrollo del pensamiento cristiano desde el día de Pentecostés hasta los días de Calcedonia como una vasta aunque inconsciente apostasía en la que se abandonó el evangelio original en pos de vanas filosofías y de minucias dogmáticas? ¿No se helenizó el mensaje originalmente judío hasta tal punto que prácticamente dejó de ser judío? Probablemente. Pero hay ciertos factores que han de tomarse en cuenta, y que muestran que la situación es mucho más compleja que lo que podría parecer a primera vista.

En primer lugar, si es cierto que el cristianismo es el mensaje de la encarnación, es decir, el mensaje del Dios que ha venido a este mundo haciéndose uno de nosotros, ¿cómo entonces ha de culpársele por entrar en el mundo helenista helenizándose? La alternativa hubiera sido un cristianismo rígido y no encarnado que quizá hubiera podido preservar su formulación original, pero que nunca hubiera penetrado el mundo que le rodeaba.

Sin embargo, si hemos de apreciar los peligros envueltos en el camino que la teología cristiana siguió en su desarrollo, hemos de hacer una segunda consideración. El helenismo no era solamente una actitud cultural en general. Tenía también un contenido que podría hacer peligrar la fidelidad del cristianismo a su mensaje original. La filosofía griega clásica fue un factor principal en la formación de la mente helenista, y esa filosofía entendía el ser en términos esencialmente estáticos. Cuando los cristianos empezaron a hablar de Dios como el «primer motor inmóvil», ¿cómo afectaría esto su comprensión de la relación de Dios con la historia, y de un Dios que en Jesucristo se hizo parte de la historia? Una vez que empezaron a definir a Dios en términos de negación de toda característica humana, ¿cómo afirmar que un Dios definido en tales términos se había hecho humano? Luego, muchas de las dificultades a que se enfrentó el pensamiento cristiano en su desarrollo eran el resultado de un intento de conciliar lo que se decía de Dios en la tradición original judeocristiana con lo que parecía saberse de Dios a través de lo que la tradición griega llamaba «razón», que ciertamente no es el único modo de entender la razón.

Por último, tenemos que preguntarnos hasta qué punto el proceso de «constantinización», que comenzó temprano en el siglo cuarto, afectó el curso del pensamiento cristiano. Hay ciertamente una gran diferencia entre la iglesia de las generaciones anteriores, frecuentemente perseguida y nunca poderosa en el sentido político, y la iglesia apoyada por el poder imperial y frecuentemente sometida a él. Que esta nueva situación afectó el curso del pensamiento cristiano resulta obvio con solo mirar a los acontecimientos que tuvieron lugar entre el «latrocinio» del 449 y el Concilio de Calcedonia dos años después. Pero, aun dejando a un lado los casos obvios en que el poder político se inmiscuyó en asuntos de teología, hay también el influjo mucho más sutil de la cambiante perspectiva social de quienes realizan la labor teológica. El modo en que la posición social, política y económica de los teólogos y de la iglesia en general ha afectado la interpretación del evangelio a través de los siglos no ha sido suficientemente estudiado, y por tanto todo lo que podemos hacer aquí es llamarle la atención al lector a la importancia de tales temas, y prometerle un estudio futuro sobre ellos.

Mientras tanto, una evaluación general del desarrollo del pensamiento cristiano hasta el Concilio de Calcedonia deberá afirmar que ese desarrollo envuelve sin duda una profunda helenización del cristianismo. Esa helenización tiene que ver no solamente con cuestiones de forma o de vocabulario, sino también con el modo mismo de entender la naturaleza del cristianismo y, por tanto, resultó en problemas que al menos en teoría pudieron haberse evitado siguiendo otras avenidas de interpretación filosófica. Pero al mismo tiempo es difícil ver una alternativa viable que el pensamiento cristiano pudo de hecho haber seguido, dada la atmósfera intelectual de los tiempos. Aun más, el curso general de la doctrina cristiana, al mismo tiempo que hacía uso del helenismo para comprender el cristianismo, de modo casi instintivo excluyó aquellas formas extremas de helenización, así como otras influencias que muy bien hubieron podido llevarle a negar la aserción fundamental de la fe cristiana: que Dios estaba en Cristo reconciliando al mundo consigo.

SEGUNDA PARTE

La teología medieval

XI
El pensamiento de San Agustín

Al terminar el capítulo anterior, habíamos llevado nuestra historia hasta el año 451, fecha en que tuvo lugar el Concilio de Calcedonia. Sin embargo, nuestros últimos capítulos trataban exclusivamente acerca de las controversias cristológicas en Oriente, y nada hemos dicho acerca de la actividad teológica occidental después de las controversias trinitarias. Nos toca ahora regresar a Occidente y a los últimos años del siglo IV y los primeros del V para estudiar la figura cimera de Agustín. Agustín es tanto el fin de una era como el comienzo de otra. Es el último de los padres de la Antigüedad y el fundamento de toda la teología latina de la Edad Media. En él convergen las principales corrientes del pensamiento antiguo y de él fluyen no solo la escolástica medieval, sino también buena parte de la teología protestante del siglo XVI.

Puesto que su teología no fue forjada en la meditación abstracta, sino en el fragor de la vida, el único modo de comprenderla es penetrar en ella a través de la biografía del propio Agustín.

Nació Agustín en el año 354 en la ciudad de Tagaste, en el norte de África. Su padre, Patricio, servía al gobierno romano en labores de administración, y no había aceptado la fe cristiana de su esposa Mónica. Tenemos conocimiento de la juventud de Agustín y de su conversión principalmente por su obra *Confesiones,* una autobiografía espiritual en la que el autor se esfuerza por mostrar y confesar cómo Dios dirigió sus pasos desde sus primeros años, aun en medio de su rebelión e incredulidad.

A la edad de diecisiete años fue a vivir en Cartago, donde se dedicó no solo al estudio de la retórica, sino también a una vida desordenada que culminó en su unión a una concubina de la que, un año después, nació su único hijo, Adeodato.

Fue en Cartago, y con el propósito de mejorar su estilo, que Agustín leyó el *Hortensio* de Cicerón, obra esta que le hizo apartarse de la retórica pura y superficial y lanzarse a la búsqueda de la verdad. Sin embargo, esta búsqueda de la verdad no llevó al joven Agustín a la fe cristiana de su madre, sino más bien al maniqueísmo.

El maniqueísmo

Al igual que el gnosticismo, el maniqueísmo buscaba la solución a la condición humana mediante una revelación que nos da a conocer nuestro origen divino y nos libra de las ataduras de la materia, pues el espíritu humano es parte de la substancia divina y ha de regresar a ella. Hay dos principios eternos y antagónicos, la luz y las tinieblas, el espíritu y la materia, que se hallan mezclados en el mundo presente, y el propósito del alma ha de ser entonces librarse de este mundo material y regresar al espiritual.

Agustín nunca pasó de ser «oyente» del maniqueísmo, y no llegó —ni, al parecer, pretendió realmente llegar— al rango de los «perfectos». Fue, pues, al rango de los «oyentes» que Agustín perteneció durante nueve años. Al parecer, lo que le inclinó hacia el maniqueísmo fue la promesa que este hacía de ofrecer una explicación «racional» del universo. Además, Agustín tuvo entonces otra razón para sumarse a estos predicadores de la religión «espiritual»: el problema del mal y su relación con el Dios bueno, problema que siempre le había atormentado, parecía quedar resuelto con la afirmación de que había no un solo principio eterno, sino dos, y que ambos pugnaban en esta vida y este universo nuestros. Al principio creyó que con solo llevar sus dudas ante alguno de los principales maestros del maniqueísmo recibiría la respuesta necesaria. Cuando por fin llegó el ansiado momento en que pudo conocer a uno de los más famosos maestros maniqueos, la ocasión resultó en una decepción tan grande que Agustín perdió su fe en el maniqueísmo.

Decepcionado con el maniqueísmo y con la mala conducta de sus propios discípulos en Cartago, Agustín decidió marchar a Roma. Allí continuó sus relaciones con los maniqueos, pero sin creer ya en sus doctrinas, sino inclinándose más bien al escepticismo de la Academia. Pero Roma tampoco resultaba un lugar conveniente para su carrera de retórica, pues los alumnos, aunque menos revoltosos que los de Cartago, se las arreglaban para no pagarle. Esta dificultad le llevó a probar fortuna en Milán, donde había una posición vacante para un maestro de retórica. Fue en Milán que Agustín conoció, primero, el neoplatonismo, y luego, a través del obispo Ambrosio y su compañero Simpliciano, al Señor, a quien serviría por el resto de su vida.

Las obras de los que él llama «platónicos» —probablemente Plotino, Porfirio y otros neoplatónicos— no solo sacaron a Agustín del escepticismo en que había caído, sino que le ayudaron a resolver dos de las grandes dificultades que le impedían aceptar la fe cristiana: el carácter incorpóreo de Dios y la existencia del mal. Ahora, el neoplatonismo ofrecía un modo de entender la naturaleza incorpórea, y ofrecía además un modo de interpretar el mal que no requería un punto de partida dualista. Puesto que más adelante, al estudiar el pensamiento de Agustín, veremos su modo de entender la naturaleza incorpórea y su solución al problema del mal, no debemos detenernos ahora a exponer estas cuestiones. Baste decir que la posición que Agustín toma frente a ellas se debe en buena medida a la influencia que sobre él ejercieron los neoplatónicos.

La conversión

La conversión de Agustín al cristianismo, que tuvo lugar poco después de su descubrimiento del neoplatonismo, combina elementos puramente racionales con otros factores emocionales. Cuando Agustín llegó a Milán era obispo de esa ciudad el famoso Ambrosio, hombre de grandes dotes intelectuales y de inflexible rectitud. A conocerle y escucharle fue Agustín, no con el propósito de oír lo que decía, sino de descubrir cómo lo decía; no como un alma angustiada en busca de la verdad, sino como un profesional que visita a otro para juzgarle y quizá aprender algo de su técnica. Sin embargo, pronto descubrió que estaba escuchando no solo el modo en que Ambrosio hablaba, sino también lo que decía.

Esta nueva visión del sentido de la fe cristiana no fue empero suficiente para llevar a Agustín a aceptarla. Su temperamento ardiente, y las tendencias ascéticas del cristianismo que había visto en su hogar y de la filosofía neoplatónica que acababa de conocer, le llevaban a pensar que, de aceptar la fe cristiana, debía hacerlo con la total negación de sí mismo de un asceta. Intelectualmente, la decisión estaba hecha; pero su voluntad se resistía aún. Su oración era: «Dame castidad y continencia, pero no todavía».

Fueron dos noticias de conversiones semejantes a la que se requería de él las que llevaron a Agustín a la vergüenza, la desesperación y, por último, la conversión. Estas historias tocaron el corazón de Agustín de tal modo que, angustiado por su incapacidad de tomar la decisión definitiva, huyó al huerto y se echó a llorar bajo una higuera dando voces lastimeras. Fue entonces que por fin abrazó la fe cristiana.

Entonces se retiró a Casicíaco, en las afueras de Milán, con un reducido número de quienes, como él, estaban dispuestos a llevar una vida de renuncia y meditación. Tras un breve período de recogimiento y meditación en Casicíaco, Agustín, su hijo Adeodato y su amigo Alipio regresaron a Milán, donde recibieron el bautismo de manos de Ambrosio. De allí decidieron regresar a Tagaste junto a Mónica, pero esta murió en el puerto de Ostia poco después de salir de Roma. De regreso a Tagaste, Agustín vendió las propiedades que había heredado de sus padres, dio a los pobres el dinero recibido y se dedicó a llevar, junto a su amigo Alipio y su hijo Adeodato, una vida serena y retirada que combinaba algo de los rigores del monasterio con un ambiente de estudio, meditación y discusión.

En el año 391 Agustín visitó la ciudad de Hipona con el propósito de tratar de convencer a un amigo para que se sumara a la comunidad de Tagaste. En el curso de esa visita, el obispo de Hipona, Valerio, le obligó a recibir la orden de presbítero y dedicarse a la tarea pastoral. En la medida de lo posible, Agustín continuó su vida monástica, ahora en Hipona, al tiempo que servía como presbítero. Cuatro años más tarde fue hecho obispo. Fueron estas responsabilidades las que le involucraron en una serie de controversias en medio de las cuales se forjó su teología.

El donatismo

Los orígenes del donatismo se remontan a la persecución de Diocleciano, en los años del 303 al 305. Los edictos imperiales que ordenaban a los cristianos entregar a los magistrados los ejemplares de las Escrituras que tuvieran en su poder colocaron a los creyentes en una posición harto difícil. Algunos obispos y dirigentes eclesiásticos entregaron no solo las Escrituras, sino también los cálices y otros artefactos y propiedades de la iglesia; otros se negaron a entregar cosa alguna y pagaron su firmeza con prisiones, torturas y hasta muerte; otros, en fin, buscaron soluciones intermedias como huir, esconderse, entregar solo parte de los manuscritos que tenían, y hasta el subterfugio de entregar a los magistrados no las Escrituras cristianas, sino algún libro herético.

Al cesar la persecución se planteó la cuestión de la autoridad de los obispos que habían entregado las Escrituras —los llamados *traditores*— y de los obispos consagrados por ellos. Un grupo fanático afirmaba que al entregar las Escrituras los obispos habían perdido toda autoridad y que por tanto debían ser sustituidos, no solo ellos, sino también todos aquellos a quienes ellos habían consagrado después de su caída. Otro bando —la mayoría— afirmaba que aun cuando un obispo hubiese cometido el pecado de entregar las Escrituras, esto no invalidaba sus funciones episcopales, que no dependían de la pureza personal de quien las ejecutaba, sino de su carácter de obispo. En realidad, la controversia surgía de cuestiones más profundas, de carácter racial y social. Constantino, seguido de toda una larga serie de emperadores, tomó medidas contra el donatismo, algunas conciliadoras y otras violentas; pero todas fracasaron. Un grupo de donatistas extremistas, el de los *circumceliones*, se dedicó al robo y la rapiña. Agustín y varios otros obispos ilustres hicieron todo cuanto estuvo a su alcance para resolver la cuestión. El donatismo, arraigado como estaba en viejos odios y en un fanatismo siempre renovado, continuó existiendo por lo menos hasta fines del siglo VI, y probablemente hasta la conquista islámica.

La eclesiología de los donatistas insistía en la santidad empírica de la iglesia. Todo miembro de la iglesia debe ser santo aquí y ahora. Y esa santidad se medía no en términos de la práctica del amor, sino en términos de la actitud que se hubiese asumido ante la persecución. Quien no sea santo ha de ser echado de la iglesia. Y puesto que, según había dicho Cipriano, fuera de la iglesia los sacramentos no son válidos, todos los ritos y ministerios de los *traditores* y sus sucesores carecía absolutamente de valor.

La cuestión de las relaciones entre la iglesia y el estado le fue planteada a Agustín por la violencia de los *circumceliones*. Al principio, Agustín creía que no era lícito emplear la fuerza para tratar de persuadir a las personas de cuestiones espirituales. Esto quería decir que, aun en el caso de los donatistas, lo que los obispos católicos podían hacer era solo refutar sus doctrinas y de ese modo tratar de persuadirles a regresar a la verdadera iglesia. Pero el hecho era que los donatistas empleaban la fuerza para evitar ese regreso, y la empleaban de tal modo que a la postre Agustín se vio llevado a sancionar el uso de la fuerza por parte del estado para contrarrestar y destruir la presión y la fuerza que empleaba el donatismo. Las medidas violentas del imperio contra los donatistas, que siempre encontraron apoyo en la mayoría de los obispos norafricanos, llegaron a tener también el apoyo del obispo de Hipona.

Esta situación, y las invasiones de los bárbaros, llevaron a Agustín a desarrollar la teoría de la guerra justa, tomada en parte de Cicerón y en parte de Ambrosio y otros. Según Agustín, la guerra es justa si su propósito es también justo —es decir, si se propone establecer la paz—, si es conducida por las autoridades apropiadas y si, aun en medio de la guerra, siempre subsiste el motivo del amor.

En cuanto a los sacramentos, los donatistas se apoyaban en la autoridad de Cipriano para afirmar que eran válidos solo dentro de la iglesia. E iban más lejos al afirmar que solo aquellos que llevaban una vida de santidad podían administrar los sacramentos. Naturalmente, también en este caso la santidad se medía en términos de la actitud adoptada ante la persecución, y la caridad cristiana quedaba casi completamente olvidada. En todo caso, lo que aquí estaba en juego era la validez del sacramento administrado por una persona indigna y, como consecuencia de ello, la seguridad que el creyente podía tener de la validez del sacramento recibido. Fue para resolver esta cuestión que Agustín introdujo la distinción entre sacramentos válidos y regulares. Solo son regulares los sacramentos administrados dentro de la iglesia y según sus ordenanzas. Pero la validez del sacramento no depende totalmente de su regularidad.

El pelagianismo

La otra gran controversia que contribuyó a forjar el pensamiento de San Agustín fue la que sostuvo con el pelagianismo. Esta controversia, si bien es la última, es quizá la más importante, pues fue la que proveyó la ocasión para que Agustín formulara sus doctrinas de la gracia y la predestinación, que tan grandes consecuencias han tenido posteriormente.

Pelagio —quien dio su nombre al pelagianismo— era oriundo de las Islas Británicas. Aunque a menudo se le llama «monje», el hecho es que no sabemos que lo haya sido. Tampoco sabemos la fecha de su nacimiento. Lo que sí sabemos es que en el año 405, y en la ciudad de Roma, tuvo su primer encuentro con la teología de San Agustín, y reaccionó violentamente contra el modo en que este lo hacía depender todo de la gracia de Dios y no parecía dejar sitio al esfuerzo humano.

Desde el punto de vista práctico, Pelagio busca no dar lugar a las excusas de quienes imputan su propio pecado a la debilidad de la naturaleza humana. Frente a tales personas afirma que Dios ha hecho al ser humano libre, y que esa libertad es tal que en virtud de ella el humano es capaz de hacer el bien. El poder para no pecar está en la naturaleza humana misma desde su creación, y nada ni nadie puede destruirlo, ya se trate del pecado de Adán o del demonio mismo. El pecado de Adán no es en modo alguno el pecado de la humanidad —pues sería absurdo e injusto que por el pecado de uno todos fueran hechos culpables— y tampoco destruye la libertad de no pecar que tienen todos los descendientes de Adán. El demonio es poderoso, sí; pero no tanto que no podamos resistirlo. La carne es poderosa y lucha contra el espíritu, sí; pero Dios nos ha dado la capacidad de vencerla. Prueba de ello son los hombres y mujeres que en tiempos del Antiguo Testamento llevaron vidas de perfecta santidad. Y los niños que mueren antes de ser bautizados no se pierden, pues no pesa sobre ellos la culpa de Adán.

¿Quiere esto decir que no es necesaria la gracia para la salvación? En ningún modo, pues según Pelagio hay una «gracia original» o «gracia de la creación» que es dada por igual a todos los hombres. Sin embargo, esta «gracia» no es una acción especial de Dios, y se trata, paradójicamente, de una «gracia natural».

Además de esta gracia de la creación, Pelagio afirma la existencia de la «gracia de la revelación» o «gracia de la enseñanza», que, como su nombre indica, consiste en la revelación por la que Dios nos muestra el camino que debemos seguir. No se trata aquí en modo alguno de que la revelación nos confiera un poder especial para obedecer a Dios. Afirmar tal cosa sería lo mismo que decir que, aparte de la revelación, el humano es incapaz de hacer el bien.

Hay, por último, la «gracia del perdón» o «gracia de la remisión de pecados». Esta es la que Dios confiere al humano cuando este, por su propia voluntad, se arrepiente y se esfuerza por obrar bien y reparar el daño cometido. Tampoco esta gracia influye en modo alguno en la voluntad humana, sino que se limita al perdón de los pecados cometidos.

En cuanto al bautismo, afirma Pelagio que los niños pequeños son inocentes y no lo necesitan. Además, el bautismo no crea una voluntad libre donde antes había una voluntad esclava del pecado, sino que solo rompe o quebranta la costumbre de pecar y llama al creyente a una nueva vida que ha de construir mediante su propia libertad.

Por último, la predestinación de que habla Pablo no es, según Pelagio, un decreto soberano de Dios en virtud del cual los humanos se salvan o se pierden, sino que es la presciencia divina actuando en vista de lo que sabe han de ser las decisiones humanas.

Otras obras de Agustín

Además de los escritos que hemos mencionado, y de sus sermones, epístolas y comentarios bíblicos, Agustín compuso cuatro obras que merecen mención especial: el *Enchiridión*, el *Tratado sobre la Santísima Trinidad*, la *Ciudad de Dios* y las *Retractaciones*. El *Enchiridión*, escrito a petición de un amigo que deseaba tener un manual de la fe cristiana, es un comentario del credo, el padrenuestro y el decálogo en el que se discuten las principales doctrinas cristianas. Es la mejor introducción al pensamiento de Agustín. El *Tratado sobre la Santísima Trinidad*, cuya composición tomó unos dieciséis años, es la más extensa obra dogmática de Agustín, y una de las más discutidas. La *Ciudad de Dios* fue inspirada por la caída de Roma ante el embate de los godos, y por los comentarios de algunos paganos en el sentido de que esa catástrofe se había debido a que Roma había abandonado a sus antiguos dioses para servir al Dios cristiano. Frente a tales acusaciones, Agustín desarrolla toda una filosofía de la historia que más adelante tendremos ocasión de discutir. Por último, las *Retractaciones* son dos libros que Agustín escribió cuando, hacia el final de su vida, revisó uno a uno sus escritos anteriores, señalando lo que ahora le parecía falso, inexacto o no suficientemente claro. Son un documento valiosísimo para establecer la cronología de las obras de Agustín, así como para comprender su espíritu de humildad ante la labor teológica.

Teoría del conocimiento

Tras narrar lo esencial de la vida de Agustín, nos tornamos a su pensamiento, comenzando por el modo en que Agustín entiende el origen del conocimiento. Según Agustín, puesto que la mente humana es incapaz de conocer las verdades eternas por sí mismas o mediante los sentidos, recibe ese conocimiento por una iluminación directa de Dios. Esto no quiere decir en modo alguno que la mente contemple las verdades eternas en la esencia de Dios ni quiere decir tampoco que Dios sencillamente ilumine esas verdades para que la mente pueda conocerlas. No, sino que Dios —el Verbo de Dios— inspira en la mente el conocimiento de las ideas que existen eternamente en Dios mismo.

Esta teoría de la iluminación fue característica de la teología agustiniana de siglos posteriores, y por ello es necesario que nos detengamos a señalar una de las dificultades que plantea. Esta dificultad radica en el origen neoplatónico de la teoría misma, y en la tensión que surge cuando, en lugar de la doctrina neoplatónica de las emanaciones, se sostiene la doctrina de la creación de la nada. En Plotino, el alma, surgida por emanación de la esencia divina, es también divina. Luego, no hay dificultad alguna en suponer que participa de las ideas eternas. Para Agustín, por el contrario, el alma es una criatura. ¿Cómo puede entonces poseer una verdad que es divina?

Dios

Su concepto de la verdad lleva a Agustín a desembocar directamente en la existencia de Dios. Aunque no deja de recurrir a otros argumentos cuando la ocasión se le presenta, el santo de Hipona recalca especialmente la prueba de la existencia de Dios a partir de la existencia de la verdad. Según este argumento, la mente percibe verdades inmutables, verdades que ella misma no puede cambiar ni dudar. Todas estas verdades nos dan a conocer de manera absolutamente indubitable la existencia de una Verdad perfecta, que no puede ser creación de nuestra mente ni de todas las mentes del universo. Esta verdad absoluta o fundamento de toda verdad es Dios. Aunque como prueba de la existencia de Dios este

163

argumento puede no ser convincente, cabe decir que el verdadero intento de Agustín no es «probar» la existencia de Dios en el sentido estricto del término «probar», sino solo mostrar que el humano, ser limitado y contingente, cae en el absurdo si no postula la existencia, por encima de sí mismo, de una realidad infinita y necesaria.

Este Dios es eterno, trascendente, infinito y perfecto. Como luz suprema, es la razón de todo conocimiento. Como bien supremo, es la meta hacia la que debe dirigirse la voluntad humana. De todos los atributos de Dios, el que más atrae a Agustín, y al que dedica una de sus más notables obras, es su carácter trino, que no hemos de discutir aquí porque, llevados por la necesidad lógica, lo hemos hecho con anterioridad en esta *Historia*.

La creación

Este Dios trino es el creador de todo cuanto existe. Dios ha hecho el universo *de la nada*, y no de su propia sustancia ni de una materia eterna. Si Dios hubiese hecho el universo de su propia sustancia, su obra sería divina, y no una verdadera creación. Pero, por otra parte, Dios tampoco hizo el mundo de una supuesta «materia amorfa» que, según algunos, existía eternamente. La materia amorfa misma es creación de Dios, y creación de la nada. Es a ella que se refiere el Génesis cuando dice que «la tierra estaba desordenada y vacía». Dios no hizo primero la materia y luego la forma, sino que hizo la materia al mismo tiempo que la forma.

Al crear el mundo, Dios conocía de antemano todo lo que había de hacer; pero no solo porque lo preveía, sino porque todas las cosas existían eternamente en la mente divina. Este es el «ejemplarismo» de Agustín, que encuentra sus raíces en Plotino. Pero, a diferencia de Plotino, para quien las ideas ejemplares eran la causa del origen del mundo por emanación, para el obispo cristiano esas ideas se encuentran en el Verbo —segunda persona de la Trinidad— y vienen a ser causa del origen de las criaturas solo por una decisión libre de Dios. Dios hizo todas las cosas desde el primer día, pero estas no se manifestaron en sus diversas especies de seres vivientes, sino paulatinamente, según narra el Génesis. En todo caso, los seis días de la creación no han de tomarse literalmente, ya que al principio no había sol ni astros que sirvieran para determinar los días y las noches.

El mal

Otra cuestión planteada por la doctrina de la creación es el problema del mal. Este era tanto más importante para Agustín por cuanto la doctrina del mal que proponían los maniqueos le era del todo inaceptable. Los maniqueos afirmaban un dualismo absoluto en el que dos principios igualmente eternos — el de la Luz y el de las Tinieblas— luchaban entre sí. Agustín rechaza esta teoría porque contradice el monoteísmo cristiano, además de que es irracional. En efecto, el dualismo maniqueo atribuye males al principio del bien —como el de estar sujeto a los embates del mal— y bienes al principio del mal, como el de existir y el de ser poderoso. Todo dualismo absoluto cae irremisiblemente en el absurdo. Luego, es necesario afirmar que todo cuanto existe procede de Dios.

¿Qué, entonces, del mal? El mal no es una naturaleza; no es «algo»; no es una criatura. El mal es una privación del bien. Todo cuanto existe es bueno, pues tiene «modo, belleza y orden». Las cosas «mejores» lo son solo porque gozan de mayor modo, belleza y orden. Las cosas «peores» lo son porque no gozan del mismo grado de bondad. Pero las unas y las otras son en realidad buenas, pues todas han sido creadas por Dios y todas gozan al menos del bien de la existencia. Una mona, por ejemplo, no es «bella» según nuestro uso corriente, pues comparamos su belleza a la de otros seres que la tienen en mayor grado. Pero en el uso exacto y correcto, la mona sí es «bella», aunque solo con la belleza propia de su género de criaturas. Toda naturaleza, como naturaleza, es buena.

No obstante, el mal no es una ficción del intelecto, sino que es una realidad incontrovertible. El mal no es una naturaleza, sino que es la corrupción de la naturaleza. Como «cosa», como sustancia, el mal no existe; pero sí existe como pérdida de la bondad. En este punto, Agustín sigue el camino del neoplatonismo, para el cual el mal no consiste en una realidad aparte del Uno, sino en apartarse de ese Uno.

El libre albedrío

¿De dónde surge el mal? Surge del libre albedrío de algunas de las criaturas a las que Dios ha dotado de una naturaleza racional. Entre esas criaturas se encuentran los ángeles, algunos de los cuales han caído y se llaman ahora demonios. Y entre ellas se encuentra también el ser humano, que ha sido dotado del libre albedrío y lo ha utilizado para mal. También en esta cuestión del libre albedrío Agustín siente la necesidad de refutar el predeterminismo de los maniqueos. Según los maniqueos, el principio del bien que hay en nosotros siempre obrará el bien, y el principio del mal siempre se le opondrá. Según Agustín, puesto que el mal no es un principio eterno, ni tampoco una criatura de Dios, sino una corrupción del bien, es necesario atribuir su origen a una criatura en sí buena, pero capaz de hacer el mal. Solo así se puede evitar que Dios resulte ser el autor del mal.

El pecado original y el ser humano natural

Sin embargo, es necesario señalar que todo esto en su sentido estricto se refiere solo al humano antes de la caída, que de tal modo afectó a toda la descendencia de Adán que ya no es posible hablar de una libertad total de la voluntad. Esto es tanto más importante por cuanto muchos —ya en el siglo IV, y hasta nuestros días— han creído ver una crasa contradicción entre la posición de Agustín ante los maniqueos y su doctrina contra los pelagianos.

Agustín aceptó y desarrolló la interpretación del pecado original como una herencia que Adán ha traspasado a sus descendientes. Tal interpretación del texto según el cual «en Adán todos mueren» no es ciertamente la única que ha aparecido en la historia del pensamiento cristiano; pero sí es la que, a partir de Tertuliano, fue logrando cada vez más preponderancia en la teología latina. Esta preponderancia se debió en buena medida al impulso y a la autoridad que Agustín le prestó.

Antes de la caída, Adán gozaba de una serie de dones entre los que se contaba el libre albedrío, que le daba tanto el poder no pecar como el poder pecar. No tenía el don absoluto de la perseverancia, es decir, el no poder pecar, pero sí tenía el don de perseverar en el bien, es decir, el poder no pecar.

Empero, la caída cambió este estado de cosas. El pecado de Adán consistió en su soberbia e incredulidad, que le llevaron a hacer mal uso del buen árbol que Dios había plantado en el centro del huerto. El resultado de ese pecado fue que Adán perdió la posibilidad de vivir para siempre, además de su ciencia y, sobre todo, su libertad para no pecar. Tras la caída, Adán continuó siendo libre; pero, puesto que había perdido el don de la gracia que le permitía no pecar, solo era libre para pecar. En virtud de la transmisión del pecado de Adán, el ser humano natural se encuentra en la misma situación. En resumen, la naturaleza humana caída solo tiene libertad para no pecar. Esto no quiere decir que tal libertad sea falsa, sino que todas las opciones que tiene son pecado.

La gracia y la predestinación

Ahora bien, si todo lo que el ser humano natural puede hacer es pecado, ¿cómo ha de dar el paso que le llevará de su estado natural al del humano redimido, sobre todo si se tiene en cuenta que tal paso no puede en modo alguno llamarse pecado? La respuesta es ineludible: el humano natural no puede por sí solo dar semejante paso. Es aquí donde entran en juego las doctrinas agustinianas de la gracia y la predestinación. Y es también aquí que se encuentra el punto focal de la polémica de Agustín contra los pelagianos.

El fundamento de la doctrina agustiniana de la gracia es que el humano caído no puede hacer bien alguno sin el auxilio de la gracia. Adán podía hacer el bien porque contaba con ese auxilio; pero lo perdió a causa de su pecado, y a partir de entonces quedó sujeto a la maldad. Nosotros, todos sus descendientes, venimos al mundo bajo la esclavitud del pecado, y por ello nuestra voluntad está torcida de tal modo que, aun cuando goza de libertad, esta solo nos permite pecar. Luego, para que podamos dar el paso que nos lleva de este estado al de la salvación es necesario que la gracia actúe en nosotros.

La gracia es irresistible. No se puede concebir que la voluntad se oponga a recibir la gracia que le ha sido dada, porque la gracia actúa en la voluntad, llevándola a querer el bien. Esto no quiere decir en modo alguno que Agustín haya olvidado o abandonado su defensa del libre albedrío. La gracia no se opone a la voluntad. No se trata de que la gracia obligue al humano a tomar una decisión incluso en contra de su propia voluntad. Se trata más bien de que Dios, mediante su gracia, mueve a la voluntad, la fortalece y la estimula, para que ella misma, sin coerción alguna, opte por el bien. El pecador no se salva a sí mismo; pero tampoco es salvado contra su voluntad.

Esto plantea de inmediato la cuestión de la predestinación. Si solo mediante la gracia es posible la salvación, y si esa gracia, por definición, no depende de mérito alguno por parte de quien la recibe, se sigue que es el mismo Dios, por su acción y libertad soberanas, quien decide quién ha de recibir ese don inmerecido. La doctrina agustiniana de la predestinación no surge de consideraciones de orden especulativo sobre la omnisciencia de Dios, o sobre su omnipotencia, sino que surge de consideraciones de orden soteriológico y existencial, al tratar de afirmar la primacía de Dios en la salvación humana, y el carácter gratuito de esa salvación.

Según Agustín, la predestinación de algunos para la gloria es una verdad indudable, aunque sea al mismo tiempo un misterio inexplicable. Esta predestinación es tal que el número de los elegidos es fijo, de tal modo que, por mucho que la iglesia crezca, el número de los que han de entrar al reino será siempre el mismo. Por otra parte, no existe una predestinación divina al pecado o a la perdición. Los elegidos son arrancados de la «masa de perdición» que es la humanidad por un acto del Dios soberano, que les predestinó para ello. Los que se condenan, simplemente continúan sumidos en esa «masa», pero no porque Dios lo ordenare así, sino por sus propios pecados. La doctrina de Agustín sobre la predestinación no es, repetimos, un intento de conciliar la omnisciencia divina con la libertad humana, sino un intento de dar testimonio de la primacía de Dios en la salvación.

La iglesia

Ya hemos señalado que la eclesiología agustiniana toma forma frente al cisma donatista. Para él, la catolicidad de la iglesia consiste fundamentalmente en el hecho de que se halla presente en toda la Tierra. La unidad consiste en el lazo de amor que une a quienes pertenecen a este cuerpo único de Cristo. Donde no hay caridad, no hay unidad; pero también es cierto que donde no hay unidad no hay caridad ni hay por tanto iglesia. La apostolicidad de la iglesia se basa en la sucesión apostólica de sus obispos, cuyo epítome se encuentra en Roma, pues allí puede señalarse una sucesión ininterrumpida a partir de Pedro, «figura de toda la iglesia». En cuanto a la santidad, Agustín concuerda con Cipriano en que, en esta vida, es imposible separar el trigo de la cizaña. La iglesia es santa, no porque todos sus miembros lleven una vida exenta de pecado, sino porque será perfeccionada en santidad en la consumación de los tiempos. Entretanto es un «cuerpo mixto», en el que la cizaña crece entre el trigo, de modo que aun los predestinados no están totalmente libres de pecado.

Esto nos lleva a la cuestión de la iglesia visible y la invisible. Algunos intérpretes han subrayado esta distinción hasta tal punto que se pierde de vista la importancia que Agustín concedía a la iglesia institucional, jerárquica y visible. Cuando Agustín habla de la iglesia se refiere por lo general a esta institución terrena, a este «cuerpo mixto». A él Dios allega a los que han de ser salvos. Mediante sus sacramentos, los elegidos se nutren en la fe. Pero a pesar de todo ello aun es cierto que esta iglesia terrena no concuerda exactamente con el cuerpo de los predestinados, con la iglesia celeste de la consumación final. Aún hay cizaña dentro de ella. Aún hay elegidos que no han sido atraídos a su seno. De aquí el concepto de «iglesia invisible», que nos ayuda a comprender la eclesiología agustiniana, pero que no debemos exagerar so pena de tergiversar toda esa eclesiología.

Los sacramentos

Agustín no vacila en llamar «sacramento» a una multitud de ritos y costumbres, aunque tiende a utilizar ese mismo término, en un sentido más estricto, para referirse especialmente al bautismo y la comunión. A estos dos sacramentos dedicaremos nuestra atención aquí, aunque advirtiéndole al lector que bajo este epígrafe podrían considerarse muchas prácticas de la iglesia, tanto algunas que más tarde recibieron el título oficial de «sacramentos» como otras que nunca lo tuvieron.

Agustín se planteó la cuestión del bautismo dentro del doble contexto del donatismo y el pelagianismo. Los pelagianos no creían que los niños recién nacidos tuvieran necesidad del bautismo, pues no tenían pecado. Sin embargo, se les podía bautizar como una «ayuda» para vencer las obras de la carne. En cuanto a los donatistas, sostenían que solo dentro de la iglesia, es decir, la de ellos, era válido el bautismo, y para ello se apoyaban en la autoridad de Cipriano.

Como hemos visto, Agustín estaba convencido de la validez del sacramento aparte de la virtud moral de quien lo ofreciera. Esto era necesario para refutar la postura de los donatistas, que, en vista de que solo ellos habían permanecido firmes en la persecución, solo entre ellos se daban los verdaderos sacramentos. Pero, debido a su espíritu conciliador y su interés pastoral de atraer a los donatistas más que aplastarles, Agustín está dispuesto a conceder cierta validez a los sacramentos celebrados entre los cismáticos. Los cismáticos tienen el sacramento, pero no su beneficio, que es la justicia y, especialmente, la caridad. Por ello es que no ha de rebautizarse a los herejes y cismáticos que regresen al seno de la iglesia, sino imponerles las manos para que reciban el vínculo de la unidad de que no gozaban debido al carácter irregular de su bautismo.

La doctrina eucarística de Agustín ha sido objeto de diversas interpretaciones, con las consiguientes controversias. Tales interpretaciones surgen del intento de leer a Agustín a través de las lentes de definiciones y controversias posteriores, pero se deben también a que Agustín puede referirse a la presencia del cuerpo de Cristo en la eucaristía en términos muy realistas, y poco más tarde utilizar un lenguaje de carácter espiritualista o simbólico. Que existe cierta ambigüedad en el pensamiento del hiponense, no puede dudarse. Tampoco cabe duda de que Agustín creía que en la comunión el creyente se alimenta del cuerpo y la sangre de Cristo. Pero todo esto no en el sentido de comer física y literalmente el cuerpo de Cristo, sino más bien en el sentido de que al participar de estos elementos el creyente se hace también partícipe del cuerpo y de la sangre de Cristo.

El sentido de la historia

La iglesia que administra los sacramentos no está todavía en la gloria, sino que milita y vive como peregrina dentro del acontecer histórico. La caída de Roma en el año 410, que sacudió a todo el mundo mediterráneo, hizo sentir a Agustín la urgencia de meditar y escribir sobre el sentido de la historia. Este es el propósito de su obra *La ciudad de Dios*, que lleva por subtítulo «Contra los paganos». En esta obra, Agustín distingue entre dos «ciudades» o sociedades, llevada cada una por un impulso distinto: una por el amor a sí mismo, y otra por el amor a Dios. Estos dos amores, y las dos ciudades que de ellos nacen, son incompatibles. Sin embargo, en el período que va desde la caída hasta la consumación final la ciudad celestial existe también sobre la Tierra, de tal modo que «andan confusas y mezcladas entre sí en este mundo estas dos ciudades, hasta que el juicio final las dirima». En el entretanto, la ciudad rebelde a Dios, así como la que le obedece y le ama, continúan su curso histórico, cuyo resultado final será la condenación de la una y la salvación de la otra.

¿Qué hay entonces del curso de la historia de las naciones? ¿Qué de la caída de Roma, que algunos paganos achacaban al abandono de los viejos cultos? La respuesta se impone por las premisas de Agustín: Roma y todos los demás imperios, como expresión de la ciudad terrena, tenían que sucumbir. Si llegaron a ser grandes y poderosos fue porque así le plugo a Dios. En el caso de Roma, Dios le dio su señorío para que hubiese la paz necesaria para la propagación del evangelio, pero una vez que esa misión histórica se realizó Roma cayó víctima de su propio pecado e idolatría. Tal ha sido y será siempre el destino de los imperios humanos, hasta que se cumplan los tiempos.

Escatología

La escatología de Agustín es bastante tradicional, aunque presenta problemas de interpretación que muestran que el obispo de Hipona no estaba tan seguro acerca de muchas cuestiones como lo estuvieron después otros cristianos. Su pensamiento escatológico no pierde nunca el sentido del misterio, de modo que sus opiniones rara vez pretenden ser más que meras opiniones. Así, por ejemplo, Agustín habla de un fuego en el que expían sus pecados quienes mueren estando en la gracia de Dios. No cabe duda de que aquí se refiere a lo que comúnmente se llama «purgatorio». Pero sus afirmaciones al respecto son siempre vagas y vacilantes, de tal modo que sus intérpretes posteriores han encontrado textos que parecen dar base a diversas concepciones de ese purgatorio. Lo mismo puede decirse sobre la visión de Dios que tienen los redimidos, sobre el lugar en que están las almas de los muertos antes de la resurrección final, y sobre varios otros aspectos de la escatología agustiniana. Al decir esto debemos recalcar, empero, que no ha de tomarse como un intento de censurar a Agustín en este punto, sino más bien de alabar su sentido del límite de la investigación teológica, que es el sello de todo verdadero teólogo.

Llegamos así al fin de nuestra breve incursión en el pensamiento de Agustín de Hipona. Ese pensamiento es a la vez culminación de la era patrística y punto de partida de la teología medieval. Aparte del apóstol Pablo, ningún otro autor cristiano puede igualarse a Agustín en lo que se refiere a su influencia sobre el pensamiento de los siglos subsiguientes. Por tanto, no ha de extrañarnos que una y otra vez en el curso de esta *Historia*, y en los más diversos contextos, aparezca el nombre del insigne obispo de Hipona.

XII

La teología occidental después de Agustín

Al morir Agustín, los vándalos asediaban la ciudad de Hipona. Dos decenios antes el mundo se había estremecido con la noticia de la caída de Roma. Estos eran solo dos síntomas de un cambio profundo en la configuración política, social, económica y religiosa del Mediterráneo occidental. El antiguo Imperio romano pasaba a la historia, y en su lugar —aun cuando continuaban llamándose súbditos del Imperio— surgía una multitud de reinos germánicos.

Las nuevas circunstancias no podían sino afectar profundamente la vida de la iglesia. Fue necesario emprender la tarea de la conversión de los invasores paganos. Aquellos que no eran paganos eran arrianos; y frente a ellos fue necesario abordar de nuevo una cuestión que hasta entonces había parecido decidida. En medio de la inestabilidad y el oscurantismo de los tiempos, el pensamiento original se vio cohibido. Los centros de labor teológica se tornaron centros donde se conservaba una herencia cultural amenazada por el desorden imperante. La teología se volvió recopilación y comentario más que reflexión y aventura. Era la época de los epígonos. Y, sin embargo, aun sin saberlo, tales epígonos estaban dando los primeros pasos hacia lo que sería el gran florecimiento de la teología medieval.

Las controversias en torno a la doctrina de Agustín: la gracia y la predestinación

Como era de esperarse, el pensamiento agustiniano no se impuso fácil ni rápidamente, sino que fue objeto de largas controversias antes de que su autoridad fuese generalmente reconocida. La más importante de estas controversias giraba en torno a la gracia y la predestinación.

Fue en el sur de las Galias, y sobre todo en Marsella, que cobró más fuerza el espíritu de oposición a Agustín en cuanto a la gracia y la predestinación. Aunque frecuentemente estos críticos de Agustín son tildados de «semipelagianos», probablemente sería mejor llamarles «semiagustinianos», pues concordaban con mucho de lo que Agustín decía, pero no con sus últimas consecuencias. Los más famosos entre estos eran Juan Casiano, Fauto de Riez y Vicente de Lerins.

Juan Casiano era un monje que se había establecido en Marsella tras haber viajado por la porción oriental del Imperio, donde se dice que fue discípulo de Juan Crisóstomo y que pasó algún tiempo entre los monjes de Egipto. En Marsella, Casiano fundó dos monasterios, y allí escribió sus tres obras principales: *De la institución del monacato*, *Conferencias espirituales*, y *De la encarnación del Señor, contra Nestorio*. En estas obras, Casiano no vacila en condenar a Pelagio, pero al mismo tiempo trata de evitar la posición agustiniana, afirmando que el punto de partida de la fe está en el libre albedrío.

El ataque de Vicente de Lerins es más agudo. En su obra *Conmonitorio*, no ataca directamente a Agustín, pero sí defiende con toda firmeza las doctrinas tradicionales, y se opone a «innovadores» anónimos que a todas luces no son sino Agustín y sus discípulos. Aunque su obra casi no fue leída ni citada en la Edad Media, en ella se expone con una claridad hasta entonces inigualada el argumento en pro de la autoridad normativa de la tradición eclesiástica. Según el propio Vicente, su propósito es «describir las cosas que nos han sido legadas por nuestros padres y depositadas en nosotros, más con la fidelidad de un narrador que con la presunción de un autor». La regla para el conocimiento de estas cosas son las Escrituras. Pero, puesto que el sentido de estas es difícil de entender y se presta a varias interpretaciones, el Señor nos ha dado la tradición. Por eso, solo ha de creerse lo que ha sido creído «siempre, por todos y en todas partes». Aun sin mencionar a Agustín, resulta claro que, si su doctrina de la predestinación no ha sido enseñada siempre, por todos y en todo lugar, ha de ser rechazada como una innovación que no tiene lugar en la iglesia católica.

Fausto de Riez (o Reji) es el más audaz defensor de la tesis antiagustiniana. En su obra *De la gracia de Dios y del libre albedrío*, defiende la doctrina según la cual «el inicio de la fe» depende de la libertad humana. Cristo murió por todos, y esto nos obliga a rechazar la predestinación en el sentido agustiniano, y a afirmar que la llamada «predestinación» no es más que el juicio de Dios sobre lo que él ve mediante su presciencia.

Frente a todas estas doctrinas, Agustín y sus discípulos defendieron la posición según la cual el inicio de la fe está en la gracia de Dios, y esta gracia es conferida según la predestinación eterna. El campeón del agustinismo frente al semipelagianismo fue Próspero de Aquitania; y, sin embargo, la propia defensa de Próspero muestra cierta tendencia a suavizar las doctrinas más extremas de Agustín.

Un sínodo reunido en Orange en el año 529 se toma generalmente como el fin de la controversia semipelagiana, declarándose a favor de Agustín. Pero el sínodo de Orange, al mismo tiempo que condenó el pelagianismo y algunas de las proposiciones de los semipelagianos, adoptó una versión moderada de las enseñanzas de Agustín. En Orange se declaró que la caída de Adán corrompió a todo el género humano, el cual no recibe la gracia de Dios porque la pide, sino que la pide porque la recibe. Pero esto no quiere decir que persona alguna haya sido predestinada para el mal, doctrina esta que el sínodo anatematiza. Por el contrario, todos los bautizados, con la ayuda de Cristo, pueden llegar a la salvación.

No sería justo decir ni dar la impresión de que el sínodo de Orange constituyó un triunfo para el semipelagianismo, ya que doctrinas tales como la del comienzo de la fe en el libre albedrío fueron categóricamente rechazadas. Sí se puede decir, sin embargo, que el sínodo no es completa y radicalmente agustiniano. Nada se afirma aquí —aunque en cierto modo sí se implica— de la predestinación, no en virtud de una presciencia que conoce cuáles han de ser las actitudes y acciones de los humanos, sino en virtud de una decisión soberana de Dios. Nada se dice tampoco de la gracia irresistible, sino que ahora el énfasis cae sobre la gracia del bautismo. La experiencia sobrecogedora y dinámica de las *Confesiones* va transformándose en todo un sistema de la gracia; proceso quizá inevitable, pero no por ello menos triste.

El priscilianismo y Orosio

A fines del siglo IV, aun en vida de Agustín y de Ambrosio, surgió en España el movimiento llamado «priscilianismo» en honor de su presunto fundador, Prisciliano, obispo de Ávila. Si Prisciliano enseñó o no las doctrinas que se le atribuyen es una cuestión que todavía se debate. En todo caso, bajo el emperador Máximo se le condenó a muerte por inmoralidad y hechicería. Además, diversos autores antiguos, como Orosio, Sulpicio Severo, Jerónimo, Dámaso, Ambrosio y otros, le acusan de sostener una doctrina trinitaria semejante al sabelianismo, de un dualismo de tipo maniqueo, y hasta de tendencias docetistas.

Entre los opositores del priscilianismo, el más destacado es sin duda Pablo Orosio, quien en el año 414 visitó a Agustín y le hizo entrega de su *Conmonitorio de los errores de los priscilianistas y origenistas*. Sin embargo, la principal contribución de Orosio a la historia del pensamiento cristiano no está en su oposición al priscilianismo, sino en la interpretación de la historia que aparece en sus siete libros *De la historia, contra los paganos*, escrita a petición de San Agustín como complemento a su *Ciudad de Dios*. En esta obra Orosio recorre toda la historia de la humanidad, mostrando cómo los tiempos paganos no fueron mejores que los cristianos, sino peores. Su idea general de la historia es semejante a la de Agustín, pero se destaca el modo en que Orosio se atreve a interpretar las invasiones de los bárbaros (que le habían causado sufrimientos personales) como un modo en que Dios proveía para la conversión de los invasores.

Boecio y la cuestión de los universales

A fines del siglo V y principios del VI, bajo el régimen ostrogodo, vivió y murió en Italia Manlio Torcuato Severino Boecio. Hombre de extensa cultura adquirida tanto en Roma como en Atenas, Boecio se propuso legar al mundo latino la herencia de la filosofía helénica, especialmente de Platón y Aristóteles. Para ello se dedicó a traducir a los clásicos griegos, así como a escribir comentarios sobre ellos. Además, se le conoce principalmente por *La consolación de la filosofía*, escrita durante su encarcelamiento por orden del rey Teodorico, ante quien había sido acusado de conspirar a favor de la corte bizantina. Por último, se conserva de Boecio una serie de tratados de carácter teológico y especulativo, tales como *De la unidad de la Trinidad*, *De la persona y las dos naturalezas de Cristo*, y *Breve exposición de la fe cristiana*.

Boecio no nos interesa aquí como pensador original, ni siquiera como compilador y organizador del legado de los antiguos, sino que nos interesa principalmente por tres razones que hacen de él un factor determinante en la teología medieval. En primer lugar, Boecio ejerció su influjo sobre la teología posterior a través de su discusión y uso de los términos «persona», «sustancia», «ente», y otros de gran importancia para la doctrina trinitaria. En segundo lugar, Boecio fue el canal a través del cual los primeros siglos de la Edad Media conocieron la filosofía clásica, especialmente en lo que a lógica se refiere. Por último, fue a través de su lectura de Boecio que la Edad Media se planteó el problema de los universales.

Lo que se plantea al hablar de los universales es si los géneros y especies subsisten en sí mismos o son más bien obra de nuestra mente. Por ejemplo, la idea de «gato», ¿es real o no? Si no lo es, es decir, si es solo un nombre, ¿qué es lo que hace que todos los gatos sean tales? Si, por el contrario, es real, ¿cómo se relacionan los gatos individuales con la idea genérica «gato»? ¿En qué consiste la realidad de los individuos?

He aquí uno de los principales problemas filosóficos que se plantea la Edad Media. Quienes afirman que los universales, es decir, las ideas genéricas, son reales, reciben el nombre de «realistas». Quienes, por el contrario, afirman que los universales son meros nombres, y que la realidad es la de los individuos, reciben el nombre de «nominalistas». Pero entre los realistas extremos y los nominalistas radicales hay toda una gama de posiciones intermedias, como veremos según vaya desdoblándose esta *Historia breve*.

Casiodoro

Contemporáneo de Boecio, aunque algo más joven que él, fue Magno Aurelio Casiodoro Senator. Casiodoro ocupó altos cargos en la corte del rey Teodorico, donde sirvió de mediador entre los godos arrianos y los católicos conquistados, aunque esto no quiere decir en modo alguno que vacilase en su convicción ortodoxa. Más tarde, sin otra razón aparente que el deseo de dedicarse al estudio y la meditación, renunció a sus cargos y se recluyó en Vivarium, donde pronto llegó a ser abad de un monasterio floreciente. Pero luego renunció también a ese cargo y vivió el resto de sus días como simple monje, respetado y venerado tanto por su santidad como por su erudición.

Casiodoro era un espíritu enciclopédico más que un pensador original. Además de varias obras de carácter secular en las que trató de recoger lo mejor de la cultura clásica, escribió otras religiosas. Entre estas últimas se destaca su obra en dos libros *Instituciones de las letras divinas y seculares*. Esta obra, que es un resumen de las ciencias de la Antigüedad, tanto religiosas como seculares, fue el modelo en el que se forjó la enseñanza medieval, y fue también uno de los principales canales por los que el medioevo tuvo conocimiento de la Antigüedad.

Gregorio el Grande

Aparte de Agustín, el más notable de los autores que sirven de puente entre la Antigüedad y la Edad Media es sin lugar a dudas el papa Gregorio, obispo de Roma del año 590 al 604, a quien la posteridad conoce como «el Grande», y quien se cuenta tradicionalmente entre los cuatro grandes doctores de la iglesia occidental. Antes de ser obispo, Gregorio había sido monje benedictino. Benito de Nursia había publicado alrededor del año 529 una *Regla* monástica que pronto vino a dominar todo el monaquismo occidental. Aunque no tendremos ocasión de discutir aquí esa *Regla*, sí es importante notar que la casi totalidad de la teología medieval se desarrolló en monasterios, muchos de ellos de inspiración benedictina.

La importancia de Gregorio es inmensa, y se extiende a diversos campos: para la historia de la liturgia, por su intervención en el canto gregoriano, así como en el sacramentario y el antifonario; para la historia del derecho canónico, por el testimonio de sus *Epístolas*; para la historia de las misiones, por su intervención en la misión de Agustín de Canterbury a Inglaterra; para la historia del monaquismo, por su influencia en la práctica ascética medieval; para la historia de la predicación, porque sus *Homilías sobre Ezequiel* y sus *Homilías sobre los Evangelios* fueron de las más leídas e imitadas en siglos posteriores.

En cuanto a la historia del pensamiento cristiano, la importancia de Gregorio no está en su originalidad, sino en su influencia en la teología medieval, ya que fue a través de los ojos de Gregorio que el medioevo leyó a Agustín de Hipona.

En Gregorio, casi todo tiene sus raíces en las doctrinas de Agustín; y a pesar de ello bien poco es realmente agustiniano. El espíritu fundamental de Agustín se desvaneció, y la superstición reinó suprema. Todo es más basto, fijo y ordinario. El tema central no es la paz del corazón que descansa en Dios, sino el temor a la inseguridad, que busca certeza en las instituciones eclesiásticas.

Esto no quiere decir en modo alguno que Gregorio se propusiese transformar o mitigar el espíritu agustiniano. Al contrario, él mismo se consideraba fiel intérprete del obispo de Hipona, y por tal le tuvo toda la Edad Media. Se trata más bien de que, entre Agustín y Gregorio, los tiempos han cambiado. Los nuevos tiempos son oscuros, tanto que el obispo de Roma cree estar viviendo en los últimos días. En medio de la peste, la barbarie y la ignorancia, Gregorio se esfuerza por mantener el orden, la paz y la cultura; pero no lo logra sino al precio de hacerse en cierta medida partícipe de las circunstancias que le rodean. Luego, no es cuestión de condenar al hombre, sino de entenderle dentro de su propio contexto, y de señalar las consecuencias que su obra tuvo para la teología posterior.

En cuanto a la doctrina de la gracia y la predestinación, Gregorio se aparta de Agustín al afirmar que Dios ha predestinado a la salvación a aquellos que «llama escogidos porque sabe que perseverarán en la fe y en las buenas obras». Además, la gracia no es irresistible, como en el obispo de Hipona.

Que el agustinismo de Gregorio es muy moderado, y ha sufrido la influencia de autores tales como Juan Casiano, se ve claramente en el énfasis que el obispo de Roma pone sobre la penitencia y sobre la satisfacción por el pecado. La absolución confirma el perdón que ya Dios ha otorgado, aunque esto no quiere decir que los fieles deban o puedan despreciar la autoridad de absolución que tienen sus pastores.

La satisfacción por el pecado no tiene lugar solo en esta vida, sino que quienes mueren llevando aún consigo la carga de pecados menores serán purificados «como por fuego» en el purgatorio, doctrina esta que Agustín había sugerido y Gregorio afirma.

La misa como sacrificio, que también podría deducirse de algunos textos de Agustín, aunque quizá forzándolos en cierta medida, es otra de las doctrinas favoritas de Gregorio. Este sacrificio, en el que Cristo es inmolado de nuevo, puede actuar en beneficio no solo de los vivos, sino también de las almas que están en el purgatorio.

Por último, debemos señalar que Gregorio es el doctor de los milagros y de los ángeles y demonios. Sus *Diálogos* son de hecho una compilación y narración, crédula en extremo, de prodigios realizados por diversos santos. En cuanto a los ángeles y demonios, lo que Gregorio pretende saber sobre ellos es tan sorprendente que más tarde llegó a tenérsele por inspirado.

En resumen, Gregorio muestra una vez más cómo, en medio de un período de oscuridad política e intelectual, el pensamiento de Agustín fue acomodándose a la fe popular, y esto de dos modos: suavizando los aspectos más extremos de la doctrina de la gracia y la predestinación, y uniéndolo a las prácticas y creencias cada vez más supersticiosas de un pueblo al que las circunstancias políticas habían sumido en la oscuridad.

Isidoro de Sevilla

Isidoro de Sevilla, contemporáneo de Gregorio el Grande, ejerció una gran influencia sobre la Edad Media a través de sus *Etimologías*. Estas son una verdadera enciclopedia en la que Isidoro resume todos los conocimientos de su época, desde la gramática y la retórica hasta la teología, sin olvidar la geografía, la historia y hasta los animales y los monstruos. Este manual de conocimientos universales fue muy popular durante la Edad Media, y casi no hay autor de importancia que no lo cite. Naturalmente, dado el carácter de los tiempos, puede decirse acerca de la falta de originalidad de Isidoro lo mismo que hemos dicho de Gregorio. Y también vemos aquí la confluencia de las culturas latina y germánica.

En resumen, la obra de los autores a quienes hemos estudiado en el presente capítulo, al tiempo que conservó buena parte de los conocimientos de la Antigüedad, los expresó en términos de un nuevo contexto sociocultural, y así sentó las bases para el nacimiento de lo que hoy llamamos la civilización occidental.

XIII
La teología en Oriente hasta el Sexto Concilio Ecuménico

Anteriormente discutimos la controversia cristológica y su culminación en el Concilio de Calcedonia. A fin de dar continuidad a esa narración, nos vimos obligados a dejar a un lado el curso de la teología occidental mientras tenían lugar en Oriente las controversias cristológicas. Esto, a su vez, nos obligó a comenzar con la teología de Agustín, cronológicamente anterior al Concilio de Calcedonia, y seguirla en sus derivaciones hacia los primeros siglos de la Edad Media. Ahora debemos regresar al Oriente de habla griega, que hemos dejado capítulos atrás, y continuar la historia que quedó interrumpida.

La continuación de las controversias cristológicas

La *Definición de fe* de Calcedonia no puso término a las controversias cristológicas. Siempre había un contingente de cristianos orientales para quienes la fórmula de las dos naturalezas en Cristo se oponía demasiado claramente a la fórmula de Cirilo —que él había tomado, sin saberlo, de una fuente apolinarista— «una naturaleza encarnada de Dios el Verbo».

La mayoría de quienes se oponían a las decisiones de Calcedonia no se oponía en realidad a la doctrina allí proclamada, sino a la fórmula de las dos naturalezas. Se trataba de lo que se ha llamado «monofisismo verbal», pues sus defensores eran en realidad ortodoxos y rechazaban la doctrina atribuida a Eutiques, confesando que Jesucristo, al tiempo que era consustancial a Dios, era consustancial a nosotros.

En todo caso, la oposición a la fórmula de Calcedonia creció hasta tal punto que llegó a debilitar la unidad del Imperio, razón por la cual varios emperadores tomaron cartas en el asunto y trataron de resolver la cuestión mediante fórmulas conciliatorias o proponiendo otras alternativas a la fórmula de Calcedonia. El más serio de tales intentos fue la promulgación por el emperador Zenón, en el año 482, de un «edicto de unión», el *Henoticón*. Probablemente Zenón y el patriarca Acacio no pretendían condenar las decisiones del Concilio de Calcedonia, sino solo acercar a los cristianos de diversas persuasiones llevándoles más atrás del concilio cuyas decisiones se discutían. Pero tanto este como todos los demás esfuerzos imperiales fracasaron, y su único resultado fue exacerbar las pasiones de ambos bandos. Este edicto del emperador Zenón dio origen a una ruptura entre la sede romana y la iglesia oriental. El papa Félix afirmaba que el emperador carecía de autoridad para erigirse en árbitro de cuestiones dogmáticas. En consecuencia, Occidente, con el papa a la cabeza, no podía sino rechazar el *Henoticón*. Puesto que Acacio persistía en sostener este edicto del emperador, Félix excomulgó a Acacio y le declaró depuesto. Pero el papa no tenía los medios necesarios para hacer valer la presunta deposición del patriarca de Constantinopla, y este continuó en el ejercicio de su cargo, de modo que se produjo lo que los historiadores occidentales conocen como el «cisma de Acacio» (484-519).

El cisma de Acacio se prolongó más allá de la muerte de todos sus principales protagonistas, y aun de sus sucesores directos, hasta que, en el año 519, siendo emperador Justino, y mediante una serie de negociaciones con el papa Hormisdas, se restableció la comunión entre ambas iglesias. La nueva fórmula de unión fue un verdadero triunfo para Roma, pues todas sus estipulaciones fueron aceptadas por Constantinopla.

En esto quedó la cuestión hasta que, a la muerte de Justino, las riendas del imperio quedaron en manos de Justiniano. El gran sueño de Justiniano era volver a crear la perdida unidad del antiguo Imperio. Para ello envió a sus generales en campañas de reconquista contra los bárbaros del norte de África. Para ello emprendió aventuras diplomáticas en Italia. Para ello hizo compilar y organizar el derecho romano. Y para ello también era necesaria la unidad de la iglesia.

Por esta razón, Justiniano estaba interesado en resolver las cuestiones cristológicas en que se debatía su Imperio, y para lograr ese fin creía que el mejor camino era hacer algunas concesiones a los opositores de Calcedonia, aunque sin llegar a tal punto que los calcedonenses no estuviesen dispuestos a aceptarlas. Como en tantos otros casos antes y después de él, las gestiones de Justiniano, por cuanto llevaban el sello del poder y la imposición imperial, solo lograron exacerbar los ánimos. Además, la emperatriz Teodora, partidaria decidida de los monofisitas verbales, llevó a su esposo a apartarse cada vez más de la ortodoxia calcedonense, lo cual acarreó grandes desavenencias entre el poder civil y algunas de las autoridades eclesiásticas, y llevó a la controversia llamada «de los Tres Capítulos».

El título de «Tres Capítulos» surgió en el curso de la controversia como un modo de referirse en conjunto a la obra, y a veces a las personas, de Teodoro de Mopsuestia, Teodoreto de Ciro e Ibas de Edesa, quienes se contaban entre los más destacados maestros de la cristología antioqueña. Los llamados monofisitas —la mayor parte meros monofisitas verbales— no se oponían tanto al Concilio de Calcedonia como a la cristología de los maestros antioqueños que se encontraban detrás de él. De allí, y de la influencia de Teodora, parece haber surgido la idea que tuvo Justiniano de lograr un apaciguamiento condenando no al Concilio de Calcedonia, que retendría su autoridad, sino las obras de los tres grandes maestros antioqueños, englobados en los Tres Capítulos. En dos edictos, Justiniano condenó los Tres Capítulos. El brazo imperial era pesado, y uno tras otro los patriarcas de Constantinopla, Alejandría y Antioquía prestaron sus firmas al edicto imperial, aunque todos ellos bajo presión y no sin serias dudas en cuanto al paso que daban.

En Occidente no se hizo esperar la reacción contra la condenación los Tres Capítulos, que parecía ser un preludio a la abierta condenación del Concilio de Calcedonia. El papa Vigilio, quien había sido colocado en la sede romana por obra del general bizantino Belisario y de la emperatriz Teodora, no tenía la fuerza ni la autoridad para resistir a Justiniano. Llevado a Constantinopla por orden del emperador, y tras algunas vacilaciones, Vigilio acabó por condenar los Tres Capítulos en su *Iudicatum* del año 548. Esto enardeció de tal modo a los obispos occidentales, especialmente a los del norte de África, que varios de los patriarcas orientales que antes habían firmado el edicto de Justiniano se atrevieron ahora a retirarle su apoyo. El propio papa retiró su *Iudicatum*, haciéndole ver al emperador que su efecto era contraproducente y que sería mejor convocar a un sínodo de obispos occidentales y allí lograr la condenación de los Tres Capítulos. Empero, la resistencia de los occidentales era tal que Justiniano desistió del proyecto de reunirles en un sínodo, y en su lugar promulgó de nuevo la condenación de los Tres Capítulos (año 551). En este edicto Justiniano condenaba tanto a los nestorianos como a los monofisitas. «Nestorianos» eran para el Emperador no solo quienes se negaran a afirmar que María era *theotokos*, sino también cualquiera que afirmase que el Verbo había asumido «un hombre», como si el hombre pudiese subsistir o preexistiera aparte del Verbo. Entre esos «nestorianos», Justiniano incluía no solo al propio Nestorio, sino también a Teodoro, Teodoreto e Ibas, es decir, los famosos Tres Capítulos. En cuanto a los «monofisitas» condenados en el edicto del año 551, se trataba de los verdaderos monofisitas, es decir, de aquellos que «confundían» o «mezclaban» la divinidad y la humanidad de Cristo, de tal modo que esta última quedaba eclipsada. En resumen, la cristología antioqueña era rechazada bajo todas sus formas, mientras que la alejandrina lo era solo en su forma extrema.

El nuevo edicto de Justiniano creó tal oposición que por fin el propio emperador, a fin de lograr que la autoridad eclesiástica apoyase la condenación definitiva de los Tres Capítulos, decidió convocar a un concilio general. Este concilio se reunió en Constantinopla en mayo del año 553, y Justiniano se aseguró de que los obispos que asistiesen a él fuesen partidarios de la condenación de los Tres Capítulos, o al menos personas capaces de dejarse influir por el poder imperial.

Vigilio, por su parte, regresó a su firmeza inicial, negándose a aceptar sin más el juicio del poder civil en una cuestión puramente teológica. Tras estudiar los asuntos envueltos con más detenimiento, publicó su *Constitutum* el 14 de mayo del año 553, mientras el concilio estaba sesionando en Constantinopla; donde también se encontraba Vigilio, pues el emperador le había hecho llevar a su capital. El *Constitutum* es un documento cuidadoso, en el que Vigilio estudia cada uno de los casos envueltos en la cuestión de los Tres Capítulos. Con respecto a Teodoro de Mopsuestia, Vigilio se muestra dispuesto a condenar ciertas proposiciones extraídas de sus obras; pero no condena y sí prohíbe que se condene a un obispo muerto en la comunión de la iglesia. Teodoreto de Ciro, el segundo de los autores envueltos en los Tres Capítulos, tampoco ha de ser condenado, pues en Calcedonia el propio Teodoreto anatematizó a Nestorio, y los obispos allí reunidos le tuvieron por ortodoxo. No obstante, hay ciertas proposiciones que son atribuidas al obispo de Ciro que han de ser condenadas, y Vigilio se apresura a declararlas anatema, aunque sin afirmar que son de Teodoreto. Por último, la carta de Ibas de Edesa que está incluida en los Tres Capítulos fue leída y aceptada por los padres en Calcedonia, y por tanto no puede condenársele sin rechazar ese concilio. Por tanto, concluye Vigilio, debe cesar la discusión sobre la ortodoxia de los Tres Capítulos, y todos han de someterse a la autoridad de la sede romana tal como se expresa en el *Constitutum*.

Mientras Vigilio preparaba y publicaba el *Constitutum*, se reunía en Constantinopla el concilio que Justiniano había convocado, y que se tiene generalmente por Quinto Concilio Ecuménico. Desde un principio resultó claro que el concilio condenaría los Tres Capítulos y seguiría en líneas generales la política de Justiniano. Con respecto a los Tres

Capítulos, este concilio decidió lo siguiente: Teodoro de Mopsuestia fue condenado, así como también su doctrina; Teodoreto no fue condenado como persona, pero sí su doctrina; la carta de Ibas fue declarada herética, aunque se utilizó un subterfugio para evitar contradecir directamente al Concilio de Calcedonia. Además, siguiendo también en ello la dirección de Justiniano, el concilio condenó a Orígenes, a quien se atribuía la génesis de multitud de herejías.

Durante más de medio año Vigilio resistió valerosamente a todas las amenazas y medidas del emperador. Pero por fin, a principios del año 554, publicó un segundo *Iudicatum* en el que, a pesar de que trataba de salvar su integridad, de hecho capitulaba ante el emperador. El resultado de esta actitud del papa fue una violenta reacción en Occidente, hasta tal punto que se produjeron varios cismas que tardaron años en desaparecer.

El próximo y último episodio de las controversias cristológicas durante el período que estamos estudiando tuvo lugar en el siglo VII. Se trata de la controversia «monotelita» y de sus orígenes en el «monerguismo». En esta nueva cuestión, como en las anteriores, consideraciones de índole política jugaron un papel de suma importancia. El Imperio bizantino estaba en guerra con Persia, y durante esa guerra se había mostrado claramente hasta qué punto llegaba el descontento entre los súbditos del imperio en Siria y Egipto. Puesto que era precisamente en estas dos regiones que el monofisismo severiano había logrado cierta fuerza, resultaba urgente hacer un nuevo esfuerzo por ganar a los monofisitas desafectos. Tal parece haber sido la motivación del patriarca Sergio de Constantinopla, propulsor primero del monerguismo y luego del monotelismo. Sergio propuso primero la fórmula «una energía», al tiempo que trató de asociarla a la otra fórmula «dos naturalezas». Es decir, que aceptaba la cristología calcedonense, pero buscaba un medio de afirmar la unidad de Cristo que fuese más allá de la frase «una hipóstasis», con lo cual pensaba ganarse a los severianos. Esta «una energía» se interpretaba en el sentido de que, puesto que había en Jesucristo una sola hipóstasis, a la cual debían referirse todas las operaciones del Salvador, había un solo principio de actividad, el del Verbo, que era a la vez principio de actividad de la divinidad y de la humanidad. De aquí la fórmula, algo más precisa, de «una sola energía hipostática». La fórmula de Sergio encontró acogida favorable por parte del emperador Heraclio, quien vio en ella posibilidades de reconciliación entre los ortodoxos y los severianos. De hecho, mediante ella el nuevo patriarca ortodoxo de Alejandría logró la reconciliación de los monofisitas de esa ciudad.

Empero, el monerguismo no carecía de opositores entre los ortodoxos. El principal de estos, Sofronio de Jerusalén, atacó la fórmula de Sergio con tal violencia y penetración que el patriarca de Constantinopla decidió abandonarla, y en el año 634 prohibió el uso de la fórmula «una energía» y su contraria «dos energías».

En lugar del monerguismo, Sergio propuso entonces el monotelismo, es decir, la doctrina de que hay en Cristo una sola voluntad. Acerca del sentido preciso de esta fórmula mucho se ha discutido, y hasta se ha llegado a llamar al «monotelismo» la «herejía camaleón», debido a su imprecisión y sus constantes variaciones. En todo caso, el hecho es que Sergio logró que el papa Honorio prestara su apoyo a la nueva fórmula, y que el emperador Heraclio promulgara en el año 638 la *Ectesis* de Sergio, en la que prohibía de nuevo toda discusión sobre la unidad o dualidad de «energías» en Jesucristo, y afirmaba al mismo tiempo que había en el Salvador «una sola voluntad»: un solo *thelema*, de donde se origina el título de «monotelismo».

La oposición a esta nueva fórmula de Sergio no se hizo esperar. Máximo de Crisópolis, conocido como «el Confesor», afirmó que tanto la energía como la voluntad pertenecen a la naturaleza —*fysis*— y no a la persona o hipóstasis. Por tanto, es necesario confesar que hay en el Salvador no «una energía hipostática» o «una voluntad hipostática», sino «dos energías y dos voluntades naturales». A la oposición de Máximo se sumaron numerosos obispos y papas, hasta que en el año 648 el emperador Constante II abrogó la *Ectesis*, prohibiendo toda discusión acerca de la cuestión.

Poco antes del edicto de Constante, la situación política cambió de tal modo que los emperadores de Bizancio perdieron todo interés en atraerse a los monofisitas. La causa directa de este cambio fueron los árabes, quienes conquistaron Siria y Egipto y con ello le arrancaron al Imperio bizantino sus principales focos de oposición al Concilio de Calcedonia.

Finalmente, la cuestión se resolvió en el concilio reunido en Constantinopla en los años 680 y 681, que lleva el título de Sexto Concilio Ecuménico. Allí se declaró herejes al monotelismo y sus defensores, inclusive el patriarca Sergio y el papa Honorio: lo cual presentaría más tarde un escollo en el camino del dogma de la infalibilidad papal. Además, el concilio se declaró a favor de la existencia en el Salvador de «dos voluntades naturales», es decir, dos voluntades que se refieren cada una a una de las dos naturalezas que Calcedonia había proclamado.

Así terminaba un largo proceso de desarrollo y clarificación dogmática que había comenzado a lo menos tres siglos antes. El resultado era que se descartaban las posiciones extremas tanto antioqueñas como alejandrinas, y se sostenía de manera categórica que Jesucristo era total y verdaderamente hombre y Dios, y que, sin embargo, estas dos «naturalezas» estaban íntimamente unidas en una sola «hipóstasis». En este proceso se había dejado a un lado al Jesús histórico y se había hecho del Salvador un objeto de especulación y controversia; se le había descrito en términos completamente ajenos al vocabulario neotestamentario: «hipóstasis», «naturaleza», «energía», etc.; se había hecho de él un ente estático más bien que el Señor de los creyentes y de la historia. Pero cabe preguntarse si algún otro camino quedaba realmente abierto para la iglesia desde el momento en que los creyentes comenzaron a aplicar sus mejores facultades intelectuales al más grande misterio de la fe. El camino que se siguió a través de los seis concilios que hemos discutido al menos afirmó, frente a todo intento simplista de racionalizar la fe, el misterio inefable de la encarnación. Si en el debate y la contienda política ese misterio fue manoseado en exceso por las manos de la razón, al fin y a la postre resultó ileso, y el creyente del siglo VII, tras seis concilios ecuménicos y largos debates teológicos, todavía se vio confrontado con el misterio inescrutable de que Dios estaba en Cristo reconciliando el mundo consigo.

El Pseudo Dionisio

El escritor oriental de este período que más hizo pesar su pensamiento sobre los siglos posteriores fue sin duda alguna el que publicó sus obras bajo el seudónimo de Dionisio el Areopagita. Por siglos se pensó que tales escritos eran obra del discípulo del apóstol Pablo, lo cual les prestó una autoridad que rayaba en la apostólica. Puesto que en estos escritos se presenta toda una cosmovisión impregnada del misticismo neoplatónico, a través de ellos el neoplatonismo penetró en el pensamiento teológico en mucho mayor grado que a través de Agustín y sus discípulos.

No sabemos quién fue este pretendido Dionisio, aunque todo parece indicar que vivió a fines del siglo V, posiblemente en la región de Siria. Sus obras son *La jerarquía celestial*, *La jerarquía eclesiástica*, *De los nombres divinos*, *La teología mística*, y diez *Epístolas*. De un modo típicamente neoplatónico, el Pseudo Dionisio concibe el mundo como una estructura jerárquica en la que todas las cosas vienen de Dios y llevan a él, aunque en diversos grados, según la posición de cada cual en el orden jerárquico. Dios es el Uno en el sentido absoluto; es totalmente trascendente a las categorías del pensamiento humano; se encuentra aún por encima de la esencia. Dios no «es», sino que de él se deriva todo cuanto es. En sí mismo Dios es incognoscible, aunque todas sus criaturas le revelan y llevan a él.

A partir de este Dios Uno, todos los intelectos —y a este autor parece interesarle solo el mundo de los intelectos— se ordenan de modo jerárquico.

En el cielo, los intelectos angélicos forman tres jerarquías, cada una con tres grados, de modo que resultan nueve coros jerárquicos. La jerarquía eclesiástica se compone de dos órdenes fundamentales, dividido cada cual en tres rangos. En primer lugar, está el orden sacerdotal, con su jerarquía tripartita compuesta por obispos, sacerdotes y diáconos. El segundo orden está compuesto por los fieles, y cuenta también con tres escalones: los monjes, el pueblo santo y, en tercer lugar, los que no participan del sacramento junto al pueblo santo, es decir, los catecúmenos, los energúmenos y los penitentes

El propósito de toda esta estructura jerárquica es la deificación de los intelectos, que se allegan a Dios a través de los órdenes superiores. Aquí el Pseudo Dionisio introduce la doctrina de las tres vías, que tanta influencia ejercería sobre la mística y la ascética posteriores. Estas tres vías o etapas místicas son la purgativa, en la que el alma se libra de sus impurezas, la iluminativa, en la que el alma recibe la luz divina, y la unitiva, en la que el alma se une a Dios en la visión extática: visión que, dado el carácter absoluto de Dios, no es «comprensiva», sino «intuitiva».

Si a esto se limitara el pensamiento del Pseudo Dionisio sería difícil calificarlo de cristiano. Pero Cristo juega un papel de primera importancia en toda la estructura y la actividad jerárquica. El Verbo, una de las hipóstasis de la Trinidad, se ha hecho hombre, de modo que en esa sola hipóstasis convergen las dos «naturalezas» o «esencias» de la divinidad y la humanidad. Este Cristo es la cabeza tanto de la jerarquía celeste como de la eclesiástica. Con respecto a la jerarquía celeste, Cristo, por ser Dios, es la fuente de su ser y de toda su iluminación, así como el objeto de su conocimiento. Con respecto a la eclesiástica, Cristo es también la cabeza, no solo como fuente de toda iluminación y objeto de toda contemplación, sino también como fundador directo de esa jerarquía, en virtud de su encarnación. Pero cabe preguntarse si este Verbo, que solo se comunica con los humanos por medio de órdenes jerárquicos, no es en realidad un ser muy distinto del Jesús de los Evangelios.

Sea cual fuere la respuesta a esta pregunta, el hecho es que el Pseudo Dionisio gozó de un prestigio y una difusión inusitados. Escritas originalmente en griego, ya en el siglo VI sus obras se traducían al siríaco; en el VIII, al armenio; y en el IX al latín. A partir de entonces, todo Occidente le citará como intérprete fiel del mensaje paulino hasta que, en tiempos del Renacimiento y la Reforma, se comenzará a poner en duda su autenticidad.

Máximo el Confesor

El principal opositor, primero del monerguismo, y luego del mono-telismo, fue Máximo de Crisópolis, generalmente conocido como «el Confesor» (c. 580-662). Frente al monerguismo, afirma Máximo que la «energía» o principio de actividad ha de referirse a la naturaleza, y no a la hipóstasis. Esto es cierto de la Trinidad, en la que, por razón de haber una sola esencia o naturaleza, hay una sola actividad. Luego, si hay en Cristo dos naturalezas, hay en él dos principios de actividad, y el monerguismo ha de ser rechazado.

Frente al monotelismo, el argumento de Máximo parte de la distinción entre la «voluntad natural», es decir, la voluntad de la naturaleza, y la «voluntad de la razón». La primera es la inclinación de la naturaleza a buscar su propio bien. La segunda es la voluntad formada por el conoci-miento, la deliberación y la decisión. La primera se refiere a la naturaleza, y por ello hay que decir que había en Cristo dos voluntades: la voluntad natural humana y la voluntad natural divina. Esto no quiere decir, sin embargo, que Cristo decidiese o pudiese decidir en dos sentidos diversos al mismo tiempo, puesto que la voluntad natural está sujeta a la voluntad de la razón. Luego, las dos voluntades naturales no podían oponerse en la decisión, sino solo en la tendencia, como en el Getsemaní. Cristo, aun teniendo una voluntad natural humana, era impecable, pues su voluntad de la razón siempre se impondría.

Desarrollo posterior de la teología nestoriana

Durante el período que estamos estudiando, no todos los cristianos acep-taban las decisiones cristológicas de los concilios de Éfeso y Calcedonia. Ya hemos visto cómo la autoridad del Concilio de Calcedonia fue puesta en duda durante largo tiempo, aun dentro de los confines de la iglesia de habla griega. Debemos ahora dedicar algunos breves párrafos a aquellos que se negaron a aceptar la autoridad del Concilio de Éfeso e insistieron en la fórmula cristológica «dos personas». Estos cristianos se vieron obli-gados a salir del territorio del Imperio romano, pero en cambio lograron posesionarse de la iglesia en Persia. A esta iglesia se le da generalmente el título de «nestoriana», aunque ella no se lo da a sí misma.

Desde antes de Nestorio, la frontera del Imperio persa había sido con-quistada por el pensamiento antioqueño. Fue allí, en Edesa, que floreció

Ibas, el amigo de Nestorio que, aunque no llegó al extremo de la cristología antioqueña, sí se acercó mucho a él. En Edesa se formaba buena parte del clero que luego servía dentro de Persia. Luego, cuando la oposición a la cristología antioqueña llegó a su clímax y el emperador Zenón cerró la escuela de Edesa en el año 489, sus principales maestros sencillamente cruzaron la frontera y fueron a establecerse en Nisibis, donde el obispo Barsumas, antiguo discípulo de Ibas, fundó una escuela teológica. A partir de allí la cristología antioqueña, casi siempre en su forma más extrema, se expandió por todo el Imperio persa, y aun allende sus límites, hacia el este.

El primer gran teólogo de esta iglesia «nestoriana» fue Narsés o Narsai. Tras trabajar bajo Barsumas en la escuela de Nisibis, Narsés ocupó la dirección de esa escuela hasta la fecha de su muerte, ocurrida en el 507. Sus obras —al menos las que se han conservado— consisten principalmente en homilías e himnos. Estos himnos le valieron el título de «harpa del Espíritu Santo», que le da un cronista nestoriano.

La fórmula fundamental de la cristología de Narsés es «dos naturalezas, dos hipóstasis y una apariencia o presencia». En esta fórmula, la clave está en el sentido que deba dársele a los términos *hipóstasis* y *parsufa*. Narsés se cuida de confundir la humanidad de Cristo con la divinidad del Verbo. El que nació de María era el hombre Jesús, santificado, sí, por la virtud del Verbo, pero no unido a él de tal modo que puede decirse que el Verbo nació de María, o que la Virgen es *theotokos*. En cuanto a sus autoridades, Narsés cita repetidamente, como era de esperarse, a Diodoro de Tarso, Ibas de Edesa y Teodoro de Mopsuestia.

La expansión del monofisismo

Puesto que al comienzo de este capítulo hemos discutido ya las diversas formas que el monofisismo tomó durante este período, así como las posiciones de sus principales exponentes, solo nos resta aquí dar una breve idea de la expansión del monofisismo durante los años anteriores a las conquistas árabes. Como era de esperarse, Egipto fue la región en que más acogida encontró la cristología alejandrina, cuya forma extrema se conoce como «monofisismo». Tras la condenación de Dióscoro, muchos le tuvieron por mártir. Paulatinamente, el monofisismo vino a ser símbolo de la oposición al emperador y al gobierno de Constantinopla, y por esa razón se extendió más entre la población nativa de lengua copta que entre las clases superiores, que hablaban el griego. Tras varios cismas y conflictos, la ruptura quedó sellada cuando la conquista árabe separó al Egipto del Imperio bizantino. A partir de entonces, la mayoría de los cristianos egipcios adoptó el monofisismo, y vino a formar la Iglesia Copta, al tiempo que una minoría se mantuvo fiel a la definición de Calcedonia y recibió el nombre de «Iglesia Melquita», es decir, «del emperador». Puesto que Etiopía había sido evangelizada desde Egipto y mantenía relaciones estrechas con el cristianismo en esa región, la iglesia etiópica también abrazó el monofisismo.

Aunque Antioquía era la capital de Siria, siempre hubo en esa región adherentes a la cristología alejandrina. Luego, hubo también oposición a las decisiones del Concilio de Calcedonia. Jacobo Baradeo, quien murió en el año 578, se dedicó a llevar la doctrina monofisita por toda Siria, de donde pasó —al igual que el nestorianismo— a Persia. Por esta razón la iglesia monofisita de lengua siríaca es conocida como la Iglesia Jacobita.

Por último, el cristianismo en Armenia siguió también la línea monofisita. Esto se debió principalmente a que cuando se celebró el Concilio de Calcedonia la mayor parte de Armenia estaba bajo el dominio persa, de modo que la iglesia de esa región no estuvo representada en el concilio. A consecuencia de esto, y de otros motivos de fricción, los armenios se fueron separando cada vez más de los cristianos calcedonenses. Generalmente se señala el año 491 como el momento de la ruptura definitiva, pues en esa fecha el «católicos» de Armenia anatematizó la *Epístola dogmática* de León, que expresaba la cristología de los latinos y sirvió de base a la «definición» de Calcedonia.

El islam

El siglo VII vio surgir uno de los más notables fenómenos político-religiosos de toda la historia de la humanidad: el islam. Impulsado por un fervor religioso inesperado, y llevando su contagio a los pueblos conquistados, en menos de un siglo un puñado de tribus seminómadas se organizó en un estado poderoso y pujante, destruyó y suplantó al Imperio persa, conquistó buena parte de los territorios asiáticos de Bizancio —incluyendo a ciudades tales como Antioquía y Jerusalén— pasó al África, donde sus fuerzas se derramaron desde Egipto hasta Marruecos. Luego, no contentos con estas conquistas, los musulmanes pasaron a la Península Ibérica, destruyeron el reino visigodo y cruzaron los Pirineos para atacar al reino franco. Allí por fin se detuvo su ímpetu, y el famoso Carlos Martel logró derrotarlos en la batalla que recibe tanto el nombre de Tours como el de Poitiers.

Este avance fue facilitado por las divisiones religiosas, políticas y sociales que se multiplicaban en varios de los territorios conquistados. Así, el monofisismo y el nestorianismo en la región de Siria, el monofisismo en

Egipto y los remanentes del donatismo en el norte de África facilitaron los triunfos del islam, que era visto por muchos como el brazo con que Dios castigaba al Imperio bizantino.

El avance del islam tuvo consecuencias devastadoras para las iglesias en los territorios conquistados. En algunos de ellos el cristianismo desapareció, mientras en otros vino a ser una minoría que frecuentemente vivía en profunda nostalgia por tiempos pasados.

XIV
El renacimiento carolingio

En medio de la oscuridad de los primeros siglos de la Edad Media brilla la chispa fugaz del Imperio carolingio. Las victorias de Carlos Martel y de Pipino, consolidadas y continuadas por Carlomagno, produjeron en Europa occidental un foco de prosperidad donde fue posible dedicarse al estudio, la meditación y la producción literaria.

La principal fuente de renovación intelectual fueron las Islas Británicas. Allí, en los monasterios de Irlanda e Inglaterra, se había conservado la cultura clásica después de la muerte de Gregorio el Grande y sus contemporáneos. Su más alto representante —un siglo antes de Carlomagno— fue Beda, a quien la posterioridad conoce como «el Venerable», autor de una famosa *Historia eclesiástica de los pueblos anglos*. La tradición de Beda y sus coterráneos fue entonces el vínculo de unión entre la antigüedad y el despertar teológico bajo el imperio carolingio. El más destacado de los sabios que Carlomagno atrajo a su reino fue Alcuino de York, quien se ocupó del desarrollo de las escuelas en el imperio.

La controversia sobre la predestinación

Una de las más encarnizadas contiendas teológicas del período carolingio fue la que giró alrededor de la doctrina de la predestinación. El origen de la controversia fue una confrontación larga y penosa entre el monje Gotescalco de Orbais, por una parte, y el abad Rabán Mauro y el arzobispo Hincmaro de Reims por otra.

La doctrina de Gotescalco acerca de la predestinación se deriva de sus abundantes lecturas de San Agustín, Ambrosio, Gregorio, Próspero, Fulgencio y otros. Hay que decir a su favor que ciertamente comprendió a Agustín mejor que sus opositores. Pero también hay que decir en contra suya que su idea de la predestinación, y sobre todo su modo de exponerla, es tan severa que se vuelve inhumana. No hay aquí el himno constante de gratitud que se descubre en cada página de Agustín, sino que hay más bien una obsesión que a veces parece llegar al goce morboso por la condenación de los réprobos. Dios ha predestinado a los ángeles y a los electos a la salvación, y a los demonios y a los réprobos a la condenación. En nuestra condición, nuestro libre albedrío ha sido corrompido de tal modo que resulta incapaz de hacer el bien. Cristo murió no por todos, sino solo por los electos. Todo esto no es más que agustinismo estricto, pero con otro tono más fuerte.

La controversia eucarística

El origen de esta controversia se encuentra en la consulta en que Carlos el Calvo le planteó a Ratramno una doble cuestión: primero, si la presencia del cuerpo y la sangre de Cristo en la eucaristía es tal que solo puede verse con los ojos de la fe —*in mysterio*— o si, por el contrario, esa presencia es verdadera —*in veritate*—, de tal modo que lo que ven los ojos es el cuerpo y la sangre de Cristo. Y, en segundo término, si el cuerpo de Cristo que está presente en la eucaristía es el mismo que «nació de María, sufrió, fue muerto y sepultado, y ascendió a los cielos a la diestra del Padre». La pregunta del rey surgía de la lectura de un tratado que Pascasio Radberto le había presentado alrededor del año 844 bajo el título *Del cuerpo y la sangre del Señor*. En este tratado Radberto ofrece una interpretación en extremo realista de la presencia de Cristo en la eucaristía. Tras la consagración, las especies del sacramento no son otra cosa que la carne y la sangre de Cristo, la misma carne que nació de la virgen María, que sufrió y se levantó del sepulcro. Normalmente, este cuerpo y esta sangre son vistos solo por los ojos de la fe; pero a veces, como una concesión especial a quienes ardientemente aman al Señor, se muestran en el color propio de la carne y la sangre. Además, Pascasio interpreta la comunión como una repetición del sacrificio de Cristo, y esto de tal modo que cuando se celebra se repite la pasión y muerte del Salvador.

Esta interpretación de la eucaristía, que sin lugar a dudas expresaba el sentir de muchas almas pías, resultaba empero repugnante a los mejores teólogos de la época, formados en la escuela más bien espiritualista de San Agustín. Entre ellos se contaba el monje Ratramno.

El tratado de Ratramno lleva el mismo título que el de Radberto: *Del cuerpo y la sangre del Señor*. En él, Ratramno responde a las dos preguntas de Carlos el Calvo, y lo hace de tal modo que su tratado ha sido objeto de muchas discusiones posteriores. A la primera pregunta responde Ratramno que el cuerpo de Cristo no está presente «en verdad», sino «en figura». Esto no quiere decir, sin embargo, que Ratramno niegue la presencia real del cuerpo de Cristo en la comunión. Para él, lo que existe «en verdad» se diferencia de lo que existe «en figura» por cuanto lo que existe «en verdad» puede ser percibido «exteriormente», mediante los sentidos corporales, mientras que lo que existe «en figura» solo puede ser visto «interiormente», por los ojos de la fe.

A la segunda pregunta del rey Ratramno responde que el cuerpo de Cristo que está presente en la eucaristía no es idéntico al cuerpo de Cristo que nació de María y colgó de la cruz, por cuanto este último, que se encuentra actualmente a la diestra del Padre, es visible, y en la eucaristía no se ve el cuerpo de Cristo. La presencia de ese cuerpo en la comunión es solo espiritual, y el creyente participa de él espiritualmente. Esto no quiere decir en modo alguno que Ratramno piense que la comunión se limita a un mero recuerdo. Al contrario, Cristo está realmente presente en los elementos, pero está allí de un modo espiritual, no accesible a los sentidos.

La cuestión del *Filioque*

El credo niceno-constantinopolitano, al referirse al Espíritu Santo, dice «que procede del Padre». Esto no quiere decir en modo alguno que el Espíritu Santo proceda del Padre y no del Hijo, pues en el siglo IV esta cuestión no se debatía, y los obispos reunidos en Constantinopla no tenían interés alguno en definir la procedencia del Espíritu Santo en términos exactos. Aún más, tanto en Oriente como en Occidente se acostumbraba dar un lugar al Hijo en esa procedencia, si bien en Occidente la mayoría de los teólogos decía que el Espíritu Santo procedía «del Padre y del Hijo», mientras que en Oriente se acostumbraba a decir que procedía «del Padre por el Hijo».

En Occidente, por razones que no son del todo claras, algunos comenzaron a interpolar en el credo niceno-constantinopolitano la fórmula «y del Hijo» —*Filioque*— para significar la doble procedencia del Espíritu Santo, diciendo entonces «que procede del Padre *y del Hijo*». Si bien los orígenes de esta interpolación se pierden en la penumbra de la historia, todo parece indicar que surgió en España, y que de allí pasó a las Galias y al resto de Occidente. En época de Carlomagno, cuando las relaciones entre el reino franco y el gobierno de Constantinopla eran tensas, la cuestión del *Filioque* salió a la superficie como motivo —o quizá más bien como excusa— de largas controversias.

En la capilla palatina de Aquisgrán se cantaba el credo con el *Filioque* interpolado, y allí lo recibieron algunos monjes latinos de Jerusalén quienes al regresar a la Santa Ciudad fueron objeto de virulentos ataques por parte de los orientales, que los acusaban de innovadores y de herejes. En un concilio celebrado en Aquisgrán en el año 809, los obispos francos confirmaron la opinión según la cual la fórmula griega era herética, y la procedencia del Espíritu Santo «del Padre y del Hijo» (*Filioque*) era parte necesaria de la ortodoxia. En ese momento la firmeza del papa León III evitó un cisma entre Oriente y Occidente, pues el papa se mostró inflexible ante toda interpolación en el credo niceno-constantinopolitano, y de este modo se evitó que la cuestión desembocara en una disputa entre las autoridades eclesiásticas de Roma y las de Constantinopla. Empero, la oposición de León III no fue suficiente, y a la postre toda la rama latina de la iglesia llegó a repetir el credo con el *Filioque*. A partir de entonces, la cuestión del *Filioque* ha sido uno de los factores que más han contribuido al distanciamiento entre el cristianismo occidental y el oriental.

¿Qué consideraciones estaban involucradas en la cuestión del *Filioque*? Había consideraciones de dos órdenes. Por una parte se planteaba la ortodoxia de la interpolación misma. Por otra, estaba en juego el derecho de concilios posteriores, o de cualquier otra autoridad eclesiástica, de cambiar o interpolar el antiguo credo niceno-constantinopolitano.

Uno de los resultados de esta controversia fue que, a fin de evitar confrontaciones, algunos en Occidente comenzaron a usar el antiguo credo romano —ahora conocido como Credo de los Apóstoles— y a la postre este se impuso en Occidente, donde hasta el día de hoy se usa con más frecuencia que el Credo de Nicea.

Juan Escoto Erigena

El más notable de todos los pensadores del renacimiento carolingio fue sin lugar a dudas Juan Escoto Erigena. Oriundo de Irlanda, Erigena se dirigió al reino franco poco antes de la mitad del siglo IX. Respetado por todos por su erudición, su pensamiento era visto con suspicacia debido a la excesiva influencia que sobre él ejercía la filosofía griega, así como a sus posiciones no siempre totalmente ortodoxas. Por estas razones, Erigena no creó escuela, sino que se yergue solitario como una montaña en la llanura, de la cual muchos obtienen materiales para sus propias construcciones, pero a la que pocos pretenden ascender. Durante los siglos X, XI y XII se le cita con cierta frecuencia, aunque a veces esas citas van acompañadas de una gran cautela hacia la totalidad de su obra. Finalmente, a principios del siglo XIII, su principal obra, *De la división de la naturaleza*, fue declarada herética. Sin embargo, la influencia de Erigena continuó haciéndose sentir a través de su traducción del Pseudo Dionisio.

Erigena se coloca en la tradición de Clemente alejandrino, de Orígenes y del Pseudo Dionisio. Se trata de un pensamiento de altos vuelos especulativos en el que la dialéctica y la definición precisa juegan un papel de primer orden, y en el que todo queda comprendido en una vasta visión de Dios y el universo. La naturaleza puede dividirse en cuatro: la naturaleza que crea y no es creada, la naturaleza creada que crea, la naturaleza creada que no crea, y la naturaleza que no crea ni es creada. La primera y cuarta divisiones de la naturaleza corresponden a una sola realidad: Dios. La gran obra de Erigena, *De la división de la naturaleza*, sigue este bosquejo, dedicando un libro a cada una de las tres primeras divisiones, y dos a la cuarta. Dios, la naturaleza increada que crea, se encuentra muy por encima de todas las limitaciones de nuestra mente. En consecuencia, al hablar de Dios hay que hacerlo paradójicamente, afirmando y negando de él a un tiempo una y la misma cosa: doctrina esta que Escoto toma del Pseudo Dionisio. La afirmación ha de entenderse en sentido figurado, y la negación en sentido recto. Así, por ejemplo, Dios es esencia; pero el mismo Dios no es esencia, sino que es mucho más. La afirmación ha de entenderse como una verdadera negación. Las Escrituras han sido dadas para los simples, y por tanto emplean lenguaje figurado.

En sentido estricto, la sustancia del ser humano es la idea que de él hay en la mente del Creador. El propósito inicial de la creación no incluía todos los seres corruptibles, sino que descendía solo hasta los seres espirituales, terminando con el humano, dotado de un cuerpo espiritual. La razón por la cual ha entrado la corrupción en el universo es la caída de Adán. En él estaban todas nuestras voluntades, de modo que no hay injusticia alguna en que seamos castigados por su pecado. Este pecado consistió en contemplarse a sí mismo antes que al Creador, y tuvo lugar simultáneamente con la creación. Luego, el origen del universo corruptible data del primer momento de la creación misma. El cuerpo humano tal como lo conocemos, mortal y corruptible, es parte de esa creación caída. También lo es la división de la naturaleza humana en dos sexos.

La imagen de Dios en el ser humano es múltiple, mas radica ante todo en el alma. Esta se encuentra en todo el cuerpo, como Dios está en todas las cosas; y no está limitada a miembro alguno, como tampoco Dios está limitado a cosa alguna. El alma sabe que existe, pero no conoce su propia esencia. El alma, en fin, refleja el carácter trino de Dios, pues hay en ella, en medio de su total simplicidad, intelecto, razón y sentido interno, tema que Erigena toma y adapta de Agustín y del Pseudo Dionisio. De igual modo el cuerpo, en cuanto es, vive y siente, constituye un vestigio de la Trinidad.

Aunque Erigena trató de mostrar repetidamente que no era panteísta, su filosofía ciertamente dejaba la impresión de que hay una sola realidad:

Dios. En lugar de una doctrina de la creación, se trataba más bien de emanaciones de Dios. En cuanto a la persona de Jesucristo, este no tenía un lugar central en las especulaciones de Erigena. Por todas estas razones, la influencia de Erigena en el medioevo no fue lo que la vastedad de su pensamiento podría haber hecho esperar.

El desarrollo de la penitencia privada

Hemos visto repetidamente que los pecados postbautismales le plantearon un problema serio a la iglesia naciente. ¿Qué debía hacerse? Ciertamente no era posible desentenderse de ellos. Tampoco podía repetirse el bautismo como medio de lavar al creyente de su pecado. Por ello algunos posponían el bautismo hasta llegar a la edad madura, y hasta haber dejado detrás los pecados de la juventud. Ejemplo de ello fue Constantino, quien recibió el bautismo en su lecho de muerte. Pero tal práctica distorsionaba el sentido original del bautismo como rito de iniciación y de incorporación al cuerpo de Cristo. Otra alternativa era el «segundo bautismo» del martirio. Empero, tal cosa solo era posible en tiempos de persecución. Por último, un tercer modo de expiar por los pecados postbautismales era mediante el arrepentimiento y la penitencia. Tal fue el origen del sistema penitencial de la iglesia.

Aunque durante la época patrística hubo varios debates acerca de qué pecados podían perdonarse y cómo, había dos puntos en los que la mayoría concordaba: la penitencia debía ser pública, y no podía repetirse. Al llegar al siglo IV, también se había llegado a cierto consenso general que cualquier pecado podía ser perdonado a través de la penitencia.

La penitencia era pública, no en el sentido de que se requiriese una confesión pública de pecado, sino más bien en el de que la excomunión y la reconciliación con la iglesia eran públicas. Naturalmente, tal rigor se aplicaba únicamente a los pecados más graves. El pecador podía remediar sus pecados menores mediante la práctica diaria de la penitencia, así como del ayuno, la oración y la caridad para con los necesitados.

Empero, tal sistema de penitencia no bastaba para resolver los problemas planteados por los pecados postbautismales. Ciertamente ayudaba por cuanto le daba una segunda oportunidad al pecador. Pero el hecho de que no pudiera repetirse pronto produjo prácticas semejantes a las que habían surgido antes con respecto al bautismo, pues se tendía a posponer la penitencia para asegurarse de la salvación, y llegó el punto en que normalmente tenía lugar en el lecho de muerte. Otra consecuencia fue que se llegó a pensar del retiro monástico como un modo aceptable de hacer penitencia, y esto a su vez llevó, durante el período merovingio, a la práctica de recluir a la fuerza en monasterios a quienes habían pecado: y a veces hasta a quienes habían tenido el infortunio de oponerse a los deseos de las autoridades.

Mientras tanto, la iglesia celta había desarrollado su propia forma de penitencia. Allí, la penitencia se repetía tantas veces como fuera necesario. Por ello se usaba no solamente en el caso de los pecados más graves, sino también con relación a los menores. Además, en lugar de la excomunión formal y solemne por parte del obispo, surgió la práctica de una acción todavía formal, pero menos solemne, por un sacerdote. Luego, la penitencia dejó de ser algo excepcional para volverse común, y lo que antes había quedado reservado al lecho de muerte se volvió una práctica frecuente y hasta cotidiana.

Hacia fines del siglo VI, todavía las autoridades eclesiásticas del continente europeo veían con malos ojos las prácticas celtas. Pero durante los siglos VII y VIII los misioneros y trotamundos celtas llevaron sus costumbres, primero a Galia y España, y luego al resto de la iglesia latina. En resumen, la práctica moderna de la penitencia había alcanzado sus características esenciales al surgir el renacimiento carolingio.

El desarrollo del poder papal

Cuando tratábamos sobre los acontecimientos complejos que llevaron al Concilio de Calcedonia, vimos que el papa no tenía poder para oponerse a la voluntad del emperador. Ciertamente, en el llamado «Latrocinio de Éfeso» en el año 449, la *Epístola dogmática* de León ni siquiera se leyó, porque no concordaba con la política imperial. Cuando por fin se reunió el Concilio de Calcedonia solo pudo hacerlo porque el nuevo emperador así lo deseaba.

Tal situación cambió rápidamente en Occidente. El centro del imperio estaba ahora en Constantinopla, que pretendía ser la nueva Roma no solo en lo político, sino también en lo eclesiástico. Como respuesta a esa situación, las autoridades de Roma comenzaron a afirmar que la primacía de Roma —que había surgido *de facto* debido a la primacía política de esa ciudad— se basaba *de jure* en las palabras del Señor a Pedro, cuyo vicario el papa era. La tensión que resultó de todo esto se comprende si recordamos que los emperadores de Constantinopla, muchos de los cuales eran profundamente religiosos, pensaban que su tarea y autoridad les habían sido divinamente encomendadas. Dios les había ungido para regir el universo. Por tanto, se encontraban por encima de toda autoridad eclesiástica: hecho que comprobaron repetidamente en sus relaciones con los patriarcas de Constantinopla. A su vez, las autoridades eclesiásticas tenían la obligación de sancionar y santificar el poder y las acciones del gobernante. Empero, en Occidente la situación era muy distinta. Allí dirigentes eclesiásticos tales como Ambrosio habían insistido en que el emperador es miembro de la iglesia, y no se encuentra por encima de ella. Tras el reinado de Teodosio —quien tuvo que ceder ante la autoridad de la iglesia en más de una ocasión—, en Occidente no hubo gobernantes hábiles y fuertes. Las invasiones de los pueblos germánicos produjeron un caos en el que la única institución relativamente estable era la iglesia. Luego, Occidente vino a ser el centro de resistencia a las pretensiones imperiales, mientras Oriente tomó la dirección opuesta. Un resultado de esa situación fue el distanciamiento creciente entre Oriente y Occidente. Otro resultado fue el desarrollo de la teoría de la supremacía papal.

Aunque no podemos seguir aquí todos los detalles del desarrollo de esa teoría, hay dos episodios que sirven para ilustrarlo: las pretensiones y la práctica de Gregorio el Grande (590-604), y la coronación de Carlomagno (800).

Gregorio el Grande chocó con Constantinopla porque se negó a reconocer el derecho del patriarca de esa ciudad a llamarse «patriarca ecuménico». Tal título contradecía directamente la pretensión del papado de tener primacía universal sobre la iglesia. Aunque tal primacía nunca se había ejercido sobre Oriente, y Gregorio sabía muy bien que nunca podría hacerse efectiva mientras Constantinopla continuara siendo el centro del poder político en esa región, el papa sí parece haberse percatado de que las pretensiones por parte de Constantinopla no podían aceptarse sin minar la autoridad romana sobre la iglesia occidental. Por lo tanto, protestó que su colega de Constantinopla no tenía derecho a tomar el título de «patriarca ecuménico».

Empero, no fue tanto como teólogo, sino más bien como administrador práctico, que Gregorio contribuyó al crecimiento del poder papal. En una época en que el antiguo orden de la *pax romana* se había derrumbado y amenazaba llevar consigo todo vestigio de civilización, Gregorio hizo que la iglesia llenara el vacío resultante e hizo de ella la heredera y preservadora de los valores de la Antigüedad, así como la guardiana del orden. Luego, mientras en Oriente la iglesia y su jerarquía seguían sujetas al emperador, en Occidente el imperio desapareció y la iglesia tomó varias de sus funciones. Tal proceso llegó a su culminación el día de Navidad del año 800, cuando el papa León III colocó la corona imperial sobre la cabeza de Carlomagno. Empero, esa misma culminación era también una señal de peligro para el poder papal. El propio León estaba en la corte porque se le había hecho necesario responder a acusaciones contra él que se habían hecho ante el poderoso rey franco. Aunque el imperio carolingio fue efímero, la resurrección de la ideología imperial a la larga llevaría a serios conflictos entre los emperadores y los papas. Como resultado de esos conflictos, la teoría de la autoridad papal se extendería aún más.

XV
El siglo XII: la luz en las tinieblas resplandece

Un antiguo historiador, buscando palabras para describir el siglo X, lo califica de «oscuro, de hierro y de plomo». Estas palabras se aplican con justicia, no solo al siglo X, sino también a las últimas décadas del IX y casi todo el X. Tras la muerte de Carlos el Calvo la decadencia del poderío carolingio se aceleró cada vez más. Las luchas internas entre los herederos de diversas porciones del antiguo imperio de Carlomagno y las invasiones de normandos, sarracenos y húngaros, crearon un constante estado bélico en el que la cultura —y con ella el pensamiento teológico— no podía menos que sufrir. Como antaño, los monasterios trataron de conservar algo de la cultura y erudición del pasado. Pero la mayoría de ellos, por encontrarse fuera de las ciudades amuralladas, estaba expuesta al pillaje de los invasores, y muchas bibliotecas valiosas fueron destruidas o dispersadas.

El advenimiento al trono imperial de la casa de Sajonia —con Otón I, en el 962— no trajo sosiego a la iglesia. Frecuentemente, a pesar de los esfuerzos de los emperadores, hubo más de una persona que pretendía ser el legítimo sucesor de San Pedro. Entretanto iba surgiendo en la iglesia un partido reformador, relacionado originalmente con la reforma monástica de Cluny, y luego con los nombres de Hildebrando, Humberto, Bruno de Toul y Gerardo de Florencia. Por fin, con el apoyo del emperador Enrique III, este partido se posesionó de la Santa Sede, colocando en ella a Bruno de Toul, quien tomó el nombre de León IX (1049-1054). A partir de entonces, y a pesar de algunos tropiezos e interrupciones, tuvo lugar una gran reforma eclesiástica que culminó bajo el pontificado de Hildebrando, quien tomó el nombre de Gregorio VII (1073-1085).

Fue entonces que comenzaron a surgir los albores de lo que sería el renacimiento del siglo XII, al que dedicaremos buena parte del presente capítulo.

Las escuelas y la cultura del siglo XI

En el siglo XI comienzan a verse algunos atisbos, a menudo aislados, de lo que será el despertar del siglo XII. A principios de siglo ocupa la sede romana, bajo el título de Silvestre II, el erudito Gerberto de Aurillac. Poco después su discípulo Fulberto llega al episcopado de Chartres, y allí da origen a una tradición académica que dará su fruto un siglo después.

Berengario de Tours, el más famoso discípulo de Fulberto, adoptó posiciones muy distintas de las de su maestro. A diferencia de Fulberto y de la mayoría de los eruditos de la época, Berengario prestaba gran autoridad a la razón en las cuestiones de la fe. Según él, el ser humano ha sido creado a imagen de Dios en virtud de su razón, y sería el extremo de la necedad pretender que no hiciese uso de ella. Esto le llevó a ser gran admirador de Erigena, quien en sus obras hace amplio uso de la dialéctica. Sin embargo, había una gran diferencia entre lo que Erigena entendía por razón y lo que Berengario entendía por tal. Para Erigena, la razón procedía mediante el contacto de la mente humana con ideas eternas e invisibles. Berengario prefiere partir de los sentidos como base para la actividad dialéctica. Es por esto también que, aunque Berengario no nos ha dejado testimonio de haberse ocupado de la cuestión de los universales, muchos autores modernos le cuentan entre los nominalistas.

Berengario fue llevado a la controversia eucarística, primero, por su admiración hacia Escoto Erigena; luego, por su propia inclinación racionalista; por último, por intrigas políticas y eclesiásticas que hicieron de él un instrumento de ambiciones que él mismo desconocía. Al principio la controversia giró alrededor de la ortodoxia del tratado de Ratramno *Del cuerpo y la sangre del Señor,* que en el siglo XI era atribuido a Erigena. Berengario lo tenía por tal, y enseñaba a sus discípulos la doctrina de «Juan Escoto» sobre la eucaristía. Cuando esto dio origen a la controversia, Berengario pasó a defender las doctrinas de Ratramno con su propia habilidad dialéctica. A partir de entonces la discusión cobró impulso y Berengario fue condenado repetidamente.

La controversia tomó nuevos vuelos cuando, tras su condenación en Roma en 1059, Berengario publicó un opúsculo en el que insistía sobre sus doctrinas. Puesto que a este opúsculo respondió Lanfranco con su *Libro del cuerpo y la sangre del Señor contra Berengario,* y puesto que este a su vez le contestó en su tratado *De la sacra cena*, la controversia desembocó en una confrontación entre los dos teólogos más notables de su época.

Berengario rechaza la doctrina de sus opositores en dos puntos: en la idea según la cual el pan y el vino dejan de existir, y en la pretensión de que el cuerpo de Cristo, que nació de María, está presente físicamente en el altar. Ambas doctrinas le parecen absurdas. En primer lugar, con respecto a la permanencia del pan y el vino en el altar, Berengario afirma que aun sus adversarios, sin percatarse de ello, la conceden. Así, cuando dicen que el pan y el vino son el cuerpo y la sangre de Cristo están diciendo que el pan y el vino todavía son algo: el cuerpo y la sangre de Cristo. Además, si el color y el sabor del pan y el vino permanecen aún después de la consagración, esto quiere decir que la sustancia de los elementos permanece también, pues los accidentes no pueden separarse de las sustancias en que existen. En segundo lugar, en cuanto a la presencia del cuerpo de Cristo, Berengario se niega a aceptar las consecuencias que tal presencia acarrearía. El cuerpo de Cristo, el mismo que nació de María, está en el cielo, y no hay porciones de su carne en cada altar, ni hay millares de cuerpos de Cristo. Jesucristo fue sacrificado de una vez por todas, y la comunión es un recordatorio de este sacrificio. En resumen, ni el pan es asumido hasta el cielo, ni el cuerpo de Cristo desciende de él, y en consecuencia el pan sigue siendo tal.

Esto no quiere decir, sin embargo, que Berengario piense que la comunión sea solo un recordatorio del sacrificio de Cristo, una especie de ejercicio sicológico en el que la iglesia hace un esfuerzo por despertar su recuerdo de los acontecimientos del Calvario. Él sostiene que la comunión es eficaz, y que, sin que el pan y el vino dejen de existir, vienen a ser «sacramento», es decir, señal, del cuerpo de Cristo, que está en el cielo. Luego, aunque no en sentido estricto, se puede decir que el sacramento es el cuerpo y la sangre del Señor.

La doctrina eucarística de Lanfranco se opone radicalmente a la de Berengario. El cuerpo de Cristo está realmente presente en la eucaristía, y esto por una transformación en la esencia misma de los elementos consagrados, de tal modo que ya no son pan y vino. Si las Escrituras y los Padres se refieren a ellos como «pan» y «vino» lo hacen solo simbólicamente, pues lo que hay en el altar es símbolo, aunque no del cuerpo ni la sangre de Cristo, ¡sino del pan y el vino que antes estaban ahí!

Ya a fines del siglo XI podía darse por terminada la controversia, aun cuando la doctrina de la transubstanciación no se definió sino hasta el año 1215. Las obras eucarísticas del siglo XII dan por sentado que la transformación del pan y el vino en el cuerpo y la sangre de Cristo es la doctrina ortodoxa, y a partir de esa presuposición tratan de enmarcarla dentro del conjunto de las demás doctrinas cristianas.

En cuanto a la controversia que tuvo lugar en el siglo XI, su importancia no está solo en el hecho directo de que a través de ella se llegó a formular la doctrina de la transubstanciación, sino también en el hecho de que esa controversia muestra cómo la segunda mitad del siglo XI preludia el renacimiento del XII. Tras la cuestión eucarística se esconde la otra, de mucho más alcance, del uso de la razón en la teología. En el siglo XII esta cuestión del uso de la razón —y la previa del carácter de la razón— ocupará buena parte del interés de los teólogos.

Por otra parte, el hecho de que la controversia eucarística ocupe nuestra atención no debe dar a entender que solo de ella se ocuparon los teólogos de la época. La tensión con la iglesia oriental, cada vez mayor, llevó a personajes tales como el cardenal Humberto a escribir sobre ella. La cuestión de las investiduras llevó a varios teólogos a tratar sobre la autoridad de la iglesia. Además, ya a principios del siglo comenzó a aparecer en Francia y otras regiones de Europa Occidental la herejía de los cátaros, que sería cruelmente perseguida en el siglo XIII. A fines de la centuria, poco antes de la muerte de Berengario, el judío converso Samuel Marroquí compuso en árabe un *Libro de la pasada venida del Mesías*, en el que trata de probar, casi siempre a base de textos del Antiguo Testamento, que Jesús era el Mesías, que los judíos pecaron al no recibirle como tal, y que por ese pecado han sido dispersados por el mundo. El último capítulo de esta obra resulta curioso, pues en él el autor aduce el testimonio del Corán en pro de Jesús. ¡Sorprendente muestra del diálogo entre cristianos, judíos y musulmanes, menos de una década antes de que el papa Urbano II, al grito de «Dios lo quiere», volcara sobre Tierra Santa la ambición y el fanatismo de Europa!

Anselmo de Canterbury

El siglo XII trajo consigo una nueva era en la historia del pensamiento cristiano. El despertar teológico que había quedado interrumpido en medio del caos de la decadencia carolingia logró ahora producir sus frutos, no ya bajo la sombra de algún gran imperio, sino de una iglesia en vías de reforma que al mismo tiempo reclamaba para sus príncipes derechos y autoridad por encima de los príncipes seculares. Las condiciones económicas y sociales que dan origen al auge de las ciudades hacen que la teología se concentre menos en los centros monásticos y más en las escuelas catedralicias, anunciando así lo que serían las universidades del siglo XIII.

Ese siglo, sin embargo, no nació en el año 1100, sino el día, años antes, en que Anselmo de Bec —más tarde arzobispo de Canterbury— tomó la pluma para dar inicio a su vasta producción teológica. Anselmo era natural de Piamonte, pero varios años de peregrinación y la fama de Lanfranco le llevaron al monasterio de Bec en Normandía. Allí llegó a ser monje en 1060, prior en 1063 y abad en 1078. En ese período, tras haber sido discípulo de Lanfranco, fue maestro de docenas de estudiosos que acudían a Bec para recibir sus enseñanzas. Fue también en Bec que escribió la mayoría de sus obras: el *Monologio*, el *Proslogio*, *Acerca del gramático* y *Epístola de la encarnación del Verbo*. Llamado a la sede de Canterbury en 1093, tuvo dificultades con el rey, en parte por la cuestión de las investiduras, y en 1097 abandonó su sede, partiendo en exilio voluntario hasta 1100. Durante este período tomó de nuevo la pluma y escribió su famoso tratado *Por qué Dios se hizo hombre*, y otros más. De regreso a Canterbury, sus dificultades volvieron a surgir, y tuvo que partir en un segundo exilio que duró de 1103 a 1106. En esa fecha, resueltas sus diferencias con el poder laico, volvió a su sede, que ocupó en paz hasta el fin de sus días en 1109. Obra de estos últimos años es *De la concordia de la presciencia, la predestinación y la gracia con el libre albedrío*.

El método teológico de Anselmo consiste en plantearse un problema teológico y luego resolverlo, no a base de la autoridad de las Escrituras o de los padres de la iglesia, sino mediante el uso de la razón. El tipo de problema que Anselmo se plantea no es una mera cuestión especulativa, sino que es generalmente la posición equivocada de algún ateo o hereje que es preciso refutar. A partir, entonces, de las presuposiciones que ese ateo o hereje aceptaría, aunque transformándolas a medida que el argumento progresa, Anselmo prueba la doctrina ortodoxa. Este método parece a primera vista en extremo racionalista, y de hecho Anselmo se lanza a probar doctrinas que la mayoría de los teólogos posteriores nunca trataría de probar por medios puramente racionales, tales como la Trinidad y la encarnación. Pero es necesario recordar que Anselmo el teólogo es siempre Anselmo el creyente, de modo que él ya cree lo que pretende probar, y el propósito de su trabajo no es llegar a la fe mediante la razón, sino mostrar su error a los incrédulos y hacer más rica y profunda la fe del propio teólogo.

En el *Proslogio*, Anselmo trata de mostrar por qué el Salmo 13 dice que el insensato niega la existencia de Dios, es decir, por qué negar esa existencia constituye una insensatez. Su respuesta, conocida ahora como el «argumento ontológico» en pro de la existencia de Dios, es que la idea misma de un Ser Supremo incluye su existencia, puesto que si tal ser no existiera habría otros seres por encima de él. Naturalmente, el argumento de Anselmo solo resulta válido dentro de ciertas presuposiciones que no todos están dispuestos a aceptar. Así, por ejemplo, presupone que la existencia es una perfección, que la perfección puede ser concebida, y que las estructuras de la realidad corresponden a las estructuras del pensamiento. Pero a pesar de ello ha sido seguido y utilizado en siglos posteriores por muchos notables teólogos y filósofos.

Aparte de su argumento para probar la existencia de Dios, la obra de Anselmo que más ha sido estudiada y discutida es su tratado sobre *Por qué Dios se hizo hombre*. En él pretende probar la necesidad de la encarnación otra vez por métodos racionales, aunque dando por sentados el pecado original, el amor de Dios, y su justicia, y combinando la doctrina cristiana tradicional con ideas acerca de la justicia y la expiación que habían sido introducidas por sus antecesores germánicos.

Anselmo rechaza la teoría según la cual el propósito de la encarnación y pasión de Cristo fue librar al ser humano de su esclavitud al Diablo, o pagar una deuda contraída con él. El propósito de la encarnación es ofrecer satisfacción por una deuda, sí; pero no al Diablo, sino a Dios. Dios no puede sencillamente perdonar esta deuda, pues eso sería capitular ante el desorden. Pero el humano es incapaz de expiar sus pecados, pues lo más que puede hacer es el bien, y eso no es más que su deber. Solo Dios puede ofrecer expiación suficiente; y solo el humano ha de ofrecerla. Por tanto, ha de ser ofrecida por Dios hecho humano.

Este libro de Anselmo hizo época. Aunque sin seguirlo en todos sus puntos, la mayoría de los escritores posteriores de la Edad Media interpretó la obra de Cristo a la luz de él. Tras ellos, casi todos los teólogos occidentales han seguido por el mismo camino, sin percatarse de que este modo de entender la obra de Cristo en pro de la humanidad no es la más antigua en los escritos de los padres de la iglesia, y ciertamente no es la única —ni tampoco la principal— en el Nuevo Testamento.

Anselmo fue sin lugar a dudas el más grande teólogo de su época. Aunque su obra se limitó a trabajos monográficos, sin pretender abarcar la totalidad de la doctrina cristiana, su éxito en el intento de aplicar la dialéctica a las cuestiones de la fe sin apartarse por ello de la doctrina ortodoxa mostró el camino a los grandes escolásticos del siglo XIII. Aunque el contenido de sus obras contribuyó grandemente a las formulaciones teológicas posteriores, el espíritu de las mismas, atrevido pero sujeto a la ortodoxia, contribuyó aún más. Con él entramos en una nueva era en la historia del pensamiento cristiano.

Pedro Abelardo

En la vida y obra de este erudito y dialéctico se conjugan el renacimiento teológico, la tragedia eclesiástica y el amor romántico. Nacido en Bretaña en 1079, Abelardo se distinguió desde muy joven por su excepcional habilidad intelectual, la cual empleaba para mostrar su superioridad sobre sus profesores. Como era de esperarse, esto le granjeó numerosos enemigos. A la postre se asentó en París, donde alcanzó fama como profesor de filosofía y teología. Fue allí que conoció a Eloísa, con quien se casó y quien le dio un hijo. Pero el romance dio en tragedia cuando los parientes de Eloísa, convencidos de que había manchado el honor de la familia, atacaron a Abelardo y le emascularon. Eloísa se hizo entonces monja, y Abelardo se refugió en el monasterio de San Dionisio.

Las obras de Abelardo son muchas y hay varias cuya paternidad se discute. En el campo de la filosofía, su obra más notable es la *Dialéctica*. Su *Conócete a ti mismo* o *Ética* planteaba un modo de ver el pecado original radicalmente distinto del comúnmente aceptado. Su *Diálogo entre un filósofo, un judío y un cristiano* constituye una interesante apología. Su *Exposición del Hexameron* y su *Comentario a los Romanos* dan prueba de su habilidad exegética y de su erudición. Pero sus obras fundamentales son su *Introducción a la teología, Teología cristiana* y *Sic et non*.

Respecto a la muy debatida cuestión de si los «universales» —las ideas de los géneros— son reales o no, el problema se resuelve, según Abelardo, dándose cuenta de que los universales no son «cosas», es decir, no pueden existir en sí mismos, sino solo por abstracción. Son reales de modo semejante a aquel en que la forma existe en la materia: la forma puede abstraerse de la materia, pero siempre se nos da en ella. De igual modo, los universales pueden abstraerse de los individuos —y es necesario hacerlo para pensar—, pero no se nos dan aparte de ellos. Tal es el núcleo de la posición de Abelardo, que se ha llamado «conceptualismo», y que ejercería gran influencia en siglos posteriores.

Aparte del tema de los universales, hay otros dos en el pensamiento de Abelardo que merecen nuestra atención: el método teológico del *Sic et non* y la doctrina de la obra de Cristo. El título mismo del *Sic et non* —«Sí y no»— señala el carácter de la obra. Se trata de una serie de 158 cuestiones teológicas a las que algunas de las autoridades —ya sea la Biblia, ya alguno de los Padres— responden afirmativamente, y otras en sentido contrario. Abelardo se contenta con citar, unas frente otras, a estas autoridades al parecer contradictorias, y no pretende ofrecer respuesta alguna por su parte. Dado el espíritu de la época, resulta fácil comprender por qué semejante obra, que parecía arrojar dudas sobre la autoridad de las Escrituras y de los padres, fue muy mal recibida. Empero, el propósito de Abelardo no era restarle autoridad a la iglesia, ni mostrar que las Escrituras o alguno de los padres habían errado. Él mismo creía firmemente en la autoridad de los textos que citaba. Su propósito era más bien mostrar a los teólogos algunas de las dificultades que era necesario resolver al enfrentarse a ciertos temas. Abelardo creía que era posible interpretar los textos por él citados de tal modo que se viera su acuerdo mutuo, y solo quería señalar a sus lectores la necesidad de hacerlo, según afirma claramente en el prólogo a su obra. La importancia de este libro para la historia de la teología fue inmensa, aunque no tanto en su contenido como en su método. Los escolásticos aceptaron el reto de Abelardo y siguieron un método en el cual, tras plantear cada cuestión, se procedía a citar autoridades que parecían inclinarse hacia una respuesta, y luego otras en sentido contrario. El teólogo tenía entonces que ofrecer su propia respuesta y resolver las dificultades planteadas por las autoridades al parecer opuestas. Este método, que es el de las *Sumas* de Alejandro de Hales y Santo Tomás, el de las *Cuestiones disputadas* de toda la escolástica y el de los muchos *Comentarios a las Sentencias de Pedro Lombardo* que fueron escritos a partir del siglo XIII, encuentra sus raíces en el *Sic et non* de Abelardo.

La doctrina de Abelardo respecto a la obra de Cristo ha recibido posteriormente el título de «subjetiva» o «moral», en contraposición a la de Anselmo que ya hemos visto, y que ha sido llamada «objetiva» o «jurídica». Si bien estos términos no son exactos, y hacen cierta injusticia tanto a Anselmo como a Abelardo, pueden servir para señalar una oposición indudable entre estos dos teólogos. Abelardo rechazó tanto la opinión tradicional de que Cristo había venido a pagarle una deuda al Diablo como la teoría de Anselmo en el sentido de que el pago se le había hecho a Dios. Frente a la doctrina de Anselmo, que hemos expuesto más arriba, Abelardo desarrolla una teoría según la cual la obra de Cristo no consiste en morir para pagar algo que el humano deba a Dios, sino en dar un ejemplo y enseñanza, tanto verbal como, de hecho, del amor de Dios. Este ejemplo es tal que mueve al ser humano a amar a Dios, y este le perdona en virtud de ese amor y de las oraciones de intercesión del Cristo resucitado.

Estas doctrinas de Abelardo tuvieron por resultado la aparición de adversarios implacables, así como de discípulos entusiastas. El principal opositor de Abelardo fue Bernardo de Claraval. Bernardo era un místico antidialéctico cuya fama como predicador fue tal que se le ha dado el título de «Doctor Melifluo». Su misticismo, a diferencia del Pseudo Dionisio, no era de carácter platónico y especulativo, sino que giraba alrededor de la humanidad de Cristo y los sufrimientos de María. Fue él quien, como abad de Claraval, impulsó la reforma cisterciense, que dio nueva vida al monaquismo del siglo XII. Amigo de papas, hostigador de reyes y predicador de la Segunda Cruzada, Bernardo fue también cazador de herejes.

En consecuencia, cuando se reunió un sínodo en el 1141 para discutir el caso de Abelardo, Bernardo estaba presente con una lista de errores que le pidió a Abelardo que condenara. Este quiso discutirlos, pero el monje de Claraval exigió una retractación y nada más. Ante tal disyuntiva, Abelardo se resignó a ser condenado por el concilio y apeló al papa, solo para ser condenado de nuevo sin que se le permitiera defenderse ni exponer sus doctrinas.

Empero, esto no destruyó la influencia del gran dialéctico. Por el contrario, hay amplias pruebas de que, antes de su condenación y aun después de ella, hubo autores que continuaron la tradición de las enseñanzas de Abelardo, aunque a veces —sobre todo después de 1141— con más moderación que su maestro.

Paulatinamente esta «escuela de Abelardo» fue recibiendo la influencia de la escuela de San Víctor, de quien trataremos a continuación, e influyendo en ella. De ese modo se forjó un método teológico que, haciendo uso de las autoridades bíblicas y patrísticas, y a partir de ellas lanzándose en investigaciones racionales, mantuvo sin embargo su ortodoxia. Sin lugar a dudas, este fue el resultado del acercamiento constante entre el espíritu innovador y dialéctico de los discípulos de Abelardo y el tradicionalismo de los teólogos victorinos. Ese resultado cristalizó en torno a una persona y una obra: Pedro Lombardo y sus *Cuatro libros de Sentencias*. Pero para comprenderle a él y su importancia debemos dirigir una breve ojeada a la escuela de San Víctor.

La escuela de San Víctor

El fundador de esta escuela fue Guillermo de Champeaux, quien fuera maestro en Nuestra Señora de París hasta que, después de perder un debate con Abelardo, se retiró a las afueras de la ciudad, junto a la capilla de San Víctor. Allí organizó una escuela de tipo monástico, cuya inspiración era la necesidad de producir una teología que tuviese raíces profundas en la vida religiosa. En 1113 Guillermo dejó San Víctor para ser consagrado obispo de Châlons-sur-Marne, y poco después fue él quien ordenó a Bernardo de Claraval. A su muerte, en 1122, era respetado y admirado por casi todos cuantos le conocían. La principal excepción parece haber sido Abelardo.

Aunque Guillermo fue el fundador de la escuela, quien más contribuyó a hacerla famosa fue su sucesor Hugo de San Víctor. Siguiendo una dirección que sería característica de la escuela de San Víctor, Hugo insiste en el propósito de las ciencias, que no es satisfacer la curiosidad, sino llevar a la vida superior.

El título de la obra principal de Hugo, *De los sacramentos de la fe cristiana,* da una idea del carácter de su teología, cuyo propósito principal es llevar a la contemplación de Dios mediante los sacramentos. Estos son elementos materiales «que por similitud representan, por institución significan, y por santificación contienen, cierta gracia invisible y espiritual». En cuanto a su número, Hugo da el nombre de «sacramento» a una multitud de ritos y aun de fórmulas; pero al mismo tiempo solo discute los siguientes con cierto detenimiento: bautismo, confirmación, comunión, penitencia, extremaunción, matrimonio y ordenación. Luego, cabe suponer que ya en él comienza a fijarse el número de los sacramentos, evolución esta que encontrará en Pedro Lombardo su forma definitiva.

Hugo era a la vez místico y teólogo, y aquí reside su importancia para la historia del pensamiento cristiano. En su obra y la de sus sucesores se detiene la vieja polémica entre dialécticos y místicos que se había manifestado anteriormente en encuentros tales como el de Berengario con Lanfranco y el de Abelardo con Bernardo. En su conjunción de la mística con el uso de la razón encontrarán inspiración los grandes escolásticos del siglo XIII.

Ricardo de San Víctor, sucesor de Hugo, era oriundo de Escocia. Su obra continúa la tradición de Hugo, combinando la mística especulativa con la teología racional.

Pedro Lombardo

Pedro, conocido como «Lombardo» por su país de origen, llegó a París alrededor del año 1130. Allí estableció relaciones estrechas con la escuela de San Víctor, aunque no se sabe a ciencia cierta si enseñó o estudió alguna vez en ella. A los pocos años de estar en París enseñaba en la catedral de Nuestra Señora, y en 1159, un año antes de morir, fue consagrado obispo de París. Sus *Cuatro libros de sentencias,* conocidos generalmente como *Sentencias,* es la culminación de la actividad teológica del siglo XII, y es la principal herencia que esa centuria dejó a la siguiente.

Las *Sentencias* no son excepcionalmente originales. Al confeccionarlas, Pedro Lombardo tomó mucho de la forma y el contenido de una anónima *Suma de sentencias,* así como de varios otros autores. La importancia de las *Sentencias* de Pedro Lombardo está no en su originalidad doctrinal, sino en el modo en que evitaba los extremos de los dialécticos y los anti-dialécticos, al mismo tiempo que ofrecía materiales abundantísimos para la solución de cada problema teológico. En efecto, las *Sentencias*, más que una obra de teología constructiva, son una compilación de autoridades que tratan sobre cada tema. Pero Pedro Lombardo no se limita a eso, como lo había hecho Abelardo en su *Sic et non*, sino que ofrece sus propias opiniones. Por lo general, estas posiciones son moderadas y siguen la doctrina común en su tiempo. Algunas veces, empero, se apartan de las opiniones generalmente aceptadas. Otras, en fin, el Maestro de las Sentencias —que así llamó la posteridad a Pedro Lombardo— se abstiene de tomar partido con respecto a cuestiones que no le parecen claras. Esta combinación de ortodoxia con cierta medida de osadía y otra de indecisión al principio le valió a las *Sentencias* la oposición de muchos de sus contemporáneos, pero más tarde le ganó el aplauso general como obra básica para la introducción a los estudios teológicos. Todos los grandes maestros del siglo XIII al XV —y muchísimos otros no tan grandes— comentaron en sus aulas las *Sentencias* de Pedro Lombardo. A partir del siglo XIII, el título de «Maestro de las Sentencias» era una de las etapas por las que pasaban los maestros de las universidades en su proceso de formación.

El primer libro de sentencias trata de Dios trino y uno, y en él se exponen la doctrina de la Trinidad y los atributos divinos. El segundo libro comienza por la doctrina de la creación, incluyendo la angelología, para de allí pasar a la antropología en general, a la gracia y al pecado.

El tercer libro trata sobre la cristología, la redención, las virtudes y los dones del Espíritu Santo y los mandamientos. Por último, el cuarto libro trata de los sacramentos y de la escatología. Aunque muchos detalles de su teología sacramental se le han reprochado, no cabe duda de que la influencia del Maestro de las Sentencias fue un factor importante en la determinación del número de sacramentos.

La autoridad de Pedro Lombardo no se impuso inmediatamente, pero a la postre esta obra vino a ocupar el centro de los estudios teológicos. Incluso después que Tomás de Aquino publicó su *Suma teológica*, las *Sentencias* siguieron siendo el texto principal en los estudios teológicos, y no fue sino en tiempos modernos, a fines del siglo XVI y principios del XVII, que la *Suma* de Santo Tomás vino a ocupar su lugar.

Otros teólogos y escuelas del siglo XII

La escuela que Fulberto había fundado en Chartres siguió durante el siglo XII la línea del realismo en cuanto a la cuestión de los universales. En ella la influencia de Platón era grande, y sus maestros trataban de interpretar a la luz de la razón, y dentro del marco de la filosofía platónica, lo que consideraban ser los datos revelados de la fe.

Juan de Salisbury, quien se acercó a Chartres y su escuela, merece párrafo aparte. Oriundo de Inglaterra, hizo sus estudios en Francia, y entre sus maestros se contaba Abelardo. Electo obispo de Chartres, volvió a establecer los lazos que le habían unido a esa ciudad desde sus tiempos de estudiante. Al igual que los grandes maestros chartrenses, Juan es amante de las letras clásicas, de la erudición y de la elegancia de estilo. Pero, a diferencia de ellos, se muestra escéptico en todo lo que no puede ser conocido claramente por los sentidos, la razón o la fe. Entre estas cuestiones sobre las cuales es mejor no hacer juicio se encuentra la de la naturaleza de los universales, que resulta insoluble dadas las limitaciones del intelecto humano. Todo lo que puede afirmarse de los universales es que los conocemos por abstracción. Pero es imposible pasar allende esta afirmación epistemológica a la ontología de los universales.

Otra cuestión que desde la segunda mitad del siglo XI ocupó la atención de los teólogos fue la de las relaciones entre el poder civil y el poder eclesiástico. Esta cuestión se hizo candente por razón del conflicto entre Gregorio VII y Enrique IV en torno a las investiduras episcopales. Puesto que las luchas entre pontífices y emperadores continuaron manifestándose de diversos modos a través de todo el siglo XII, las obras sobre la autoridad del papa y del emperador eran numerosas. En el siglo V el papa Gelasio había afirmado que los dos poderes, el civil y el eclesiástico, proceden de Dios, y que cada cual tiene su función propia, sin que uno tenga superioridad sobre el otro. Paulatinamente, sin embargo, se habían ido creando situaciones en las que se producían conflictos de poderes, al mismo tiempo que se había ido generalizando la idea de que el papa era el centro de la autoridad eclesiástica y que a él estaban sujetos todos los obispos. Esta doctrina había recibido impulso especialmente a través de las *Decretales* del Pseudo Isidoro, compuestas a mediados del siglo IX, al parecer con el doble propósito de defender la independencia de la iglesia frente al estado y de limitar el poder de los arzobispos aumentando el del papa.

Durante el siglo X y la primera mitad del XI, dado el estado caótico del papado, no hubo grandes conflictos. Empero, a fines del siglo XI, cuando el partido reformador se posesionó de la sede romana, el papado cobró una autoridad que no podía sino chocar con la de los gobernantes civiles, especialmente la de los emperadores. Este choque se produjo en torno a las investiduras episcopales, pero envolvía muchos otros factores políticos y religiosos. Para los emperadores, el derecho a nombrar los obispos era importante por cuanto muchos obispos eran también señores feudales con cuya lealtad era necesario poder contar. Para los reformadores, el nombramiento de los obispos por parte del poder secular, ya fuese a cambio de dinero, ya a cambio de juramentos de lealtad, era simonía, y debía terminar.

Llevado por su celo reformador y por la convicción de que Dios estaba con él, Gregorio VII reclamó para el papado poderes inauditos. Según él, el estado solo ha sido instituido por razón del pecado humano, para ponerle freno. Puesto que la iglesia es eterna, y tiene por propósito la salvación final de los humanos, su autoridad es superior a la del estado. En consecuencia, el papa, cabeza de la iglesia, tiene el derecho y la autoridad no solo para nombrar obispos, sino hasta para deponer príncipes y emperadores. A partir de Gregorio fueron muchos los teólogos de los siglos XI y XII que defendieron, unos con más moderación que otros, la autoridad del papa sobre el emperador. Algunos, al tiempo que defendían los derechos de la iglesia frente al estado, negaban el derecho del papa a deponer al emperador. Pero, en el bando opuesto, otros llegaron a afirmar que el emperador era cabeza de la iglesia.

En el siglo XII aparece en Bernardo, Hugo de San Víctor y Juan de Salisbury la doctrina según la cual la «espada temporal» pertenece al príncipe, y la «espada espiritual» a la iglesia, y esto se debe a que la iglesia ha entregado al príncipe su «espada». Es la iglesia la que constituye al estado, y por tanto tiene autoridad sobre él. He aquí una doctrina que, surgida en medio de circunstancias favorables y a causa de un papado reformador, traería más tarde funestas consecuencias.

Mientras estas luchas y disputas tenían lugar en el resto de Europa, en la ciudad de Toledo, recientemente reconquistada por los cristianos, se llevaba a cabo una activa obra de traducción que pronto haría sentir sus consecuencias en la teología latina. Esta obra, iniciada bajo los auspicios del obispo Raimundo de Toledo, tuvo por principales autores a Domingo González y a Juan Hispano, quienes tradujeron al latín obras de Avicena, Algazel y Avicebrón. Además, estos dos eruditos escribieron obras propias en las que se veía claramente la influencia árabe. Estos trabajos atrajeron a España a otros traductores, quienes inundaron la Europa allende los Pirineos con obras de Aristóteles, Euclides, Galeno, Hipócrates, Avicena, Alfarabi y Averroes. El impacto de estas obras fue tal que sacudió el edificio de la teología medieval y dio origen a una nueva época en la historia del pensamiento cristiano. Empero, la narración de tales acontecimientos no corresponde a este capítulo.

Herejes y cismáticos del siglo XII

El siglo XII, como todo período de despertar espiritual, vio surgir una multitud de predicadores, maestros y movimientos que no cabían dentro del marco, sea jerárquico, sea dogmático, de la Iglesia católica. Algunos de estos movimientos se apartaban tanto de la doctrina cristiana que resulta difícil entender la razón de su origen. Otros eran en verdad intentos de llevar una vida religiosa más profunda, sin sujetarse a autoridades eclesiásticas a menudo indignas o indiferentes. Todos excepto uno —el de los valdenses— corrieron la misma suerte: condenados por la iglesia y perseguidos por las autoridades, terminaron por desaparecer.

De todos estos movimientos de doctrinas imprecisas, que fueron condenados quizá más porque perturbaban el orden establecido que por sus enseñanzas, el más notable y duradero fue el de los valdenses. Pedro Valdés —o Valdo— era un mercader de Lyon que decidió llevar una vida de pobreza y predicación. A su alrededor se formó pronto un grupo de seguidores que, como Valdés, llevaban una vida de pobreza y predicaban en las plazas. Cuando el arzobispo Guichard de Lyon les prohibió predicar, Pedro y los suyos apelaron a Roma. Allí les fue dado permiso para conservar sus votos de pobreza, pero se les prohibió predicar a menos que las autoridades eclesiásticas locales se lo permitieran. De regreso a Lyon, volvieron a encontrarse con la oposición del arzobispo, que les prohibió predicar. Valdés insistió en hacerlo a pesar de la prohibición y él y los suyos fueron condenados en el Concilio de Verona en 1184. A partir de entonces, perseguidos en toda Europa, los valdenses se refugiaron en los valles más retirados de los Alpes, donde aún subsisten. Durante el siglo XIII otros movimientos semejantes, tales como el de los «pobres lombardos», perseguidos también por las autoridades, se sumaron a los valdenses y trajeron consigo un sentimiento antirromano cada vez más acendrado. En el siglo XVI los valdenses establecieron contacto con el calvinismo y adoptaron esa doctrina, con lo cual vinieron a ser la más antigua de las iglesias protestantes. El propio Valdés y sus seguidores, empero, no habían pretendido en modo alguno fundar una nueva secta, ni diferían doctrinalmente de la iglesia de su época. La ruptura se debió más bien a la cuestión de la autoridad que se planteó cuando la jerarquía les prohibió predicar. De hecho, los orígenes de los valdenses en el siglo XII son perfectamente paralelos a los de los franciscanos en el XIII, salvo que estos últimos lograron permanecer dentro de la iglesia constituida.

Totalmente distintas eran otras doctrinas surgidas en el siglo XII, no ya entre laicos, sino entre profesores y monjes, que se referían a las relaciones entre Dios y el mundo. Dentro de esta categoría Joaquín de

Fiore merece atención especial. Oriundo de Calabria, Joaquín fue monje cisterciense, y luego fundó su propio monasterio de San Juan de Fiore. Allí se dedicó a la contemplación y al estudio de la Biblia, especialmente del Apocalipsis. A su muerte, en 1202, era tenido por santo. Sin embargo, sus doctrinas estaban llamadas a ser atacadas por los principales teólogos del siglo XIII.

El elemento de las enseñanzas de Joaquín que más repercutió en el futuro fue el modo en que pretendía relacionar las tres personas de la Trinidad con tres etapas de la historia. La primera es la que va de Adán a Cristo; la segunda va de Cristo hasta el año 1260; la tercera se extiende desde esa fecha hasta el fin de los tiempos. La primera es la edad del Padre; la segunda es la del Hijo; la tercera es la del Espíritu Santo.

Joaquín de Fiore no fue condenado mientras vivió. Fue en 1215, en el Cuarto Concilio de Letrán, que fue condenada su doctrina trinitaria. Pero no se había prestado demasiada atención a las implicaciones que para la vida de la iglesia y la sociedad tenía el esquema joaquinista de la historia. Cuando los franciscanos «espirituales» —entre ellos el ministro general Juan de Parma— adoptaron este esquema de la historia y lo interpretaron de tal modo que ellos, en su oposición a la iglesia y aun al resto de la orden, eran los representantes de la era del Espíritu, fue que las autoridades eclesiásticas —y especialmente las autoridades franciscanas, como San Buenaventura— tuvieron que enfrentarse al joaquinismo.

De todas las herejías del siglo XII, la que más repercusiones tuvo en esa centuria y la siguiente fue la de los cátaros o albigenses. El origen de esta herejía se desconoce, aparte de que se deriva del bogomilismo, importado de Oriente por los cruzados y otros viajeros que regresaban a su patria. En todo caso, en la Europa latina el catarismo es un fenómeno del siglo XII, aunque quizá con algunos precursores en el XI. En el año 1179 el Tercer Concilio de Letrán convocó a una cruzada contra ellos, y en 1181 hubo una breve campaña. Empero, en el siglo XIII, bajo Inocencio III, se llevó a cabo la gran cruzada contra los albigenses, en la que el fanatismo religioso y las ambiciones políticas se combinaron para producir actos de crueldad insólita. Fue frente a ellos que la Inquisición tomó su forma característica. Por la misma época, Domingo de Guzmán, convencido de que el modo de ganar a los herejes era la persuasión, fundó la Orden de Predicadores.

El catarismo —al menos en su forma extrema— parte de la existencia de dos principios eternos: el principio del bien y el principio del mal. La creación no ha de adjudicársele a Dios, principio del bien, sino al principio del mal. En la materia de este mundo malo se encuentran prisioneros los espíritus, que pertenecen al principio del bien. Estos espíritus solo pueden librarse de la materia mediante una serie de reencarnaciones sucesivas, hasta llegar a morar en un «perfecto» cátaro, última etapa de una larga peregrinación. Estos «perfectos», a diferencia de los meros «oyentes», llevaban una vida de ascetismo extremo. Se llegaba a este estado mediante el rito llamado *consolamentum*, que era una imposición de manos por parte de los «perfectos». A partir de entonces el creyente llevaba una vida de castidad, pobreza y ayuno. A menudo este ayuno se llevaba hasta el suicidio, acto de devoción suprema que recibía el nombre de *endura*. En todos sus ritos se manifestaba una profunda animadversión hacia lo material, inclusive las cruces e imágenes, excepto en una ceremonia de tipo eucarístico en que se reunían para partir el pan. Esta actitud hacia la materia se revela también en su docetismo. Cristo era un ser celeste que pareció tomar un cuerpo a fin de mostrarnos el camino de salvación. Además, por razón de su creencia en la transmigración de las almas, que podían reencarnar en algún animal, los albigenses eran generalmente vegetarianos.

Con esto terminamos nuestra breve revista del occidente cristiano en el siglo XII. Aun esta rápida ojeada basta para mostrar que la vitalidad intelectual de la época era grande. De hecho, cuando se están echando los cimientos de las grandes catedrales góticas, se está construyendo también el fundamento sobre el que se alzarían las altas torres de la escolástica medieval.

XVI
La teología oriental desde el avance del islam

Antes de pasar a estudiar el desarrollo teológico que tuvo lugar en Occidente durante el siglo XIII, debemos dirigir nuestra atención una vez más hacia Oriente, que hemos dejado varios capítulos atrás en el momento del Sexto Concilio Ecuménico y de las invasiones árabes. En este capítulo llevaremos la historia de la teología oriental desde aquel momento hasta la caída de Constantinopla en el año 1453.

Durante los primeros siglos de este período la principal iglesia oriental continuó siendo la Iglesia Ortodoxa Griega o bizantina, que aceptaba todos los concilios ecuménicos y, a pesar de repetidas interrupciones, mantenía por lo general lazos de comunión con la sede romana. Como extensiones suyas que a la postre se harían independientes, aunque sin abandonar la doctrina de los grandes concilios, surgieron las iglesias de Bulgaria y Rusia. Cuando, en el año 1204, la Cuarta Cruzada tomó y saqueó a Constantinopla, la Iglesia Ortodoxa Rusa empezó a cobrar más importancia en comparación con la Iglesia Ortodoxa Griega. Por último, la Iglesia Nestoriana, así como las diversas comuniones monofisitas —coptos, armenios, jacobitas y etíopes— continuaron existiendo, aunque la mayor parte de ellas bajo el régimen musulmán. De aquí se sigue el bosquejo de la primera parte del presente capítulo: primero estudiaremos la teología bizantina, luego dedicaremos unas breves líneas a los búlgaros y rusos, y por último pasaremos a los nestorianos y monofisitas. Entonces, en el resto el capítulo, seguiremos el curso de las iglesias orientales hasta la caída de Constantinopla.

La teología bizantina hasta la Cuarta Cruzada

Damos aquí el título de «bizantina» no solo a la teología y la iglesia que existieron dentro de las fronteras del Imperio bizantino, sino también a toda la iglesia y los teólogos orientales que, aun bajo el régimen musulmán, se mantenían en comunión con la sede constantinopolitana. Es decir, que incluimos aquí toda la cristiandad ortodoxa que existía dentro del Imperio, así como todos aquellos que vivían en tierras islámicas y que recibían por lo general el nombre de «cristianos melquitas», es decir, del emperador. Este nombre de «melquitas» no era del todo injusto, pues la Iglesia bizantina se caracterizó por el modo en que estaba sujeta a la autoridad y aun a los caprichos de los emperadores. Es cierto que en algunos casos los más distinguidos dirigentes eclesiásticos se opusieron a la política imperial, y lo mismo puede decirse de la inmensa mayoría de los monjes. Pero, a pesar de estos focos de resistencia, fueron pocos los patriarcas de Constantinopla que pudieron conservar sus sedes sin la aprobación imperial. Luego, en la historia de la teología bizantina la historia política del imperio juega un papel mucho más importante que en el desarrollo teológico occidental. De hecho, al tiempo que en Occidente latino el imperio desaparecía y resurgía más tarde en la persona de Carlomagno bajo el ala de la iglesia, en Oriente el imperio tomaba cada vez más el carácter autocrático de las monarquías orientales, y la iglesia quedaba supeditada a él como brazo de la política imperial. Este proceso histórico en sentidos contrarios fue una de las razones del distanciamiento progresivo entre Roma y Constantinopla.

Los últimos años del siglo VII y los primeros del VIII fueron tiempos aciagos para el Imperio bizantino y para la iglesia oriental. Las conquistas árabes, la invasión de los búlgaros y una sucesión de emperadores incompetentes parecían indicar el fin próximo del Imperio, cuyos territorios quedaron reducidos a la esquina nordeste del Mediterráneo, con algunas posesiones en Sicilia y el sur de Italia. Empero, en el año 717, en la persona de León III, se establece una nueva dinastía, generalmente conocida como «Isáurica», que comienza a dar nueva vida al viejo Imperio.

Como parte de un vasto programa de restauración, León III implantó, y sus sucesores continuaron, una política religiosa que involucró a todo el imperio —y aun al Occidente latino— en amargas controversias. Esta política fue su oposición a las imágenes religiosas, tanto de Cristo como de la virgen María, los santos, los personajes del Antiguo Testamento y los ángeles. Las razones que llevaron a León a seguir esta política, a la que se da el nombre de «iconoclasta» (en contraste con los «iconodulos» o veneradores de imágenes) no son del todo claras. Ciertamente, lo más acertado parece ser atribuir la política de León III, no a una razón, sino a toda una serie de ellas. Pero no cabe duda de que varios de los emperadores iconoclastas —entre ellos León III— actuaban movidos por sinceros sentimientos religiosos y teológicos combinados con su plan de restauración imperial.

En todo caso, la controversia iconoclasta comenzó en el año 725, cuando León III ordenó la destrucción de una imagen de Cristo a la que se atribuían poderes milagrosos. A partir de entonces la campaña iconoclasta tomó un ímpetu creciente hasta que el Séptimo Concilio Ecuménico se reunió en Nicea en el año 787. Este concilio restauró las imágenes y aclaró su uso legítimo. Empero, en el 815 el emperador León V regresó a la política iconoclasta, y sus sucesores siguieron la misma política hasta que la regente Teodora, el 11 de marzo del 842, restauró el uso de las imágenes. Hasta el día de hoy, las iglesias ortodoxas orientales celebran esa fecha como el «Día de la Ortodoxia».

El primer gran defensor de las imágenes fue el patriarca Germán de Constantinopla (715-729). Germán se opuso a los designios del emperador, y ello le costó su sede patriarcal. Murió alrededor del 733, cuando contaba casi cien años, venerado por los iconodulos y odiado por los iconoclastas. En el Séptimo Concilio Ecuménico sus tres epístolas a favor de las imágenes fueron formalmente aprobadas por la asamblea. En estas tres epístolas, Germán refuta el argumento según el cual la veneración de las imágenes viola el mandamiento de Éxodo 20:4. Tal refutación se basa en la distinción entre diversas clases de «adoración»: *proskynesis,* que en realidad es solo señal de respeto y veneración, y la «adoración» en el sentido estricto —*latría*— que se debe solo a Dios, y es la que el decálogo prohíbe dar a criatura alguna. En cuanto a las imágenes, se les rinde un culto inferior, por cuanto no llega al nivel propio de la adoración —*latría*— y relativo, porque su fin no está en ellas mismas, sino en el culto supremo a Dios.

Empero, el verdadero apóstol de las imágenes, y quien sentó las bases para la iconología posterior, fue Juan de Damasco. Considerado como el último de los padres de la iglesia oriental, Juan de Damasco fue un alto funcionario del califato, pero renunció a esa posición para retirarse a un monasterio y después ser sacerdote en Jerusalén. La argumentación de Juan de Damasco en pro de las imágenes intenta ser cristocéntrica. En su encarnación, Dios, aunque invisible en su propia naturaleza, se nos ha hecho visible, y con ello nos ha indicado que puede darse a conocer por medios visibles. Además, como Germán, el Damasceno distingue entre diversos grados de culto o reverencia. La reverencia o culto absoluto, que recibe el nombre de *latría,* se debe solo a Dios, y quien lo rinde a alguna criatura cae en la idolatría. Pero la reverencia o culto de respeto, honra o veneración puede prestarse a objetos religiosos o aun a otras personas en el ámbito de lo civil: y aquí se reflejan las prácticas civiles de Bizancio.

Teodoro el Estudita vino a ser el campeón de las imágenes a principios del siglo IX, cuando el emperador León V el Armenio restauró la política iconoclasta de León III. Su principal contribución está en el modo en que define la relación entre la veneración de la imagen y la veneración de lo que ella significa.

En todo caso, la definición oficial definitiva del culto a las imágenes es la del Séptimo Concilio Ecuménico, del año 787. Allí aparece tanto la distinción entre distintos grados de culto como el intento de dar un fundamento cristológico al culto a las imágenes. Esto puede verse cuando el concilio aboga por que se coloquen imágenes de Cristo, la Virgen, los ángeles y los santos en diversos lugares, para así invitar a los creyentes a su «respeto y veneración, aunque sin ofrecerles una verdadera *latría*, que solo debe ofrecerse a la divinidad».

Tras la restauración de las imágenes, la Iglesia Bizantina quedó aún dividida en varios bandos que pueden resumirse en tres tendencias principales. En primer lugar, había un número de iconoclastas convencidos que persistían en su oposición a pesar de la condenación oficial de la iconoclastia. En segundo lugar, subsistía aún el bando de los iconodulos extremos, inflamados por las décadas de dura lucha. A este partido pertenecía la mayoría de los monjes y de los laicos, sobre todo los de las clases más bajas. Llevadas aún por el impulso adquirido durante la controversia, estas personas insistían en un rigorismo ascético y antifilosófico. Por último, el partido moderado contaba con el apoyo de algunos monjes y de las clases cultas entre los laicos, que se oponían también a los iconoclastas, pero querían evitar un rigorismo religioso que obstaculizara el desarrollo intelectual y político de Bizancio. A este bando pertenecía Focio, alrededor de quien la controversia por fin explotó.

Focio era un erudito y hábil escritor que se oponía resueltamente a la introducción del *Filioque* en el Credo de Nicea, por lo cual era mal visto en Occidente. A instancias del papa Nicolás I, varios teólogos occidentales escribieron obras contra la doctrina trinitaria de los orientales, con el resultado de que los orientales y los occidentales se excomulgaron mutuamente en lo que los occidentales llamaron el «cisma de Focio». Aunque el cisma de Focio fue de breve duración, contribuyó a hacer resaltar las diferencias entre Oriente y Occidente, de modo que ambas ramas del cristianismo se fueron distanciando cada vez más. Depuesto por fin por el emperador, Focio vivió varios años después de su deposición, encerrado en un monasterio y olvidado por el mundo. Empero, sus obras y su espíritu quedaron latentes, esperando una nueva oportunidad para salir a la superficie.

El próximo conflicto tuvo lugar cuando Miguel Cerulario era patriarca de Constantinopla. Era la época en que comenzaba a abrirse paso la gran reforma eclesiástica de Hildebrando y Humberto, que tenían por puntos principales en su reforma la restauración del prestigio del papado y la práctica universal del celibato eclesiástico. Desafortunadamente, el papa León IX envió a Constantinopla, como uno de sus legados, al cardenal Humberto, cálido defensor de la primacía romana y del celibato eclesiástico. El debate descendió al nivel de los insultos personales y, a pesar de los esfuerzos mediadores del emperador Constantino V, el resultado neto fue que el 16 de julio de 1054 el cardenal Humberto se presentó ante el altar mayor de la catedral de Santa Sofía y depositó en él la sentencia de excomunión contra el patriarca Miguel Cerulario y todos sus seguidores.

La sentencia del cardenal Humberto fue un instrumento útil en manos de Cerulario, pues en ella el legado romano le hacía objeto de acusaciones tan increíbles —arriano, pneumatómaco, maniqueo, donatista, simoníaco y nicolaíta, entre otras— que toda la iglesia oriental vio a Cerulario como víctima de un ataque desenfrenado por parte de Roma y sus legados. Esto le permitió reunir un sínodo en el que los cristianos orientales acusaron a los occidentales de haber abandonado la verdadera fe en cuestiones tales como la del *Filioque*, la de los panes ázimos, las costumbres belicosas de los obispos, ¡y hasta el afeitarse el rostro y comer carne los miércoles!

Como consecuencia de este cisma, y de su preludio en época de Focio, el Oriente griego y el Occidente latino continuaron apartándose cada vez más. Si bien hubo períodos de reconciliación, esta siempre quedó limitada a las altas esferas políticas y eclesiásticas, pues el pueblo y el bajo clero persistían en sus actitudes suspicaces e intransigentes.

Todo lo que antecede no ha de hacernos pensar que la actividad intelectual bizantina se limitó a la polémica con el Occidente latino, pues el período que estamos estudiando fue testigo, por una parte, de un auge de la teología mística y, por otra, de gran actividad en el estudio de la filosofía y de los clásicos.

El principal exponente de la teología mística a fines del siglo X y comienzos del XI fue Simeón Neoteólogo —«el nuevo teólogo»—, quien estaba convencido de que el ser humano caído es incapaz de actuar libremente. Solo la aspiración a la libertad le queda al ser humano como vestigio de su gloria perdida. Por tanto, las obras son incapaces de salvar al humano, que solo puede ser salvo en virtud de una iluminación de lo alto. Esta iluminación, que equivale a un encuentro con la luz divina, transforma al creyente, de tal modo que, a partir de ese encuentro, y aún después de pasado el momento de la visión misma, es un nuevo ser, y vive en un estado de comunión directa con Dios al que Simeón, siguiendo una antigua tradición oriental, llama «deificación». Esto no se logra mediante un proceso de ascensión, como lo pretendía generalmente la mística neoplatónica, ni consiste tampoco en un éxtasis en el sentido estricto, como si uno se perdiera dentro de Dios. Por el contrario, el creyente no pierde conciencia de sí mismo cuando se encuentra a solas y frente a frente con la luz eterna, y este es el punto que fue más controvertido de la teología de Simeón. Quienes pretenden que es posible recibir esta luz sin estar conscientes de ello, sencillamente están equivocados y no la han recibido. Solo quien tiene esta experiencia puede hacer teología, pues es imposible hablar de Dios sin conocerle, y es imposible conocerle sin haberle recibido en una experiencia mística consciente.

El estudio de la filosofía y de los clásicos de la antigüedad griega se desarrolló independientemente de la teología mística, que a menudo lo consideraba artimaña del Tentador para apartar a los fieles de las verdades reveladas y de la contemplación mística. Pero a pesar de ello la civilización bizantina de los siglos X al XII mostró suficiente vitalidad para abrigar en su seno tanto a los místicos más exaltados como a toda una pléyade de eruditos que hacían todo lo posible por estudiar, divulgar e imitar la ciencia de la Antigüedad.

Mientras Miguel Cerulario y los legados del papa discutían sobre las divergencias entre los griegos y los latinos, la Universidad de Constantinopla llevaba adelante su tarea de investigación y docencia. En esa institución el más distinguido pensador era Miguel Psellos, con un espíritu enciclopédico que no vacilaba en explotar los recursos de la sabiduría dondequiera que esta se hallara, ya en los padres de la iglesia, ya en Platón o Aristóteles, o ya en los dichos y leyendas populares. Para él la verdad es una, y por tanto doquiera hay algo de verdad esta procede de la misma fuente, y puede asimilarse en un conjunto único de ciencia. Por su espíritu amplio, y por la libertad con que se movía dentro del pensamiento clásico, se le acusó de abandonar la doctrina cristiana para seguir las de los clásicos paganos. Esta acusación se basaba en el racionalismo de Psellos, quien no toleraba el misticismo antiintelectual que florecía en aquella época, ni estaba dispuesto a sujetarse a los límites estrechos de la teología dogmática de su tiempo. Pero no por esto abandonaba la fe cristiana, sino que más bien iba a beber de las fuentes de los antiguos padres de la iglesia, donde encontraba un espíritu de aventura intelectual muy afín a su propio espíritu. Para él, la doctrina cristiana y el estudio de las Escrituras fueron siempre el tribunal a que toda opinión debía someterse.

Su uso de la filosofía clásica, y su modo de justificarlo, es muy semejante al de los cristianos que en la Antigüedad sintieron simpatías hacia esa filosofía: Justino, Clemente y Orígenes. Para él, la filosofía es una preparación para el evangelio, dada por Dios, de quien procede toda verdad.

En cuanto a la cuestión de los universales, Psellos adopta una postura que combina los mejores aspectos de la filosofía de Platón con los mejores de la de Aristóteles. Las ideas que existen en la mente de Dios son eternas, y conforme a ellas Dios ha creado los objetos sensibles. Pero las ideas que están en nuestra imaginación, y con las cuales pensamos, no tienen realidad en el sentido estricto. Luego, los géneros y las especies tienen realidad, y los individuos no existen como seres aislados; pero cuando los agrupamos en nuestra mente debemos saber que, aunque los agrupamos según las ideas eternas, las ideas que manejamos son nuestras, y no eternas.

Psellos murió en el año 1092, pero ya había despertado un gusto por la Antigüedad clásica que continuaría desarrollándose a través de los siglos, de modo que no resulta exagerado afirmar que Psellos fue uno de los precursores del Renacimiento.

En resumen, la teología bizantina durante este período se apartó cada vez más de la latina y, al tiempo que hubo un despertar en el pensamiento filosófico y en la vida mística y ascética, las cuestiones puramente dogmáticas que se discutían eran cada vez menos decisivas. Esto tenía que ser así en un estado amenazado en sus fronteras y en su propia unidad interna, y cuya historia recordaba innumerables guerras intestinas surgidas por divergencias dogmáticas. Mientras Psellos componía sus obras, el estado bizantino caía en el caos. Poco después el emperador tenía que apelar a Occidente para defenderle frente a los turcos. Al fin del período, la Cuarta Cruzada hizo de Constantinopla un reino latino más. En medio de tantas vicisitudes, la ortodoxia dogmática vino a ser lazo de unión de la cultura y estado bizantinos, y para ello era necesario evitar los conflictos y las innovaciones, y ceñirse más bien al texto de los siglos pasados. Mientras esto sucedía, algunos buscaban escape en los estudios filosóficos que cada día se independizaban más de la teología.

El pensamiento cristiano en Rusia

La conversión de Rusia, en el siglo X, abrió al cristianismo oriental un enorme campo de expansión. Con el correr de los años la Iglesia rusa llegó a contar más adherentes que la bizantina. Pero ya en el período que nos ocupa el cristianismo ruso comenzó a producir eruditos y pensadores distinguidos.

Hilarión de Kiev fue sin lugar a dudas el más distinguido teólogo ruso de este primer período, y fue también el primer ruso en ocupar la sede metropolitana de Kiev. Al igual que Cirilo de Turov y Clemente Smolensk, Hilarión interpreta la Biblia como una gran alegoría, y la usa frecuentemente para atacar al judaísmo. Pero su pensamiento también se dirige a la interpretación de la historia, pues en su sermón *Sobre la ley y la gracia* coloca la conversión de Rusia dentro del marco amplio de toda la historia de la salvación. Esta historia, por otra parte, no culmina con una mera espiritualización idealista de la realidad, como sucedía frecuentemente en Bizancio, sino que la esperanza de Hilario está en una culminación verdaderamente escatológica, en un mundo nuevo y una resurrección final.

La obra de Hilarión y de otros como Cirilo de Turov y Clemente de Smolensk, además de las muchas traducciones, antologías y adaptaciones de los padres que se produjeron en los primeros años del cristianismo ruso, eran heraldos de lo que después llegaría a ser un gran florecimiento teológico. Empero, en el año 1236 este desarrollo se vio interrumpido por la invasión de los mongoles.

La teología bizantina después de la Cuarta Cruzada

La Cuarta Cruzada, que tomó y saqueó Constantinopla, obligó a la Iglesia bizantina a preguntarse si sus peores enemigos eran los turcos o los cristianos occidentales. Por eso, durante los últimos doscientos cincuenta años de la existencia de Constantinopla, la teología bizantina se vio dominada por la cuestión de las relaciones con Occidente. Esto se debió mayormente a la difícil situación política de Bizancio, cuyos emperadores se vieron forzados a sostener un delicado equilibrio entre sus dos poderosos vecinos: los turcos al oriente y la Europa latina al occidente.

Durante dos siglos y medio la teología bizantina se vio envuelta en constantes y amargas controversias entre quienes favorecían la unión con Occidente y quienes se oponían a ella. Esto llevó a una situación semejante a la de la controversia iconoclasta, pues los emperadores se vieron a menudo obligados a sostener una posición impopular, y resultaron incapaces de hacer cumplir su voluntad por el pueblo, los monjes y los diversos dignatarios eclesiásticos que se encontraban fuera de la esfera de influencia política de Constantinopla. La inmensa mayoría del pueblo, así como de los teólogos, se oponía a la unión con Roma. Algunos llegaban a afirmar —quizá recordando los acontecimientos de la Cuarta Cruzada— que si en alguna ocasión Occidente llegase a enviar una supuesta ayuda a Constantinopla esto sería para destruirla más que para salvarla.

Por otra parte, muchos de estos teólogos que se oponían a la unión con Roma resultaban ser tan carentes de originalidad como sus oposi-tores. Por tanto, las cuestiones discutidas eran en esencia las mismas de épocas anteriores: el *Filioque*, el uso de panes ázimos en la eucaristía y la primacía romana.

Fue en la controversia hesicástica o palamita que la cuestión de las relaciones con Occidente tomó un giro original, pues en ella el escolas-ticismo occidental chocó con el misticismo oriental. Los orígenes del movimiento hesicástico —así llamado porque sus seguidores vivían en silencio santo, *hesyjía*, mientras se miraban al ombligo— se remontan a los orígenes mismos del cristianismo bizantino, o por lo menos a los tiempos de Simeón Neoteólogo. Pero la controversia misma surgió cuando algunos teólogos que habían estudiado el escolasticismo occi-dental comenzaron a utilizar sus métodos para ridiculizar ciertas prácti-cas ascéticas que gozaban de gran popularidad en algunos monasterios bizantinos. La controversia duró varios años. En términos generales, quienes favorecían la unión con Roma y estaban imbuidos en el esco-lasticismo occidental se oponían a los hesicastas, mientras que quienes se oponían a esa unión tomaron el partido contrario. A la postre, los hesicastas lograron reconocimiento, y su principal defensor, Gregorio Palamas, fue tenido por santo.

Aunque la cuestión de la posible unión con Roma dominó el ámbito teológico, los bizantinos siguieron estudiando las ciencias y la filosofía. Hubo en ese tiempo un despertar del interés por la Antigüedad clásica que no era sino continuación de la obra de Psellos. A esto se unían cono-cimientos astronómicos y matemáticos traídos de Persia, con lo cual la ciencia bizantina alcanzó gran lustre.

El fin no llegó inesperadamente. Los bizantinos sabían que no había esperanza, pero a pesar de eso seguían discutiendo asuntos teológicos de menor importancia. La noche del 28 de mayo de 1453, esperando lo peor, el pueblo se reunió en la catedral de Santa Sofía para prepararse a morir. Esta fue la última ceremonia cristiana celebrada en la antigua catedral, pues esa noche los turcos lograron introducirse a través de las murallas de la ciudad. Siguieron tres días de incendio y saqueo, tras los cuales el sultán entró en triunfo en la antigua ciudad de Constantino y dedicó al Profeta el viejo santuario en que el nombre del Salvador había resonado por mil años.

La teología rusa tras la invasión de los mongoles

La invasión de los mongoles dejó a Rusia en un estado de caos. Ciudades completas fueron destruidas para nunca levantarse de nuevo. Por siglos el país quedó dividido en pequeños principados, todos bajo el gobierno indirecto de los mongoles. Paulatinamente algunos de estos —y especialmente Moscú— lograron la hegemonía sobre los demás, y así establecieron los cimientos políticos de la Rusia de los zares. Pero este proceso tomó dos siglos y medio, es decir, todo el período que estamos ahora estudiando, y que los historiadores han dado en llamar «el medioevo ruso».

El impacto del medioevo ruso sobre la vida de la iglesia fue doble: por un lado, la fortaleció, mientras, por otro, la debilitó. El medioevo ruso fortaleció la vida de la iglesia por cuanto esta vino a ser ahora el principal lazo de unión que abarcaba a todos los rusos como un solo pueblo. La iglesia se tornó símbolo de la nacionalidad rusa. El arte popular de la época da testimonio de una profunda piedad. El movimiento monástico floreció y cobró rasgos que son típicamente rusos. Cuando la nación surgió de su medioevo, se consideraba a sí misma heredera, no solo del antiguo reino de Kiev, sino también del difunto Imperio bizantino: de su emperador y de su patriarcado, así como de su título «nueva Roma».

Pero el medioevo ruso también debilitó a la iglesia. Los albores del pensamiento teológico que hemos visto antes nunca llegaron a lo que debió haber sido su culminación natural. Casi toda la literatura que el medioevo ruso nos ha dejado consiste en leyendas hagiográficas colmadas de acontecimientos milagrosos, y buena parte del resto de esa literatura consiste en crónicas de gran interés para el historiador, pero casi totalmente carentes de reflexión teológica.

Sin lugar a dudas, lo más interesante del desarrollo teológico del medioevo ruso es el surgimiento de dos sectas, la de los *strigolniks* en el siglo XIV y la de los judaizantes en el XV. Los *strigolniks* —el origen de cuyo nombre no es seguro— parecen haber partido de una severa crítica al clero por cobrar por ordenaciones y otros servicios eclesiásticos. Su profundo sentido de la indignidad del clero les llevó a apartarse de los sacramentos y a subrayar el estudio de las Escrituras y la religiosidad personal. Esto a su vez les llevó a la práctica de confesar sus pecados a la tierra, práctica esta que tiene una larga historia en la religiosidad rusa, aun antes de la llegada del cristianismo al país. Por tanto, un movimiento que nació como una protesta por parte de personas relativamente cultas contra los abusos del clero terminó regresando a antiguas formas de religiosidad precristianas.

El origen de los judaizantes es tan incierto como el de los strigolniks, y es muy posible que el nombre que se les da no sea del todo justo. Sus opositores les acusan de negar la divinidad de Cristo, la venida pasada del Mesías y la Trinidad, así como de negarse a honrar la cruz, las imágenes y los santos. También se dice que celebraban el sábado en lugar del domingo. Lo que sí es del todo cierto es que los judaizantes estudiaban la Biblia y los escritos de los santos con un espíritu más crítico que el de los cristianos ortodoxos. Luego, es muy posible que estos dos movimientos sectarios hayan sido en realidad intentos por parte de una minoría relativamente culta de renovar una iglesia que había caído en el oscurantismo y la corrupción.

La teología nestoriana y monofisita

Durante toda la Edad Media la iglesia que los ortodoxos llamaban «nestoriana» mostró más vitalidad que la que usualmente le atribuyen los historiadores eclesiásticos. Sometida al régimen musulmán, esta iglesia se extendió allende los límites de los territorios donde resonaba el nombre del Profeta, y llegó hasta la India y China. En la propia Mesopotamia y Persia, donde era más fuerte, esta iglesia no fue, como generalmente se ha pensado, una reliquia fosilizada, sino que continuó llevando una vida activa; vida limitada, sí, por los gobernantes musulmanes, y por ello más digna aún de asombro. En el campo teológico, la literatura de la época fue inmensa, y aun la fracción de ella que ha logrado sobrevivir a través de los siglos no ha sido debidamente estudiada. Por otra parte, sí es cierto que casi toda ella consiste en trabajos de compilación, y que su originalidad es escasa.

La polémica contra los musulmanes fue tema frecuente entre los autores nestorianos del período que nos ocupa. Entre estos, quizá el más notable fue Elías bar Senaya de Nisibis, del siglo XI, quien escribió, entre muchas otras obras, un *Libro de la prueba de la verdad de la fe*. Aquí se ve que el más grave problema a que se enfrentaban los cristianos en sus debates con los musulmanes era la doctrina trinitaria, y que en consecuencia los teólogos nestorianos tendían a subrayar la unidad de la sustancia divina por encima de la distinción entre las tres personas.

Los comentarios bíblicos fueron numerosos, y entre ellos se destacan, en el siglo IX, los de Isho'dad de Merv, tanto sobre el Antiguo como sobre el Nuevo Testamento; en el siglo XI, los *escolios* de Teodoro bar Koni; y, en el siglo XII, las *Cuestiones sobre el Pentateuco*, de Isho bar Nun. Esta tradición exegética, a diferencia de lo que era usual en el resto del mundo cristiano, evita la interpretación alegórica y prefiere la histórica y literal. En esto se ve la influencia de la escuela de Antioquía y de su gran maestro Teodoro de Mopsuestia, a quien los nestorianos tenían por campeón de la ortodoxia y seguían llamando «el Intérprete». Para todos estos comentaristas, la interpretación alegórica es «fuente de blasfemias y mentiras», y una de las principales razones por las que tantos cristianos, siguiendo al «estúpido Orígenes» han caído en el error. El texto sagrado ha de entenderse en sentido recto, y las historias del Antiguo Testamento narran verdaderos acontecimientos. Esto no impide que los personajes y hechos del Antiguo Testamento sean figura del Nuevo, aunque sin perder jamás su carácter de hechos y personajes históricos.

Por otra parte, todos estos autores conservan otros rasgos característicos de la cristología antioqueña. Para ellos, el hombre asumido por el Verbo era como un templo en el que habitaba la divinidad por una unión voluntaria, y en esa unión es necesario distinguir entre el Verbo y el hombre.

Durante los últimos siglos de la Edad Media el curso de la teología nestoriana fue casi una simple continuación de la teología de los siglos anteriores. La mayor parte de la producción literaria consiste en traducciones, poesía devocional y otros materiales canónicos y litúrgicos. El principal teólogo de la época fue Ebedjesús bar Berika, poeta y erudito cuyo *Libro de la perla sobre la verdad de la doctrina cristiana* es una obra notable de teología sistemática.

La mayoría de los cristianos que al rechazar el Concilio de Calcedonia recibieron el título de monofisitas quedó bajo el dominio de los musulmanes. Estos cristianos no formaban un todo unido, sino que se repartían entre la Iglesia copta —de la que dependía la Iglesia de Etiopía—, la Iglesia jacobita y la Iglesia armenia.

En Egipto, durante el período que va desde la invasión de los árabes hasta el fin del siglo XII, el idioma copto fue quedando relegado a un segundo plano, al tiempo que el árabe ocupaba su lugar. Puesto que los principales autores coptos florecieron del siglo X en adelante, la mayoría de la teología copta está escrita en árabe. Consiste principalmente en obras de exégesis, polémica y breves resúmenes de la fe cristiana. Pero en todas estas la originalidad es escasa.

La Iglesia de Etiopía mostró más vitalidad y originalidad que la copta, aunque constitucionalmente dependía de ella. En el siglo XII Etiopía comenzó a surgir de un largo período de caos y luchas internas. Esto se logró mayormente con la llegada al poder de la dinastía salomónica. Puesto que varios monjes habían coadyuvado a ese cambio político, se les dieron amplios privilegios y extensiones de tierra. En cierto sentido, esto revitalizó la actividad monástica y erudita. Pero el resultado neto de la nueva situación no fue una vida eclesiástica unida y dinámica, sino más bien la continua discusión de cuestiones sin importancia que a la larga llevaron a acusaciones mutuas de herejía y amargas controversias.

A fines del siglo VII y principios del VIII la Iglesia jacobita produjo a Jacobo de Edesa y su amigo Jorge de Arabia, quienes escribieron acerca de la creación, la cristología y los sacramentos. Otros escribieron comentarios sobre libros de la Biblia y sobre el Pseudo Dionisio, así como sobre la predestinación y la naturaleza del alma. En el siglo X el árabe vino a ser la lengua más usada entre los teólogos. Poco después floreció Yahya ben Adi, quien recibió el sobrenombre de al-Mantiqui —el Dialéctico— por sus amplios conocimientos de filosofía y teología. En sus obras, frecuentemente de carácter polémico, se ve claramente que las doctrinas de la Trinidad y de la encarnación eran los dos grandes puntos de controversia entre musulmanes y cristianos.

En el siglo XIII el hecho de que Siria estuviese viviendo un período de renovada vida política e intelectual le permitió a esa iglesia producir uno de sus más distinguidos teólogos, Gregorio Bar Hebreo. Hijo de un judío convertido —y de aquí el nombre de Bar Hebreo—, Gregorio estudió en Antioquía y Trípoli, y por último llegó a ocupar un alto cargo en la Iglesia jacobita. Puesto que este cargo le obligaba a viajar, Gregorio pudo visitar varias bibliotecas y así reunir un vasto conocimiento hasta entonces disperso. En filosofía, se hizo seguidor convencido de Aristóteles, a quien parece haber conocido mayormente a través de comentaristas árabes. Su importancia para la historia de la teología se encuentra en su obra como compilador y en sus opiniones en el campo de la cristología. En este último campo, Gregorio propuso una nueva fórmula, al mismo tiempo que reconocía que buena parte de los desacuerdos cristológicos entre diversas ramas del cristianismo era más verbal que real.

La Iglesia armenia, como su hermana jacobita, se vio dividida por razones de índole política. Mientras la Pequeña Armenia —en Asia Menor— se acercaba cada vez más a Roma, el resto de la comunión armenia rechazaba esta tendencia. Esto fue causa de constantes fricciones cuyo resultado final, después de que el Concilio de Florencia intentase unir a los cristianos orientales con Roma, fue un cisma duradero entre los patriarcados de Sis, en la Pequeña Armenia, y Etchmiadzin, en Armenia propiamente dicha. Como era de esperarse dadas las circunstancias, el principal teólogo de la Iglesia armenia durante el siglo XIV, Gregorio de Datev, se dedicó a refutar las opiniones de los armenios que se habían unido a la iglesia Romana.

XVII
El siglo XIII

E l siglo XIII es la edad de oro del medioevo. Es el siglo en que las torres de las catedrales góticas se alzan al cielo, al tiempo que, en la persona de Inocencio III, casi parece que el cielo ha bajado a la tierra para reinar sobre príncipes y emperadores. Es la época en que se constituye la Inquisición, se desarrollan las universidades, Aristóteles invade Occidente, y los mendicantes invaden el mundo.

Al iniciarse el siglo XIII —y desde dos años antes— ocupaba la sede romana Inocencio III (1198-1216). Bajo su dirección, el papado llegó a la cumbre de su poder. Tras reformar la curia y asegurar su autoridad sobre los estados pontificios, Inocencio III se dedicó a la reforma y robustecimiento de la vida eclesiástica en toda Europa interviniendo en una multitud de estados, desde Islandia hasta Armenia. Finalmente, fue Inocencio III quien, poco más de medio año antes de su muerte, dirigió las deliberaciones del Cuarto Concilio de Letrán, que hemos mencionado repetidamente en diversos contextos, pues en él se promulgó la doctrina de la transubstanciación y del sacrificio eucarístico, se condenó la doctrina trinitaria de Joaquín de Fiore, se reiteró la necesidad de generalizar la enseñanza, se prohibió la institución de nuevas órdenes monásticas con reglas propias, se ordenó a todos los fieles confesarse a lo menos una vez al año y comulgar en la Pascua, se declaró inválido el nombramiento de autoridades eclesiásticas por parte del poder secular, se reguló el matrimonio entre familiares, se prohibió el matrimonio secreto, la introducción de nuevas reliquias se supeditó al papa, se tomaron medidas contra los judíos, se promulgó una nueva cruzada y se tomaron medidas para reformar y regular las costumbres del clero. Si se tiene en cuenta que todo esto —y mucho más— lo hizo el concilio en solo tres sesiones de un día cada una, resulta claro que la actuación de la asamblea, más que deliberar sobre cada punto, consistió en refrendar todo un programa de reforma concebido por el papa y su curia.

Toda esta política de reforma eclesiástica y de intervención en los gobiernos de los estados se basaba en el concepto que Inocencio tenía del cargo que ocupaba. Dejando a un lado el título comúnmente dado al papa de «vicario de Pedro», Inocencio toma el de «vicario de Cristo». Como representante del Salvador, él es el pastor de toda la iglesia. Los obispos no representan directamente a Cristo, sino que es el papa quien tiene esa representación, y de él deriva toda la jerarquía. Por tanto, el papa tiene autoridad no solo para nombrar, sino aun para deponer obispos.

Aún más, Inocencio reclamaba para sí autoridad sobre los príncipes seculares. El papa ha sido colocado «sobre gentes y reinos», ha recibido «la autoridad por la cual Samuel ungió a David», y «por razón y en ocasión de pecado» puede deponer a un príncipe y entregar sus territorios a otro.

Tal fue la autoridad que el papado reclamó para sí en la cumbre de su poder. Esto, sin embargo, no era una innovación radical, sino que fue consecuencia de la importancia que el papado tuvo para el partido reformador desde fines del siglo XI. Cuando los reformadores se posesionaron del papado, su interés en mejorar la vida religiosa y eclesiástica les llevó a subrayar la autoridad del sumo pontífice.

El siglo XIII vio también el comienzo de la Inquisición como institución pontificia. Desde tiempos antiquísimos se había considerado que la refutación y destrucción del error era parte de la tarea del obispo. Antes de Constantino, esto podía hacerse solo mediante el argumento y la excomunión, pues los obispos no contaban con otros medios de coacción. Tras el Concilio de Nicea, el emperador condenó al exilio a quienes los obispos habían declarado herejes. A través de toda la Edad Media se impuso castigo físico a los herejes, aunque las más de las veces ese castigo consistía en encarcelamiento y tal vez flagelación. Sin embargo, ya en el siglo XI se dan repetidos casos de herejes que son quemados o ahorcados, sobre todo en Francia y Alemania. Fue en 1231 que Gregorio IX instituyó la inquisición pontificia, enviando «inquisidores de la depravación herética» que, como comisionados suyos y jueces extraordinarios, debían ocuparse de destruir la herejía. Por lo general los acusados no eran condenados sino a alguna penitencia o encarcelamiento. Cuando se les creía dignos de muerte, se les entregaba al «brazo secular» con una recomendación de clemencia. Pero tal recomendación era pura formalidad, y la pena capital era prácticamente automática. Por lo general, los inquisidores eran dominicos, aunque también hubo entre ellos varios franciscanos.

Si bien la Inquisición no tuvo mayores repercusiones inmediatas en los grandes centros de pensamiento teológico, debemos señalar aquí el origen de una institución que pronto se utilizaría para fines políticos, y que serviría también para obstaculizar la libertad de pensamiento de toda la cristiandad occidental.

Las universidades

Uno de los fenómenos más importantes para la historia del pensamiento cristiano en el siglo XIII es el auge de las universidades. El origen de las universidades más antiguas —París, Salerno, Bolonia y Oxford— se remonta al siglo XII, y ha de encontrarse en una combinación de factores tales como la tradición de las escuelas catedralicias, el auge de las ciudades, la formación de los gremios y el desarrollo de las ciencias. Las de París y Oxford, al tiempo que tenían otras facultades, se especializaban en teología. Por tanto, al estudiar la teología del siglo XIII veremos que esta gira alrededor de esos dos grandes centros universitarios.

La estructura final de los principales escritos de los escolásticos, excepto en los comentarios bíblicos, es siempre la misma, y en ella puede verse la lejana inspiración del *Sic et non* de Abelardo: se plantea una cuestión; se ofrecen argumentos en pro de una solución y de la otra; se ofrece la respuesta; se responde a los argumentos que parecen oponerse a esa respuesta.

Así pues, las universidades proveyeron no solo el ambiente y las facilidades necesarias para el gran florecimiento de la escolástica, sino que proveyeron también las condiciones que determinaron la estructura del método escolástico.

El siglo XIII también vio nacer y florecer un nuevo estilo de vida ascética que, a diferencia del monacato tradicional, que se apartaba de los grandes centros de población para dedicarse a la contemplación, tiene por función principal el «apostolado», y que por tanto transforma los antiguos patrones de vida monástica para adaptarlos a la tarea de la predicación y la enseñanza. Las condiciones sociales de la época, con el crecimiento de las ciudades y el auge del comercio, requerían nuevas formas de ministerio. Las herejías —especialmente la de los albigenses— requerían personas dispuestas a refutarlas con una combinación de agudeza intelectual y santidad de vida. Nuevos campos se abrían a las misiones allende las fronteras de la cristiandad. Las órdenes mendicantes respondieron a estos retos de los tiempos.

De estas órdenes, las que aquí nos interesan por su importante participación en el quehacer teológico son la de los Predicadores de Santo Domingo (los dominicos) y la de los Hermanos Menores de San Francisco (los franciscanos).

Domingo de Guzmán era oriundo de España. En un viaje diplomático conoció a los albigenses, con quienes disputó. Tras algún tiempo, esto le llevó a la conclusión de que era necesario fundar una orden de predicadores que se dedicara a refutar herejías como la de los albigenses, y a hacerlo sobre la base de conocimientos sólidos. Al principio los centros de estudio y de enseñanza de los dominicos fueron sus propios conventos. Pero pronto llegaron a ocupar cátedras en las universidades, especialmente en París y Oxford, que fueron los centros de irradiación teológica del siglo XIII. Desde 1217 había dominicos en París, y el primer convento dominico de Inglaterra se fundó en 1220 en Oxford.

La orden de los Hermanos Menores, fundada por San Francisco de Asís, tuvo una historia más turbulenta que la de los dominicos. El ideal de San Francisco consistía en una absoluta sencillez de vida, caracterizada por la pobreza, la humildad y la contemplación de Cristo. De hecho, el franciscanismo primitivo era muy semejante al movimiento valdense, solo que Inocencio III tuvo el buen sentido de no oponerse a los franciscanos. Al principio los franciscanos, en su mayoría laicos, iban de dos en dos predicando y exhortando a otros a seguir el camino de la pobreza. En cuanto a los estudios, Francisco, que era un hombre moderadamente culto, nunca los tuvo en gran estima. Empero, en unas pocas décadas había maestros franciscanos en todos los principales centros de enseñanza. En París, el maestro de teología Alejandro de Hales tomó el hábito franciscano en 1236, y fundó así la escuela franciscana de París.

La introducción de Aristóteles y de los filósofos árabes y judíos

Ya hemos visto que en el siglo XII hubo una constante controversia acerca del uso de la dialéctica en el ámbito de la teología. Tal discusión se produjo principalmente en torno a la *Lógica* de Aristóteles. Luego, era de esperarse que los conflictos se multiplicarían tan pronto como fuese conocido el resto del pensamiento de Aristóteles, en muchos puntos incompatible con el neoplatonismo agustiniano que servía de trasfondo a la teología de la época.

A este problema básico de la incompatibilidad entre Aristóteles y la filosofía aceptada se sumaban otros que complicaban la situación. En primer lugar, muchas de las obras de Aristóteles llegaron al Occidente latino por un camino tortuoso, a través de traducciones que pasaron del griego al siríaco; de este al árabe; luego, verbalmente, a la lengua vulgar toledana; y finalmente al latín. Como es de suponerse, tales traducciones no eran fidedignas, y por ello algunos eruditos se ocuparon de producir traducciones directas del texto griego. Pero, además, Aristóteles llegó a la Europa medieval acompañado de una multitud de obras de filósofos árabes y judíos. Aunque estos filósofos a menudo pretendían no hacer más que exponer el pensamiento de Aristóteles, lo cierto es que en más de una ocasión sus obras expresan sus propias opiniones e intereses.

El más notable y famoso de los filósofos árabes fue Averroes (Ibn Roch), quien nació en Córdoba en el año 1126. Su curiosidad intelectual le llevó a adentrarse en los caminos de la teología, la medicina, la jurisprudencia y otras disciplinas. En la filosofía de Aristóteles creyó encontrar la «suma verdad», aunque esto no le llevó a rechazar el Corán, sino a interpretarlo «filosóficamente». Murió en el año 1198, tras sufrir algunos conflictos con las autoridades musulmanas por razón de sus doctrinas. Pronto sus comentarios sobre las obras de Aristóteles adquirieron tal fama que se le dio el título de «el Comentador».

En tres puntos la filosofía de Averroes entraba en conflicto con la ortodoxia, no solo árabe —lo cual no nos interesa aquí—, sino también cristiana: la relación entre fe y razón, la eternidad del mundo y la unidad del intelecto agente. Con respecto a la relación entre la fe y la razón, el pensamiento íntimo de Averroes no resulta claro, pero sí deja dudas en cuanto a la autoridad de las doctrinas de fe. En lo que se refiere a la eternidad del mundo, Averroes cree que se sigue necesariamente del carácter de Dios como primer motor inmóvil. Por último, Averroes, como tantos otros filósofos árabes antes que él, afirma la «unidad del intelecto agente», lo cual equivale a negar la inmortalidad del individuo.

Dos filósofos judíos que vivieron entre musulmanes también ejercieron su influencia sobre la Europa occidental a partir del siglo XIII: Salomón Ibn Gabirol (Avicebrón) y Maimónides (Moisés ben Maimon).

Avicebrón era natural de Málaga, en Andalucía. Sus coterráneos le conocieron como poeta y estadista, pero el medioevo latino le conoció solo como el filósofo autor de la obra *Fuente de la vida*. Avicebrón se coloca en la tradición del judaísmo platonizante de Filón, aunque sin dejar de acusar una fuerte influencia de la teología musulmana.

La filosofía de Maimónides es muy distinta de la de Avicebrón, pues, aunque se trata también de una síntesis aristotélico-platónico-judía, en el caso de Maimónides la filosofía aristotélica ocupa un lugar mucho más importante que la neoplatónica. Para él, como después para Tomás de Aquino, Aristóteles es el filósofo por excelencia. Su obra más conocida por los escolásticos cristianos fue su *Guía de los perplejos*, dirigida a quienes encontraban dificultades en conciliar la doctrina de las Escrituras con los datos de la razón filosófica. Para él no existe tal conflicto, pues, si bien hay verdades reveladas que la razón no puede probar, estas verdades no se oponen realmente a la razón, sino que se encuentran por encima de ella.

Una de tales verdades es la doctrina de la creación, pues los argumentos en contra de ella y a favor de la eternidad del mundo no son decisivos, como algunos podrían suponer. Pero tampoco es posible probar lo contrario, es decir, que el mundo ha sido creado por Dios a partir de la nada. En consecuencia, la doctrina de la creación puede ser aceptada por fe, sin argumentos racionales decisivos, pero también sin hacer violencia a la razón. Esta posición es exactamente paralela a la que después adoptaría Santo Tomás de Aquino, como también lo es el método por el que Maimónides prueba la existencia de Dios. Este método consiste en partir de lo que conocemos del universo por medio de los sentidos y probar la necesidad de una primera causa que lo explique. Así, por ejemplo, los seres contingentes requieren un ser necesario que sea la fuente de su existencia, y el movimiento requiere la existencia de un primer motor inmóvil.

Ya a fines del siglo XII, y sobre todo durante el XIII, la traducción de las obras de todos estos pensadores colocaba al cristianismo occidental ante riquezas hasta entonces insospechadas. Muchas de estas obras estimulaban el estudio de ciencias naturales —la astronomía, la medicina, la óptica, etc.— en las que el mundo árabe, heredero de la antigüedad griega, estaba mucho más avanzado que los cristianos. Al mismo tiempo, buena parte de esa ciencia venía unida a una filosofía distinta de la que la tradición cristiana había utilizado al forjar su teología.

Frente a esta cuestión surgieron tres posiciones básicas: en primer lugar, hubo teólogos que, sin abandonar la filosofía tradicional, incorporaron a su pensamiento algunos elementos de origen aristotélico. Esta posición era más común durante la primera mitad del siglo, cuando todavía no se habían hecho resaltar todos los conflictos entre Aristóteles y el neoplatonismo recibido a través de Agustín y otros. El ejemplo más notable de esta actitud es Buenaventura, quien respeta a Aristóteles e indudablemente le conoce, pero no trata de ajustar toda su metafísica siguiendo las directrices de la nueva filosofía.

En segundo lugar, hubo teólogos que se enfrentaron al reto de la hora con más osadía. Su tarea consistió en asimilar a Aristóteles y, sin abandonar muchos elementos del agustinismo tradicional, producir una síntesis coherente. Tales fueron Alberto Magno y Tomás de Aquino.

Por último, surgió en la Facultad de Artes de París un grupo de maestros que reclamaban para la filosofía una libertad completa de los requisitos de la ortodoxia. Estos maestros seguían, no solo a Aristóteles, sino también a su «Comentarista» Averroes, y por ello su posición ha recibido el nombre muy inexacto de «averroísmo latino». El principal promotor de esta posición fue Sigerio de Brabante.

Las próximas tres secciones de este capítulo se dedicarán a los representantes de cada una de estas posiciones; aunque sin limitarnos por ello a la cuestión de la influencia de Aristóteles en cada uno de ellos.

El agustinismo del siglo XIII

A través de los primeros siglos de la Edad Media Agustín fue el principal maestro de los teólogos occidentales. Sus obras eran estudiadas como fuente de autoridad en cuestiones teológicas. En este campo, su único rival era Gregorio el Grande; pero en realidad esto contribuía a robustecer la influencia de Agustín, pues la obra de Gregorio era, como hemos dicho, una popularización del pensamiento agustiniano. Por otra parte, Gregorio, que había seguido fielmente las enseñanzas de Agustín en otros puntos, había relegado sus doctrinas sobre la predestinación, la gracia y el libre albedrío. Por esta razón los teólogos medievales, al referirse a Agustín, no veían en él tanto al doctor de la gracia y la predestinación como al maestro de la contemplación y de la investigación teológica. Cuando alguien se percataba del aspecto olvidado de la teología del obispo hiponense, se le condenaba en nombre de la teología tradicional, y hasta en nombre del propio Agustín, como sucedió en el caso de Gotescalco.

Ahora bien, aunque toda la teología occidental durante varios siglos había sido agustiniana, es en el siglo XIII que se cobra especial conciencia de este hecho. Anteriormente no había existido oposición fundamental al pensamiento del santo, pues toda la tradición teológica estaba dominada por el neoplatonismo de que él también había hecho uso. Si el Pseudo Dionisio difería en algo de Agustín, esta diferencia era cuestión de énfasis, pues sus fundamentos filosóficos eran los mismos. Si Aristóteles era leído y utilizado en las escuelas, se trataba principalmente de su lógica, que podía entenderse como un instrumento útil en la labor teológica. Empero, ahora, en el siglo XIII, la situación era otra: las escuelas teológicas y filosóficas que estudiaremos en los dos próximos capítulos ofrecían verdaderas alternativas a la teología tradicional. Por tanto, los teólogos de tendencias más tradicionales tomaron a Agustín por enseña y se dedicaron a producir una teología conscientemente agustiniana.

Aristóteles les parecía a los agustinianos demasiado racionalista y preocupado por el conocimiento de las cosas de este mundo. Frente a esto, las tendencias místicas de Platón y el neoplatonismo le daban a esa tradición filosófica una aureola de religiosidad. Para la mayoría de los agustinianos no se debía hacer una distinción demasiado clara entre verdades reveladas y verdades de razón. Después de todo, ¿no es todo el conocimiento una iluminación divina?

Esto nos lleva a otra característica del agustinianismo: su teoría del conocimiento, que seguía la doctrina de la iluminación, tal como Agustín la había expuesto. Para estos teólogos, el conocimiento más real no es el que se deriva de los sentidos, sino el que se tiene aparte de ellos. Frente a esto, como veremos más adelante, los aristotélicos sostenían una epistemología que daba un lugar importante a los sentidos.

Como consecuencia de esta divergencia en lo que se refiere a la teoría del conocimiento, surgía otra divergencia en cuanto a las pruebas de la existencia de Dios. Los agustinianos, siguiendo a San Anselmo, sostenían que los sentidos no podían servir de punto de partida para probar la existencia de Dios, sino que esta estaba implícita en la idea misma de Dios. Frente a esto, los aristotélicos ofrecían pruebas de Dios a partir de hechos y objetos conocidos por los sentidos.

En términos generales, los teólogos franciscanos del siglo XIII siguieron la línea tradicional, aceptando de la nueva filosofía solo aquello que era compatible con el agustinismo, valorando a Platón y los neoplatónicos por encima de Aristóteles, y dando a todo un tono místico en el que se combinaba la influencia del Pseudo Dionisio y los victorinos con la de San Bernardo y, naturalmente, San Francisco. El primer maestro franciscano fue Alejandro de Hales, a quien rodearon varios discípulos ilustres de la misma orden. Poco después, con San Buenaventura, la teología franciscana llega a su momento culminante del siglo XIII.

Tras una carrera distinguida como maestro y polemista —pues se vio involucrado en las controversias sobre la presencia de los mendicantes en la Universidad de París—, Buenaventura fue electo ministro general de los franciscanos en el 1257. Debido al modo en que logró guiar la orden a través de las divisiones que amenazaban destruirla, se le conoce como el «segundo fundador» de la misma.

El pensamiento de Buenaventura se alza sobre tres pilares. El primero de ellos es la autoridad, tanto de la iglesia y su tradición como de las Escrituras. Buenaventura no ve tensión ni contradicción alguna entre las Escrituras y la tradición, y a esta doble autoridad está dispuesto a someter su pensamiento y su vida toda. En segundo término, el pensamiento bonaventuriano se alza sobre una profunda piedad de tipo franciscano. El propósito de su teología no es descubrir los más recónditos misterios de Dios, sino capacitar al ser humano para la comunión y contemplación de la divinidad. Por último, el neoplatonismo agustiniano, que le llega a través del propio Agustín, así como de Hugo de San Víctor y Alejandro de Hales, constituye el marco filosófico dentro del cual Buenaventura colocará su teología.

Según Buenaventura, todo conocimiento procede de la iluminación del Verbo. Esto a su vez implica que todas las ciencias han sido ordenadas al conocimiento de Dios, y que por tanto todas ellas culminan en la teología. Luego, aunque la razón es buena por haber sido creada por Dios, y aunque la filosofía es un medio bueno y necesario para adquirir cierta clase de conocimientos, toda filosofía que pretenda ser autónoma, y culminar en sí misma, caerá necesariamente en el error.

El modo en que este universo creado lleva al Creador constituye uno de los pilares del misticismo de San Buenaventura. El universo creado lleva a Dios porque la Trinidad ha impreso su sello en cada una de sus criaturas, y a través de ellas se puede llegar a contemplar la fuente de su ser. Este es el tema del más famoso opúsculo de San Buenaventura, *Itinerario de la mente hacia Dios*. Este aspecto de la mística bonaventuriana es un desarrollo de la doctrina agustiniana de los «vestigios de la Trinidad», unida a la ordenación jerárquica de los seres como camino hacia Dios, tal como se encuentra en toda la tradición del Pseudo Dionisio. El sello de la Trinidad en las criaturas no es igualmente claro en todas ellas, sino que progresa de la sombra al vestigio, luego a la imagen y por último a la semejanza. Todos los seres que existen, en cuanto son, son verdaderos y son buenos, constituyen otros tantos vestigios de la Trinidad. En los seres racionales, dotados de memoria, intelecto y voluntad, se da su imagen. Y la semejanza aparece en la fe, esperanza y caridad que caracterizan a aquellos seres racionales que más se aproximan al Creador. Ascendiendo por estos diversos grados, el alma llega al éxtasis, en que cesan todos los esfuerzos intelectuales y el alma contempla a Dios en perfecta paz.

El otro pilar de la mística bonaventuriana es la contemplación de la humanidad de Cristo. En su *Comentario al tercer libro de las Sentencias*, expone su cristología de modo sistemático, y lo mismo hace en su *Breviloquio*. Allí expone una cristología que es totalmente ortodoxa y tradicional. Pero además dedicó varias obras a la contemplación de la humanidad de Cristo, y sobre todo de sus sufrimientos, como medio que lleva al amor a Dios y al arrepentimiento.

La escuela dominica

Frente a los agustinianos, que se mostraban reacios a aceptar la nueva filosofía aristotélica, y que solo hacían uso de ella en aquellos puntos en que les parecía compatible con la filosofía y la teología tradicionales, surgió otra tendencia, representada primero por unos pocos maestros dominicos, que sostenía que la filosofía aristotélica era de gran valor y que no debía ser rechazada por la sola razón de ser diferente de la filosofía que tradicionalmente había servido de marco al pensamiento cristiano. Por otra parte, esta tendencia no pretendía deshacerse de la ortodoxia cristiana, ni relegarla a segundo plano, sino que aspiraba a tomar a Aristóteles y hacer de él el marco filosófico dentro del cual entender la fe cristiana. Si hemos llamado «agustinianos» a los teólogos discutidos en la sección anterior, esto no implica que los que ahora estudiamos se opusieran al gran obispo de Hipona, a quien tenían —como todo el medioevo— como el más grande teólogo de todos los tiempos, sino que más bien trataban de interpretar la teología agustiniana dentro del marco de la filosofía aristotélica. Naturalmente, el resultado de tal intento solo puede llamarse aristotelismo si ese término se toma en su sentido más amplio, pues a través de los siglos la ortodoxia había absorbido una buena medida de neoplatonismo. Luego, la primera etapa de este intento filosófico-teológico —que tiene lugar en la obra de Alberto el Grande— consistirá realmente en un eclecticismo en el que diversos elementos dispares se yuxtaponen sin que exista entre ellos una conexión orgánica. En la segunda etapa —llevada a feliz término por Tomás Aquino, discípulo de Alberto— se pasará allende el eclecticismo para formar una verdadera síntesis que no será ya un mero aristotelismo, ni tampoco un agustinismo neoplatónico con elementos aristotélicos, sino un nuevo sistema: el «tomismo», que recibe ese nombre en honor a su creador Santo Tomás de Aquino.

Alberto, a quien la posteridad ha dado el sobrenombre de «el Grande», siguió una carrera académica que lo llevó primero a diversos centros de estudio en Alemania, y después a París, donde enseñó desde 1245 hasta 1248. De allí pasó a Colonia como director del nuevo «estudio general» que los dominicos habían fundado en esa ciudad. Los varios cargos que ocupó, tanto en la orden como en la jerarquía eclesiástica, interrumpieron repetidamente su carrera académica; pero esto no le impidió seguir adelante con su inmensa producción literaria. Murió en 1280 en el convento dominico de Colonia, a la edad de setenta y cuatro años. Seis años antes había muerto su más famoso discípulo, Tomás de Aquino.

Probablemente la más importante contribución de Alberto al desarrollo del pensamiento cristiano fue su modo de distinguir entre la filosofía y la teología. Esta última se distingue de toda otra ciencia por cuanto lo que en ella se demuestra se prueba a partir de principios revelados, y no de principios autónomos. En el campo de la filosofía, Alberto es un verdadero racionalista que sostiene que toda aseveración ha de someterse al juicio de la razón y la observación. El filósofo que pretenda probar lo indemostrable es mal filósofo, aunque lo que diga esté totalmente de acuerdo con la verdad revelada. Pero en el campo de la teología Alberto tiene serias dudas en cuanto al alcance de la razón. Así comienza en él un proceso que se manifestará primero en la escuela tomista y que se extenderá después a otros pensadores: la distinción primero y el divorcio después entre filosofía y teología, o entre fe y razón. Por lo pronto, empero, esta posición de Alberto abre amplios horizontes al pensamiento cristiano: la ciencia natural puede proseguir su curso y hacer sus investigaciones sin temer caer en errores dogmáticos; la filosofía y la teología pueden desarrollarse como disciplinas paralelas, de tal modo que se puede ser verdadero filósofo sin caer en el racionalismo o el error en cuanto a las cuestiones de fe.

El principal maestro de la escuela dominica, y uno de los más grandes teólogos de todos los tiempos, fue sin lugar a dudas Tomás de Aquino, discípulo y amigo de Alberto el Grande. Tanto por su fecundidad prodigiosa como por la calidad de su producción, Tomás ha sido admirado a través de los siglos, y la escuela tomista ha continuado floreciendo hasta el presente. A sus dotes intelectuales unía una profunda espiritualidad, combinación esta que le valió el título de «Doctor Angélico», por el que todavía se le conoce.

En el campo de la teología propiamente dicha, sus tres obras sistemáticas más extensas son el *Comentario a las Sentencias*, la *Suma contra los gentiles* y la *Suma teológica*, compuestas en ese orden. Además, escribió numerosos comentarios sobre diversos libros de las Escrituras, cuestiones disputadas y «*de quolibet*», sermones y opúsculos.

Siguiendo a su maestro Alberto, pero precisando su doctrina, Tomás distingue entre aquellas verdades que están al alcance de la razón y aquellas que la sobrepasan. Esto no quiere decir que la filosofía se ocupe de las primeras y la teología de las demás. Es cierto que la filosofía se ocupa solo de las verdades accesibles a la razón; pero la teología, que tiene por campo propio las verdades que se encuentran allende el alcance de la razón humana, también puede y debe investigar las verdades de razón.

La filosofía es una ciencia autónoma capaz de llegar hasta los límites mismos de la razón humana. Esta ciencia, empero, no es infalible, pues nuestra débil razón puede caer en el error. Además, puesto que requiere dotes excepcionales, no todos pueden alcanzar sus conclusiones más excelsas. La teología, por otra parte, estudia verdades de revelación, y por tanto indubitables. Algunas de estas verdades —los artículos de fe en el sentido estricto— se encuentran allende el alcance de la razón, aunque no la contradicen. A estas verdades la filosofía nunca puede llegar. Otras verdades que la teología conoce por revelación y que se necesitan conocer para alcanzar la bienaventuranza podrían conocerse por razón, pero Dios las revela para ponerlas al alcance de todos y para darles una certeza infalible.

Santo Tomás rechaza la tesis de Anselmo según la cual la existencia de Dios es evidente. Es cierto que Dios es su propio ser y que, por tanto, en sí misma, la existencia de Dios es evidente. Pero «con respecto a nosotros que desconocemos la naturaleza divina, no es evidente». Por tanto, será necesario probar la existencia de Dios, y Tomás ofrece cinco «vías» o pruebas de ella. Cada una de ellas parte de la realidad que conocemos por los sentidos, y a partir de ella prueba la existencia de Dios. La primera vía parte del movimiento: en el mundo hay cosas que se mueven, y debe haber un primer ser que sea el origen primario del movimiento, y que él mismo no sea movido por otro. La segunda vía es la de la causalidad: todas las cosas de este mundo tienen sus causas, y unas son causas de las otras, pero ninguna es causa de sí misma, lo cual sería absurdo. En este orden de las causas, tiene que haber una primera, pues de no existir ella no existirían las demás. Esa primera causa es Dios. La tercera vía parte de la distinción entre lo contingente y lo necesario: las cosas que vemos en el mundo son contingentes, lo cual quiere decir que no tienen que existir ni, en consecuencia, han existido siempre. Pero el hecho es que existen, lo cual sería imposible de no haber habido, cuando ningún ser contingente existía, algún ser necesario que les diera la existencia. Este ser necesario en sí mismo es Dios. La cuarta vía parte de los grados de perfección que hay en los seres: si unos seres son mejores que otros, esto se debe a su proximidad al grado máximo de bondad. Por tanto, ha de existir algo que posea la perfección en su máximo grado. Ese ser de máxima perfección es Dios. La quinta vía parte del orden del universo: las cosas del universo, aun las carentes de razón, se mueven hacia un fin que les es propio, lo cual no podrían hacer llevadas por sí mismas, ni tampoco por la casualidad. Ese fin es Dios.

Nótese que estas cinco vías son paralelas, pues cada una de ellas parte de los seres que nuestros sentidos nos dan a conocer, descubre en ellos alguna característica buena, pero incompleta en el sentido de que no se basta a sí misma —movimiento, existencia, grado de perfección, orden— y de allí pasa a Dios como la razón de tal característica. Este tipo de argumentación se debe en parte al aristotelismo de Santo Tomás, pues para él un argumento convincente no es, como para Anselmo, aquel que no depende de los sentidos sino, por el contrario, aquel que parte de los datos de los sentidos y los explica.

Aun en esta vida nos es dado conocer y decir algo acerca de Dios mediante el uso de la analogía. Esta es mucho más que un mero recurso semántico para aplicarle a Dios términos humanos. No es que Dios sea como las criaturas, sino que las criaturas son como Dios. Si se puede hablar de Dios mediante analogías, esto se debe a una «analogía del ser» entre el Creador y las criaturas.

Todo cuanto sucede está sujeto a su voluntad, que siempre se cumple, aunque no siempre como «operación», sino también a veces como «permisión». Dios hace que ciertas cosas sucedan, mientras que otras solo las permite. Por tanto, todo está sujeto a la providencia divina.

La teoría del conocimiento es uno de los aspectos fundamentales del sistema tomista. El conocimiento es un proceso por el que, a partir de los sentidos, el ser humano llega al conocimiento de las esencias. Los datos de los sentidos no se dan como una multiplicidad caótica de sensaciones, sino como una imagen o «fantasma» en que un conjunto de sensaciones relacionadas entre sí representa un objeto material y concreto que se da a los sentidos. Empero, tal «fantasma» no es todavía verdadero conocimiento, pues se trata de la imagen de un objeto concreto y pasajero, mientras que el conocimiento se refiere a la esencia de las cosas. Falta, por tanto, que el intelecto «abstraiga» del «fantasma» o imagen aquello que corresponde a su esencia. Nótese que no se trata de que la mente trate de descubrir una realidad ulterior que se esconde tras los objetos concretos, sino que distingue, en el objeto mismo que se presenta ante los sentidos, lo que corresponde a su esencia. La realidad esencial de las cosas no se encuentra tras ellas, sino en ellas mismas, y por ello el descubrimiento de la esencia es un acto de abstracción más bien que de penetración allende lo sensible. Así pues, la epistemología de Santo Tomás parte de lo concreto y vuelve a lo concreto, pero adquiere validez porque en ese proceso de lo concreto a lo concreto el intelecto pasa por el concepto esencial y universal.

Nuestro conocimiento de Dios y de nuestra propia alma, al menos en esta vida, parte también de los sentidos. No conocemos tales realidades incorpóreas en virtud de una iluminación directa, sino como consecuencia de nuestro conocimiento de las realidades corpóreas que dan testimonio de las incorpóreas. Así, por ejemplo, en el caso de la existencia de Dios, ya hemos visto que es posible probarla por cinco vías, pero todas ellas parten de hechos que nos son conocidos a partir de los sentidos.

Después de tratar diversos aspectos de los actos típicamente humanos, Santo Tomás llega al punto central de su ética, que es el llamado «Tratado de la ley». El principio de toda ley y de todo orden es la «ley eterna», que se encuentra en Dios como supremo monarca del universo. De esta ley se deriva la «ley natural». Esta ley natural es el fundamento de la moral

universal o general, es decir, de aquella que no se limita a quienes conocen la ley revelada por Dios u obedecen leyes humanas particulares. La
ley natural es universal, pues está escrita en los corazones de todos. Los
principios fundamentales de esta ley natural son evidentes. Pero hay otros
preceptos que se derivan de ellos, y que se descubren mediante el recto
uso de la razón. Luego, Tomás puede reclamar que su ética tiene cierto
fundamento universal. Pero a esto hay que añadir los preceptos de la ley
revelada por Dios como una ley más explícita que la mera ley natural. El
punto culminante de esta ley es la nueva ley, o ley evangélica, cuyos mandamientos son amorosos, y que incluye además «consejos de perfección»
que no todos tienen que seguir, pero que llevan a una mayor perfección.

Hacia el final de su *Suma* Tomás pasa al tema de los sacramentos.
Un sacramento es un signo de una realidad sagrada que tiene poder de
santificación. Puesto que el ser humano es un compuesto de cuerpo y
alma, y solo puede llegar a las cosas inteligibles por medio de las sensibles,
en el sacramento las realidades inteligibles se dan a conocer mediante lo
sensible. Empero, esto no quiere decir que uno pueda escoger cualquier
cosa como signo sacramental, sino que aquellas que han de servir como
tales han sido determinadas e instituidas por Dios.

Los sacramentos son siete en número. Santo Tomás parece aceptar esto
como doctrina tradicional de la iglesia aun cuando, como hemos visto en
capítulos anteriores, fue con Pedro Lombardo, y en buena medida por
razón de su influencia, que se fijó el número de los sacramentos.

Santo Tomás es sin lugar a dudas el más notable teólogo de la Edad
Media. Esto se debe en parte a la profunda penetración y equilibrio con
que —especialmente en su *Suma teológica*— va planteando y resolviendo
todas las cuestiones. Su obra es como una vasta catedral gótica en la que se
encuentran representados todos los aspectos de la cosmovisión medieval,
desde las moradas celestiales hasta los antros del infierno, y en la que todo
parece señalar hacia las alturas, sostenido e impulsado por un magistral
equilibrio. Empero, lo más importante de la obra de Santo Tomás no es lo
imponente de su construcción, ni lo detallado de sus discusiones, sino el
modo en que supo responder a la necesidad imperiosa de tomar en cuenta
la nueva filosofía que invadía el Occidente latino. Por siglos la teología
había seguido la inspiración de Agustín y el Pseudo Dionisio; y, a través
de ellos, de Platón y Plotino. Este marco filosófico, que había resultado
muy útil a los cristianos de los primeros siglos para oponerse a la idolatría
y el materialismo que les rodeaban, tendía empero a dificultar la tarea de
los teólogos cristianos que se esforzaban por coordinarlo con doctrinas
tales como la encarnación y los sacramentos, en las que los elementos

materiales y sensibles son de importancia capital. Si los primeros siglos del medioevo no vieron gran interés en el estudio de la naturaleza y sus leyes, esto se debió en parte a las invasiones de los bárbaros y al caos subsiguiente, pero en parte también a la orientación esencialmente ultra-mundana de una teología enmarcada en principios platónicos. No ha de sorprendernos por tanto que el siglo XIII, que vio el despertar de una filosofía rival del platonismo, una filosofía que insistía en la importancia de los sentidos como punto de partida del conocimiento, viera también un despertar en el estudio de las ciencias naturales.

Una doctrina teológica y filosófica de tal originalidad y de tan amplio alcance como la de Santo Tomás no se impone fácilmente al común de las personas. A un extremo, Sigerio de Brabante y sus compañeros le acusaban de hacer excesivas concesiones a la teología tradicional, y de abandonar así el sentido original de la filosofía aristotélica. Al otro, los teólogos agustinianos le acusaban de acercarse en demasía al aristotelismo extremo, y de abandonar aspectos fundamentales de la teología tradicional. Por fin, en 1323, Juan XXII, papa de Aviñón, declaró canonizado a Santo Tomás, y a partir de entonces su influencia fue en aumento. Sus comentaristas y seguidores se multiplicaron, y aun sus opositores vieron en él al más grande teólogo del siglo XIII. En 1567 el papa Pío V le declaró «doctor universal de la iglesia». Así quedó afirmado dentro de la iglesia un sistema teológico que al principio muchos vieron con suspicacia, pero cuya coherencia interna fue siempre manifiesta.

El aristotelismo extremo

Como hemos dicho anteriormente, la cuestión crucial que se planteó el siglo XIII fue la de la actitud que se debía asumir ante la filosofía recién redescubierta de Aristóteles. Algunos teólogos, a los que hemos llamado «agustinianos» a falta de otro título más apropiado, y entre los que se contaban Alejandro de Hales y San Buenaventura, decidieron retener la filosofía y la teología tradicionales y aceptar del aristotelismo solo aquello que fuese claramente compatible con la sabiduría recibida de los primeros siglos del medioevo. Otros teólogos, que podrían llamarse «aristotélicos moderados», aceptaron los principios fundamentales del aristotelismo e hicieron un esfuerzo consciente por retener todo cuanto fuese posible de la teología tradicional, aunque ajustándolo al nuevo marco de referencias de origen aristotélico. Otros, en fin, ante el impacto de los nuevos horizontes que Aristóteles abrió a sus ojos, decidieron concentrarse en la nueva filosofía y dedicarse por entero a la investigación racional, aunque sin abandonar su fe cristiana. Por ellos se les llamó «averroístas latinos». El principal representante de este último grupo es Sigerio de Brabante.

Entre los puntos controvertidos que los averroístas proponían se contaba el de la eternidad del mundo, que los averroístas proponían en lugar de la doctrina tradicional de la creación de la nada. Otro era la «unidad del intelecto agente», lo cual quería decir que todos los intelectos son uno, y que a la muerte cada individuo se disuelve en ese intelecto único. A esto se sumaban inclinaciones astrológicas, así como la insistencia en la libertad de la filosofía para proseguir sus indagaciones aparte de la teología, aunque sin negar las doctrinas reveladas —lo que algunos dieron en llamar la doctrina de la «doble verdad».

Como era de esperarse, la primera oposición al aristotelismo extremo vino de los teólogos agustinianos. En los años 1267 y 1268, en sus conferencias *Sobre los diez mandamientos* y *Sobre los dones del Espíritu Santo*, Buenaventura comenzó a atacar las tesis aristotélicas. Pero pronto los aristotélicos más moderados se unieron en el rechazo del averroísmo. En el año 1270, Santo Tomás compuso su tratado *De la unidad del intelecto*, en el que atacaba la doctrina de la unidad del intelecto agente tal como la proponía Sigerio, y llamaba «averroístas» a quienes la sostenían. A fines de 1270 el obispo de París promulgó una lista de trece errores del aristotelismo extremo, que giraban alrededor de la eternidad del mundo, la negación de la divina providencia, la unidad del alma racional y el determinismo. Pero, a pesar de sus muchas condenaciones, el aristotelismo extremo persistió tanto en París como en Italia. En París esta doctrina parece haber desaparecido con la muerte de Juan de Jandum (1328); pero en Italia persistió hasta el siglo XVII.

XVIII
La teología occidental en las postrimerías de la Edad Media

Los últimos años del siglo XIII marcan el comienzo de la decadencia del medioevo después del punto culminante alcanzado en Inocencio III, Santo Tomás de Aquino y Buenaventura. Bonifacio VIII, quien reclamaba para el papado inmensos poderes y privilegios, fue sin embargo el primero de una serie de papas con quienes la autoridad de la sede romana comenzó a decaer. Tomás y Buenaventura murieron en 1274. Juan Duns Escoto, el principal teólogo a quien estudiaremos en este capítulo, nació menos de una década antes. La importancia de Escoto es paralela a la de Bonifacio VIII, pues Escoto puede ser interpretado bien como el punto culminante de la teología agustiniana, o bien como el comienzo de un proceso de desintegración que a la larga destruiría todo el edificio de la escolástica medieval.

Escoto murió en 1308, y un año después la decadencia de la iglesia medieval se hizo manifiesta cuando el papa estableció su residencia en Aviñón, donde el papado vino a ser un instrumento en manos de la corona francesa. Tal fue la situación durante casi tres cuartos de siglo (1309-1378). A fin de cubrir los gastos de su corte en Aviñón, los papas de la época establecieron un sistema de impuestos eclesiásticos que hizo parecer a toda la iglesia como culpable de simonía. Las nuevas naciones que iban naciendo en Europa comenzaron a dudar de la validez de una autoridad eclesiástica supuestamente universal que sin embargo parecía prestarse a todos los designios de la monarquía francesa: no debemos olvidar que era la época de la Guerra de los Cien Años entre Francia e Inglaterra. Personas de profundo celo reformador, tales como los franciscanos radicales —también llamados *fraticelli*—, comenzaron a llamar al papado en Aviñón «la cautividad babilónica de la iglesia». El resultado neto de todo esto fue la pérdida de prestigio por parte del papado, que parecía haber llegado al máximo de su deterioro.

Y, sin embargo, mayores indignidades habrían de seguir. En 1378, cuando el papa regresó a Roma, los cardenales franceses sencillamente nombraron otro papa por cuenta propia. Esto dio origen al Gran Cisma de Occidente, que perduró hasta bien entrado el siglo XV (1378-1417). En ʾconsecuencia, toda la Europa occidental se vio dividida en su adhesión a dos —y hasta a veces tres— papas distintos.

El movimiento conciliar surgió como una posible solución al Gran Cisma, y también como un modo de combatir la herejía y lograr la reforma general de la iglesia. Quienes proponían las ideas conciliaristas eran en su mayoría reformadores moderados que afirmaban que un concilio que representase a toda la iglesia tendría autoridad y poder para determinar quién era el verdadero papa, así como para sanar el cisma, renovar la iglesia y destruir toda clase de herejía. El movimiento conciliar logró sus fines por cuanto el Concilio de Constanza —el mismo que condenó a Juan Hus— puso fin al cisma papal y así restableció el orden. Pero el conciliarismo mismo fracasó por cuanto el Concilio de Basilea (1431-1449) se dividió cuando el papa intentó trasladarlo a Ferrara. Así, el resultado final de un movimiento que surgió a fin de subsanar la división de la iglesia fue el cisma dentro del movimiento mismo.

Los papas de la segunda mitad del siglo XV estaban embebidos en el espíritu del Renacimiento italiano. Eran príncipes terrenos que luchaban en la arena política y militar en pro de la supremacía en la península italiana. Su interés se centraba en el embellecimiento de Roma, y esto a su vez les llevó a dedicar a las artes buena parte de sus recursos económicos y humanos. Mientras se oían clamores de reforma en Bohemia, Holanda, Inglaterra y otras partes de Europa, los papas sencillamente continuaban acumulando bienes y belleza en sus estados. Algunos parecían tomar la guerra como un pasatiempo. Cuando Colón descubrió el Nuevo Mundo, Alejandro VI estaba demasiado ocupado en otros intereses para poder supervisar el trabajo misionero en las nuevas tierras, y por lo tanto colocó la responsabilidad misionera en hombros de los soberanos de Portugal y España. Como consecuencia de todo esto, el papado perdió su lugar de suprema autoridad espiritual y de mediador en cuestiones políticas.

Ante el deterioro general de la autoridad espiritual de la iglesia, diversas personas buscaron distintas soluciones. Como ya hemos dicho, algunos creían que un concilio general —o una serie de ellos— podría reformar la iglesia y restaurar su perdido prestigio. Otros se inclinaban a dejar a un lado la iglesia y sus problemas, y seguían la vía mística como camino hacia la comunión personal con Dios. Por último, personajes tales como Hus, Wyclif y Savonarola buscaban una reforma más general, aun a sabiendas de que sus acciones les llevarían a un conflicto con las autoridades establecidas.

De los párrafos precedentes se sigue el bosquejo del resto de este capítulo: primero estudiaremos a Juan Duns Escoto, luego el movimiento conciliar —y su aliado teológico, el nominalismo—, después el misticismo de fines de la Edad Media y, por último, los diversos intentos de reforma que anunciaron la gran Reforma del siglo XVI.

Juan Duns Escoto

Por el carácter de su pensamiento, Duns Escoto mereció el título de «Doctor Sutil», por el que se le conoce comúnmente. Es cierto que sus distinciones socavaron buena parte de lo que había sido aceptado tradicionalmente. Pero su propósito no era la mera crítica con intención de destruir, sino más bien ofrecer una nueva síntesis que fuese profundamente agustiniana y franciscana y que, sin embargo, tomase en cuenta los problemas planteados por la crítica de los aristotélicos a la teología tradicional. Aunque Escoto logró producir tal síntesis, las dificultades de su estilo, la nitidez del pensamiento de Santo Tomás, el uso que algunos teólogos posteriores hicieron de sus críticas a opiniones tradicionales, y la decadencia general de los años que siguieron a su muerte, fueron factores que evitaron que su pensamiento lograse la aceptación general de que Santo Tomás llegó a gozar.

A pesar de la sutileza de sus distinciones, Escoto es un teólogo típicamente franciscano por cuanto para él la teología es una disciplina práctica. Esto no quiere decir que tenga que ser directa y sencillamente aplicable a lo que hoy llamamos cuestiones «prácticas», sino más bien que el propósito de la teología es llevar al ser humano hacia el fin para el que ha sido creado.

Siguiendo la tradición agustiniana, Escoto insiste en la prioridad de la voluntad por encima de la razón. Esto es cierto no solo de Dios, sino también del ser humano. La voluntad de Dios —así como la humana— es tal que esa voluntad es la única causa de su propia acción. Pero esto no quiere decir que el Dios de Escoto sea un ser caprichoso que actúe de manera arbitraria. En Dios, quien es absolutamente simple, la razón y la voluntad son una sola cosa. Pero desde nuestro punto de vista es necesario afirmar la prioridad de la voluntad por encima de la razón; o, en otras palabras, la prioridad del amor por encima del conocimiento.

Por lo tanto, quienes interpretan a Escoto como un proponente de un Dios caprichoso, libre para hacer cualquier cosa, aun lo que se opone a la razón, están interpretando al Doctor Sutil —como se le llamó— a la luz de pensadores posteriores que sí adoptaron esta posición extrema.

Como corolario de la prioridad de la voluntad en Dios, así como de la omnipotencia divina, Escoto afirma que la encarnación no se debió solo al pecado humano, a nuestra necesidad de redención, y a la presciencia divina de estos hechos, sino que Cristo estaba predestinado a encarnarse como objeto primario del amor divino. Luego, la encarnación no es solo el punto focal de la historia humana tal como esta se ha desarrollado, sino que es también el punto focal de todo el propósito creador de Dios, aun aparte del pecado humano.

La teoría escotista de la redención incluye elementos derivados de las dos corrientes representadas por Anselmo y Abelardo. A veces Escoto se refiere a la obra de Cristo como una gran acción de amor que vence la resistencia del humano para regresar a Dios; y otras veces describe esa obra como una satisfacción por los pecados de la humanidad. Pero en este último caso Escoto no acepta la opinión de Anselmo de que esta satisfacción y el modo en que fue ofrecida fueron dictaminados por una necesidad racional. Dios pudo haber perdonado al humano sin exigir satisfacción alguna; si Dios requería tal satisfacción, no era necesario que fuese ofrecida por el Dios-hombre; y, en todo caso, los méritos de Cristo, puesto que son méritos de su voluntad humana, no son de por sí infinitos. Si una satisfacción fue requerida y ofrecida, y si Dios aceptó los méritos de Cristo y les otorgó un valor infinito, esto no se debió a una necesidad racional intrínseca, sino a la libre voluntad de Dios, quien ha decidido salvar al humano de esta manera. Luego, tenemos aquí un ejemplo del modo en que Escoto, sin rechazar las opiniones tradicionales, ni declararlas absurdas, insiste sin embargo en que no son estrictamente racionales.

La contribución de Duns Escoto al desarrollo del pensamiento cristiano ha sido interpretada de diversas maneras. Algunos ven en él el espíritu crítico que comenzó la demolición de la síntesis medieval. Otros ven en él la culminación de la escuela franciscana, el hombre en quien las intuiciones de San Buenaventura llegaron a su madurez. Algunos señalan su argumentación tortuosa y su gusto por las sutilezas, y afirman que esto es señal de decadencia. Otros insisten en la penetración de su intelecto, y ven en su obra una síntesis semejante a la de Santo Tomás. Algunos ven en él el comienzo de ese divorcio entre la fe y la razón que a la larga llevaría a la decadencia del escolasticismo. Ambas interpretaciones son parcialmente correctas. Escoto fue sin lugar a dudas uno de los puntos culminantes de la teología medieval; y fue también, como todo punto culminante, el comienzo de un descenso. En él el método escolástico, con sus distinciones sutiles y su amor a la razón, llega al máximo de su desarrollo. Pero este mismo desarrollo le lleva a dudar de mucho de lo que antes se daba por sentado.

El nominalismo y el movimiento conciliar

Escoto fue el último de los grandes teólogos de la Edad Media cuyo pensamiento se desarrolló aparte de problemas políticos y eclesiásticos de gran urgencia. Escoto murió en 1308, y el año siguiente Clemente V fijó su residencia en Aviñón, abriendo así el período de la «cautividad babilónica» de la iglesia y su secuela, el Gran Cisma. Estos problemas, y otros que se relacionaban con ellos, fueron el trasfondo de la teología de los siglos XIV y XV.

Guillermo de Occam (c. 1280-1349) fue el más notable teólogo y filósofo de su época. En lo que a la cuestión de los universales se refiere, Occam rechazaba el realismo tradicional, y fue uno de los primerísimos actores en el proceso de introducir una cuña entre la razón y la revelación. Fue posteriormente, entre sus seguidores, que tal proceso fue llevado hasta sus últimas consecuencias. Pero el propio Occam no vacilaba en hacer uso de sus altas dotes intelectuales para subvertir la autoridad del papa. Franciscano del ala espiritual, Occam chocó repetidamente con el papa, contra cuya autoridad publicó varios tratados. En ellos argüía que la autoridad civil ha sido instituida por Dios de igual modo que lo ha sido la eclesiástica, y contribuyó así al desarrollo de la teoría de un estado independiente, que se haría general en el siglo XVI. En asuntos más estrictamente doctrinales, Occam siguió siendo ortodoxo, aunque afirmando repetidamente que creía varias doctrinas —como, por ejemplo, la transubstanciación— no porque fuesen razonables, sino porque la autoridad de la iglesia las enseñaba.

Occam ha sido clasificado como «nominalista», como lo ha sido la inmensa mayoría de los teólogos de su época. Empero, lo primero que debe decirse del llamado «nominalismo» de fines de la Edad Media es que tal nombre puede aplicársele solo en un sentido amplio e inexacto, pues este supuesto «nominalismo» nunca afirmó que los universales fueran meros nombres.

Quizá la nota más característica de la teología de Occam y sus coetáneos es la distinción que establecían entre el poder absoluto de Dios y su poder ordenado. Esta distinción había sido utilizada ya en el siglo XI por quienes afirmaban que la razón dialéctica era incapaz de penetrar los misterios de Dios. Pero en los siglos XIV y XV vino a ser un principio constante para quienes habían sido educados según una versión exagerada del voluntarismo de Escoto. Para estos, la distinción entre el poder absoluto de Dios y su poder sujeto al orden era un modo de afirmar la prioridad de la voluntad sobre la razón en Dios, y por tanto la aplicaban a la totalidad de su teología.

Esta distinción no era un mero juego de lógica. Por el contrario, tenía importantes implicaciones religiosas y teológicas. Por ejemplo, mostraba claramente que el orden presente, los medios que se nos ofrecen para la salvación, y la misma razón humana, no son lo que son por necesidad, sino por razón del amor de Dios. En el campo de la teología, esta distinción destruía la unión entre la fe y la razón que se encontraba en el centro mismo de los grandes sistemas escolásticos. Si Dios puede perdonar a quien desee, el sacramento de la penitencia solo puede ser defendido a base del hecho revelado de que Dios ha decidido libremente establecer una conexión entre la penitencia y el perdón.

No cabe duda de que hay un tono heroico en este tipo de teología: la confesión máxima de la omnipotencia divina y la finitud humana. Pero, una vez que se ha dicho esto, queda poco más que decir. Todo lo que puede hacerse es afirmar lo que Dios ha querido revelarnos, y no hacernos preguntas sobre el resto; no porque el hacer preguntas manifieste una falta de fe, sino porque el hacerlas muestra que uno no ha entendido el carácter finito y contingente de todo razonamiento humano. Una vez que la historia del pensamiento cristiano hubo llegado a este punto, quedaban abiertas tres alternativas: un intento de descubrir de nuevo el sentido de la revelación, un regreso al período de las grandes síntesis medievales, y la búsqueda de un nuevo concepto de la razón. Todas estas alternativas fueron seguidas en siglos posteriores.

El conciliarismo no ha de identificarse completamente con el nominalismo, puesto que tenía también otras raíces en los siglos anteriores. Una de estas raíces era el derecho canónico, que ciertamente apoyaba la supremacía papal, pero que desde muy temprano había discutido la posibilidad de un papa hereje o cismático. Otra de las raíces del conciliarismo era la crítica de la autoridad pontificia, y especialmente de las riquezas materiales y la corrupción de la curia: crítica en que se habían distinguido los joaquinistas y los franciscanos espirituales.

Sí hay, sin embargo, una estrecha relación entre el nominalismo y el movimiento conciliar. Esto se debió en parte al sencillo hecho de que los más distinguidos teólogos en tiempos del Gran Cisma eran nominalistas. Pero también se debió a la relación interna que existía entre las doctrinas nominalistas y la eclesiología del conciliarismo. Si los conceptos universales no son reales como entidades que subsisten separadamente, sino solo como imágenes mentales que sin embargo representan a los individuos adecuadamente, se sigue que la realidad de la iglesia no ha de encontrarse en una idea eterna, ni en la jerarquía —como si esta encarnase la idea de la iglesia y luego trasmitiese la realidad eclesial a los fieles—, sino más bien en los creyentes mismos como un cuerpo conjunto. Los fieles no derivan su realidad eclesial de la jerarquía. Por el contrario, la iglesia es el conjunto de los creyentes, y de ella el papa, los obispos, el clero y el laicado son miembros.

Luego, un concilio general de la iglesia tiene la autoridad necesaria para deponer a un papa o para determinar quién es el verdadero papa cuando varios pretenden serlo. Esto no quería decir, empero, que tal concilio sería infalible. Occam había señalado que difícilmente podría esperarse que cristianos perfectamente falibles se tornasen infalibles por el solo hecho de reunirse con otros cristianos igualmente capaces de errar. Es posible que el concilio, y el papa, y los obispos, y los teólogos, se equivoquen y que la verdad de la fe cristiana sea afirmada por laicos —o aun por mujeres o niños, añadía Occam— que lean las Escrituras con un espíritu de humildad y usen de la razón correctamente. Pero, a pesar de todo esto, un concilio que represente a la verdadera iglesia —es decir, al cuerpo de creyentes— tiene mayores posibilidades de proponer doctrina correcta, de reformar la iglesia, y de restaurar la unidad.

Las ideas conciliaristas fueron llevadas a sus últimas consecuencias en el *Defensor pacis* de Marsilio de Padua (c. 1275-1342), donde se afirmaba que la iglesia y su jerarquía no deberían tener jurisdicción alguna en asuntos civiles. Jesús se había sometido al poder del estado, y tanto él como sus apóstoles vivieron en pobreza. Por tanto, los dirigentes de la iglesia deben hacer lo mismo. En cuanto al estado, su autoridad última yace no en los gobernantes, sino en el pueblo: que para el *Defensor pacis* estaba constituido por los varones adultos. Son ellos quienes tienen la autoridad de hacer leyes, y cualquier autoridad que los gobernantes tengan la han recibido como delegados del pueblo. Es con toda razón que los eruditos ven en el *Defensor pacis* un gran paso hacia la idea del estado secular y hacia la democracia.

Nuevas corrientes místicas

Los siglos XIV y XV vieron un despertar de la religiosidad mística. Aunque esto fue más evidente en la cuenca del Rin, también hubo místicos notables en Inglaterra, España e Italia. En las riberas del Rin, el gran maestro del misticismo fue el dominico Juan Eckhart. Eckhart es típico de las nuevas tendencias místicas, pues no fue un entusiasta emotivo, ni un fanático ignorante, ni un anacoreta quietista. Por el contrario, fue un erudito que estudió en la Universidad de París, un espíritu sosegado que rechazaba el emocionalismo exagerado, y un participante activo en la vida práctica y administrativa de su orden. Lo mismo puede decirse de sus discípulos Juan Taulero y Enrique Suso, aunque estos eran menos eruditos que su mentor. Río abajo, en los Países Bajos, vivió Juan Ruysbroeck, otro místico de altas dotes intelectuales cuyo principal discípulo fue Gerardo Groote, el fundador de los Hermanos de la Vida Común. Pronto este movimiento, y otros semejantes, se diseminaron por toda la cuenca del Rin y aún más lejos, promoviendo una «nueva devoción» —*devotio moderna*— cuyos seguidores llevaban una vida en común dedicada al trabajo físico y al cultivo del ser interior, aunque no mediante prácticas ascéticas extremadas, sino a través del estudio y la meditación, la confesión mutua de pecados y la imitación de la vida de Cristo. Quizá su obra más típica —y sin lugar a dudas la de mayor influencia— fue *La Imitación de Cristo*, tradicionalmente atribuida a Kempis.

Además de socavar la autoridad de la iglesia, este tipo de misticismo contribuyó a la decadencia del escolasticismo. Aunque muchos de estos místicos habían sido educados en la mejor tradición escolástica, habían llegado a la conclusión de que las distinciones extremadamente sutiles que se hacían en los círculos académicos nada tenían que ver con la vida de la fe. Por lo tanto, tendían a subrayar los límites de la razón y a afirmar que, aunque el conocimiento racional es bueno, la mejor actitud cristiana es la de una «docta ignorancia», como diría Nicolás de Cusa.

Intentos de reforma radical

En cierto modo, tanto el movimiento conciliar como el misticismo de fines de la Edad Media eran intentos de reforma. Uno siguió el camino de la renovación institucional, mientras el otro tomaba la ruta de la profundización de la vida espiritual. Debemos discutir ahora un tercer modo de buscar la renovación de la iglesia, es decir, el de llevar a cabo acciones de reforma sin esperar por el consentimiento de las autoridades establecidas, y arriesgándose por tanto al cisma y a las acusaciones de herejía.

En los siglos XIV y XV varios individuos de alta educación alzaron la voz de protesta contra buena parte del cristianismo medieval. En muchos sentidos, fueron precursores de la gran protesta del siglo XVI. Entre estos precursores de la Reforma los más notables —aunque ciertamente no los únicos— fueron Wyclif, Hus y Savonarola.

Juan Wyclif (1329-1384) pasó la mayor parte de su vida en Oxford, primero como estudiante y más tarde como profesor. Durante su juventud, parece haber dedicado la mayor parte de su tiempo a la erudición filosófica y teológica. Pero hacia el final de su vida, y especialmente después del comienzo del Gran Cisma en 1378, Wyclif se volvió cada vez más radical en su crítica a la iglesia establecida. Al principio tuvo el apoyo político de Juan de Gaunt, hijo de Eduardo III. Pero según sus opiniones se iban haciendo más radicales sus aliados políticos fueron abandonándole. Después de una rebelión de los campesinos en 1381 que él no alentó, pero que muchos trataron de relacionar con sus opiniones, Wyclif se vio cada vez más aislado. Cuando perdió el apoyo de sus colegas en Oxford se retiró a su parroquia de Lutterworth, donde permaneció hasta su muerte en 1384. Aunque sus opiniones fueron condenadas varias veces por los papas y por varios obispos ingleses, Wyclif pudo morir en relativa tranquilidad. Pero después se desató una intensa persecución contra los «predicadores pobres» —o lolardos— que Wyclif había organizado, y en los siglos XV y XVI varios de ellos fueron quemados vivos. En 1415, el Concilio de Constanza condenó más de doscientas proposiciones de Wyclif, y ordenó que sus restos fuesen echados del camposanto en que habían sido enterrados. Esto se hizo en 1428, cuando sus restos fueron desenterrados, quemados, y luego echados al río Swift.

En cuanto a la relación entre la razón y la revelación, Wyclif está convencido de que no pueden contradecirse, puesto que ambas llevan a la misma verdad universal. Aunque es cierto que la razón humana ha sido debilitada por la caída, y que por lo tanto necesitamos de la revelación como complemento a lo que podemos conocer por nosotros mismos, la razón tiene todavía el poder necesario para probar buena parte de la doctrina cristiana, incluyendo la Trinidad y la necesidad de la encarnación.

Hasta aquí, Wyclif parece ser conservador más bien que radical. Es al llegar a su doctrina de la revelación que se aparta de las opiniones aceptadas en su tiempo. Aunque al principio afirmaba que la iglesia y su tradición debían servir como guía en la interpretación de las Escrituras, cada vez se convenció más de que buena parte de la supuesta tradición cristiana contradecía la Biblia. Su gusto inflexible por la lógica y la coherencia, así como la corrupción y división que veía en el seno de la iglesia, a la larga le llevaron a afirmar que la autoridad de la Biblia debe colocarse por encima de cualquier tradición o dignatario eclesiástico. La Biblia ha sido dada por Dios como su palabra a su pueblo fiel, y no para que la monopolice un clero corrupto. De aquí la necesidad de traducirla al inglés, el idioma del pueblo, proyecto este que Wyclif inspiró y sus seguidores llevaron a la realidad.

Otro elemento básico en la teología de Wyclif es su doctrina del «dominio». El dominio divino es la base de todo otro señorío, puesto que solo Dios tiene un verdadero derecho de dominio sobre lo demás. Los humanos, y aun los ángeles, solo tienen derecho sobre las criaturas porque Dios, a quien el dominio pertenece en propiedad, les confiere a algunas de sus criaturas porciones de su dominio. Es cierto que a menudo los humanos usan su señorío —tanto civil como eclesiástico— de manera impropia; pero cuando lo hacen su poder no es ya el verdadero dominio evangélico que consiste realmente en servir, sino que viene a ser un dominio «humano» o coercitivo. Se sigue entonces que la autoridad eclesiástica —cuyo dominio en todo caso se limita a lo espiritual— deja de existir cuando utiliza su señorío de manera injusta, y que entonces el laicado no le debe ya obediencia.

Las consecuencias de este modo de entender el dominio se ven claramente en la eclesiología de Wyclif. Su eclesiología se basa en la distinción agustiniana entre la iglesia visible y la invisible. La iglesia invisible es el conjunto de los electos, mientras que la visible incluye tanto electos como réprobos. Aunque es imposible distinguir con certeza absoluta entre los electos y los réprobos —de hecho, es imposible saber a qué categoría uno mismo pertenece—, hay indicaciones que permiten hacer conjeturas al respecto. Estas indicaciones son una vida pía y la obediencia a la voluntad de Dios. Siguiendo tales indicios, parece ser casi seguro que el papa no es solo un réprobo, sino que es el anticristo mismo, y que por tanto ha perdido todo derecho de dominio sobre los fieles.

Fue en 1380, unos cuatro años antes de su muerte, que Wyclif atacó la doctrina de la transubstanciación. Se sintió obligado a hacerlo porque le resultaba imposible aceptar la idea de que los elementos consagrados dejasen de ser verdadero pan y vino. Esta afirmación le parecía paralela al docetismo, puesto que, de igual modo que esa herejía negaba la encarnación de Dios en un hombre verdadero, la doctrina de la transubstanciación niega la presencia del Señor en verdadero pan y vino. Por lo tanto, es necesario afirmar que aun después del acto de la consagración el pan continúa siendo pan y el vino es aún vino. Pero a pesar de ello el cuerpo y la sangre de Cristo están realmente presentes en la eucaristía. Están presentes por cuanto actúan para la salvación de los fieles; están presentes en un sentido espiritual, en las almas de los participantes; y están presentes también de un modo «sacramental» y misterioso, por cuanto el cuerpo de

Cristo, que está físicamente presente en el cielo, en el acto eucarístico se hace presente en toda la hostia de un modo «espiritual».

Las ideas de Wyclif no murieron con él. Ya hemos dicho que sobrevivieron en Inglaterra por largo tiempo después de la muerte de su autor. A la larga el remanente del movimiento lolardo se fundió con la reforma inglesa. Además, sus doctrinas también llegaron hasta Bohemia, donde surgirían de nuevo, con ligeras modificaciones, en Hus y sus seguidores.

Juan Hus fue predicador en la Capilla de los Santos Inocentes de Belén, en Praga, y rector de la universidad de esa ciudad. Hus recibió una profunda influencia de las obras de Wyclif, y se dedicó a buscar la reforma de la iglesia de manera semejante a su predecesor inglés. El sentimiento antialemán en Bohemia era considerable en esa época, y Hus vino a ser el símbolo de ese sentimiento. Por lo tanto, las consideraciones de orden político no fueron del todo ajenas al curso de este nuevo movimiento. Tras largas luchas que es imposible narrar aquí, Hus fue llamado a comparecer ante el Concilio de Constanza, para lo cual le fue otorgado un salvoconducto por el emperador Segismundo. Pero a pesar de ese documento, y en parte por la intervención de reformadores que depositaban su fe en el conciliarismo, Hus fue condenado por el concilio y quemado como hereje. Cuando las noticias de estos acontecimientos llegaron a Bohemia, Hus se volvió símbolo nacional y muchas de sus doctrinas fueron defendidas como cuestión de orgullo patrio. Aunque sus seguidores pronto se dividieron, y tales divisiones les llevaron a encuentros armados, las doctrinas de Hus no desaparecieron. A mediados del siglo XV sus seguidores se unieron a algunos valdenses y formaron la Unión de los Hermanos Bohemios, que posteriormente adoptó las ideas de la Reforma protestante.

Aunque las doctrinas de Hus no eran las mismas de Wyclif, sería correcto afirmar que en lo esencial ambos coincidían. Puesto que es imposible comparar aquí a estos dos pensadores en cada aspecto de sus doctrinas, baste decir que, en general, Hus era más moderado que Wyclif —especialmente en el uso del lenguaje—, que las circunstancias le llevaron a prestar más atención a la cuestión de las indulgencias, y que su cargo de predicador en la Capilla de los Santos Inocentes de Belén le dio ocasión de introducir reformas litúrgicas de acuerdo a su teología.

Por último, debemos decir una palabra acerca de Jerónimo Savonarola, ardiente reformador que combinaba la educación esmerada de un dominico con las expectaciones apocalípticas de un seguidor de Joaquín de Fiore. Aunque no fue teólogo distinguido, Savonarola nos interesa aquí como prueba de que aun en Italia, donde supuestamente el Renacimiento

estaba llevando a un nuevo interés en el antiguo arte pagano y en la estética por encima de la religión, había suficiente sentimiento en pro de una
reforma religiosa para hacer posible las repetidas «quemas de vanidades»
que tuvieron lugar en Florencia bajo la dirección de Savonarola. Si volvié-
semos nuestra atención hacia España, Polonia, o cualquier otra porción
de la cristiandad latina, encontraríamos la misma búsqueda de una nueva
vida espiritual. En el siglo siguiente esta búsqueda llevaría a la Reforma
protestante y a su contraparte católica romana.

XIX
El fin de una era

Llegamos así a lo que fue claramente el fin de una era. Constantinopla, la ciudad cristiana de Constantino, pertenecía ahora al pasado, y donde antes se invocaba el nombre del Salvador resonaba ahora el nombre del Profeta. Su pretensión de ser la «nueva Roma» había sido heredada por Moscú, alrededor de la cual un nuevo imperio comenzaba a surgir. En Occidente, la vieja Roma no gozaba de mejor suerte que su contraparte oriental. Había perdido su antigua posición de centro del mundo, y era ahora un factor político más dentro de una Europa cada vez más dividida por el nacionalismo. Los varios reinos de la península ibérica se unían ahora, el moro desaparecía, y nuevos horizontes se abrían allende los mares, donde un Nuevo Mundo estaba en espera de ser colonizado, cristianizado y explotado. La imprenta de tipos movibles comenzaba a diseminar materiales escritos a una velocidad que parecía increíble. Numerosos exiliados procedentes de Constantinopla reintroducían en Italia el estudio de las letras clásicas griegas. Eruditos tales como Lorenzo Valla sembraban dudas sobre la autenticidad de documentos en los que se basaba buena parte de la concepción del mundo del medioevo. Otros comenzaban a señalar hasta qué punto la transmisión manuscrita de los textos genuinos de la antigüedad cristiana los había corrompido.

Muchos de los personajes envueltos en estos grandes acontecimientos creían estar viviendo en la aurora de un nuevo día, cuando la ignorancia y la superstición de los últimos mil años desaparecerían. Esta opinión de que esos mil años habían entorpecido el desarrollo humano genuino hizo que se les llamara la «Edad Media», y que la nueva edad recibiese el título del «Renacimiento». Los más altos logros artísticos del medioevo fueron entonces llamados «góticos» —es decir, bárbaros—, y los arquitectos, pintores y escultores tomaron por ideal el arte clásico grecorromano.

Sería incorrecto pensar que la iglesia como institución se opuso a estas nuevas corrientes. Los papas rivalizaban con otros príncipes italianos en sus esfuerzos por atraerse los mejores artistas y eruditos. Lorenzo Valla, quien destruyó la base del poder temporal del papado al probar que la llamada *Donación de Constantino* era espuria, formaba parte de la curia papal. Aunque hubo fuertes protestas por parte de algunos monjes y laicos, el papado había sido capturado por el espíritu de la época.

No es este el lugar para discutir el pensamiento del Renacimiento. Pero sí debemos detenernos para discutir el juicio que el Renacimiento pronunció sobre la Edad Media. Lo primero que debemos decir dentro de este contexto es que quien esté leyendo esta obra se habrá percatado de que el medioevo no fue un período uniforme al cual se pueda aplicar un juicio global. Los primeros años después de las invasiones de los bárbaros, así como el siglo y medio que siguió a la decadencia del imperio carolingio, fueron ciertamente oscuros. Pero si hay en la historia de la civilización occidental una época que pueda llamarse «clásica» por la coherencia de su cosmovisión, por su originalidad, y por la belleza que creó, es sin lugar a dudas los siglos XII y XIII. A fin de pronunciar un juicio correcto sobre la Edad Media, han de tenerse en cuenta no solo los siglos oscuros, sino también los grandes logros del medioevo.

En segundo lugar, resulta claro que cualquier evaluación de la Edad Media necesariamente reflejará las presuposiciones teológicas de esa evaluación. Si se toma como punto de partida la opinión según la cual el propósito de la historia es llegar al punto en que el ser humano se hace adulto y queda emancipado de todas las ataduras tradicionales, el Renacimiento y los siglos subsiguientes serán vistos como el período en que el humano fue librado de las autoridades religiosas y políticas del medioevo. Si, por otra parte, se pretende que el propósito del ser humano es esencialmente espiritual, y que ese propósito solo puede ser logrado dentro de la estructura y bajo la autoridad de un orden cristiano, la Edad Media será vista como el período glorioso en que la autoridad religiosa fue más generalmente aceptada, cuando las gentes estaban más preocupadas por sus destinos eternos, y cuando las dudas sobre cuestiones religiosas fundamentales eran menos comunes. En cualquier caso, la evaluación que se haga de la Edad Media dependerá del punto de partida de tal evaluación.

Podemos decir, sin embargo, que, si la encarnación es el punto focal de la fe cristiana, el fin de la Edad Media ha de verse a la vez con regocijo y con dolor. Ha de verse con regocijo porque despertó en el ser humano una nueva conciencia del valor de su propia vida en todos sus aspectos. Mientras el estilo hierático del arte bizantino daba la impresión de que los acontecimientos relacionados con la encarnación habían tenido lugar aparte de la experiencia humana normal, y la lánguida expresión de la pintura medieval occidental parecía implicar que a fin de ser cristiano es necesario ser menos que humano, las figuras de Miguel Ángel en la Capilla Sixtina despiertan en quien las observa el orgullo de ser humano, de ser miembro de esta raza en uno de cuyos miembros Dios mismo tuvo a bien encarnarse. Pero por otra parte el ocaso de la Edad Media ha de verse con dolor, porque nunca desde entonces volvería el ser humano a verse a sí mismo como parte de la creación armoniosa de Dios, que existe sobre esta tierra entre animales, plantas, nubes y océanos por la sola misericordia del Creador. El ocaso de la Edad Media fue también el ocaso de la visión del humano como un ser incompleto cuyo destino final solo puede lograrse porque Dios en la encarnación le ha hecho posible vivir en armonía con lo divino y con la creación. El ser humano del Renacimiento, gobernante de su propia vida y de todo lo que le rodea, que no tiene necesidad de la acción condescendiente de Dios en la encarnación, pronto llegaría a ser el humano explotador y destructor de su medio ambiente.

La Edad Media fue seguida no solo por el Renacimiento, sino también por las reformas católica y protestante. En cierto sentido, estas dos reformas fueron nuevos puntos de partida; pero, en otro sentido, fueron también continuación del espíritu medieval. Como veremos, estos dos movimientos proveyeron los medios y la oportunidad para que los creyentes pudiesen proclamar y ver de nuevo, en sus situaciones siempre cambiantes, la afirmación básica de la fe cristiana: que Dios estaba en Cristo reconciliando al mundo a sí.

TERCERA PARTE

Desde la Reforma hasta nuestros días

XX
Un nuevo comienzo

Los factores que contribuyeron a la disolución de la síntesis medieval están tan entremezclados que es imposible separarlos entre sí. Sin embargo, en aras de una exposición ordenada, podríamos decir que los más importantes de entre tales factores fueron el nacimiento de las naciones europeas modernas, las dudas acerca de la jerarquía eclesiástica, la alternativa mística, el impacto del nominalismo sobre la teología escolástica y el humanismo del Renacimiento. Acerca de estos factores trataremos ahora en ese orden.

El auge del sentimiento nacional

Quizá el fenómeno político más importante de comienzos del siglo XVI es el nacimiento de las naciones modernas. De hecho, ese momento marca la transición entre el feudalismo medieval y las monarquías centralizadas de la edad moderna.

Aunque los cronistas españoles posteriores han descrito el período que va entre el año 711 y el 1492 como una constante y gloriosa lucha contra el infiel, fue solo hacia fines de siglo XV, cuando Isabel de Castilla contrajo nupcias con Fernando de Aragón, que se dio el paso definitivo hacia una España unida. Poco después, esa unidad parecía haberse logrado, puesto que en 1492 los moros fueron expulsados de su último baluarte en Granada, y Fernando conquistó Portugal y Navarra en el 1512.

A consecuencia de las guerras contra el moro, España llegó a unir estrechamente su propia nacionalidad con su fe católica, y de este modo el espíritu de sus esfuerzos por reconquistar la península —como también de sus esfuerzos en la conquista del Nuevo Mundo— fue el de una grande y constante cruzada contra el infiel.

A pesar de esto, España era católica a su modo. Nunca había sido verdaderamente parte del Sacro Imperio Romano, lo cual puede verse en la reacción negativa de muchos españoles cuando su rey Carlos I fue electo emperador. Cuando ahora se unió a las filas de la cristiandad católica, y pronto llegó a dirigirlas, lo hizo en sus propios términos. La jerarquía eclesiástica estaba sujeta a la corona, de hecho en la propia España y *de iure* en el Nuevo Mundo, puesto que para las nuevas tierras el papa Alejandro VI y sus sucesores le habían otorgado a la corona el derecho y la responsabilidad del Patronato Real, que prácticamente hacía de los reyes de España y Portugal los dirigentes de la iglesia en sus posesiones de ultramar. La Inquisición, ardiente defensora de la ortodoxia, estaba bajo el dominio efectivo de la corona, y su función vino a ser tanto preservar la fe católica como purificar la sangre y cultura españolas, mediante los procesos frecuentes de presuntos judaizantes y moriscos. Por último, varios papas de este período fueron instrumentos dóciles en manos de la corona española.

Francia asomó al siglo XVI como la monarquía más centralizada en toda Europa occidental. Tanto en España como en Inglaterra, la autoridad de los reyes tenía límites relativamente precisos; pero la mayoría de tales límites no existía en Francia. La Guerra de los Cien Años contra Inglaterra jugó un papel en Francia semejante al que ocupó en España la cruzada contra el moro: sirvió para darle coherencia al sentimiento nacional francés. Por un tiempo Francia pareció haber llegado a ser el centro de la cristiandad, pues hasta el propio papado existía bajo su sombra en Aviñón. Cuando los papas regresaron a Roma nunca pudieron arrebatarle al rey de Francia la influencia y poderío que este había llegado a tener sobre la iglesia en sus dominios.

Al salir del siglo XV, Inglaterra salió también de un largo período de luchas intestinas. Fue precisamente a fines de siglo que Enrique VII finalmente logró sobreponerse a la última oposición de la casa de York. A partir de entonces su política conciliadora, apoyada por su matrimonio con Isabel de York, fue generalmente exitosa. Cuando murió en el 1509 le sucedió su hijo Enrique VIII, heredero de los derechos tanto de Lancaster como de York. Esta unificación política iba acompañada de un fuerte sentimiento nacionalista. Puesto que la Guerra de los Cien Años fue el factor predominante en las relaciones externas de Inglaterra durante los siglos XIV y XV, y puesto que el papado en Aviñón estaba estrechamente aliado a los intereses franceses, el crecimiento del sentimiento nacionalista en Inglaterra iba unido a la convicción de que los intereses del papado se oponían a menudo a los de Inglaterra. Por tanto, se promulgaron leyes cuyo propósito era evitar que dineros ingleses fuesen a dar a las arcas del papado. Luego, las varias leyes y decretos del Parlamento en tiempos de

Enrique VIII no fueron sino la culminación de una larga serie de intentos de limitar la injerencia del papado en los asuntos del reino.

A principios del siglo XVI —y por varios siglos más— Alemania no era sino una confusa colección de pequeños estados prácticamente soberanos. Aunque se suponía que el emperador era quien los gobernaba, de hecho la autoridad imperial se hallaba limitada por los intereses, frecuentemente opuestos, de la nobleza. Aún más, puesto que a menudo los emperadores, y sobre todo los de la casa de Austria, que eran a la vez señores hereditarios de partes de Alemania y gobernantes electos de toda la nación, colocaban sus intereses dinásticos por encima de los del Imperio, y así obstaculizaban el proceso de la unificación nacional. Pero a pesar de esta división política, el nacionalismo se manifestaba en Alemania en dos maneras. La primera era el surgimiento de un fuerte sentimiento nacionalista aun a pesar de las fronteras feudales. La segunda fue el surgimiento de naciones independientes —Suiza, Holanda y Bohemia— que se separaron de lo que había sido tradicionalmente Alemania. En todo caso, el sentimiento nacionalista se manifestaba cada vez más fuertemente en medio de un pueblo que por siglos había sido el centro mismo del Sacro Imperio Romano.

En resumen, a principios del siglo XVI la Europa occidental no se veía ya a sí misma como un solo imperio, con un emperador a quien pertenecía la espada temporal, y un papa que blandía la espiritual. Por el contrario, una hueste de nuevas naciones reclamaba para sí el derecho de ser estados soberanos, y tales reclamos a menudo se oponían no solo a los del emperador, sino también a los del papa. Luego, el nacionalismo moderno fue un factor importante en la disolución de la síntesis medieval, y abrió el camino para la ruptura religiosa que tendría lugar con la Reforma protestante.

Otro factor que contribuyó a estos cambios fue el desarrollo del comercio y de la economía monetaria. Esto se relacionaba estrechamente con el crecimiento de las ciudades, cuyo poder económico y político pronto rivalizó con el de la nobleza. El capital vino a ser manejado y administrado por las ciudades y por grandes casas bancarias. El número de los nobles pobres llegó a ser tal que pronto se les consideró como una clase social distinta. La pobreza del campesinado aumentó debido a la concentración de las riquezas en las ciudades, y debido también a que ahora tales riquezas procedían del comercio más bien que de la agricultura. En breve, Europa estaba lista para un cambio radical; y tales condiciones se daban precisamente en el momento en que la jerarquía eclesiástica tradicional estaba perdiendo mucho de su poder y prestigio.

La pérdida de autoridad por parte de la jerarquía

Aun aparte del nacionalismo, la jerarquía eclesiástica estaba perdiendo poder y prestigio. Este proceso comenzó inmediatamente después de que el papado llegase a su punto culminante en la persona de Inocencio III, pero se aceleró durante los siglos XIV y XV, cuando tres acontecimientos consecutivos llevaron al papado a niveles cada vez más bajos. Esos tres acontecimientos fueron el traslado a Aviñón, el Gran Cisma de Occidente y la captura del papado por el espíritu del Renacimiento italiano.

En consecuencia, mientras el papado necesitaba cada vez más fondos y buscaba métodos cada vez más ingeniosos para adquirirlos, ese mismo papado perdía el prestigio que antes había tenido por toda Europa. Por lo tanto, los impuestos eclesiásticos se volvieron cada vez más onerosos y más difíciles de justificar, y esto a su vez contribuyó a la ola de nacionalismo que parecía barrer toda la Europa occidental.

Esto no quiere decir que toda la jerarquía eclesiástica estuviera corrompida. Por el contrario, había muchos hombres hábiles y dignos que insistían en los altos niveles morales que eran de esperarse de dirigentes eclesiásticos. Uno de tales fue el cardenal español Francisco Jiménez de Cisneros, quien unió a sus grandes logros intelectuales una vida de estricto ascetismo. Pero, a pesar de los muchos esfuerzos de personas tales como Cisneros, la corrupción parecía ser universal.

La alternativa mística

Como hemos visto, los siglos XIV y XV vieron un gran despertar en la piedad mística. Por lo común, este misticismo no se oponía abiertamente a la iglesia, ni se caracterizaba por las emociones intensas que generalmente llevan ese nombre. Por el contrario, la mayoría de estos místicos de fines de la Edad Media eran personas tranquilas y eruditas que se dedicaban al estudio, la meditación y la contemplación, pero que no pretendían convertir a toda la iglesia a su modo de entender la vida cristiana. Sin embargo, su mera existencia y sus vidas ejemplares, unidas al hecho de que muchos de ellos prestaban poca atención a la jerarquía eclesiástica, llevó a muchos a preguntarse si no habría aquí otro modo de ser cristiano.

Quizá el resultado más importante y característico del movimiento místico —aunque hubo otras escuelas místicas importantes en España, Italia e Inglaterra— fue la fundación de los Hermanos de la Vida Común. Estos hermanos llevaban una vida de intensa devoción; pero en lugar de pasar el tiempo aislados del resto del mundo, o de ocupar posiciones eclesiásticas, hicieron del estudio y de la enseñanza su propia forma de ministerio. En lugar de las prácticas ascéticas estrictas de algunas de las órdenes más antiguas, los Hermanos de la Vida Común pasaban su tiempo en el estudio, la meditación y el trabajo manual. Mediante la producción de manuscritos, y mediante la creación de escuelas donde los mejores conocimientos de la época se ponían al alcance de la juventud, los Hermanos de la Vida Común contribuyeron al desarrollo del humanismo. Erasmo de Rotterdam fue educado en una de sus escuelas; y sus conocimientos clásicos, su erudición meticulosa, su espíritu apacible y su profunda devoción, todos llevan el sello de los Hermanos de la Vida Común. Gracias a este movimiento —y a otros como él— el laicado pudo gozar de una mayor participación en la vida cristiana. Por lo tanto, su importancia para los acontecimientos que tuvieron lugar en el siglo XVI no ha de pasarse por alto.

El impacto del nominalismo

Quizá la popularidad del llamado nominalismo de fines de la Edad Media sea la mejor indicación del proceso de disolución por el que atravesaba la síntesis medieval. Los nominalistas del siglo XV no negaban la existencia de los universales. Lo que negaban era la posibilidad de que mediante tales universales la mente humana pudiese llegar a tener una percepción clara de la naturaleza última de la realidad. Pero, al tiempo que destruía los cimientos de la síntesis medieval, el nominalismo no ofrecía una alternativa viable. El debate teológico se hizo cada vez más complejo y se envolvió cada vez más en sutiles distinciones lógicas. Por lo tanto, surgió una desconfianza hacia los teólogos que no había sido tan marcada en los siglos anteriores. Esta desconfianza encontró su más clara expresión en la obra de Erasmo y de los demás humanistas.

Erasmo y los humanistas

Uno de los acontecimientos más notables de los siglos XV y XVI fue el movimiento humanista, que comenzó en Italia, pero que pronto se extendió a toda Europa occidental. Durante la Edad Media siempre había habido algunos que amaban y estudiaban los clásicos latinos, y los utilizaban como fuentes para su reflexión y para sus escritos. Pero en el siglo XV, como parte del gran despertar del interés en la antigüedad clásica que pudo verse también en la arquitectura, la pintura y la escultura, hubo un despertar en los estudios de la literatura clásica. A esto contribuyó la caída de Constantinopla, puesto que los numerosos eruditos bizantinos que buscaron refugio en Italia trajeron consigo sus manuscritos y su conocimiento de la lengua y literatura griegas. Pronto el griego vino a ser posesión común de las gentes educadas en toda Europa, y así se abrió una amplia avenida hacia los tesoros de la antigüedad.

La invención de la imprenta de tipos movibles le dio nuevo ímpetu al movimiento humanista. Hasta entonces había sido necesario depender de manuscritos cuya fidelidad al original se hacía dudosa dada la larga serie de copistas cuyos errores podían haberse introducido en el manuscrito. Aunque algunos en el medioevo hubieran considerado la posibilidad de tratar de redescubrir los textos originales mediante la comparación cuidadosa de varios manuscritos, tal proyecto nunca había sido emprendido. No habría tenido sentido pasar largas horas tratando de reconstruir el mejor texto posible, sencillamente para tener que volvérselo a confiar a un proceso de copias sucesivas semejante al que había corrompido el texto original. Pero esta situación cambió cuando se inventó un modo de producir un gran número de copias idénticas. Por esta razón muchos de los principales humanistas se dedicaron a la ardua labor de comparar manuscritos y producir ediciones críticas de los escritos de la antigüedad, así como de los padres de la iglesia y del texto bíblico. La más importante de estas empresas fue el Nuevo Testamento en griego que Erasmo publicó en 1516. Cuatro años más tarde un grupo de eruditos en la Universidad de Alcalá de Henares, bajo la dirección del cardenal Francisco Jiménez de Cisneros, publicó la *Políglota Complutense*, que incluía textos en hebreo, griego, arameo y latín. En Italia, Lorenzo Valla, secretario del papa, aplicó los nuevos métodos de la crítica textual a la supuesta *Donación de Constantino*, sobre la cual se basaban las pretensiones papales al poder temporal, y declaró que el texto en cuestión era espurio. Por toda Europa la posibilidad de obtener con relativa facilidad textos que hasta entonces habían sido escasos inspiró a muchos que se dedicaron a tratar de volver a las fuentes originales de su fe y su civilización.

Dentro de este contexto, Erasmo merece atención especial. Su obra muestra claramente que una época tocaba a su fin. Pero muestra también algo de la continuidad entre la edad anterior y la que ahora comenzaba. Erasmo no puede comprenderse si se le interpreta solo como un reformador moderado que careció del valor para llevar sus opiniones hasta sus últimas consecuencias. Si no se hizo protestante no fue porque le faltó el valor, sino porque sus convicciones sinceras no le llevaban en esa dirección. Continuó siendo católico porque creía que, a pesar de toda la corrupción en la Iglesia católica, a la cual se opuso tenazmente, era dentro de esa iglesia que se podía ser cristiano, y era de esa iglesia que él esperaba que surgiese la verdadera reforma del cristianismo.

Su fe incluía todas las doctrinas tradicionales de la iglesia, y muy especialmente la doctrina de la encarnación. No era él de los que creen que las creencias no tienen importancia alguna. Lo que él sí creía era que la verdadera doctrina cristiana era relativamente sencilla, y que el escolasticismo la había complicado hasta tal punto que resultaba difícil reconocerla. La práctica de la vida cristiana había quedado olvidada. La razón de su animadversión hacia el monaquismo era tanto la hipocresía que le parecía ver en la vida monástica tal como se practicaba en su tiempo, como la convicción más profunda de que lo que Cristo de hecho requiere del ser humano no es lo que se ordena en las reglas monásticas. Le repugnaba la idea de que el mejor modo de servir a Dios es apartarse del mundo y dedicarse a los ejercicios religiosos. El ascetismo es una especie de disciplina, como la del soldado, y debe ir siempre dirigida hacia la práctica de la vida cotidiana. Por otra parte, Erasmo tampoco sentía respeto alguno hacia quienes abandonaban esta disciplina y se daban por entero a sus propias pasiones, como puede verse en su burla mordaz del papa Julio II, cuyos gustos mundanales Erasmo critica en su tratado *Julio excluido del cielo*.

La «filosofía de Cristo», tal como Erasmo la entiende, parte de que la verdad es una, y por lo tanto Dios está dondequiera se encuentre la verdadera sabiduría. Aquí Erasmo apela a la doctrina del logos y saca de ella conclusiones semejantes a las que antes sacaron Justino, Clemente, Agustín y Buenaventura. El Verbo que se encarnó en Cristo es el mismo que habló en los filósofos, y por lo tanto Erasmo puede llegar hasta pedirle a «San Sócrates» que ore por él.

Erasmo se vio a un tiempo dentro y fuera de los límites de la iglesia establecida: dentro de ellos, porque siempre fue fiel hijo de la iglesia, creyó sus doctrinas y nunca se rebeló contra sus autoridades; fuera de ellos, porque siempre se sintió obligado a medir esa iglesia utilizando la medida de lo que él creía ser el evangelio, y por tanto en cierto modo a oponérsele con una actitud crítica que no siempre fue bien recibida.

Si se toma en cuenta todo esto resulta más fácil comprender la actitud de Erasmo hacia la Reforma protestante. Él mismo era también un reformador. Mucho antes de que el nombre de Lutero se oyese fuera de Alemania, Erasmo era ya discutido a través de toda Europa occidental como el gran campeón de la tan ansiada reforma. Buena parte de su extensísima correspondencia se dedicó a propugnar la causa de la reforma eclesiástica por toda Europa. Sus admiradores se encontraban en todas las cortes de Europa, y entre ellos se contaban varias cabezas coronadas. Un número cada vez mayor de obispos, cardenales y otros dirigentes eclesiásticos estaba de acuerdo con Erasmo en cuanto a la necesidad de una forma de cristianismo que fuese más profunda, más sencilla y más sincera. Por algún tiempo pareció que la iglesia en España sería la primera en experimentar una reforma del tipo propuesto por Erasmo. Inglaterra le seguía de cerca. Probablemente Francia y Navarra también experimentarían semejante reforma. Entonces, de súbito, un terrible huracán surgió en Alemania que cambió toda la situación. Según progresaba el movimiento luterano, y los dirigentes católicos trataban de prevenir su expansión, se hizo necesario que cada cual se definiese en cuanto a su actitud hacia ese movimiento. En España, donde poco antes se pensó que la iglesia se reformaría pronto, cualquier palabra de tono reformador se volvió sospechosa de herejía y hasta de traición contra el rey Carlos I, quien en Worms, bajo el nombre de Carlos V, había tenido que enfrentarse a Lutero. En Francia, en Alemania y en Inglaterra se trazaron líneas que a la larga llevarían a guerras religiosas. La moderación se había vuelto imposible. Tanto por su temperamento como por su convicción, Erasmo era moderado, y por lo tanto su posición se hizo cada vez más difícil.

Los protestantes creían que Erasmo tendría que unirse a ellos para ser consecuente con sus ideas reformadoras. Esto no era una interpretación correcta de lo que Erasmo había estado diciendo y proponiendo, puesto que Erasmo siempre se opuso a todo cisma, y pensaba que los protestantes estaban tan preocupados en sus propios debates teológicos que no podían comprender tampoco las sencillas enseñanzas del evangelio. Aún más, entre él y Lutero había una oposición profunda en el modo en que entendían la reforma. El espíritu pacífico de Erasmo no gustaba de la belicosidad de Lutero. Por algún tiempo Erasmo se abstuvo de atacar a Lutero abiertamente, diciendo que quizá el éxito del protestantismo era una señal de que Dios había decidido que la corrupción de la Iglesia católica era tal que hacía falta un cirujano capaz de llevar a cabo una operación drástica. Pero pronto los acontecimientos le obligaron a cambiar de táctica. Se le acusaba de ser secretamente luterano, y los protestantes estaban haciendo uso de sus escritos y de su fama para promover su propia causa. Enrique VIII de Inglaterra, el papa Adriano VI y una hueste de amigos y enemigos le instaban a clarificar su posición. Por último, se decidió a atacar a Lutero, y a hacerlo mediante un tratado *Sobre el libre albedrío*, puesto que este era un punto en el que clara y sinceramente estaba en desacuerdo con el reformador alemán. Este último respondió con un ataque virulento en *La esclavitud del albedrío*, donde se veía una vez más esa tendencia hacia la exageración que el propio Erasmo le había señalado antes. Después de ese incidente, Erasmo se movió cada vez más lejos de los protestantes, hasta tal punto que hacia el final de su vida aceptaba varias cosas en la Iglesia católica que antes había condenado.

Tampoco entre los católicos le fue bien a Erasmo, porque también entre ellos se hacía difícil sostener una posición moderada. Veintitrés años después de su muerte, cuando el primer índice de libros prohibidos fue compilado bajo Pablo IV, las obras de Erasmo se encontraban en él.

Es por esto que Erasmo representa el fin de una era. Después de él, y por casi cuatro siglos, sería muy difícil sostener entre católicos y protestantes la posición moderada que él sostuvo. En cierto sentido, Erasmo fue el último de una larga serie de reformadores moderados y no cismáticos que aparecieron una y otra vez durante los mil años del medioevo occidental.

Pero Erasmo es también el comienzo de una era. Es la era de la imprenta, de los libros y de la erudición. Sus ediciones críticas del Nuevo Testamento y de los padres fueron el comienzo de una vasta empresa que continúa hasta nuestros días. Resulta interesante señalar que fue Erasmo quien inauguró la moderna erudición bíblica al editar el texto griego del Nuevo Testamento; y que cuando, cuatro siglos más tarde, los protestantes y los católicos comenzaron a conversar los unos con los otros en lo que podría describirse como un espíritu de tolerancia al estilo de Erasmo, sus primeros pasos en el diálogo recién establecido tuvieron lugar en el contexto de esa erudición bíblica a la que Erasmo hizo una contribución tan significativa.

XXI
La teología de Martín Lutero

Martín Lutero es sin lugar a dudas el más importante teólogo cristiano del siglo XVI. Sin embargo, una palabra de advertencia se hace necesaria en este punto: aunque Lutero es indudablemente de importancia capital, y aunque la mayor parte de la teología cristiana del siglo XVI —tanto católica como protestante— no fue sino comentario y debate sobre Lutero, es importante recordar que hubo otros trabajos teológicos que tuvieron lugar tanto en la Iglesia católica como en Oriente, independientemente de toda discusión de las doctrinas de Lutero. Por lo tanto, a fin de lograr una visión global de la teología del siglo XVI, debemos evitar que los temas vitales que se debaten con relación al movimiento protestante eclipsen la labor teológica que se llevó a cabo en otros contextos.

Lutero es, como Agustín, uno de esos pensadores cuya teología se halla tan indisolublemente unida a su vida que es imposible comprender la una aparte de la otra. Por lo tanto, puesto que ese es el mejor modo de introducirnos en su teología, comenzaremos este capítulo con un breve resumen del peregrinaje espiritual que le llevó a la ruptura con Roma, para después estudiar algunas de las características más importantes de su teología en su forma definitiva.

En pocas palabras, el problema a que Lutero se enfrentaba era el del pecado y la gracia, del amor y la justicia. ¿Cómo podía un hombre como Lutero satisfacer al Señor Dios Santo y Altísimo? Sus estudios de los Salmos le dieron los primeros rayos de esperanza sobre la posibilidad de encontrar respuesta a tan candente pregunta. De algún modo, el Dios justo hacia quien Lutero sentía odio era también el Dios amante que en Cristo había quedado completamente abandonado para el bien de Lutero. De un modo misterioso, la justicia y el amor se comunican entre sí. Este fue el principio de la teología luterana. Sin embargo, el gran descubrimiento vino algún tiempo después cuando Lutero estudiaba la *Epístola a los Romanos* y llegó a la conclusión de que la «justicia de Dios» no es la ira de Dios contra los pecadores, sino más bien una justificación que es don de Dios mediante la fe.

En Wittenberg, en cuya universidad Lutero era profesor de Biblia, Federico el Sabio había reunido un número de reliquias que se suponía tenían poder para librar del purgatorio a aquellos que viniesen a verlas y ofrendasen los donativos de rigor. Mucho antes del comienzo de la Reforma, Lutero había predicado contra tales prácticas, y se había ganado el enojo de Federico el Sabio, quien gobernaba en la región. Tal era la situación cuando la cuestión de las indulgencias cobró mayor importancia por razón de una proclama de León X que le otorgaba a Alberto de Brandeburgo el derecho a vender una nueva indulgencia en sus territorios. Aunque Lutero no lo sabía entonces, varias personas de alto rango estaban involucradas en las negociaciones que habían llevado a tal proclama, y la suma que se esperaba reunir era considerable. La razón explícita que se daba para esta nueva venta de indulgencias era la necesidad de completar la Basílica de San Pedro en Roma, donde las obras habían quedado detenidas por falta de fondos.

Fue entonces que el monje alemán compuso sus famosas noventa y cinco tesis, cuyo verdadero título es *Disputa acerca de la determinación del valor de las indulgencias*. Las compuso en latín, puesto que su propósito no era crear un gran debate general, sino más bien sostener una disputa académica con los intelectuales, donde esperaba probar que sus tesis eran correctas. Tal procedimiento no era nuevo.

Las noventa y cinco tesis, puesto que fueron escritas teniendo en mente un solo problema, no constituyen una exposición completa de la teología de Lutero. En general, el ataque no es contra el papa, sino más bien contra los predicadores de indulgencias. Lo que tales predicadores dicen le hace daño al papa, puesto que llevan al laicado a plantearse tales preguntas como: ¿por qué el papa, si tiene poder sobre el purgatorio, no toma la determinación de sencillamente librar a todas las almas que se encuentran en él, sin tener que esperar hasta que se le haya dado «muy miserable dinero para la construcción de la Basílica»?

Sin su conocimiento ni aprobación, las noventa y cinco tesis, escritas originalmente en latín por tratarse de un documento académico, fueron traducidas al alemán, impresas y profusamente distribuidas por todo el país.

Por varias razones Lutero no fue aplastado inmediatamente. El papa León X, uno de los más ineptos que han ocupado la sede petrina, no era capaz de comprender las cuestiones profundamente espirituales envueltas en la controversia, ni quería tampoco tratar de entenderlas. Lo que

le interesaba era la vacante en el trono imperial, y la posibilidad de que
la controversia interrumpiera sus planes. Gracias a esto, el movimiento
creció al punto que se hizo imposible aplastarlo.

Con el correr de los años, y según se iba percatando de las implicaciones de su gran descubrimiento, Lutero fue quemando más y más naves tras
de sí. En 1519, en un debate en Leipzig con Juan Eck de Ingolstadt, este le
llevó a declarar que la autoridad de la Biblia es superior a la de los papas y
concilios, y que tanto algunos concilios como algunos papas han errado.
Eck le acusó de ser seguidor de Juan Hus. Aunque sorprendido ante tal
acusación, pronto Lutero llegó a la conclusión de que en muchos puntos
estaba de acuerdo con Hus. En 1520 escribió tres tratados importantes:
La libertad cristiana, *A la nobleza alemana* y *La cautividad babilónica de
la iglesia*. El primer tratado iba dirigido al papa, y acompañado de una
carta de carácter conciliador. En este tratado, bajo el título general de una
discusión de las libertades cristianas, Lutero exponía su manera básica de
entender la vida cristiana. Empero los otros dos tratados le llevaron aún
más lejos de la Iglesia católica. *A la nobleza alemana* negaba la autoridad
del papa sobre los señores seculares y sobre la Escritura, y declaraba que
era el poder secular, no el papa, quien debía convocar a un concilio para
la reforma de la iglesia. En ese tratado, sin embargo, mostraba claramente
que no estaba pidiendo el apoyo de las armas, puesto que la reforma que
se necesitaba nunca se lograría por tales medios. Pero lo más importante
en este breve tratado es que en él Lutero expresaba muchas de las quejas
que los alemanes tenían contra Roma, y de este modo el movimiento
reformador se entrelazó con el nacionalismo alemán. En *La cautividad
babilónica*, Lutero atacó el sistema sacramental de la iglesia. Según este
tratado, hay solo tres sacramentos: el bautismo, la eucaristía y la penitencia. En él se negaba la transubstanciación y el sacrificio de la misa.
También insistía en el sacerdocio de todos los creyentes, que ya había
expuesto en *A la nobleza alemana*. Con este ataque al sistema sacramental,
aun los más moderados —Erasmo entre ellos— quedaron convencidos de
que el cisma era irreparable. Pero en todo caso ya la suerte estaba echada,
puesto que cuando Lutero se preparaba a publicar su tratado llegó la bula
de excomunión *Exsurge Domine: Levántate, Señor*.

Faltaba ahora la acción del estado. Esta tuvo lugar en la Dieta de
Worms en 1521. Carlos, quien era ahora emperador del Sacro Imperio,
había vacilado en invitar a Lutero a la Dieta; pero Federico el Sabio y otros
insistían en la necesidad de darle a Lutero la oportunidad de defenderse.
El propio Lutero fue a Worms convencido de que iba hacia lo que bien
podría ser su muerte, y que solo podría escapar con vida si Dios decidía

salvarle. Los acontecimientos son bien conocidos. Con palabras memo-
rables y dramáticas, Lutero se negó a retractarse. Después de alguna vaci-
lación, la Dieta decidió condenarle y prohibirles a todos que le ofrecieran
asilo. Desde ese momento, tanto desde el punto de vista del estado como
desde el de la iglesia, Lutero y sus seguidores no eran ya parte de la única
iglesia verdadera.

La tarea del teólogo

¿Qué es la teología? ¿Cuál es la tarea propia del teólogo? ¿Con qué datos
cuenta el teólogo? Lutero afirma que existen una teología de la gloria y
una teología de la cruz. La teología de la cruz cree que Dios solo puede
ser visto y adorado tal como se manifiesta en su sufrimiento y en su cruz.
La teología de la gloria es ciega e hinchada, puesto que pretende que el
ser humano en su actual estado de pecado puede ver las obras de Dios
como tales, y a Dios en ellas. Frente a este tipo de teología está la teología
de la cruz, que es la única verdadera teología. Esta no pretende descubrir
a Dios tal y como es en sí mismo, sino que se contenta más bien con
conocerle tal como se ha dado a conocer en su revelación, es decir, en el
sufrimiento y en la cruz.

Por otra parte, hay un doble conocimiento de Dios, el natural o general y el revelado. Es por razón del conocimiento general o natural de Dios
que todos saben que existe una divinidad por encima de ellos, pero no
conocen su naturaleza. Esto pertenece al conocimiento revelado, y es de
ello que se ha de ocupar la teología.

Como resultado de este modo de entender la tarea y el método de la
teología, Lutero difiere en mucho de los escolásticos en lo que se refiere
a la relación entre la teología y la filosofía. La posición tomista, según la
cual la fe le añade al conocimiento natural de Dios ciertas verdades que
la razón no puede descubrir por sí misma, le resulta inaceptable. Pero
tampoco las opiniones de los nominalistas y de otros escolásticos tardíos
le resultaban aceptables, puesto que lo que estaban haciendo era sencillamente criticar el principio tomista sin rechazarlo de plano. Todo eso es
teología de la gloria.

De igual modo que hay un doble conocimiento de Dios, hay un doble
uso de la razón. Lutero puede referirse a la razón como «prostituta», y
puede también hablar de ella como «un instrumento muy útil». Esta aparente contradicción se resuelve si se tiene en cuenta que para Lutero la
razón, como cualquier otra capacidad humana, lleva el sello de la caída,
y solo puede cumplir su función propia cuando se le redime. La razón
puede ayudarnos en la vida horizontal; puede ayudarnos a ordenar la

sociedad; puede llevar a inventos útiles tales como la imprenta; es uno de los mejores medios que tenemos para buscar sostén material en el mundo.

La posición de Lutero con respecto al misticismo también nos ayuda a comprender la perspectiva básica de su teología. Aunque sentía más simpatía hacia los místicos alemanes que hacia la teología escolástica, Lutero insistía en que la «teología negativa» del místico no era sino otra forma de la «teología de la gloria». Tal teología tiene cierta idea del sufrimiento y de la humildad; pero esa idea surge no del Crucificado, sino de su propio concepto del Dios absoluto. El énfasis que los místicos colocaban sobre la necesidad de la experiencia era bien visto por Lutero. Sin embargo, aun este énfasis no le resultaba completamente aceptable, puesto que el punto de partida de la teología no es la razón ni la experiencia, sino la acción del propio Dios en su Palabra.

La Palabra de Dios

La Palabra de Dios es el punto de partida de la teología. Con este término Lutero se refiere a las Escrituras; pero le da también un sentido mucho más amplio. La Palabra o Verbo es la Segunda Persona de la Trinidad, que existía en Dios desde toda la eternidad; la Palabra es el poder de Dios que se manifiesta en la creación de todas las cosas; la Palabra es el Señor encarnado; la Palabra es las Escrituras que dan testimonio de ella; la Palabra es la proclamación mediante la cual la Palabra escrituraria es de hecho oída por los creyentes. Aunque el término «Palabra» se usa aquí en diversos sentidos, hay una relación estrecha e importante entre esas diversas formas de la Palabra de Dios.

Lutero es perfectamente ortodoxo en lo que se refiere a la doctrina de la Trinidad. Sus palabras para quienes la niegan son muy fuertes, y les llama «nuevos arrianos». Pero esta doctrina, que en el orden lógico antecede a la encarnación, en el orden actual de nuestro conocimiento solo es posible gracias al acontecimiento de Jesucristo. Ese acontecimiento es la Palabra suprema de Dios a través de la cual toda otra palabra ha de ser escuchada y comprendida.

Como es bien sabido, Lutero afirmaba que la tradición —especialmente la tradición más reciente del medioevo— debía ser rechazada en aras de la autoridad escrituraria. Sus razones para afirmar tal cosa nada tenían que ver con un deseo de crear nuevas doctrinas. Por el contrario, durante toda su vida los principales opositores de Lutero fueron no solo algunos católicos romanos conservadores, sino también aquellos entre los protestantes que querían deshacerse de toda la tradición de la iglesia. Su propia actitud era la de rechazar solamente aquellas opiniones y prácticas tradicionales que contradecían el «sentido claro de las Escrituras». La razón por la que Lutero insistía en la autoridad de las Escrituras era su convicción de que la tradición había caído en el error, y que debía ser llamada de nuevo al verdadero sentido del evangelio por la autoridad de las Escrituras, que se encuentra por encima de la tradición, de la iglesia, de los teólogos y del propio Lutero.

Frente a esta actitud los católicos romanos argüían que la iglesia creó las Escrituras y estableció su canon, y que por tanto esto muestra que la iglesia tiene autoridad por encima de ellas. La respuesta de Lutero era que, aunque es cierto que la iglesia estableció el canon, el evangelio creó a la iglesia, y que lo que él está afirmando no es estrictamente la primacía de las Escrituras, sino la primacía del evangelio del que ellas dan testimonio. De hecho, la forma propia del evangelio es su proclamación oral. Cristo no les ordenó a los apóstoles que escribieran, sino que proclamasen. Esto fue lo que hicieron primero, y fue solo más tarde que escribieron el evangelio, a fin de salvaguardarlo de toda posible tergiversación: tergiversación tal como la que la tradición ha introducido. Por lo tanto, decir que la iglesia creó el canon es cierto; pero el evangelio creó la iglesia y la autoridad de la Escritura no está en el canon, sino en el evangelio.

Es por esto que Lutero se tomó ciertas libertades con el canon escriturario, mientras insistía en la primacía de la Escritura por encima de la tradición. El caso más comúnmente conocido es el de la *Epístola de Santiago*, que siempre le causó dificultades debido a su insistencia en las obras con relación a la fe. En su prefacio a esa epístola, Lutero comienza señalando que la iglesia antigua no la consideraba apostólica. Por tanto, él está dispuesto a aceptar que es un libro bueno, y una buena exposición de la ley de Dios. Pero rechaza su apostolicidad y, dentro del ambiente universitario, entre sus amigos y estudiantes, se sentía libre para confesar que tenía deseos de echar la epístola del canon. Su actitud hacia el Apocalipsis era semejante. Por lo tanto, Lutero no era un biblista. Su autoridad fundamental no era el canon de la Biblia, sino el evangelio que él había encontrado en esa Biblia, y que era la piedra de toque para toda interpretación escrituraria.

La cuestión de la claridad de las Escrituras, y de la libertad que cada cual tiene para interpretarlas, se volvió crucial cuando algunos de los «entusiastas», tomando literalmente los mandamientos del Antiguo Testamento, comenzaron a subvertir el orden social. Lutero se sintió entonces obligado a explicar en qué sentido el Antiguo Testamento tiene autoridad para los cristianos, y en qué sentido no la tiene. La ley

278   Historia abreviada del pensamiento cristiano

de Moisés era ciertamente la Palabra de Dios; pero era Palabra de Dios para los judíos, y los cristianos no son judíos. Esto es cierto, no solo de la llamada ley ceremonial, sino de toda la ley de Moisés, inclusive los Diez Mandamientos. Moisés es el legislador que Dios ha dado para los judíos; pero no para nosotros. Si hay en Moisés algunas leyes que debemos obedecer, las debemos considerar como válidas para nosotros, no por razón de la autoridad de Moisés, sino por la autoridad de la ley natural. De hecho, mucho de lo que aparece en la ley de Moisés, tal como la prohibición de robar, del adulterio y del homicidio, es conocido por todas las personas, porque está inscrito en sus corazones. Por lo tanto, los cristianos han de obedecerlas, no porque Moisés lo haya dicho, sino porque son parte de la ley escrita en la naturaleza humana. Hay además algunas leyes, tales como las de los diezmos y las del año de jubileo, que pueden parecernos buenas, y que sería bueno aplicar en el Imperio. Pero también en el caso de esas leyes su valor no está en el hecho de que Moisés las haya dado, sino más bien en su valor racional intrínseco. También los cristianos han de prestar atención a los «ejemplos de fe, de amor y de la cruz» así como de lo contrario, que se encuentran en el Antiguo Testamento. Pero este valor del Antiguo Testamento no debe ser razón para que los cristianos se sientan obligados a obedecer las leyes judías.

Por otra parte, sí hay mucho de valor para el cristiano en Moisés y en todo el Antiguo Testamento. Cuando se le interpreta cristológicamente, y se ve que señala hacia Jesucristo, el Antiguo Testamento es de mucho valor para los cristianos. De hecho, es de tal importancia que el Nuevo Testamento no le añade más que el cumplimiento de lo que ya había sido prometido, y la revelación del sentido total de la promesa.

La ley y el evangelio

El principal contraste que Lutero ve en las Escrituras no es el que existe entre los dos Testamentos, sino el que existe entre la ley y el evangelio. Aunque hay más ley que evangelio en el Antiguo Testamento, y más evangelio que ley en el Nuevo, el Antiguo Testamento no ha de equipararse sencillamente con la ley, ni el Nuevo con el evangelio. Por el contrario, el evangelio está ya presente en el Antiguo Testamento, y la ley puede todavía escucharse en el Nuevo. La diferencia entre la ley y el evangelio tiene que ver con dos funciones que la Palabra de Dios desempeña en el corazón del creyente, y por lo tanto la misma Palabra puede ser ley o evangelio, según el modo en que le hable al creyente.

La ley expresa la voluntad de Dios, que se puede ver también en la ley natural, conocida por todos, en las instituciones civiles —tales como el estado y la familia— que le dan forma concreta a esa ley natural, y en la expresión positiva de la voluntad de Dios en su revelación. La ley tiene dos funciones principales: como ley civil, pone freno a los malvados y provee el orden necesario tanto para la vida social como para la proclamación del evangelio; como ley «teológica», nos muestra la enormidad de nuestro pecado.

Esta función teológica de la ley es importante para comprender la teología de Lutero. La ley es la voluntad de Dios; pero cuando esa voluntad se contrasta con la realidad humana viene a ser palabra de juicio y despierta la ira de Dios. En sí misma, la ley es buena y dulce; pero después de la caída somos incapaces de cumplir la voluntad de Dios, y por tanto la ley ha venido a ser palabra de juicio y de ira.

Pero la ley es también el medio que Dios utiliza para llevarnos a Cristo, porque cuando uno oye el «no» de Dios pronunciado sobre sí mismo y sobre todos sus esfuerzos está listo a oír el «sí» del amor de Dios, que es el evangelio. El evangelio no es una nueva ley que sencillamente aclara lo que Dios requiere. No es un nuevo modo mediante el cual podamos aplacar la ira de Dios; es el «sí» inmerecido que en Cristo Dios ha pronunciado sobre el pecador. El evangelio nos libra de la ley, no porque nos permita cumplir la ley, sino porque declara que ya ha sido cumplida para nosotros.

Y, sin embargo, aun dentro del evangelio y después de haber escuchado y aceptado la Palabra de la gracia de Dios, la ley no queda completamente abandonada. El creyente, a pesar de ser justificado, sigue siendo pecador, y la Palabra de Dios todavía continúa mostrándole esa condición. La diferencia está en que ahora no necesita caer en la desesperación, porque sabe que, a pesar de toda su maldad, Dios le acepta.

La condición humana

Lo primero que ha de decirse acerca del ser humano en su estado presente es que es pecador. Esto no quiere decir sencillamente que ha pecado, ni que siga pecando, sino que su naturaleza misma es naturaleza de pecado. El pecado está tan arraigado dentro del ser humano que le resulta imposible descubrirlo por sí mismo. El ser humano no puede hacer más que mal. Sus mejores virtudes, por admirables que parezcan desde el punto de vista de la ley civil, no le acercan a Dios.

Nada le queda al ser humano de qué gloriarse. Todo lo que le queda es la posibilidad de que se le vuelva en la dirección correcta. Pero esto basta para Dios. Es a esa posibilidad de la voluntad que Dios se dirige en su Palabra, haciendo que la voluntad perversa se vuelva hacia Dios, de modo que una vez más, aun en medio de su condición pecaminosa, el humano pueda tener comunión con Dios. Este es el evangelio de la redención en Jesucristo.

La nueva creación

El modo en el que Lutero entiende la obra de Cristo incluye todos los temas que en su época habían venido a ser tradicionales, y por tanto no hay necesidad de que nos detengamos en él. Lo que es importante es que en Jesucristo el creyente escucha la palabra que le libera de las ataduras del pecado, la muerte y el Diablo.

Esta es la palabra de justificación. La justificación no es algo que el creyente logra o merece. No es ni siquiera algo que Dios da a base de los logros futuros de una persona. La justificación es, ante todo, el decreto de absolución que Dios pronuncia sobre el pecador, declarándole justificado a pesar de su pecaminosidad. Esta es la doctrina típica luterana de la «justicia imputada». La justificación no es la respuesta de Dios a la justicia humana, sino la declaración de Dios en el sentido de que este pecador, a pesar de su pecado, queda ahora absuelto y se le declara justo.

El nombre que generalmente se le da al modo en que Lutero entiende la justificación es «justificación por la fe». Esto es correcto, porque Lutero afirma que la justificación viene solo por la fe. Lo que de hecho sucede es que Dios nos imputa la justicia de Cristo. Y el ser humano no tiene otro modo de comprender a Cristo y su justicia que mediante la fe.

Por otra parte, la frase «justificación por la fe» puede ser objeto de confusión, como si Lutero estuviese diciendo sencillamente que la única obra necesaria para la salvación es la fe. Para Lutero la fe no es una obra. No es el esfuerzo que el intelecto hace por creer. Ni es tampoco el esfuerzo de la voluntad por confiar. Es más bien la obra del Espíritu Santo en nosotros. Si alguien quiere referirse a la fe como una obra, puede hacerlo; pero recuerde siempre que la fe es obra de Dios y no obra humana.

La doctrina de la justificación imputada lleva a Lutero a afirmar que el cristiano es a la vez justo y pecador. La justificación no quiere decir que el ser humano sea hecho perfecto, ni que cese de pecar. El cristiano continuará siendo pecador mientras permanezca en esta tierra; pero será un pecador justificado y por tanto librado de la maldición de la ley.

Por otra parte, esto no quiere decir —como se ha dicho a menudo en lo que resulta ser una caricatura de la teología de Lutero— que la justificación no tenga importancia alguna para la vida actual del cristiano. Por el contrario, la justificación es la acción de Dios en la que, además de declarar al creyente justo, le lleva a ajustarse a ese decreto divino, guiándole hacia la justicia. Esto es la vida cristiana: una peregrinación de justicia en justicia; de la imputación inicial de la justicia por parte de Dios hasta el momento cuando, al final de su vida, el pecador será hecho verdaderamente justo por Dios. En esta peregrinación las obras juegan un papel importante, aunque no como medio para lograr la salvación, sino como señal de que de hecho se ha recibido la verdadera fe.

La iglesia

Como resultado de su rebelión contra la iglesia establecida y de su insistencia sobre la autoridad del cristiano que cuenta con las Escrituras para su apoyo, Lutero ha sido descrito frecuentemente como un profeta del individualismo y proponente de una comunión directa y personal con Dios, aparte de la iglesia. Nada más lejos de la verdad. Lutero fue un hombre de iglesia, y a través de toda su vida insistió en el papel fundamental que la iglesia juega en la vida del creyente. En sus escritos se refiere a la «madre iglesia» y afirma, como lo había hecho Cipriano siglos antes, que no hay salvación fuera de la iglesia. Y hay quienes llegan a afirmar que Lutero descubrió nuevas profundidades en la afirmación tradicional de la «comunión de los santos».

Por lo tanto, Lutero difería de la iglesia de su época no en lo que se refería a la importancia de la iglesia, sino en la definición de la naturaleza de esa iglesia y de su autoridad. Como es bien sabido, Lutero llegó a rechazar la autoridad del papa. Lo que caracteriza a la verdadera iglesia no es la sucesión apostólica, sino que en ella se predica y escucha la Palabra de Dios, ya que la iglesia nace y se nutre de la Palabra, y sin ella muere. Esto quiere decir a su vez que toda autoridad eclesiástica que obstaculice la actividad de la Palabra ha de ser destituida.

Por otra parte, Lutero tenía un profundo sentido de la historia y de la tradición, y esto le hacía consciente de que había sido precisamente la iglesia del papa la que había conservado la Palabra de Dios a través de las edades. Esto tenía para él cierta importancia, sobre todo cuando se enfrentaba a los protestantes radicales que rechazaban toda la tradición y pretendían regresar directamente a la Biblia.

La nota más característica de la eclesiología de Lutero, y la que parece determinar mucho del resto, es la doctrina del sacerdocio universal de los creyentes. También sobre este punto se le ha interpretado erróneamente, y se ha pretendido que lo que Lutero quería decir era sencillamente que cada cristiano es su propio sacerdote. Esto es cierto, pero lo que es más

importante es que cada cristiano es sacerdote para los demás. Este sacerdocio común de todos en bien de todos une a la iglesia, porque ningún
cristiano puede pretender serlo sin aceptar el honor y la responsabilidad
del sacerdocio.

Por otra parte, Lutero no quería dejar la puerta abierta para todos
aquellos que «se certifican a sí mismos y predican lo que mejor les
parece». La proclamación pública del evangelio es una responsabilidad
sobrecogedora, y no ha de serle confiada a cualquier persona. De entre
los que constituyen el sacerdocio universal, Dios llama a algunos para
este ministerio particular. Tal llamamiento ha de ser atestiguado por la
comunidad. Normalmente, esto quiere decir un llamamiento a través de
un príncipe, magistrado o congregación. Los «sectarios», que pretenden
haber sido llamados a predicar sus doctrinas de lugar en lugar, y que tal
llamamiento les ha venido directamente del espíritu, son «mentirosos
e impostores».

Los sacramentos

La Palabra de Dios le llega al creyente ante todo en Jesucristo. Pero, en un
sentido derivado, nos viene también mediante la Escritura, la predicación
del evangelio y los sacramentos. Los sacramentos son las acciones físicas
que Dios ha escogido para que sirvan de señal de su promesa. Están íntimamente relacionados con la fe y con la Palabra, puesto que su función
consiste precisamente en ser otra forma de escuchar la Palabra mediante
la fe. Para que una acción sea un verdadero sacramento, ha de ser instituida por Cristo, y debe estar unida a la promesa del evangelio. Por lo
tanto, en el sentido estricto hay solamente dos sacramentos: el bautismo
y la eucaristía.

El bautismo es la señal de la justificación. En él la Palabra de Dios le
llega al ser humano, y por lo tanto el bautismo no es más ni menos que
el evangelio mismo. Sin embargo, puesto que hay siempre una tensión
entre la imputación de la justicia y el hecho de que nuestra justicia es
una promesa escatológica, existe también una tensión en el bautismo. El
bautismo es el comienzo de la vida cristiana; pero es también el signo bajo
el cual tiene lugar toda esa vida.

Quien es a la vez justificado y pecador tiene que morir y ser resucitado constantemente.

El bautismo se encuentra indisolublemente ligado a la fe. No puede
haber verdadero sacramento sin la fe. Esto no quiere decir, sin embargo,
que la fe tenga que preceder al bautismo. Lo que sucede es más bien que
en el bautismo, como en la fe, la iniciativa es siempre de Dios, quien

otorga la fe. Esta fue la principal razón por la que Lutero insistió sobre el bautismo de niños: el negarles el bautismo a los niños, por razón de su carencia de fe, implicaría que el poder del bautismo —y por lo tanto del evangelio— depende de nuestra capacidad para recibirlo. Esto no sería más que una nueva versión de la justificación por las obras.

Fue sin embargo en lo referente a la eucaristía que Lutero se vio envuelto en controversias amargas y prolongadas, no solo con el catolicismo, sino también con algunos reformadores extremos, y aun con algunos más moderados entre los reformadores suizos.

Las principales objeciones de Lutero a la doctrina y la práctica católica con respecto a la cena del Señor pueden verse en *La cautividad babilónica de la iglesia*, donde afirma que este sacramento se halla cautivo de la iglesia de tres modos. El primero es negarles el cáliz a los laicos; el segundo es la doctrina de la transubstanciación, que ata el sacramento a la metafísica aristotélica; y el tercero es la doctrina según la cual la misa es «una buena obra y un sacrificio». Más tarde Lutero rechazó otras prácticas católico-romanas tales como las misas privadas.

Por otra parte, cuando algunos protestantes afirmaron que Lutero no había sido suficientemente radical, y que era necesario negar la presencia corporal de Cristo en el sacramento, surgió una controversia más larga y complicada. Este no es el lugar para narrar esa controversia. Más adelante, al discutir la reforma suiza y el movimiento anabaptista, sus opiniones serán expuestas con más detalle. Baste decir aquí que, en general, los opositores de Lutero afirmaban que la presencia de Cristo en la cena del Señor era «simbólica» o «espiritual» más bien que corpórea, y que la comunión era en esencia un acto en que se hacía memoria de la pasión del Señor. Lutero no podía aceptar tales opiniones, pues contradecían lo que le parecía ser el sentido claro de las Escrituras.

Al preguntársele cómo esta presencia corpórea tenía lugar, Lutero sencillamente respondía que no lo sabía, y que no creía deber preguntárselo. Rechazaba la transubstanciación en primer lugar porque colocaba el sacramento bajo el cautiverio de la metafísica aristotélica, y en segundo porque negaba la permanencia del pan y el vino. Su propia doctrina era que el pan y el vino, sin dejar de ser tales, venían a ser también vehículos en los que el cuerpo y la sangre de Cristo se hacían presentes. Algunos teólogos posteriores le dieron a esta doctrina el nombre de «consubstanciación», para mostrar así que las substancias de los elementos seguían existiendo, y que a ellas se añadía el cuerpo y la sangre del Señor. El cuerpo de Cristo se halla en el pan; lo demás es un misterio impenetrable.

Los dos reinos

El modo en que Lutero veía la relación entre la iglesia y el estado se expone corrientemente como la doctrina de los dos reinos, o de los dos regímenes. Según Lutero, Dios ha establecido dos reinos. Ambos son creación divina, y por tanto los dos se encuentran bajo el gobierno de Dios. Pero el uno se encuentra bajo la ley —en su función «civil» o primera— y el otro está bajo el evangelio. El orden civil ha sido establecido por Dios para refrenar a los malvados y evitar las consecuencias más extremas de su pecado. Su gobernante no tiene que ser cristiano, puesto que la ley básica que ha de utilizar en su gobierno se puede conocer mediante la razón natural. Aún más, la mayoría de los gobernantes no son cristianos, y la existencia de un gobernante cristiano debería sorprendernos más que lo contrario. Empero, los creyentes pertenecen también a otro reino. Es el reino del evangelio, donde ya no se encuentra uno sujeto a la ley. En este reino el gobierno civil no tiene autoridad alguna, de igual modo que los creyentes como tales no tienen autoridad en cuestiones civiles. Pero aquí es necesario recordar que en esta vida cada creyente es a la vez justo y pecador y que, por tanto, como pecadores todos estamos sujetos al gobierno civil.

Esta distinción entre los dos reinos tiene ciertas consecuencias prácticas. Las dos más importantes son que los cristianos no deben esperar que el estado y su fuerza física sirvan para apoyar la verdadera religión, y que los gobernantes no deben hacer de la iglesia un mero instrumento de su gobierno civil. El estado no ha de usar su poder para perseguir a los herejes, puesto que las cuestiones de fe no pueden decidirse mediante la espada. Esta doctrina de los dos reinos no es un modo de limitar la acción de Dios en el mundo. Ambos reinos se encuentran bajo el gobierno de Dios. Tampoco ha de identificarse estos dos reinos con la iglesia y el estado. Por el contrario, la doctrina de los dos reinos es el principio de la ley y el evangelio aplicado a la vida diaria del ser humano dentro de su situación histórica. Por lo tanto, de igual modo que las fronteras entre la ley y el evangelio son a la vez de importancia capital y siempre fluidas, así también las fronteras entre los dos reinos, sin dejar de ser importantes, no han de identificarse sin más con la distinción entre la iglesia y el estado, o entre dos clases diferentes de actividad, la una religiosa y la otra secular.

Lutero murió en Eisleben, el lugar de su nacimiento, el 18 de febrero de 1546. Ya en ese momento la reforma que él había desencadenado se había esparcido por toda Europa, y resultaba claro que este incendio no sería fácilmente apagado.

XXII
Ulrico Zwinglio y los comienzos de la tradición reformada

El movimiento reformador que Lutero había comenzado pronto contó con seguidores en distintas partes de Europa. Todo el continente estaba maduro para la reforma, y en varios lugares esa reforma tomó el camino protestante. En diversos grados, todo el movimiento sintió la influencia de Lutero. Pero las fuerzas desencadenadas por el reformador alemán no podían ser dominadas por una sola persona, y ciertamente no por el propio Lutero. Tomando en cuenta las principales corrientes que surgieron, es posible clasificar la teología protestante en el siglo XVI dividiéndola en cuatro grupos fundamentales: la tradición luterana, la reformada, la anabaptista y la anglicana. Puesto que en el capítulo anterior hemos discutido los comienzos de la tradición luterana, debemos estudiar ahora la obra de Ulrico Zwinglio, en quien la tradición reformada tuvo su primer teólogo.

Ulrico Zwinglio difería de Lutero en muchos modos. El más notable de ellos es el camino por el cual cada uno de los dos reformadores llegó a sus convicciones básicas: no encontramos en la vida de Zwinglio el angustioso peregrinar espiritual que hemos descrito en la juventud de Lutero, sino que el reformador suizo llegó a sus convicciones mediante consideraciones de orden patriótico e intelectual. Los intereses intelectuales de Zwinglio seguían el camino del humanismo erasmista. Mientras Lutero llegó a la convicción de la prioridad de las Escrituras por encima de la tradición mediante una larga lucha interna en la que descubrió la tensión entre ambas, el caso de Zwinglio fue distinto. Su modo de acercarse a las Escrituras era el de un humanista cristiano. Su regreso a la Biblia fue parte del regreso general a las fuentes antiguas que caracterizó al movimiento humanista. Como humanista, Zwinglio creía que el mejor modo para redescubrir la verdadera naturaleza del cristianismo era descubrir de nuevo el mensaje de las Escrituras, y aplicarlo entonces a la renovación de la fe cristiana. Aun aparte de su inspiración, la Biblia tenía autoridad por razón de su antigüedad, que la hace un testigo más fiel que la tradición posterior. Pero la Biblia es también inspirada, y por lo tanto la prioridad de las Escrituras no es solo una afirmación que el humanista puede hacer, sino que también ha de hacerse sobre la base de la fe. En quince tesis que Zwinglio publicó para que fuesen discutidas en 1523 se afirma claramente que es imposible comprender las Escrituras sin la dirección divina. Zwinglio no estudia las Escrituras del mismo modo en que un humanista estudiaría cualquier otro texto. Pero sí aplica a su interpretación los principios aprendidos de sus estudios humanistas.

Al igual que Lutero, Zwinglio entiende por «Palabra de Dios» no solo las Escrituras, sino también la acción creadora de Dios. Puesto que las Escrituras son expresión de esa Palabra, son también infalibles, y su cumplimiento es igualmente seguro.

El verdadero conocimiento de Dios —el conocimiento de *lo que Dios es*— solo nos puede llegar mediante la revelación divina, en las Escrituras. Nuestro propio conocimiento de Dios se encuentra tan lejos de la realidad divina, que proporcionalmente un insecto cualquiera sabe más acerca del ser humano de lo que este sabe acerca de Dios. Esto se debe al abismo que separa a la criatura del creador: un abismo a que Zwinglio hace referencia constante.

Luego, en teoría al menos, Zwinglio trata de sacar toda su teología de las Escrituras. Y, sin embargo, cuando inmediatamente después de decir estas palabras pasa a discutir la naturaleza de Dios, la mayor parte de su argumentación parece haber sido tomada de los filósofos más bien que de las Escrituras. Esto sirve para ilustrar el modo en que el humanismo funciona dentro de la teología de Zwinglio: la necesidad de regresar a las fuentes señala hacia la autoridad única de las Escrituras, pero el aprecio del humanista hacia la antigüedad le hace ver un gran acuerdo entre esas Escrituras y lo mejor de la filosofía clásica.

Providencia y predestinación

El modo en que Zwinglio entiende la naturaleza de Dios se relaciona estrechamente con la idea de lo absoluto. Sus argumentos en pro del monoteísmo se basan no tanto en las Escrituras como en la aseveración de que la existencia de más de un ser absoluto es una imposibilidad lógica. Luego, la doctrina de la providencia no es la mera afirmación de que podemos confiar en Dios para nuestro sostén y bienestar, sino también la aseveración de que la relación entre Dios y el mundo es tal que todo cuanto ocurre tiene lugar por la voluntad de Dios.

Es desde esta perspectiva que Zwinglio ve la doctrina de la predestinación. Dios no solo sabe todas las cosas, sino que también hace todas las cosas. Dios es la causa primera de todas las cosas. Hasta los filósofos paganos supieron que negar esto sería negar la naturaleza misma de Dios. Solo un predeterminismo absoluto puede hacerle justicia a la soberanía y la sabiduría divinas.

Al crear al ser humano y a los ángeles, Dios sabía que alguno de entre ellos caerían. No solo lo sabía, sino que también ordenó que así fuese. Su propósito al hacer esto fue que tanto los humanos como los ángeles pudiesen comprender mejor la naturaleza de la rectitud en contraste con la maldad. Pero esto no debería llevarnos a la conclusión de que Dios sea malvado, o que no ame a sus criaturas, ya que fue precisamente por razón de amor que Dios hizo estas cosas, para que tanto los humanos como los ángeles pudieran conocer la verdadera naturaleza de la fidelidad y de la rectitud.

A partir de esta doctrina de la predestinación, Zwinglio puede refutar fácilmente cualquier intento de fundamentar la salvación sobre las obras. La salvación es el resultado de la elección divina y no de un esfuerzo humano. En los elegidos Dios produce buenas obras, y por lo tanto tales obras son necesarias para la salvación, no en el sentido de que la produzcan, sino en el sentido de que la elección es también elección para realizar buenas obras. Por otra parte, lo contrario resulta ser cierto de los réprobos, en quienes Dios obra el mal; y, sin embargo, ese mal se les imputa a ellos, quienes están bajo la ley, y no a Dios, quien está por encima de ella.

Una de las características más interesantes en la teología de Zwinglio es su insistencia en el deseo que Dios tiene de comunicarse. Todo el proceso de la creación es una comunicación por parte de Dios. Como corona de esa creación Dios hizo al ser humano, con el cual puede sostener diálogo.

En resumen, la predestinación y la negación del libre albedrío se siguen de lo que se ha de decir de la naturaleza de Dios, así como del estado actual del humano.

La ley y el evangelio

Como resultado de su modo de ver la teología, la doctrina de Zwinglio acerca de la ley difiere de la de Lutero. Zwinglio comienza distinguiendo entre tres leyes: la voluntad eterna de Dios, tal y como se halla expresada en los mandamientos morales, las leyes ceremoniales y las leyes civiles. Las últimas dos no tienen importancia para el tema aquí tratado, puesto

que tienen que ver con lo externo y los temas del pecado y la justificación tienen que ver con lo interno. Por lo tanto, solo las leyes morales
del Antiguo Testamento han de discutirse en este contexto, y estas no
han quedado abolidas en modo alguno. Lo que ha sucedido en el Nuevo
Testamento es más bien que la ley moral ha quedado resumida en el mandamiento de amor. En su esencia, la ley y el evangelio son una sola cosa.
Por lo tanto, quienes sirven a Cristo están bajo la obediencia de la ley de
amor, que es la misma ley moral del Antiguo Testamento y la ley natural
inscrita en todos los corazones humanos. Luego, el principal punto en
que Zwinglio difiere de Lutero en este sentido es su aseveración de que la
ley permanece y el evangelio en ningún modo la contradice.

Al igual que Lutero, Zwinglio cree que el evangelio es las buenas nuevas de que los pecados son perdonados en el nombre de Cristo. Y, también
al igual que el reformador alemán, afirma que este perdón solo puede
ser recibido cuando uno tiene conciencia de su propia miseria, aunque le
asigna esta función al Espíritu, más bien que a la ley. Pero Zwinglio insiste
mucho más que Lutero en los resultados objetivos del evangelio, que sana
al pecador y le hace capaz de obedecer la ley.

Por lo tanto, en último análisis la ley y el evangelio vienen a ser prácticamente lo mismo. Esto se sigue de manera estrictamente lógica del modo
en que Zwinglio comprende la divina providencia y la predestinación.
La voluntad de Dios es siempre la misma y se ha revelado en la ley. La
función del evangelio consiste entonces en librarnos de las consecuencias
de haber quebrantado la ley, y en capacitarnos para obedecerla de ahora
en adelante.

La iglesia y el estado

La eclesiología de Zwinglio se relaciona estrechamente con su doctrina
de la predestinación. En el sentido estricto, la iglesia es la compañía de
los electos. Puesto que exactamente quiénes son los electos no resultará
claro sino hasta el día final, la iglesia en este sentido es siempre invisible a
los ojos humanos. Pero la confesión del nombre de Cristo, y el vivir según
sus mandamientos, son una señal razonable y probable de elección, y por
lo tanto la comunidad de quienes tienen tales señales recibe también el
nombre de iglesia. De este modo el contraste entre la iglesia visible y la
invisible no es un intento de disminuir la importancia de la comunidad
terrena, sino de mostrar cómo la iglesia puede ser al mismo tiempo la
totalidad de los electos y una comunidad cuando todavía la elección no se
ha manifestado claramente.

Puesto que la iglesia visible ha de ser señal de la invisible, y puesto que su tarea es la proclamación del evangelio, tiene la obligación y la autoridad de disciplinar sus filas. Aún más, puesto que esta iglesia existe en comunidades locales, esa tarea les ha sido entregada a congregaciones locales. De modo semejante, la congregación ha de nombrar a quienes han de ser sus ministros y la han de alimentar en la fe, pero al mismo tiempo debe juzgarles según la Palabra de Dios para ver si son en verdad ministros de esa Palabra.

En cuanto a la iglesia y el estado, Zwinglio los relacionaba mucho más estrechamente que Lutero. Esto también tiene que ver con su modo de ver la función de la ley divina. Aunque la ley cristiana es más excelsa que la ley civil, ambas expresan la única voluntad divina, y no hay contradicción ni ruptura entre ellas. Luego, aun quienes no se cuentan entre los electos, y no siguen por tanto la ley evangélica, están sujetos a la ley de Dios tal y como se manifiesta en los gobernantes y en la ley civil. Dadas las circunstancias históricas de Zúrich, Zwinglio parece hablar repetidamente como si la iglesia y el estado fuesen coextensivos.

Los sacramentos

Estos son dos: el bautismo, que es la iniciación de los cristianos, y la cena del Señor, que muestra que los cristianos recuerdan la pasión y victoria de Cristo, y que son miembros de su iglesia. El bautismo no ha de verse como algo que tiene poder para lavar los pecados de los bautizados. Tal afirmación parecería llevar a Zwinglio hacia el campo de los anabaptistas, quienes insistían en que los niños no deberían ser bautizados. Por esta razón se sintió obligado a escribir extensamente, mostrando que su posición era compatible con el bautismo de los niños. Su argumento en ese sentido se basa en la analogía entre la circuncisión y el bautismo como señales del pacto. De igual modo que los antiguos daban señal de su incorporación al pueblo de Israel mediante la circuncisión, así también los cristianos ahora dan señal de su incorporación a la iglesia mediante el acto de bautismo.

Empero, el tema principal de la larga controversia entre Zwinglio y Lutero, y más tarde entre sus seguidores, fue la cena del Señor. Para Zwinglio, la razón por la que los errores comunes con respecto a la cena del Señor han de evitarse es que son el principio de los diversos modos de idolatría que se han introducido en la iglesia a través de los siglos. Lo cierto es que la eucaristía no es más que lo que su propio nombre indica: acción de gracias y el regocijo común de los creyentes.

Las razones por las que Zwinglio se sintió obligado a negar la presencia corpórea de Cristo en la eucaristía eran dos. La primera era su modo de entender la relación entre lo material y lo espiritual; la segunda era su doctrina de la encarnación: si Cristo ascendió al cielo y está sentado a la diestra de Dios, su cuerpo no puede estar presente en la Cena. Puesto que en ambos puntos Zwinglio difería de Lutero, este último tenía razón al decir: «No somos del mismo espíritu».

Dados estos puntos de partida divergentes, no ha de sorprendernos que Lutero y Zwinglio, a pesar de su celo común por la reforma de la iglesia, y a pesar también de su sincero deseo de llegar a un acuerdo en Marburgo —aunque tal no es el cuadro que nos pintan muchos historiadores— no pudieron llegar a tal acuerdo.

En resumen, en cierto modo Zwinglio fue más radical que Lutero como reformador, y en otro modo fue más conservador. Zwinglio fue mucho más allá de Lutero en lo que se refiere al rechazo de las prácticas tradicionales de la iglesia medieval. Podría decirse que, mientras Lutero rechazaba solo aquellos elementos de la tradición que contradecían abiertamente el sentido claro de las Escrituras, Zwinglio tomaba una posición opuesta, rechazando todo lo que no pudiese ser claramente probado mediante las Escrituras. Su tarea era la restauración del cristianismo antiguo. La Zúrich de Zwinglio se deshizo del órgano en la catedral a pesar de que Zwinglio mismo era un magnífico músico. En lo que se refiere a los sacramentos, Zwinglio fue también mucho más lejos que Lutero. Y, sin embargo, algo del carácter radical de la experiencia de Lutero se ha perdido en la teología de Zwinglio. Ya no se encuentra aquí la dialéctica clara entre la rebelión y la redención, o entre la ley y el evangelio, que era tan importante para Lutero. Ni escuchamos tampoco aquí la palabra de Dios en juicio radical sobre toda palabra humana. La salvación mediante la gracia resulta ser ahora algo que prácticamente puede deducirse de la omnipotencia divina. La ley ha vuelto a ser amiga del pecador. Luego, no es del todo exacto decir que Zwinglio fue un reformador más radical que Lutero; de hecho, Zwinglio suavizó varios de los descubrimientos de Lutero. Pero sería todavía mucho más inexacto decir que fue más moderado que su contraparte en Alemania, puesto que en muchas cosas su reforma fue mucho más radical que la de Lutero. Quizá lo más exacto sería decir que con Zwinglio la reforma suiza comenzó a tomar su propia forma, bajo el influjo tanto de Lutero como del humanismo, pero sin dejar de ser producto de las circunstancias políticas y sociales que existían en la Suiza de entonces.

XXIII
El anabaptismo y la reforma radical

La reforma propuesta por Lutero y por Zwinglio ponía en duda muchas de las prácticas y las enseñanzas de la iglesia tradicional, pero aceptaba sin demasiadas dificultades buena parte de la práctica y la doctrina medieval del estado y su autoridad. Aunque Lutero y Zwinglio diferían en mucho en lo que se refiere a las relaciones entre la iglesia y el estado, ambos concordaban en el valor positivo del estado y de su autoridad. Ambos afirmaban que —dentro de ciertos límites— los cristianos deben obedecer al estado, y que se les llama a servir en diversas funciones dentro de ese estado. Era inevitable, sin embargo, que la búsqueda del cristianismo original y puramente escriturario llevase a algunos a afirmar que las relaciones entre la iglesia y el Imperio romano durante los primeros siglos del cristianismo tienen valor normativo, que la iglesia no ha de aliarse a ningún gobierno, que la verdadera iglesia, por el hecho de serlo, ya está invitando a la persecución, y que la conversión de Constantino fue por tanto la gran apostasía que señaló el fin del cristianismo puro.

Esta era una de las características más comunes de una amplia variedad de movimientos que comenzaron a surgir inmediatamente después del comienzo de la reforma luterana. En Zwickau surgió un movimiento cuyos «profetas» decían que la Biblia no era necesaria, puesto que ellos tenían el Espíritu. Aunque Lutero pudo eliminar tales opiniones y posiciones en Wittenberg, continuaron expandiéndose en otras partes de Alemania.

Empero, no todos los reformadores radicales eran revolucionarios políticos. Es necesario distinguir entre los primeros dirigentes del movimiento —la mayoría de ellos pacifistas—, el ala extremista que surgió bajo la presión de la persecución y la forma final del movimiento tal y como por fin logró subsistir. Aún más, también será necesario distinguir entre estas personas, cuya autoridad final era la Biblia, y otras cuyas aseveraciones se basaban en la razón o en lo que pretendían ser revelaciones del Espíritu. De aquí se sigue el bosquejo del presente capítulo, que discutirá a los anabaptistas bajo tres encabezamientos: «primeros», «revolucionarios», y «posteriores», para después discutir los reformadores espiritualistas y racionalistas.

Los primeros anabaptistas

Parece ser que el movimiento anabaptista comenzó en Zúrich entre algunos que pensaban que Zwinglio era demasiado moderado y cauteloso en su teología y en sus acciones, y sostenían que la reforma debería purificar no solo la teología, sino también las vidas diarias de los cristianos, especialmente en lo que se refiere a sus relaciones sociales y políticas. Por lo tanto, la iglesia no debería recibir el apoyo del estado, ni mediante diezmos e impuestos, ni mediante el uso de la espada. El cristianismo era cuestión de convicción personal, y por tanto los niños no debían ser bautizados, puesto que no podían llegar a tal convicción. Al principio estos «hermanos» —como se llamaban a sí mismos— sencillamente dudaban del bautismo de niños, pero no rebautizaban a quienes habían sido bautizados durante su infancia.

El paso decisivo fue dado el día 21 de enero de 1525, cuando el sacerdote exiliado Jorge Blaurock le pidió a otro de los hermanos, Conrad Grebel, que le bautizase. Grebel lo hizo, e inmediatamente Blaurock se dedicó a bautizar a otros miembros de la comunidad. Puesto que todas estas personas, nacidas en hogares cristianos, ya habían sido bautizadas, los adversarios del movimiento les dieron el nombre de «anabaptistas», que quiere decir «rebautizadores». El resultado fue trágico, puesto que antiguas leyes habían decretado la pena de muerte para quienes practicasen el rebautismo. Aquellas leyes habían sido promulgadas contra los donatistas, a quienes se castigaba por su rebelión civil más bien que por su herejía; pero a pesar de ello se aplicaron ahora a los anabaptistas, y cientos de ellos murieron.

Por otra parte, aunque el más importante movimiento anabaptista comenzó en Zúrich, no parece haber relación histórica alguna entre el grupo de esa ciudad y al menos otros dos que surgieron al parecer independientemente, uno en Augsburgo y el otro en el valle del Po. El principal dirigente del grupo de Augsburgo era Hans Denck, quien parece haber recibido la influencia tanto de Lutero como de los místicos de las riberas del Rin. En el valle del Po y sus alrededores surgió un grupo semejante bajo la dirección de Camilo Renato. Este grupo, cuyas doctrinas se acercaban a las de Miguel Servet, no solo negaba el bautismo de niños, sino también las doctrinas tradicionales de la Trinidad y de la inmortalidad del alma.

Puesto que no podemos seguir aquí todas estas ramas del anabaptismo según se mezclan y separan entre sí, debemos centrar nuestra atención en los dirigentes que parecen ser típicos de todo el movimiento. Dos de ellos son Conrad Grebel y Hans Denck.

La meta de Conrad Grebel (c. 1498-1526) era la restauración total del cristianismo del Nuevo Testamento. Esto debería hacerse no solo en las cuestiones teológicas básicas, sino también en la liturgia y en el gobierno eclesiástico. Luego, cuando Grebel y sus compañeros de Zúrich se enteraron de que Tomás Müntzer estaba rechazando el bautismo de niños —aunque sin llegar a rebautizar— y que había traducido la liturgia y compuesto varios himnos en alemán, le escribieron felicitándole por su posición con respecto al bautismo, pero también declarando que en el Nuevo Testamento no se dice nada acerca del cántico en la iglesia, y que por tanto este ha de ser rechazado. Fue este deseo de restaurar el cristianismo primitivo lo que les llevó a su posición con respecto a la iglesia y su relación con el estado.

A estos anabaptistas les parecía claro que el Nuevo Testamento contradice la práctica tradicional, tanto católica como protestante, de confundir a la iglesia con la comunidad civil. En el Nuevo Testamento la iglesia es una comunidad escogida de entre la totalidad del mundo, muy diferente de él, y que consiste solo de aquellos que han hecho una decisión personal de unirse al cuerpo de Cristo.

Tal comunidad cristiana no ha de recibir apoyo alguno del mundo y los poderes que en él reinan. Sus ministros han de ser escogidos por la congregación —no por el estado— y su sostén vendrá de las ofrendas voluntarias de los hermanos. No es necesario rechazar el estado en su totalidad. El estado tiene una función, y los cristianos deben obedecer sus leyes siempre y cuando no se opongan a la conciencia. La espada no ha de utilizarse para defender la fe. Al contrario, la comunidad de los creyentes ha de estar dispuesta a ser una comunidad de sufrimiento; aún más, ha de ser necesariamente una comunidad sufrida. Los cristianos no han de oponerse ni han de derrocar a los gobernantes malvados, ni han de defenderse de ellos de otro modo que no sea estar listos para enfrentarse a la persecución.

Lo que hace que una persona tenga fe no es la predestinación. La predestinación, especialmente tal y como la enseña Zwinglio, es una abominación que sirve para excusar al pecador y culpar a Dios. No ha de decirse en modo alguno que Dios sea la causa del mal, puesto que Dios es bueno. Es la voluntad del hombre —así como de la mujer, ya que en el movimiento anabaptista la distinción entre hombres y mujeres era menos marcada que en el resto de la cristiandad—, en su rebelión contra Dios, la que crea el mal. El mal consiste en buscar el propio bien, en no entregarse a Dios (*ungelassenheit*). «Entregarse» (*gelassenheit*) es característica de la voluntad de Dios mismo. Es precisamente porque se entrega a la voluntad humana y no la viola que Dios nos permite continuar existiendo tales y cuales somos. En Cristo y en su sufrimiento vemos la manifestación más clara de cómo Dios se entrega a sí mismo. Nosotros a nuestra vez hemos de entregarnos a Dios a fin de ser verdaderos cristianos. Ante Dios, todo lo que podamos hacer es nada, y solo es algo lo que no hagamos, es decir, nuestro entregarnos y permitirle a Dios dirigir nuestras vidas.

El comienzo de la fe se produce al escuchar la Palabra. Pero a esto ha de seguir la conversión, en la que el ser humano abandona su pecado y su egoísmo y se entrega a Dios. En la conversión, mediante la sangre de Cristo, todos los pecados son lavados y comienza una vida nueva y santa. Esto no quiere decir que el converso quede libre de todo pecado; pero al menos ahora tiene el poder de resistir. Si, por otra parte, alguien dice que ha sido convertido y carece sin embargo de ese poder, su fe no es verdadera; se trata de un hipócrita que ha de ser echado de la comunidad de los creyentes.

Las ceremonias cristianas deben ser sencillas y carentes de todo ritualismo exagerado. Deben seguir al pie de la letra las prácticas del Nuevo Testamento. Como hemos señalado más arriba, no ha de haber canto litúrgico. La acción central en la adoración es la lectura de la Palabra y su exposición. El bautismo y la Santa Cena son símbolos de realidades internas. El bautismo es símbolo de la conversión y del lavacro de los pecados, y por lo tanto ha de reservarse para aquellos adultos que pueden hacer profesión de su fe. (Conviene señalar aquí que la mayoría de los primeros anabaptistas no bautizaban todavía por inmersión. Fue más tarde que, en sus esfuerzos de acercarse al Nuevo Testamento en la medida de lo posible, los anabaptistas comenzaron a practicar el bautismo por inmersión). Por lo general la Cena del Señor se celebraba en pequeños grupos, y se interpretaba como un símbolo de la comunión que une a los cristianos entre sí y con Cristo. Los indignos no han de participar en ella, puesto que tal cosa rompería el vínculo de unión que la cena simboliza.

En resumen, los primeros anabaptistas estaban sencillamente tratando de llevar a sus consecuencias lógicas el llamado protestante a regresar a la autoridad del Nuevo Testamento.

Los anabaptistas revolucionarios

Las enseñanzas de los primeros anabaptistas no fueron bien recibidas por los católicos ni por la mayoría de los teólogos protestantes. Pronto surgieron a la luz las antiguas leyes que condenaban a muerte a quienes practicasen el rebautismo, y la historia del anabaptismo se volvió una larga lista de martirios y exilios. Al principio los protestantes vacilaron en perseguir a los anabaptistas. Por lo tanto, se organizó una serie de debates en los que, como era de esperarse, ninguno de los dos grupos logró convencer a su contrincante. Por último, la persecución llegó a extenderse a todo el Imperio, excepto algunos territorios protestantes cuyos señores no estaban de acuerdo en utilizar el poder del estado para castigar a los herejes. En unos pocos años murieron casi todos los primeros dirigentes del movimiento. Pero muchos de quienes abandonaron sus hogares huyendo de la persecución llevaron las doctrinas anabaptistas a otras partes de Europa, particularmente a Europa central, donde había más tolerancia.

Otra consecuencia de la persecución fue que el movimiento se dividió cada vez más, y que surgieron dentro de él posiciones más radicales. Desde el principio había habido dentro del movimiento quienes creían que debían poseer todos los bienes en común, mientras que otros se oponían a tales prácticas. Como sucede frecuentemente bajo la presión de la persecución, la expectación escatológica se hizo cada vez más vívida y urgente, y muchos se convencieron de que estaban viviendo en los postreros días.

Símbolo de la transición entre el anabaptismo original y sus tendencias más radicales es Melchor Hoffman (c. 1500-1543), talabartero de oficio, quien primero se hizo luterano, luego zwingliano y por último anabaptista. Al parecer fue en Estrasburgo, donde había cierta tolerancia, que se rebautizó. En parte debido a su influencia, Estrasburgo vino a ser el centro de un movimiento anabaptista que se expandió a lo largo del valle del Rin y penetró en los Países Bajos. Su predicación se hizo cada vez más apocalíptica, y comenzó a decir que había recibido revelaciones del fin cercano, cuando Cristo regresaría y establecería su reino en una nueva Jerusalén. Hoffman había rechazado el pacifismo absoluto de los primeros anabaptistas, afirmando que cuando el Señor viniera les exigiría a sus seguidores tomar la espada a fin de establecer su reino y destruir a sus enemigos. Esto, que había sido una expectación futura en el caso de Hoffman, tras su muerte se volvió ahora un llamamiento presente entre muchos de sus seguidores. El Señor estaba llamando a sus fieles a tomar las armas en defensa de la verdadera religión.

Tal era la predicación radical de Juan Matthys, un panadero de Haarlem en los Países Bajos, y de su discípulo más famoso, Juan de Leiden. Según la situación en Estrasburgo se fue haciendo más difícil para los anabaptistas radicales, estos comenzaron a volver su atención hacia la ciudad de Münster, la principal de Westfalia, donde un armisticio tenso entre los católicos y los protestantes creaba una situación de mayor tolerancia que en otros lugares. Los anabaptistas radicales comenzaron a congregarse en esa ciudad y acabaron por posesionarse de ella tras largas y complicadas maniobras políticas en las que no faltó el uso de la fuerza armada. El obispo de Münster, que se encontraba fuera de la ciudad, mataba a cuantos anabaptistas podía. Por su parte, los anabaptistas comenzaron quemando y destruyendo los manuscritos y obras de arte que les parecían ser restos de la fe tradicional, y más tarde expulsaron de la ciudad a todos los «impíos», es decir, a los católicos y los protestantes moderados. Apelando a la autoridad de los patriarcas del Antiguo Testamento, Juan de Leiden declaró que debía practicarse la poligamia, y que toda mujer en la ciudad debía unirse a algún hombre. Cuando en un encuentro al parecer milagroso las fuerzas de la ciudad derrotaron al obispo en campo abierto, Juan se hizo proclamar rey de la Nueva Sión. Pero el nuevo Israel no duraría largo tiempo, y a la caída de la ciudad las atrocidades que se siguieron por parte del obispo fueron paralelas a las que antes habían cometido los presuntos profetas. El «rey» fue colocado en una jaula, exhibido por toda la región, y por último torturado y muerto.

El anabaptismo posterior

La caída de la Nueva Jerusalén fue un golpe de muerte para el anabaptismo radical. Mientras Münster resistió fue fuente de esperanza para muchas personas por toda Alemania y Holanda que esperaban que pronto llegaría el día del Señor, cuando los poderosos serían humillados y los humildes serían elevados. Pero tras la caída de ese baluarte y la humillación de su presunto rey, los más moderados de entre los anabaptistas volvieron a ocupar el centro de la escena. Los grupos pacifistas, que nunca habían desaparecido del todo, cobraron ahora nuevas fuerzas.

Como ejemplo de lo que fueron los nuevos dirigentes del movimiento podemos tomar a Menno Simons (1496-1561), quien fue sin lugar a dudas el más destacado de esta nueva generación de anabaptistas. Simons era un sacerdote católico holandés que en el año 1536 decidió hacerse anabaptista. Simons se oponía a la violencia que propugnaba y practicaba el movimiento de Münster, puesto que esto le parecía pervertir el corazón mismo del cristianismo. Luego, el pacifismo no es una característica secundaria de esta rama del anabaptismo, sino que pertenece a la esencia misma del modo en que Menno entendía el evangelio. Es por ello que el pacifismo ha sido una característica constante de todos los cuerpos menonitas a través de los siglos.

La principal tarea de Menno fue establecer una distinción clara entre los anabaptistas radicales de Münster y el ala más moderada del movimiento. En su *Bases de la doctrina cristiana*, una obra cuyo tono y propósito son muy semejantes a los de los primeros apologistas cristianos, y que llegó a ser su libro más conocido, Menno afirma que el propósito de lo que escribe es precisamente mostrar esa distinción.

El tono básico de la teología de Menno es el de una separación del mundo. La base de tal separación es, como en el caso de los primeros anabaptistas, la conversión y el arrepentimiento personal, cuyo símbolo y proclamación es el bautismo. De este modo la verdadera iglesia vuelve a ser la comunidad de los creyentes. Quienes dentro de esa comunidad muestran no ser verdaderos creyentes han de ser echados de la iglesia, y toda la congregación ha de evadir todo contacto con ellos; aunque Menno afirmaba claramente que esto no debía hacerse con un espíritu de venganza, sino que debía ser más bien un llamado al arrepentimiento lleno de amor.

En resumen, Menno —y otros anabaptistas posteriores junto a él— volvieron al pacifismo original del movimiento. Esto no quiere decir, sin embargo, que hayan llegado a un acuerdo en todas las cuestiones teológicas, puesto que la historia del movimiento anabaptista durante los próximos cuatrocientos años fue una historia de constantes divisiones sobre bases doctrinales, y las numerosas fórmulas confesionales que fueron propuestas nunca lograron el apoyo de la mayoría de los anabaptistas.

Los espiritualistas y racionalistas

Si bien resulta difícil describir el movimiento anabaptista y clasificar sus diversos grupos y dirigentes, esta dificultad se hace aún mayor en el caso de quienes hemos llamado aquí «espiritualistas» y «racionalistas». Muchas de estas personas tenían fuertes tendencias místicas, y por lo tanto se inclinaban a estar más interesadas en la vida espiritual del individuo, o en la creación de una pequeña iglesia de verdaderos creyentes, que en la reforma de la iglesia en su totalidad. Muchos de entre ellos creían que la inspiración del Espíritu se encontraba por encima de las Escrituras, y algunos hasta llegaron a afirmar que la palabra escrita debía ser desechada a favor de la palabra que Dios le habla directamente al espíritu humano. Otros, por su parte, insistían en aplicar la razón humana al mensaje de las Escrituras, y llegaban así a proponer interpretaciones del evangelio que negaban doctrinas tales como la Trinidad y la encarnación. Debemos ahora dedicar a estas personas algunos párrafos, aunque señalando que hay grandes diferencias entre ellos y que, si les hemos incluido a todos bajo un solo título, esto ha sido solo por razones de claridad y de conveniencia, y no porque hayan sido en verdad parte de un movimiento unido o coordinado.

Gaspar Schwenckfeld (1489-1561) propuso lo que le parecía ser un término medio entre el catolicismo y el luteranismo. Pero su propuesta era en realidad una alternativa que resultaba inaceptable tanto para los católicos como para los protestantes. Esta supuesta vía media partía de una dicotomía entre lo «interno» y lo «externo», o entre lo espiritual y lo material. Esto quiere decir que el Espíritu Santo es libre de actuar como le parezca, y no está atado a la iglesia ni a las Escrituras. Por lo tanto, aunque la Biblia es infalible porque expresa la acción del Espíritu en los profetas y en los apóstoles, lo que resulta importante en el día de hoy no es estudiar las Escrituras sino recibir la inspiración del Espíritu. Sin tal inspiración las Escrituras no pueden ser entendidas correctamente. Hay también una iglesia interna y otra externa; las dos no coinciden en modo alguno, y la participación en la iglesia externa no garantiza la salvación. Todo lo que los mejores ministros —después de la época de los apóstoles— pueden hacer es señalar hacia Cristo, esperando que sus oyentes puedan también oír la palabra interna. También los sacramentos se interpretan a la luz de esta dicotomía fundamental. Puesto que los elementos de los sacramentos son materiales, no pueden en modo alguno servir de canal para lo espiritual. Todo lo que pueden hacer es dirigir lo externo hacia Cristo. Pero también aquí existe una dimensión espiritual. Naturalmente, el problema que acarrea esta clase de interpretación es que no se muestra en qué consiste la relación entre lo material y lo espiritual en la cena del Señor. Si el Espíritu queda libre de actuar donde le plazca, ¿cómo puede decirse que existe todavía semejante relación? ¿No sería mejor abstenerse de la comunión material, que parece descarriar a tantos, y participar solamente de la celebración espiritual? De hecho, esto era lo que Schwenckfeld recomendaba, aunque como medida provisional mientras se llegaba a educar a las personas en el verdadero sentido de la comunión.

El español Juan de Valdés (c. 1500-1541) siguió una línea muy distinta. Su religiosidad era una combinación de la elegancia y agudeza intelectual de Erasmo con el misticismo de los alumbrados, un grupo místico de contornos difusos que fue repetidamente condenado por la Inquisición española. Valdés buscaba lograr la comunión con Dios mediante la meditación, y en Nápoles llegó a reunir en derredor de sí un grupo numeroso y notable de seguidores. Puesto que estaba interesado principalmente en la religión interna, sus conflictos con las autoridades eclesiásticas siempre fueron relativamente suaves. Pero, al mismo tiempo, este énfasis en la vida interna le hizo sospechoso tanto para católicos como para protestantes.

En el siglo siguiente, Jorge Fox (1624-1691), el fundador de los cuáqueros, manifestó semejantes tendencias espiritualistas. Fox pasó largos años de búsqueda espiritual, hasta que, por fin, en el 1646, descubrió lo que llamó la «luz interna», que es Cristo dentro de cada creyente. Esto le llevó a apartarse de los «medios externos» que la iglesia había propuesto tradicionalmente, tales como la iglesia misma y los sacramentos. Pero siempre insistió en que sus seguidores debían guardar la unidad entre sí y buscar la justicia social, aunque siempre por medios pacíficos. Esto llevó a la fundación de la Sociedad de Amigos de la Verdad, razón por la que sus seguidores se conocieron también como «los amigos».

Las tendencias antitrinitarias de los racionalistas vinieron a ocupar el centro del escenario con Miguel Servet (1511-1553) y Fausto Socino (1539-1604). Servet era un hombre de profundas convicciones religiosas que creía que la doctrina de la Trinidad carecía de fundamento. En su España nativa la doctrina trinitaria había servido por mucho tiempo de piedra de tropezadero a judíos y musulmanes. Servet tomó entonces las dudas que habían existido en la teología de fines de la Edad Media acerca de la racionalidad de la doctrina trinitaria, las unió a los esfuerzos de los protestantes y humanistas del siglo XVI por regresar a las fuentes del cristianismo en el Nuevo Testamento, y llegó a la conclusión de que las doctrinas de la Trinidad y de la eterna generación del Hijo no se encontraban en las Escrituras ni podían tampoco ser sostenidas por medios racionales. Como es de todos sabido, huyó de la Inquisición católica en España solo para morir quemado como hereje en la Ginebra de Calvino. Sus opiniones, sin embargo, no desaparecieron, sino que encontraron campo fértil entre algunos anabaptistas que habían estado expresando dudas acerca de la doctrina trinitaria. También encontraron oído atento en Laelio Socino y en su sobrino Fausto. Fausto Socino llegó a ser uno de los más importantes teólogos antitrinitarios de Polonia, donde sus discípulos se multiplicaron. En 1605, un año después de su muerte, estos

discípulos expresaron sus doctrinas en el *Catecismo de Racovia*. En el
siglo XVII la introducción de los escritos de Socino en Inglaterra fue uno
de los factores que contribuyeron al surgimiento de la teología unitaria.

Lutero y sus seguidores veían a estos reformadores extremos con profundo horror. Lo mismo puede decirse acerca de los teólogos reformados
de Suiza y Estrasburgo. Resultaba claro que estas opiniones extremas
rechazaban mucho de lo que durante largo tiempo había sido tenido
por fundamental dentro de la fe cristiana. La polémica católica señalaba
que una vez que se rompían los diques de la autoridad eclesiástica no
había modo alguno de prevenir la inundación de posiciones extremas, y
que por tanto la proliferación de las sectas era consecuencia lógica de la
Reforma. Esto era cierto en parte. Sin embargo, es necesario señalar que
el espíritu de Europa en el siglo XVI era tal que los patrones tradicionales
de autoridad estaban desapareciendo, y que por tanto la Reforma es a la
vez causa y consecuencia de esa crisis de autoridad. Por una parte, el éxito
de Lutero fue posible porque los antiguos sistemas de autoridad estaban
perdiendo su vigencia. Por otra parte, el derrumbe final de la autoridad en
muchas partes de Europa fue posible porque Lutero tuvo éxito.

La tarea que ahora quedaba por delante de los reformadores más
tradicionales —luteranos y reformados— era exponer su teología de
un modo más sistemático que durante los primeros años de lucha y
descubrimiento. Los próximos capítulos tratarán sobre esos esfuerzos
de sistematización.

XXIV
La teología reformada de Juan Calvino

En términos generales, la influencia de Lutero fue más fuerte en las regiones septentrionales, mientras que la de Zwinglio predominó en Suiza y en la Alemania meridional. En la cuenca del Rin, y especialmente en Estrasburgo con su reformador Martín Bucero (1491-1551), hubo un intento de desarrollar una posición intermedia que uniría ambas ramas del protestantismo. Tales intentos fracasaron en lo político, puesto que la *Concordia de Wittenberg* de 1536, que unía a los luteranos del norte con Bucero y sus seguidores, y que había sido redactada con la esperanza de que también la aceptaran los suizos y los alemanes del sur, no tuvo éxito. En 1549 varios de los alemanes del sur y de los suizos llegaron al *Consenso de Zúrich*. Entre los suizos que participaron en tal consenso se encontraba Enrique Bullinger (1504-1575), quien había sucedido a Zwinglio en Zúrich, y era ahora el principal dirigente de la reforma en esa ciudad. Bucero aceptó este documento, puesto que las opiniones de Calvino, cuyo impacto se notaba en el *Consenso*, llevaban el sello del propio Bucero. Los luteranos no aceptaron este nuevo acuerdo, con el resultado de que Suiza y buena parte de Alemania siguieron la teología reformada de Calvino, la cual —en parte gracias a la influencia de Bucero— era en realidad una posición intermedia entre el zwinglianismo y el luteranismo. Luego, aunque Bucero fracasó en sus intentos de unir a los seguidores de Lutero y los de Zwinglio, sí tuvo indirectamente buen éxito al contribuir a la forma final y más moderada que tomó la teología reformada.

Le tocó a Juan Calvino (1509-1564) darle a la teología reformada su forma característica. Aunque es posible describir el curso externo de los años mozos de Calvino, los datos sobre su desarrollo intelectual y religioso son muy escasos. En todo caso, ya para 1535 Calvino estaba escribiendo el prefacio de la primera edición de la *Institución de la religión cristiana*, que se publicaría en Basilea —donde ahora estaba exiliado— en 1536. Aunque aquella primera edición de la *Institución* era poco más que el esqueleto del producto final publicado en 1559 —la edición de 1536 tenía seis capítulos, mientras que la de 1559 tenía ochenta—, ya era una obra importante que inmediatamente atrajo la atención de varios dirigentes de la Reforma. Uno de ellos fue Guillermo Farel (1489-1565), el jefe de la reforma en Ginebra. Calvino se veía a sí mismo ante todo como erudito, y quería dedicarse al estudio y la escritura. Pero estos planes cambiaron cuando, camino de Basilea hacia Estrasburgo, la guerra le obligó a tomar una ruta menos directa a través de Ginebra. A fuertes instancias de Farel, Calvino decidió permanecer en Ginebra, y comenzó así su carrera como líder de la reforma.

El conocimiento de Dios

Al comienzo de su *Institución,* Calvino afirma que prácticamente todo lo que el ser humano puede conocer consiste de dos cosas: el conocimiento de Dios y el conocimiento de sí mismo. El verdadero conocimiento propio, en el que descubrimos nuestra miseria e insuficiencia, también nos apercibe de la necesidad de buscar el conocimiento de Dios.

Hay en toda persona una conciencia natural de la divinidad. Pero somos incapaces de conocer a Dios, no solamente porque somos pecadores, sino también porque somos criaturas finitas y Dios es infinito. Esto a su vez nos indica que no debemos tratar de conocer a Dios en su excelsa gloria, sino solamente tal y como se nos revela, principalmente mediante las Escrituras. En la revelación, Dios se «acomoda» a nuestra percepción limitada. Tal es la función de las Escrituras, y ciertamente de toda la revelación, cuyos «antropomorfismos» se deben no a la esencia misma de Dios ni a una imperfección en la revelación, sino a nuestra capacidad limitada, a la que Dios ha adaptado todo lo que nos comunica.

Aunque en el sentido estricto la Palabra de Dios es la Segunda Persona de la Trinidad, también se puede decir que las Escrituras son la Palabra de Dios, porque son el testimonio de Dios para nosotros, y su contenido no es otro que Jesucristo. Las Escrituras no derivan su autoridad de la iglesia. Al contrario, la iglesia ha sido construida sobre el fundamento de los profetas y los apóstoles, y ese fundamento se encuentra ahora en las Escrituras.

Aunque Calvino rechazaba el uso de imágenes porque lo consideraba contrario a las Escrituras, no iba tan lejos como Zwinglio, quien concordaba con los anabaptistas en rechazar todo lo que no tuviese base escrituraria. Así, mientras Calvino y muchos calvinistas posteriores continuaron usando buena parte de las prácticas tradicionales en el culto, otros calvinistas que habían recibido la influencia de Zwinglio redujeron la música en el culto a lo que se podía encontrar claramente expresado en las Escrituras, es decir, cantar Salmos.

La condición humana

Si, como Calvino dice al principio de la *Institución*, prácticamente toda la sabiduría humana consiste en el conocimiento de Dios y de nosotros mismos, resulta que una parte importante de la teología cristiana es la antropología o doctrina del ser humano. Calvino trata sobre este tema en el segundo libro de la *Institución*.

La razón por la que nos encontramos en nuestra presente condición es el pecado de Adán, heredado por todos sus descendientes. El gran pecado de Adán no consistió sencillamente en desobedecer a Dios, sino que fue ante todo su credulidad, porque no creyó lo que Dios le había dicho y le prestó oídos a la serpiente.

En esto se fundamenta la doctrina de la depravación de la naturaleza humana, sobre la que Calvino insiste. Esta depravación, sin embargo, no es «natural» en el sentido de que se deba a la naturaleza humana tal como fue creada. Al contrario, tal naturaleza en sí misma es buena. Lo que es malo es la corrupción que el pecado ha introducido en esa naturaleza. De hecho, el intelecto humano caído todavía conserva un ansia natural de la verdad, y esto es un destello de su condición original. Empero, aun la búsqueda de la verdad nos lleva al orgullo y la vanidad.

La voluntad humana también se ha corrompido. Todavía tenemos una tendencia natural a buscar lo que es bueno para nosotros, pero esto apenas sobrepasa el «apetito natural» que se encuentra en todos los animales. Nuestra voluntad está ahora atada al pecado, y por lo tanto no hay uno solo de nosotros que verdaderamente busque a Dios.

La función de la ley

Cuando Calvino se refiere a la «ley», normalmente lo hace en un sentido distinto del de Lutero. Para él la ley no es la contraparte del evangelio, sino más bien la revelación de Dios al antiguo Israel, que se encuentra en los «libros de Moisés» así como en todo el resto del Antiguo Testamento. Luego, la relación entre ley y evangelio, más bien que dialéctica, es de continuidad. Hay diferencias entre los dos testamentos. Pero en su esencia el contenido es el mismo: Jesucristo.

El primer propósito de la ley —en lo cual Calvino concuerda con Lutero— es mostrarnos nuestro pecado, miseria y depravación. El segundo propósito de la ley es refrenar a los malvados. Aunque esto no lleva a la regeneración, sí es necesario para el orden social. Bajo este encabezado también la ley sirve a quienes, aunque predestinados para la salvación, todavía no se han convertido. Al forzarles a obedecer la voluntad de Dios, les prepara para la gracia a que han sido predestinados. Por último, el tercer uso de la ley es revelarles a los creyentes la voluntad de Dios. El énfasis en este tercer uso de la ley se volvió típico de la tradición reformada y sirvió para darle mucha de su austeridad en asuntos de ética.

Jesucristo

Como en el caso de la Trinidad, Calvino sigue la ortodoxia tradicional al discutir la persona y obra de Cristo. Sí hay, sin embargo, tres puntos en los que resulta importante estudiar su cristología. El primero se refiere a sus intentos de defender el dogma tradicional contra quienes lo atacaban. En segundo lugar, el modo en que Calvino describió la obra de Cristo en términos de su triple oficio de rey, profeta y sacerdote vino a ser común en la teología reformada. En tercer lugar, su modo de entender la unión hipostática se relaciona estrechamente con su posición con respecto a la presencia de Cristo en la Cena del Señor.

El primer punto en que las controversias contemporáneas obligaron a Calvino a desarrollar su cristología fue el propósito de la encarnación. Su principal opositor en ese sentido fue Osiandro, quien afirmaba que, aunque Adán no hubiese pecado, Cristo se habría encarnado, y que por tanto el propósito primario de la encarnación no es la redención de la humanidad, sino el cumplimiento de la obra de la creación. Es por razón de la caída que la encarnación tiene su propósito redentor, y este propósito es por tanto contingente. Estas doctrinas de Osiandro no eran nuevas, puesto que habían sido sostenidas por la mayoría de los franciscanos durante la Edad Media. Pero Calvino las rechazaba como vana especulación. La importancia de esta controversia está en que llevó a Calvino a fundamentar su cristología sobre la soteriología.

La doctrina de Calvino sobre la unión hipostática tomó forma en oposición a Servet. Lo que Calvino dijo a este respecto no es particularmente importante, puesto que sencillamente hizo uso de los argumentos tradicionales que ya para entonces eran comunes. Lo que sí es importante es que en medio de esta discusión Calvino desarrolló una cristología que, al tiempo que era estrictamente ortodoxa, tendía a subrayar la distinción entre las dos naturalezas en Cristo más bien que la unidad de la persona y la *communicatio idiomatum*. Esto es completamente consistente con la posición de Calvino con respecto al valor de la humanidad ante Dios, así como con su teoría de la presencia de Cristo en la Santa Cena, como veremos más adelante.

Calvino discute la obra de Cristo en términos de tres oficios. Cristo es a la vez profeta, rey y sacerdote. El título mismo de «Cristo» señala ese triple oficio, puesto que quiere decir «ungido», y en el Antiguo Testamento se acostumbraba ungir a los reyes, los profetas y los sacerdotes. Cristo es el profeta por excelencia, porque en él se cumplen todas las profecías. Las profecías del Antiguo Testamento no tenían otro contenido que Cristo mismo. Cristo es rey de la iglesia y de sus miembros individuales. Como tal, reina sobre nosotros. Empero, su gobierno es tal que comparte con sus súbditos todo lo que ha recibido. Como sacerdote, Cristo se ha presentado ante Dios como sacrificio. De este modo ha cumplido todos los antiguos sacrificios que no tenían validez sino en él. Y también ha hecho a sus seguidores sacerdotes, puesto que les ha capacitado para presentarse ante Dios como sacrificio vivo.

Por último, la tercera característica principal de la cristología de Calvino es su constante interés en evitar toda confusión entre la humanidad y la divinidad en Cristo. En esto se acercaba más a Zwinglio que a Lutero, quien subrayaba la unidad de la persona por encima de la distinción de las dos naturalezas. La importancia de esto está en que Calvino —al igual que Zwinglio— rechaza el modo en que Lutero usa la *communicatio idiomatum* como argumento en pro de la ubicuidad del cuerpo resucitado de Cristo, y por tanto en pro de la posibilidad de su presencia en el altar. Al igual que Zwinglio, Calvino argumentaba que la ubicuidad de la divinidad no se le ha comunicado al cuerpo de Cristo, y que por tanto ese cuerpo no puede estar presente al mismo tiempo en el cielo y en varios altares. Dentro de este contexto, Calvino señalaba que, aunque la divinidad de la Segunda Persona estaba completamente presente en Jesús, no quedaba circunscrita a su humanidad. Su maravillosa encarnación fue tal que al mismo tiempo que siguió estando en el cielo estaba plenamente en Jesús; y al mismo tiempo que nacía del seno virginal también llenaba todo el universo. Esto es lo que los teólogos posteriores llegaron a llamar el *extra calvinisticum,* y vino a ser un énfasis característico de la cristología reformada.

Si se intenta caracterizar la cristología de Calvino en unas pocas oraciones podría decirse que, al mismo tiempo que es estrictamente ortodoxa, esa cristología se inclina más hacia los antiguos antioqueños que hacia los alejandrinos, y también que su énfasis es soteriológico más que metafísico.

La redención y la justificación

Calvino entiende la obra de Cristo en términos de satisfacción. Mediante su obediencia hasta la muerte, Cristo ha merecido para nosotros el perdón de los pecados. Así quedan satisfechos tanto la justicia como el amor de Dios. Mas el hecho de que Cristo murió y así mereció la salvación para la humanidad no quiere decir que esa salvación sea efectiva para todos. Cristo y todos sus beneficios son puestos a disposición del creyente gracias a la operación interna y secreta del Espíritu Santo.

La fe tiene un elemento cognitivo. No es sencillamente una actitud de confianza. Mas no todo lo que se llama fe merece ese nombre, pues la fe tiene un contenido definido: es fe en Cristo.

Dado este modo de entender la fe, Calvino insiste sobre la doctrina protestante de la justificación por la fe. Como en el caso de Lutero, esto no quiere decir que de algún modo Dios encuentre en el creyente algo a base de lo cual declararle justo. Decir que Dios justifica no quiere decir en primer lugar ni fundamentalmente que el pecador haya sido hecho justo en términos objetivos. Lo que quiere decir es que Dios le declara justo. La justicia de Dios es como un manto con que el pecador se recubre gracias a la fe, de tal modo que se le declara justo.

Esta es la verdadera y única función de la fe. La fe no es la confianza mediante la cual aceptamos lo que la razón no puede probar pero la autoridad nos dice. Ciertamente hay cosas que han de ser creídas a base de la autoridad de las Escrituras; pero el aceptar tales cosas no es fe. La fe une al creyente con Cristo de tal modo que la justicia de este último se le imputa al creyente, a pesar del pecado.

Sin embargo, la justificación por la fe no quiere decir que los cristianos deban contentarse con la imputación de la justicia y continuar revolcándose en su pecado. Es cierto que el cristiano justificado sigue siendo pecador, y continuará siéndolo a través de toda su vida terrena. Pero también es cierto que el cristiano justificado trata de mostrar los frutos de la justificación. Esta es la tesis central de la sección de la *Institución* que recibe comúnmente el título de *Tratado sobre la vida cristiana*, que fue publicado repetidamente aparte del resto de la obra. La popularidad de este tratado contribuyó a imprimirle su sello al calvinismo posterior, especialmente el de la tradición puritana.

En los electos Dios crea el amor hacia la rectitud mediante el ejemplo de la santidad divina y a través de su comunión con Cristo. La obra de regeneración es la obra de Dios en el creyente, que progresivamente va creando de nuevo la imagen divina que había quedado deformada por el pecado. El resultado es la vida cristiana, que abunda en buenas obras.

Estas obras, sin embargo, no justifican. Son más bien el resultado y la señal de la justificación. La regla fundamental de la vida cristiana es que todo ha de usarse según el propósito para que ha sido creado.

Así vemos una vez más, ahora en el contexto de las doctrinas de la justificación y la regeneración, cómo el modo en que Calvino entiende relación entre la ley y el evangelio, precisamente por ser diferente del de Lutero, produce en él un énfasis mayor que el de Lutero sobre la clase de vida que el cristiano debe llevar. Esta diferencia entre los dos reformadores, que no parece grande al compararles a ellos mismos, a la postre produciría una diferencia marcada entre la tradición luterana y la reformada.

La predestinación

Calvino es bien conocido por su doctrina de la predestinación, que según algunos es el centro de su teología. Pero ese modo de interpretar la teología de Calvino es resultado de una perspectiva distorsionada por controversias posteriores. Calvino sí afirmó la doctrina de la doble predestinación, y con el correr de los años fue ampliando la sección de la *Institución* en donde la discutía. Pero el lugar poco conspicuo que los cuatro capítulos sobre la predestinación ocupan en la *Institución* debería servir de advertencia de que esta doctrina, por muy importante que sea, no es la clave que explica todo el resto de la teología de Calvino. Además, la doctrina de Calvino de la predestinación no es, como en el caso de Zwinglio, un corolario que se deduce de la providencia divina. Es importante señalar que Calvino discute la providencia en el primer libro de la *Institución*, y deja la cuestión de la predestinación para el final del tercer libro, donde trata sobre la vida cristiana, inmediatamente antes de pasar a la eclesiología. La razón es que para Calvino la predestinación es ante todo una doctrina práctica que sirve para reforzar la doctrina de la justificación por la fe y al mismo tiempo provee el fundamento para la eclesiología.

Lo que es más, el hecho mismo de separar la predestinación de la discusión de la providencia general de Dios muestra que Calvino no tratará de probar la predestinación a partir de la omnipotencia y omnisciencia divinas. Pretender hacer tal cosa sería tratar de penetrar los secretos de Dios, y constituiría el colmo del orgullo y la impiedad. La predestinación es ciertamente una doctrina difícil y peligrosa. Pero se deriva de las Escrituras, y por tanto ha de ser enseñada y predicada.

El decreto divino de la elección no depende de la presciencia divina. La predestinación no es sencillamente la decisión por parte de Dios de tratar con una persona según lo que ya Dios sabe que esa persona va a hacer, y recompensando así sus acciones y actitudes futuras. Al contrario, afirmar que la elección es un decreto soberano implica que no depende de acción humana alguna, pasada, presente o futura. Es una decisión independiente por parte de Dios.

Lo mismo es cierto de los réprobos. Dios decide de manera activa no darles el oír la Palabra, o hacerles oírla de tal modo que sus corazones se endurezcan. De un modo misterioso que nadie puede penetrar, los réprobos son justamente condenados, y en esa condenación se exalta y sirve la gloria de Dios.

Los electos, por otra parte, pueden tener la seguridad de su salvación. Esto no quiere decir que uno ha de confiar en su propia fe y pretender que esa fe le asegura la salvación. Lo que quiere decir es que quien tiene verdadera fe dirige su mirada a las Escrituras, y a Cristo en ellas, y en él encuentra la seguridad de la salvación.

Luego, en resumen, la doctrina de Calvino sobre la predestinación se basa —o al menos pretende basarse— no sobre la especulación acerca de la omnipotencia y la presciencia de Dios, sino sobre el testimonio de las Escrituras. En cuanto a la teología cristiana, la doctrina de la predestinación cumple en ella una función doble, pues es a la vez una afirmación absoluta de la salvación mediante la sola gracia de Dios y la base de la eclesiología, a la que ahora debemos dedicar nuestra atención.

La iglesia

Calvino establece una distinción clara entre la iglesia visible y la invisible. En el sentido estricto solamente esta última, formada por todos los electos, tanto vivos como muertos, es la verdadera iglesia universal. Solamente ella es el cuerpo de Cristo, puesto que solo los electos son miembros de ese cuerpo, y en la iglesia visible hay muchos que no lo son. Sin embargo, la iglesia visible es una expresión útil y necesaria de la iglesia invisible, y mientras permanezcamos en esta vida la iglesia visible ha de ser la nuestra, la única que podemos conocer, y que es señal de la comunión invisible de los electos. Cuando Calvino dice «iglesia», excepto en los pocos casos en que declara explícitamente que se refiere a la compañía de los electos, quiere decir la compañía visible sobre la tierra, en la que se encuentran mezclados el trigo y la cizaña.

Aunque solo Dios sabe quiénes son los electos, hay señales que indican quiénes han de tenerse por tales. Estas son las personas que confiesan a Dios y a Cristo, participan en los sacramentos y llevan una vida santa. Por tanto, las dos señales de la iglesia son la predicación de la Palabra y la administración de los sacramentos. La santidad personal de sus miembros no es señal de la verdadera iglesia, como pretenden los anabaptistas, puesto que los miembros de la verdadera iglesia no son únicamente los electos, y aun los electos mismos siguen siendo pecadores. Por otra parte, la Iglesia de Roma no es verdadera iglesia, porque se ha apartado de la verdadera predicación de la Palabra. Donde no se honra la Palabra de Dios, no hay iglesia. Frente a esto, el argumento de la sucesión apostólica no tiene valor, puesto que la verdadera apostolicidad no viene de la imposición de manos, sino de la predicación de la doctrina de los apóstoles. Sin embargo, sí hay ciertos «vestigios» de la iglesia en la Iglesia romana, principalmente el bautismo.

Calvino le prestó más atención que Lutero a la organización de la iglesia. En términos generales, concordaba con los otros dirigentes reformados, tales como Zwinglio y Bucero, en que la restauración del cristianismo requería regresar a su organización primitiva. En esto difería de Lutero, quien pensaba que tales cosas eran de importancia secundaria siempre y cuando se predicara correctamente el evangelio. Es por ello que las iglesias de la tradición luterana tienen una gran variedad de patrones de organización, mientras la mayoría de las iglesias reformadas se gobiernan según los principios fundamentales propuestos por Calvino; aunque Calvino nunca pensó que sus propias instrucciones sobre el gobierno de la iglesia fuesen una restauración literal de las prácticas del Nuevo Testamento, sino que las veía más bien como un esfuerzo de tomar lo que el Nuevo Testamento dice acerca de la vida de la iglesia y darle forma en el gobierno de la misma. Fue la tradición reformada posterior la que se inclinó frecuentemente a pensar que el modelo ofrecido por Calvino era el que las Escrituras proponían por encima de cualquier otro.

Aunque no podemos discutir aquí los detalles del gobierno eclesiástico que Calvino propone, sí hay dos puntos importantes que ilustran su eclesiología: la elección de los pastores y la administración de la disciplina.

La elección de los pastores ha de tener lugar por acción conjunta de la iglesia (es decir, la congregación local en la que han de servir) y los pastores (es decir, otros pastores de otras congregaciones locales). Esto es importante por cuanto indica que para Calvino la congregación local es la iglesia. La iglesia no es una superestructura que abarque todo el mundo. Pero, al mismo tiempo, cada iglesia local ha de medirse según los criterios de la predicación de la Palabra y la administración de los sacramentos. Es por esto que la iglesia local elige a sus propios pastores, que han de ser personas ejemplares tanto en su doctrina como en su vida. Pero no basta con la decisión de la iglesia local, sino que los otros pastores han de coincidir en el juicio de esa iglesia, para así asegurarse de que las congregaciones locales no se aparten de las enseñanzas bíblicas. Esta es la consideración eclesiológica fundamental tras el gobierno de tipo «presbiteriano», que ha venido a ser típico de las iglesias reformadas.

En segundo lugar, la administración de la disciplina sigue un patrón semejante. La disciplina es necesaria en la iglesia no para garantizar su santidad —que se encuentra en Cristo—, sino para conservar el honor de Cristo, cuyo nombre es vituperado cuando su voluntad se viola abiertamente. La iglesia puede disciplinar a sus miembros mediante admoniciones privadas y públicas y, en casos recalcitrantes, mediante la excomunión. El propósito de la disciplina es triple: evitar la profanación del cuerpo de Cristo en la Cena del Señor, evitar la corrupción del resto de la iglesia y llamar al pecador al arrepentimiento. En contraste con la práctica católica romana, Calvino afirma que la disciplina ha de ser administrada conjuntamente por los pastores y la iglesia. Frente a lo que decía ser la práctica de los anabaptistas, Calvino insistía en que la disciplina debía administrarse con un espíritu de amor, y recordando siempre que quienes la administran tampoco son puros. Luego, las características fundamentales de la eclesiología de Calvino pueden verse una vez más en sus instrucciones para la administración de la disciplina.

Los sacramentos

Con la claridad que caracteriza su estilo, Calvino comienza su discusión de los sacramentos en la *Institución* ofreciendo una definición de lo que es un sacramento: una señal externa mediante la cual Dios sella las promesas de su gracia a fin de sustentar la fragilidad de la fe humana.

Al desarrollar su doctrina de los sacramentos, Calvino trata de evitar las posiciones católica y luterana, por una parte, y las teorías de Zwinglio y los anabaptistas por otra.

Frente a Zwinglio y los anabaptistas, Calvino insiste en que los sacramentos tienen verdadera eficacia. Negar tal eficacia sobre la base de que los incrédulos los reciben juntamente a los creyentes sería lo mismo que negar el poder de la Palabra porque entre quienes la escuchan algunos la obedecen y otros no. En cuanto al argumento de que la fe es don del Espíritu, y que por lo tanto los sacramentos no la fortalecen ni aumentan, quienes tal dicen deben percatarse de que es precisamente el Espíritu quien les da eficacia a los sacramentos. Lo que es más, aquí también puede establecerse un paralelismo entre los sacramentos y la Palabra, porque la última tampoco tiene eficacia sin la acción del Espíritu.

Por otra parte, también se equivocan quienes pretenden que los sacramentos tienen el poder de justificar y de impartir gracia. Su error consiste en confundir la «figura» del sacramento con la «verdad» que se encuentra en él. Tal confusión lleva a la superstición, que consiste en depositar la fe en lo que no es Dios. Esto pervierte la naturaleza misma del sacramento, cuyo propósito es precisamente excluir toda otra base de justificación y centrar la fe en Jesucristo. De hecho, Cristo mismo es la verdadera sustancia de todos los sacramentos, porque él es la fuente de su poder, y lo que ellos prometen y otorgan no es otra cosa que Cristo mismo.

También en el Antiguo Testamento hay sacramentos, tales como la circuncisión, las purificaciones y los sacrificios. Al igual que en el caso del Nuevo Testamento, la sustancia y sentido de estos sacramentos era Jesucristo. La diferencia está en que mientras los sacramentos del Antiguo Testamento anunciaban su futura venida, los del Nuevo le manifiestan tal como ya nos ha sido dado. Empero, su eficacia es la misma, puesto que el contenido es el mismo.

Los sacramentos del Nuevo Testamento son dos: el bautismo y la Cena del Señor. Los otros ritos que usualmente reciben el título de sacramentos no lo son en realidad, puesto que en ningún lugar en el Nuevo Testamento se encuentra indicación alguna de que Dios los haya instituido como señales de su gracia, y los antiguos escritores cristianos no les dan tal título.

El propósito del bautismo —como el de todo sacramento— es doble: sirve a la fe y es una confesión ante los demás. Como ayuda a la fe, el bautismo es señal verdadera de la remisión de pecados, y de la muerte y resurrección del creyente con Cristo, así como de su unión con él. La remisión de los pecados a que se refiere el bautismo no tiene que ver únicamente con el pecado original y otros pecados pasados, sino también con los venideros. El lavacro del bautismo no se limita al pasado. Tal sería el caso si el lavacro tuviese lugar únicamente mediante el agua. Pero lo que lava el pecado es la sangre de Cristo, y esa sangre es válida para toda la vida del creyente. Por tanto, la cuestión de los pecados postbautismales, que tanto se debatió durante el período patrístico y que a la larga dio origen al sistema penitencial, no constituía problema alguno para Calvino. Su respuesta era sencillamente que el bautismo tenía valor para toda la vida, y no únicamente al momento de celebrarse.

Frente a los anabaptistas, Calvino afirma que los niños han de bautizarse. Su insistencia en buscar autoridad escrituraria para tal práctica, que el Nuevo Testamento ni afirma ni niega, le obligó a ofrecer varios argumentos a favor del bautismo de niños, ninguno de los cuales resulta convincente. Pero, en todo caso, el bautismo de niños se practica como señal de la justificación por la gracia y del amor de Dios, no solamente para con nosotros, sino también para con nuestra posteridad.

En cuanto al modo en que el bautismo ha de administrarse, Calvino acepta tanto la inmersión como la aspersión, y no piensa que la alternativa entre ambos modos sea de mayor importancia. Lo que sí es importante es que los cristianos se limiten a lo que se ve en el Nuevo Testamento, y rechacen toda la pompa que se le ha añadido a la ceremonia a través de los siglos. Además, como parte del ministerio público de la iglesia, el bautismo ha de ser administrado únicamente por los pastores, y no por las comadronas u otras personas privadas.

La Cena del Señor es el otro sacramento del Nuevo Testamento. Este sacramento ha sido dado por Dios para nutrir a los fieles. En la Cena, las señales son el pan y el vino, que representan al único alimento del alma, Jesucristo. Así como en el bautismo Dios injerta al creyente en su cuerpo, que es la iglesia, en la Cena le alimenta como parte de ese cuerpo.

Luego, lo primero que ha de decirse acerca de la comunión es que es una señal visible de la unión con Cristo, que es invisible. La comunión no produce esa unión. La unión con Cristo es el resultado de la fe y es por tanto obra del Espíritu. Por otra parte, Calvino tampoco reduce la Cena a un mero memorial, ni la función de los elementos a un simbolismo espiritual. El centro del sacramento, su contenido, es Cristo mismo, quien en él continúa su oficio sacerdotal. Por tanto, es correcto decir que al participar del sacramento uno participa del cuerpo y la sangre de Cristo. Esto es importante, porque limitar la presencia de Cristo a su espíritu sería caer en el docetismo. Nuestra redención ha sido comprada por el cuerpo y la sangre de Cristo, y es de ese cuerpo y esa sangre que participamos en la comunión. Eso no quiere decir que el cuerpo de Cristo esté localmente presente. El cuerpo de Cristo está en el cielo, y es a través del poder —«virtud»— del Espíritu que el creyente se une a ese cuerpo y recibe sus beneficios. Es a esto que los teólogos se refieren al hablar del «virtualismo» de Calvino.

Por tanto, resulta claro que Calvino rechaza tanto las opiniones de Zwinglio y los anabaptistas como las de los católicos y de los luteranos en cuanto a la presencia eucarística de Cristo. Empero, la mayor parte de su atención se dedica a refutar las opiniones católicas y luteranas. Como Zwinglio, Calvino se opone a las posiciones católica y luterana a este respecto a base de su cristología. Para afirmar que el cuerpo de Cristo se encuentra presente en la Cena también es necesario decir que el cuerpo glorificado de Cristo participa ahora de la naturaleza divina de tal manera que goza de ubicuidad. Calvino toma la ascensión de Cristo literalmente, y parece pensar que el cuerpo de Cristo se encuentra ahora en lo alto, en algún lugar más allá del cielo visible; aunque también dice, al igual que Lutero, que «la diestra de Dios» es un modo de decir que Cristo se encuentra ahora en la posición de suprema autoridad sobre toda la creación. Como hemos dicho, la cristología de Calvino es del tipo «disyuntivo» que anteriormente caracterizó a la escuela de Antioquía. Según él, la unidad de la persona no ha de ser tal que destruya la distinción entre las dos naturalezas. Pero esto es precisamente lo que según él los luteranos hacen al afirmar que el cuerpo glorificado de Cristo goza de ubicuidad. Tal afirmación disminuye la humanidad de Cristo, y por tanto Calvino no puede aceptarla. Como resultado, insiste en que el cuerpo de Cristo permanece en el cielo. Empero, evita caer en una interpretación puramente simbólica de la presencia de Cristo al añadir que, aunque su cuerpo no desciende hasta nosotros, el Espíritu sí nos eleva hasta él, de tal modo que nos unimos a él y gozamos de sus beneficios. Y, si alguien pide que se diga exactamente cómo tal cosa es posible, todo lo que Calvino se muestra dispuesto a responder es que se trata de un misterio que la mente humana no puede comprender ni las palabras humanas expresar.

Por último, es importante señalar que, aunque sus adversarios frecuentemente acusaron a Calvino de ser demasiado racionalista en su doctrina de la Cena y de no tener un alto concepto de ella, lo cierto es que siempre se sintió sobrecogido por la acción de Dios en el sacramento.

La importancia histórica de la doctrina eucarística de Calvino y de las controversias en que se involucró con los luteranos como resultado de ella radica en que esas controversias marcaron la ruptura definitiva entre las tradiciones luterana y reformada. El *Consenso de Zúrich* de 1549 había unido a los elementos calvinistas y zwinglianos de Suiza y del sur de Alemania. Los dones teológicos y estilísticos de Calvino estaban contribuyendo a popularizar sus opiniones en otras partes de Alemania. Algunas de las opiniones de Melanchthon resultaban sospechosas de calvinismo. Como resultado de ello, las controversias entre los luteranos que pronto discutiremos tuvieron lugar dentro del contexto de un intento de erradicar todo vestigio de calvinismo de entre las filas luteranas. La frontera entre ambas confesiones se hizo cada vez más rígida, y la polémica constante tendía a buscar y subrayar puntos de desacuerdo.

La iglesia y el estado

El último capítulo de la *Institución*, casi como un apéndice, trata sobre la cuestión del gobierno civil. Este era un tema de vital importancia para el propio Calvino, puesto que durante su estadía en Ginebra había estado luchando constantemente por lograr mayor independencia para las autoridades eclesiásticas frente al gobierno civil. Ginebra había recibido su reforma de Berna, y había organizado su vida eclesiástica siguiendo el patrón de esa otra ciudad, donde la burguesía triunfante había retenido el control de todos los asuntos, tanto religiosos como políticos. En 1538 Calvino y Farel decidieron partir al exilio antes que aceptar una ley promulgada por el concilio de la ciudad según la cual la comunión debía ofrecérseles a todos. Cuando Calvino regresó, insistió sobre ciertas reglas que les garantizaban cierta medida de independencia a las autoridades eclesiásticas; el origen del «consistorio» se encuentra precisamente en un acuerdo entre Calvino y el concilio de la ciudad sobre este asunto.

En la *Institución*, Calvino no intenta desarrollar una teoría independiente sobre el estado que haya de ser aceptada tanto por los cristianos como por quienes no lo son. Su interés es más bien preguntarse cómo los cristianos han de ver el estado y relacionarse con él. Rechaza entonces la teoría de algunos anabaptistas de que el estado es inmundo y los cristianos deben abstenerse de todo contacto con él. Al contrario, el estado es creación de Dios, quien ha llamado a sus magistrados para ejercer sus funciones en servicio de la justicia divina. Como resultado, el estado tiene el derecho legítimo de imponer la pena de muerte, de recaudar impuestos y de conducir guerras justas y necesarias. La misma autoridad divina es el fundamento de las leyes civiles, que son expresiones de la ley natural conocida por todos. Por lo tanto, es legítimo que los cristianos sirvan como magistrados, y como ciudadanos privados no han de resistir a la autoridad de sus gobernantes, aunque sean débiles o malvados. Hay empero dos puntos que constituyen excepciones a esta regla general, y ambos resultarían de gran importancia para situaciones posteriores en las que los calvinistas habrían de resistir a quienes consideraban tiranos. La primera excepción es que los magistrados inferiores, cuyo deber es defender los intereses del pueblo, estarían faltando a ese deber si no le pidieran cuentas al tirano. La segunda excepción, que se basa en el reinado de Cristo, es que siempre debemos obedecer a Dios antes que a los gobernantes humanos, y que por tanto el cristiano debe negarse a obedecer cualquier mandato o requisito civil que se oponga a la ley de Dios. Puesto que estas dos excepciones pueden aplicarse en condiciones muy diferentes, según lo que se entienda acerca de los mandamientos de Dios y de quiénes son los magistrados inferiores, un elemento importante dentro del calvinismo luego pudo tomar posiciones revolucionarias, a pesar de la posición básicamente conservadora del propio Calvino.

La importancia de la teología de Calvino

Lo que antecede puede dar la impresión de que, al sistematizar la teología de la Reforma protestante, Calvino perdió algo de la frescura y vitalidad de Lutero y de los primeros reformadores.

Pero este proceso de sistematización no debe verse en términos negativos. El hecho mismo de que Calvino incluyera en su *Institución* secciones extensas sobre los temas que se debatían muestra su interés pastoral. Su propósito no era que su *Institución* fuese una sistematización perenne de la doctrina cristiana, sino más bien que fuese un manual práctico para quienes buscaban vivir como cristianos en aquellos tiempos difíciles; y tal siguió siendo su intención hasta cuando escribió la última y extensísima edición de su obra. Lo que es más, la naturaleza misma de la *Institución,* donde resulta fácil encontrar lo que Calvino tiene que decir sobre cualquier tema particular, ha hecho que se les preste poca atención a sus otras obras —especialmente sus comentarios bíblicos— que nos darían un cuadro mucho más completo de Calvino como persona y como pastor.

Además, Calvino hizo una contribución importante a la teología protestante al llamarle la atención hacia cuestiones que iban más allá de la soteriología. Debido a la experiencia sobrecogedora de Lutero de no poder alcanzar su propia salvación y de necesitar por tanto la gracia de Dios, buena parte de la teología protestante había tratado casi exclusivamente sobre el tema de la salvación. Se abordaba la teología a través de la soteriología. Esto era necesario en una época cuando los factores principales que ocultaban la naturaleza del evangelio tenían que ver precisamente con la sistematización excesiva de la teología escolástica. Pero, si se le llevaba al otro extremo, se corría el peligro de que se descuidaran otros aspectos fundamentales de la fe cristiana.

Por otra parte, Calvino se encuentra entre Lutero y los calvinistas posteriores, y debemos cuidar de no leerle en términos de las posiciones que tomaron esos calvinistas posteriores. Es necesario recordar que, a pesar de todas las controversias entre los luteranos y los reformados, y a pesar de que en varios puntos Calvino se sintió obligado a expresar su desacuerdo con Lutero, lo cierto es que el propio Calvino siempre se vio a sí mismo como exponente fiel de los principios básicos de la reforma luterana. De no haber sido por el desarrollo posterior de las ortodoxias luterana y calvinista, los teólogos posteriores en ambos campos hubieran llegado a la conclusión de que Calvino tenía razón al considerarse seguidor de Lutero. Esto puede verse, por ejemplo, en el modo en que Calvino se acerca a la cuestión de la autoridad de las Escrituras, sobre todo cuando se le compara con los calvinistas posteriores. Para él la Escritura no es el punto de partida que ha de ser interpretado entonces de igual modo que un abogado interpreta los estatutos de la ley. Al contrario, la razón por la que la Escritura tiene autoridad para él es la experiencia de la gracia. Su punto de partida, más que la Escritura, es la providencia y el amor de Dios. Su meta no es tanto una doctrina correcta como la gloria de Dios; aunque, naturalmente, se trata de una cuestión de énfasis y de la estructura de la teología, y el propio Calvino nunca separaría estos dos aspectos.

Esto puede verse en lo que se refiere al gobierno de la iglesia. En fechas posteriores muchos llegaron a establecer una ecuación entre el calvinismo y el gobierno presbiteriano. No cabe duda de que lo que Calvino bosqueja en su *Institución*, y lo que propuso para Ginebra, fue la matriz del gobierno presbiteriano posterior. Pero Calvino no pensaba que esa forma de gobierno fuese esencial para la naturaleza de la iglesia. Basaba lo que sugería sobre sus estudios del Nuevo Testamento, pero seguía insistiendo en que cualquier iglesia donde se proclame correctamente la Palabra de Dios y se administren los sacramentos debidamente ha de ser tenida por verdadera. También en este punto Calvino se encuentra entre Lutero y los calvinistas posteriores, puesto que Lutero le prestó menos atención al gobierno de la iglesia que Calvino, mientras que los calvinistas posteriores tomaron lo que Calvino había dicho sobre el gobierno eclesiástico y prácticamente lo hicieron requisito esencial de la verdadera iglesia.

Es necesario tomar a Calvino en serio. No se le toma en serio cuando se le acusa de haber destruido la Reforma protestante haciéndola demasiado rígida y sistemática. Tampoco se le toma en serio cuando se le interpreta únicamente a la luz de las generaciones que le siguieron y que crearon la ortodoxia calvinista. Es necesario leerle de nuevo a la luz de sus intereses profundamente pastorales y del momento histórico en que le tocó vivir: hacia el fin del período formativo en la teología protestante. Cuando así se le lee, Calvino aparece como uno de los teólogos más importantes de todos los tiempos.

XXV
La reforma inglesa

La cuarta tradición importante que surge de la Reforma protestante —además de la luterana, la reformada y la anabaptista— es la anglicana, que tomó forma en Inglaterra a través de un complicado proceso. Este proceso comenzó durante el reinado de Enrique VIII y llegó a su punto culminante bajo Isabel. Esto no quiere decir, como a menudo se afirma, que Enrique VIII o cualquier otro monarca haya producido la Reforma de la nada. Al contrario, había un amplio movimiento reformador desde los días de Juan Wyclif, y la propaganda de ese movimiento influyó notablemente sobre la forma definitiva de la Iglesia anglicana. Pero aun así es cierto que los personajes más importantes en Inglaterra en lo que se refiere a asuntos religiosos no fueron los reformadores mismos, sino los monarcas a quienes sirvieron o a quienes se enfrentaron, a veces hasta la muerte.

El movimiento reformador de Juan Wyclif no desapareció. Todo parece indicar que a principios del siglo XVI había un remanente importante del lolardismo en varias regiones de Inglaterra. También los humanistas, dirigidos por John Colet (ca. 1467-1519) buscaban una reforma de la iglesia, aunque más bien al estilo de Erasmo. Uno de los miembros de este círculo humanista fue Tomás Moro (1478-1535), quien más tarde moriría como mártir al negarse a aceptar la ruptura con Roma. Por último, también había una influencia que venía del protestantismo en el continente. Los escritos de Lutero se leían mucho en Inglaterra antes de la condenación de 1521 y, a juzgar por los intentos de destruirlos, siguieron circulando ampliamente después de esa condenación. Desde su exilio en el continente, William Tyndale (ca. 1494-1536) tradujo el Nuevo Testamento al inglés, y lo hizo introducir en su patria de contrabando. Murió estrangulado como hereje en los Países Bajos.

Pero todos estos esfuerzos probablemente no hubieran tenido resultado de no haber sido porque las circunstancias políticas obligaron a Enrique

VIII a romper con Roma. La ruptura vino a raíz de la petición de anulación de su matrimonio con Catalina de Aragón. Enrique siempre había tenido dudas sobre la validez de ese matrimonio, puesto que Catalina era la viuda de su hermano mayor Arturo. Esas dudas parecieron confirmarse cuando todos sus hijos, excepto María, murieron a edad temprana. La sucesión al trono estaba en peligro, e Inglaterra acababa de salir de un largo período de lucha civil precisamente sobre la cuestión de la sucesión. Fue por esta razón que Enrique pidió la anulación de su matrimonio. No cabe duda de que le era infiel a su esposa; pero para ello no tenía que repudiarla. El problema estaba en que para asegurarse la sucesión al trono tenía que tener un hijo legítimo. Por eso Enrique le pidió al papa que su matrimonio fuese anulado. Pero el papa no podía acceder a tal petición, puesto que Catalina era tía de Carlos V, quien era dueño de buena parte de la Europa occidental.

Enrique decidió entonces resolver el asunto por sí mismo. En una serie de medidas se fue haciendo dueño de la iglesia. Revivió las antiguas leyes que prohibían las apelaciones a Roma y detuvo los fondos que antes se le enviaban al papa. Cuando la sede de Canterbury quedó vacante, se aseguró de que Tomás Cranmer (1489-1556) fuese nombrado para ocuparla. Cranmer era un reformador moderado que había recibido la influencia de Lutero. Pero la razón por la que Enrique le hizo nombrar era que Cranmer pensaba que el matrimonio de Enrique era nulo. Ya para esa fecha Enrique se había casado secretamente con Ana Bolena, pues esta estaba encinta y Enrique quería asegurarse de que su hijo fuese legítimo. Irónicamente, Ana tuvo otra niña, y aunque Enrique pensó que esto no resolvía el problema, a la postre esa niña llegó a ser la reina Isabel. El papa le ordenó a Enrique que abandonase a Ana y volviese a tomar a Catalina como esposa dentro de un plazo de diez días, so pena de excomunión. En respuesta, Enrique hizo que una serie de declaraciones del Parlamento le declarasen cabeza suprema de la iglesia dentro de sus dominios, anulasen su matrimonio con Catalina y aceptasen a Ana como reina de Inglaterra, y a su hija Isabel como heredera legítima del trono, en caso de que Enrique no tuviese heredero varón.

A Enrique no le interesaba cambiar las prácticas y doctrinas de la recién establecida Iglesia de Inglaterra. Al contrario, pensaba que la negación de la autoridad papal no le causaría muchos problemas con sus súbditos siempre que la vida en las parroquias continuase como antes. Pero había otros factores que le impulsaban en la dirección contraria, pues quería que los teólogos protestantes de Alemania declarasen que había tenido razón al repudiar a Catalina. Esto a su vez le obligaba a ser menos estricto con los protestantes en Inglaterra. Aprovechando tales circunstancias, Cranmer promovía reformas. El resultado fue que se hicieron varios cambios menores en la vida de la iglesia, pero que su teología y práctica todavía distaban mucho de ser protestantes.

Los *Diez Artículos* de 1536 afirmaban la autoridad de la Biblia, de los credos antiguos y de los primeros cuatro concilios ecuménicos, con lo cual implícitamente negaban la autoridad de la tradición posterior. Se mencionan tres sacramentos: el bautismo, la eucaristía y la penitencia. En la eucaristía, Cristo está real y físicamente presente. La salvación es mediante la fe y las buenas obras. Se retenían prácticas tales como el uso de imágenes, las oraciones por los muertos, la creencia en el purgatorio, las vestimentas clericales, la invocación de los santos y otras cosas parecidas, y se prohibía negarlas o atacarlas. Poco después, principalmente a través de la influencia de Cranmer, se les ordenó a los párrocos colocar una gran Biblia en inglés en un lugar apropiado en la iglesia donde los laicos pudiesen leerla. Otro cambio importante que Cranmer logró durante el reinado de Enrique fue que se cantara la letanía en inglés. Aunque hubo oposición a esto entre el laicado, pronto la nueva costumbre comenzó a arraigarse.

Quizá el paso más importante que Enrique dio en asuntos religiosos tras el Acta de Supremacía fue la disolución de los monasterios. Quienes se oponían a tales medidas fueron aplastados, y algunos de ellos muertos. Así Enrique se posesionó de vastas riquezas que repartir entre quienes le apoyaban. Estas personas a su vez se volvieron ardientes defensores de la iglesia independiente, puesto que su riqueza dependía de ella.

Para 1539, Enrique ya no necesitaba el apoyo de los protestantes en el continente, y por ello comenzó a darle a su iglesia el fuerte sabor católico que prefería, y que según él esperaba evitaría las divisiones que estaban teniendo lugar entre los protestantes. Tal fue el propósito de los *Seis artículos* que el Parlamento aprobó a pesar de la protesta de Cranmer, pero bajo los dictados del rey. En ellos se declaraba que negar la transubstanciación, o promover la comunión en ambas especies, era herejía cuyo castigo sería la confiscación de las propiedades y la muerte. Lo mismo se decía del celibato del clero, y por tanto los sacerdotes que hubieran aprovechado las reformas de los últimos años para casarse debían ahora abandonar a sus esposas. A fin de mostrar que no se dejaba llevar ni por católicos ni por protestantes, Enrique se aseguró de que entre los ejecutados por sus ideas hubiera miembros de ambos grupos.

Tal era el estado de cosas cuando Enrique murió en 1547, dejándole el trono a su único heredero varón, Eduardo VI, hijo de su tercera esposa.

Eduardo era un niño enfermizo de nueve años cuyo reino solo duraría poco más de seis. Durante ese tiempo el gobierno estuvo primero en manos del duque de Somerset, y después del duque de Northumberland. Ambos regentes —al parecer por diferentes razones— apoyaron la causa de la reforma de tipo protestante. La influencia de Cranmer aumentó, y el arzobispo la utilizó para llevar a la iglesia de Inglaterra hacia el protestantismo. Las muchas medidas que se tomaron durante esos años incluían la lectura de la Biblia en inglés durante el servicio, la publicación de *Doce homilías* —tres de ellas por Cranmer— cuyo propósito era asegurarse de que la predicación en todo el país se ajustase a la doctrina correcta, la abolición de los *Seis artículos*, la orden de que la comunión fuese administrada en ambas especies, el permiso para que los clérigos se casaran, y mucho más.

Pero el logro más importante del reinado de Eduardo VI en lo que a la religión se refiere fue la composición y publicación del *Libro de oración común*. Este fue preparado por varios teólogos bajo la dirección de Cranmer. Su primera edición, que fue introducida en las parroquias en 1549, era ambiguamente conservadora, excepto por cuanto toda la liturgia ahora estaba en inglés. La segunda edición, publicada en 1552, era mucho más radical. El propio Cranmer había llegado ya a negar tanto la transubstanciación como la consubstanciación, y a adoptar posturas semejantes a las de Calvino. Puesto que era precisamente la época en que Carlos V acababa de derrotar a los protestantes en Alemania, muchos protestantes de ese país se refugiaron en Inglaterra —entre ellos Martín Bucero, el reformador de Estrasburgo—, con lo cual aumentó el impacto de las ideas protestantes. Muchos ingleses que habían partido al exilio en el continente regresaron, trayendo con ellos ideas que se acercaban más a las de Zwinglio que a las de Lutero. Entre estos exiliados se contaban John Hooper (ca. 1495-1555) y Nicolás Ridley (ca. 1503-1555), quienes ejercieron fuerte influencia sobre el rumbo que el movimiento reformador iba tomando. Como resultado de ello, no cabe duda de que el *Libro de oración común* de 1552 es protestante. Ya no se habla allí de un «altar», sino de una «mesa», con lo cual se indicaba que la comunión no se consideraba ya un sacrificio. Todavía había ambigüedades en el *Libro de oración común*, puesto que todos los dirigentes de la Reforma se percataban de que Inglaterra no estaba lista para un cambio radical; pero mientras en los anteriores documentos ambiguos de la Iglesia de Inglaterra la interpretación más obvia había sido la del catolicismo tradicional, ahora la ambigüedad se inclinaba en la dirección opuesta, hacia el modo en que los protestantes entendían la comunión. Los principales dirigentes del movimiento reformador durante esa época fueron, además de Tomás Cranmer, Nicolás Ridley, John Hooper y Hugh Latimer (ca. 1485-1555).

La muerte de Eduardo VI en 1553 cambió la situación radicalmente. Aunque se habían tomado pasos para prevenir que esto ocurriera, fue María quien ascendió al trono. Inmediatamente ordenó que el Parlamento declarase que el matrimonio de su madre con Enrique VIII había sido válido, y que todas las leyes religiosas de Eduardo VI quedaban anuladas. Tras una serie de negociaciones complicadas, se restablecieron las relaciones con Roma. Su matrimonio con Felipe II de España fortaleció al partido católico. Siguió entonces una larga lista de mártires que le ha merecido el título de «María la Sanguinaria». A Cranmer, ya anciano, se le obligó a firmar un documento en el que se retractaba. Cuando se le condenó a morir quemado sostuvo delante de sí su mano derecha, que había firmado aquel documento, para que se quemara primero. Su muerte ejemplar hizo de él un héroe popular. Otros recibieron vítores en su marcha hacia la muerte. Cuando María comenzó a devolver a la iglesia algunas de sus antiguas posesiones monásticas la oposición aumentó aún más. Solamente en un punto María parece haber actuado con moderación: no accedió al consejo repetido de su suegro Carlos V de que ejecutara a su medio hermana Isabel.

María murió en 1558, tras haber reinado poco más de cinco años, e Isabel fue su sucesora. La nueva reina se movió cautelosa pero firmemente hacia una iglesia nacional que lograra incluir al mayor número posible de sus súbditos. Permitió cierta libertad de expresión, pero insistió en la uniformidad de la adoración al restaurar el *Libro de oración común*, en su segunda edición, pero con otras revisiones. Cuando los obispos nombrados por María se negaron a aceptar la supremacía de Isabel sobre la iglesia, fueron depuestos y reemplazados por obispos de la época de Eduardo VI que habían partido al exilio en tiempos de María, o por nuevos obispos. Aunque en términos generales Isabel evitó la crueldad, sí fue firme cuando le pareció necesario. De sus muchas ejecuciones —aproximadamente el mismo número que las de su medio hermana María, aunque durante un reinado casi diez veces más largo— la más famosa fue la de María Estuardo, reina de Escocia, quien se había refugiado en Inglaterra cuando el presbiterianismo —bajo la dirección de Juan Knox— y su propia política insensata le costaron el trono. Isabel ordenó su ejecución cuando se convenció de las intrigas para derrocarla a ella y colocar en su lugar a María Estuardo, con el propósito de restaurar el catolicismo romano en Inglaterra.

Lo que le dio su forma definitiva al anglicanismo durante el reinado de Isabel fue la promulgación de los *Treinta y nueve artículos sobre religión*. Estos eran esencialmente una revisión de los *Cuarenta y dos artículos* de Eduardo VI, que habían sido compilados por Cranmer en la esperanza de que expresasen una posición intermedia entre el luteranismo y el calvinismo, al mismo tiempo que sirvieran para excluir el catolicismo romano y el anabaptismo. En 1563 la Convocación revisó los artículos de Eduardo VI y, tras una serie de demoras que tenían que ver más que nada con cuestiones políticas, su forma final fue establecida y promulgada en 1571.

Como en el resto de Europa, el fundamento de la Reforma en Inglaterra era la autoridad de las Escrituras. En Inglaterra misma, la tradición de Wyclif y de los lolardos hizo una contribución importante en este sentido. La obra de Tyndale al traducir la Biblia se basaba en ese principio, que era el principal vínculo de unión entre él y la Reforma en el continente.

John Jewel (1522-1571), uno de los principales teólogos del período isabelino, escribió una *Apología de la Iglesia de Inglaterra* en la que trataba de mostrar que tanto las Escrituras como la antigua tradición de la iglesia apoyaban las posiciones de la Iglesia anglicana. Por tanto, se refería frecuentemente a la tradición y a los antiguos escritores cristianos. Pero a pesar de ello resulta claro que para él la autoridad última en cuestiones teológicas le pertenece solo a la Biblia.

Por otra parte, los reformadores ingleses —o al menos la mayoría de ellos— pensaban que había un valor positivo en la tradición, y aunque la iglesia tradicional se haya equivocado en varias cosas, su orden y sus prácticas deberían conservarse, excepto en aquellos casos en que contradecían la autoridad de las Escrituras. Esto le permitió al laicado aceptar las nuevas prácticas y condiciones con pocos disturbios. Esta política se debía en parte al propósito de la reina Isabel de lograr una posición intermedia que la mayoría de sus súbditos pudiera aceptar. Pero también se debió en parte a la actitud de la mayoría de los reformadores anglicanos, quienes pensaban que cuestiones tales como la forma de la liturgia y el gobierno eclesiástico eran cuestiones secundarias que no era necesario cambiar. Esto era importante para la política de Isabel de crear una iglesia nacional con un mínimo de disensión, puesto que la uniformidad en la adoración crearía cierta medida de uniformidad en las creencias, y la experiencia del continente mostraba que si se permitía toda libertad pronto habría una proliferación de sectas. Tal cosa Isabel no podía tolerar, porque se oponía a sus planes para el engrandecimiento de Inglaterra. Pero su solución al problema de las divisiones en las Iglesias de la Reforma se oponía a la posición de muchos de sus súbditos. Esto era particularmente cierto de quienes habían recibido la influencia de la teología reformada de Zwinglio y Calvino, y por tanto creían que las tradiciones litúrgicas de la iglesia medieval eran perversiones de la sencillez escrituraria, que por tanto debían ser abolidas. Esta señalada influencia del calvinismo sería de gran importancia para la historia del cristianismo en Inglaterra durante el siglo XVII, porque los acontecimientos que entonces tuvieron lugar se debieron en parte a los conflictos inevitables entre el calvinismo moderado de la iglesia establecida y las opiniones más radicales de quienes pensaban que la reforma calvinista había sido traicionada por las políticas de Isabel. Puesto que estos calvinistas radicales exigían que la iglesia fuese purificada para que se ajustara a las doctrinas y prácticas del Nuevo Testamento, se les dio el nombre de puritanos. Como es bien sabido, más tarde los puritanos hicieron fuerte impacto en la historia de Inglaterra.

La política de Isabel y la iglesia que resultó de ella pueden verse como un intento de desarrollar una vía media entre el catolicismo romano y el protestantismo tal como iba tomando forma en el continente europeo. Por esa razón tuvo que luchar contra los elementos más radicales dentro de la Iglesia anglicana, lucha que resultó en fuertes conmociones políticas. Pero, a la larga, esta vía media anglicana resultaría ser la forma más característica del cristianismo en Inglaterra, mientras otras formas —desde el catolicismo romano hasta el protestantismo más extremo— continuarían existiendo junto a la Iglesia de Inglaterra.

XXVI
La reforma católica

D urante el siglo XVI y principios del XVII hubo un fuerte movimiento de reforma dentro de la Iglesia Católica Romana. Puesto que este movimiento fue en parte una reacción a la Reforma protestante, frecuentemente se le conoce como la «Contrarreforma». Hay cierta justificación para tal título, puesto que buena parte de la teología de ese período fue influida por el movimiento protestante y se dedicó o bien a refutar al protestantismo, o bien a introducir en la Iglesia católica los cambios necesarios para que las críticas de los protestantes perdieran su validez. Empero, por otra parte, pretender describir este vasto movimiento únicamente en términos de reacción a la amenaza protestante constituye un error de perspectiva que ha sido introducido en la historia eclesiástica por aquellos historiadores para quienes el centro de la historia de la iglesia se encuentra en Alemania, Suiza y Gran Bretaña. Desde la perspectiva católica —y especialmente española— la cuestión se planteaba de un modo muy distinto. La teología española durante el siglo XVI, por ejemplo, aunque consciente de la existencia del protestantismo e interesada en refutarlo, también se ocupaba de muchos otros problemas teológicos. Por lo tanto, desde el punto de vista de los católicos involucrados en lo que ahora se llama comúnmente la Contrarreforma, ese movimiento era mucho más que una reacción a la Reforma protestante.

La segunda razón por la que resulta inexacto referirse a la reforma católica del siglo XVI como una «Contrarreforma» es que en realidad había comenzado antes que la Reforma protestante se iniciara. Ya hemos visto que Erasmo buscaba una reforma de la iglesia, y hasta se había vuelto símbolo de ella, antes de que Lutero protestara contra la venta de las indulgencias. Erasmo tenía una vasta red de corresponsales, muchos de los cuales estaban profundamente comprometidos con la misma causa. En España la reforma de la iglesia había comenzado ya con la obra del cardenal Francisco Jiménez de Cisneros. La base de esa reforma sería un regreso a las fuentes bíblicas de la fe cristiana, y con ese propósito en mente Cisneros ordenó que se compilase (1517) y publicase (1522) la *Políglota Complutense*. Ese regreso a las fuentes bíblicas, así como otras tareas de la reforma que Cisneros se proponía, requería que hubiese teólogos y pastores bien preparados, y tal fue el propósito con el que se fundó la Universidad de Alcalá. Por último, toda la nación española debía ser partícipe de esta iglesia renovada, y ello llevó a la expulsión de los judíos (1492), al desarrollo de la Inquisición y más tarde a la expulsión de los moros. Este tipo de reforma en dos frentes —la sólida erudición teológica por una parte y la represión de los disidentes por otra— caracterizaría todo el período de la reforma católica. Aunque a la postre se le aplicó en la lucha contra el protestantismo, ya estaba presente a principios del siglo XVI, en las políticas del cardenal Cisneros.

Polémica antiprotestante

El principal opositor de la Reforma protestante durante sus primeros años fue Juan Eck (1486-1543), quien fue profesor en Ingolstadt. Eck respondió a las tesis de Lutero con un breve tratado que a su vez produjo una corta respuesta por parte de Lutero. Luego sostuvo un debate, primero con Carlstadt y luego con Lutero, en Leipzig. Aunque los protestantes normalmente le pintan como un campeón del oscurantismo, tal cuadro no es del todo justo. Eck fue un hábil erudito y buen pastor de su rebaño. Es importante señalar que produjo una traducción de la Biblia al alemán, que publicó en 1537. Aunque no en los mismos términos que Lutero, Eck también protestó contra los abusos en la venta de indulgencias, y abogó ante la curia por una reforma radical de la iglesia. Como era de esperarse dadas las cuestiones que se discutían, centró su atención sobre los temas de la autoridad, la gracia y la predestinación y los sacramentos.

Juan (Dobneck) Cochlaeus (1489-1552) fue el más distinguido orador entre los adversarios del protestantismo. Entre otros escritos, el más importante es su biografía de Lutero, una narración altamente prejuiciada que por siglos sirvió como una de las principales fuentes de los estudios católicos sobre la vida de Lutero. El método de sus argumentos era atrevido y hasta extraño, partiendo de las premisas de sus contrincantes y llevándolas a los extremos más absurdos. Luego, mientras los protestantes frecuentemente le consideraban uno de sus peores enemigos, los católicos temían que su defensa de las posiciones tradicionales podía en ocasión ser tan peligrosa como las herejías que trataba de refutar.

Pedro Canisio (1521-1597), el primer jesuita alemán, frecuentemente recibe el título de «apóstol de Alemania». Su tarea consistió en una contrarreforma en el sentido estricto, puesto que le preocupaba sobremanera el estado de la iglesia en los territorios católicos en que laboró, y por tanto insistió en la necesidad de una «verdadera» reforma a fin de contestar en parte a la «falsa» reforma de los protestantes. Puesto que la ignorancia era uno de los peores males que encontró en sus viajes, se dedicó a la reforma de las universidades y a fundar seminarios. Canisio fue un autor prolífico. Sus tres catecismos, que hicieron fuerte impacto en toda Alemania, iban dirigidos cada uno a una audiencia distinta: niños, jóvenes e intelectuales. Empero, su refutación de los «centuriadores» es mucho más interesante. En Magdeburgo un grupo de teólogos luteranos, bajo la dirección de Flacio, había emprendido una magna historia de la iglesia desde el punto de vista protestante. Puesto que esta obra le dedicaba un volumen a cada centuria (nunca pasó del tercer volumen), recibió el título de «Centurias de Magdeburgo».

Muy distinta fue la actitud de Guillermo Van der Linden (1525-1588), quien también escribió contra los protestantes, pero siempre manifestó un espíritu conciliador, especialmente hacia los luteranos, y no tanto hacia los reformados. Todavía en 1568 estaba tratando de mostrar que era posible llegar a un acuerdo entre luteranos y católicos. Al mismo tiempo, urgía a los obispos católicos a reformar sus Iglesias, porque sin tal reforma la unidad sería imposible.

Empero, los grandes teólogos antiprotestantes pertenecían a una generación posterior, que pudo beber en las fuentes de sus predecesores, y que también tuvo más tiempo para ver el modo en que las doctrinas de los reformadores se desenvolvieron en la práctica actual. Aunque hubo muchos polemistas antiprotestantes en la segunda mitad del siglo XVI y principios del XVII, dos se destacan entre ellos. Estos dos son Belarmino y Baronio.

Roberto Belarmino (1542-1621), quien fue canonizado por la Iglesia católica en 1930, fue sin duda uno de los más destacados dirigentes eclesiásticos de su época. Aunque se distinguió en varios otros campos además de la actividad teológica, su fama en la teología fue el resultado de su labor como catedrático de «controversia» en Roma. Esa cátedra había sido establecida específicamente para aquellos estudiantes que debían regresar a lugares tales como Alemania e Inglaterra, donde el protestantismo era fuerte. Belarmino fue llamado a ocuparla en 1576, y tuvo oportunidad de compilar y organizar argumentos contra las diversas doctrinas protestantes. Estos fueron publicados bajo el título de *Disputas sobre controversias cristianas contra los herejes de estos tiempos*. A pesar de que esta obra es principalmente una compilación de argumentos usados anteriormente, su claridad y sistematización son tales que vino a ser la principal arma de la polémica antiprotestante por varios siglos. En ella se incluían casi todos los puntos que se debatían entre los católicos y los protestantes, comenzando con la doctrina de la Palabra de Dios, y pasando luego a cuestiones tales como la autoridad del papa, el monaquismo, el purgatorio, los sacramentos, las indulgencias, etc. En términos generales, Belarmino no empleaba los complicados argumentos y sutiles distinciones de la teología escolástica. Al contrario, sus argumentos tienden a basarse en la autoridad: en primer lugar, la de las Escrituras, que los protestantes reconocían, pero también la de los antiguos escritores cristianos, los concilios y hasta el consenso general de los teólogos.

Sin embargo, Belarmino no chocó únicamente con los protestantes. Según él, el papa no tenía poder temporal directo sobre todo el mundo. Además, Belarmino participó en las controversias sobre la gracia, en las que tendía a favorecer la idea molinista de un *conocimiento intermedio,* tema que discutiremos en otra sección del presente capítulo. Por último, como miembro del Santo Oficio se vio involucrado en el juicio de Galileo que culminó en 1616 al declarar que la idea de que la Tierra se mueve alrededor del Sol es herética. Sin embargo, la participación de Belarmino en ese juicio no fue tan abrupta y oscurantista como la historia popular le ha hecho parecer, puesto que siempre mostró respeto hacia la erudición de Galileo.

Lo que Belarmino hizo en el campo de la polémica sistemática lo hizo el cardenal César Baronio (1538-1607) en el campo de la historia mediante la publicación, a partir de 1588 y hasta su muerte en 1607, de los *Anales eclesiásticos*. Los doce volúmenes que alcanzó a publicar discutían la historia de la iglesia hasta el año 1198. Su propósito era refutar las *Centurias* de Magdeburgo, que trataban de mostrar que la Iglesia católica se había apartado de las doctrinas y la práctica del cristianismo primitivo. Aunque su obra tenía los errores inevitables en una empresa tan vasta, se le considera el comienzo de la historiografía eclesiástica moderna. Es cierto que su propósito polémico le quita objetividad; pero, a pesar de ello, Baronio entre los católicos y los «Centuriadores» de Magdeburgo entre los protestantes, obligaron al cristianismo a prestarle atención a su propia historia. Según el debate continuó, ambos bandos se vieron forzados a desarrollar métodos científicos de investigación que no pudiesen ser fácilmente refutados por sus adversarios, y así la historiografía crítica moderna dio sus primeros pasos.

La teología dominica

Durante el siglo XVI la escuela dominica de teología mostró mucha más vitalidad que su contraparte franciscana. Dentro de la tradición franciscana se produjeron numerosas divisiones, pero se hizo poco en cuanto a trabajo teológico original. La mayoría de los miembros de la gran familia franciscana tenía a Escoto por el gran teólogo de la orden. Otros —principalmente los capuchinos— veían a Buenaventura como su mentor teológico. Este interés en Buenaventura llevó a Sixto V a añadir su nombre a la lista de «doctores de la Iglesia» en 1588. Hubo varios intentos de combinar a Buenaventura con Escoto. Pero, en general, la teología franciscana durante el siglo XVI no mostró la vitalidad que había manifestado en los tres siglos anteriores.

Por tanto, durante la primera mitad del siglo XVI la teología católica se vio dominada por los dominicos, hasta que estos tuvieron que comenzar a compartir su hegemonía con los teólogos de la recién fundada Sociedad de Jesús.

Este predominio de los dominicos se relacionaba con el proceso que llevó a la *Suma Teológica* de Tomás de Aquino a suplantar las *Sentencias* de Pedro Lombardo como el principal libro de texto que se comentaba en las escuelas. Tomás fue ganando prestigio e influencia, hasta que en 1567 se le declaró «doctor de la Iglesia». El resultado inmediato fue que, mientras las principales obras teológicas de los siglos XIII al XV habían sido comentarios sobre las *Sentencias*, ahora la mayor parte consistía en comentarios sobre la *Suma*. Uno de los primeros en publicar tales comentarios fue Tomás de Vio Cayetano. El comentario de este último fue considerado mucho mejor que el de Köllin, al cual eclipsó. Aparte de la obra de Cayetano, la teología dominica tuvo sus mejores exponentes en una serie de eruditos destacados que ocuparon la principal cátedra de teología en la Universidad de Salamanca.

Tomás de Vio Cayetano (1468-1534) tomó parte activa en la vida eclesiástica de su tiempo. Cuando las circunstancias políticas amenazaron llevar al cisma, le sugirió al papa que se convocara un concilio general a fin de resolver las cuestiones que se debatían, así como de promover la reforma de la iglesia. Cuando el concilio por fin se reunió en 1512, se presentó ante él y le planteó la agenda de reformar la iglesia, restaurar la moral, convertir a los infieles y atraer a los herejes al seno de la iglesia. En 1517 fue nombrado legado papal en Alemania, y como tal tuvo que tratar con las dos difíciles cuestiones de la elección del nuevo emperador y la protesta de Lutero. Se reunió con Lutero en Augsburgo, y mostró más paciencia que la mayoría de sus correligionarios. Más tarde fue legado a Hungría; y, a la postre, cardenal.

La producción literaria de Cayetano fue enorme. Puesto que se percataba de que el reto protestante requería del catolicismo romano una defensa basada en la Biblia, se propuso escribir una serie de comentarios bíblicos. Cuando murió en 1534 había completado todo el Nuevo Testamento —excepto el Apocalipsis, que decía no entender— y el Antiguo hasta el comienzo de Isaías. Su método exegético en estos comentarios es notable, puesto que normalmente evita las alegorías que se habían hecho tan populares a través de los siglos, y afirma el sentido literal del texto, excepto cuando el resultado de ese sentido literal se opone abiertamente al resto de las Escrituras o a la enseñanza de la iglesia. También escribió varios comentarios filosóficos y otras obras teológicas de importancia secundaria. Pero su gran fama se debe a sus *Comentarios sobre la Suma*, publicados de 1507 a 1522. Estos comentarios hicieron tal impacto que cuando en 1879 León XIII ordenó que se produjese una edición de las obras de Tomás de Aquino —normalmente llamada «Edición Leonina», sobre la cual se trabaja todavía— también indicó que los comentarios de Cayetano debían publicarse junto a la *Suma* misma.

A pesar de la importancia de la obra de Cayetano, el gran centro de la teología dominica durante el siglo XVI fue la Universidad de Salamanca, cuya principal cátedra de teología fue ocupada sin interrupción por una sucesión de eruditos distinguidos. Esa tradición comenzó en 1526, cuando Francisco de Vitoria (1492-1546) obtuvo la principal cátedra de teología de Salamanca. Vitoria había pasado algunos años en París, y allí adquirió cierto aprecio por la obra de los humanistas. Por lo tanto, trajo consigo a la prestigiosa cátedra tanto la elegancia estilística como un profundo interés en las antiguas fuentes patrísticas. También estaba convencido de que la teología tomista proveía las mejores respuestas a los problemas de la nueva era, y por lo tanto introdujo en Salamanca la costumbre, ya establecida en París, de comentar sobre la *Suma* de Santo Tomás en lugar de las *Sentencias* de Pedro Lombardo. Su obra le dio origen a un tipo de tomismo que combinaba la elegancia de los humanistas con una preocupación por los problemas de su época. En mayor o menor grado, lo mismo sería característico de todos sus discípulos y seguidores; y, de una u otra manera, todos los grandes teólogos dominicos del siglo XVI fueron sus seguidores.

Vitoria tenía una amplia concepción de su tarea como teólogo. Por lo tanto, dictó conferencias sobre una variedad de temas. Empero, entre los muchos temas que discutió, ninguno ilustra su interés en los problemas de su tiempo mejor que la cuestión de la conquista del Nuevo Mundo y el derecho que los españoles tenían para tal empresa. Su obra en este sentido hizo poco impacto sobre las prácticas de los conquistadores, pero sí fue de enorme importancia para los orígenes de la teoría del derecho internacional.

En sus conferencias *De las Indias* y *Del derecho de guerra*, Vitoria comenzó destruyendo los argumentos tradicionales que se aducían a favor de la conquista de América; por ejemplo, que el emperador era dueño de todo el mundo, o que el papa tenía autoridad universal y les había concedido estas tierras a los reyes de España. Igualmente rechazaba la idea de que los gobernantes cristianos tenían el derecho de imponerles la moral a los «bárbaros» cuando estos últimos desobedecían la ley natural. Si tal argumento fuese cierto, toda guerra contra los infieles sería guerra justa, puesto que todos los infieles son idólatras, y entre todos los pueblos siempre han existido pecados contra la naturaleza.

La importancia de estas opiniones para el desarrollo del derecho internacional fue grande. Por primera vez los teólogos cristianos hablaban en términos de una comunidad de naciones, cada cual con sus señores legítimos, unas cristianas y otras no. Resultaba obvio entonces que las relaciones entre tales naciones debían ser reguladas mediante principios que no fuesen sencillamente los de las leyes y tradiciones cristianas. Vitoria también influyó e inspiró al dominico Bartolomé de Las Casas, el gran defensor de los habitantes originales de América.

Melchor Cano (1509-1560), quien sucedió a Vitoria en su cátedra en la Universidad de Salamanca, siguió las mismas líneas de pensamiento. Al igual que Vitoria, Cano era humanista en su estilo y tomista en su teología. Su más importante obra fue *De los temas teológicos*, en la que ofrecía una discusión sistemática del método teológico y de las fuentes de la verdad cristiana. Estas fuentes son diez: las Escrituras, la tradición oral, la iglesia universal, los concilios, la iglesia de Roma, los padres, los escolásticos, la razón natural, los filósofos y la historia.

Bartolomé Medina (1528-1580) continuó el interés de los dominicos salmantinos en la teología moral. En sus comentarios sobre la *Suma*, publicados en 1577 y 1578, propuso la teoría del «probabilismo», que después fue muy discutida. La base de esta teoría es sencillamente que, puesto que es lícito sostener una opinión probable, también es lícito en el campo de la moral tomar acciones que son probablemente correctas. Una opinión probable no es sencillamente toda opinión que alguien pudiese sostener, puesto que en tal caso todas las opiniones serían probables, incluso la herejía. Lo «probable», según Medina emplea ese término, es cualquier opinión que se apoye en la razón y en el consejo sabio, pero no en una autoridad final e indubitable. Una opinión irracional no es probable. Pero, en el caso de las opiniones probables, el nivel de certitud es tal que, mientras se justifica seguirla, sigue siendo posible que otra opinión resulte más probable. ¿Quiere esto decir que uno siempre ha de seguir la opinión más probable? No, puesto que, mientras lo probable no alcance una categoría mayor de certitud, sigue siendo lícito seguir otro curso de acción. En su forma final —que ciertamente no fue la de Medina— el probabilismo afirma que si hay duda acerca de si una acción es pecaminosa uno puede actuar como si no lo fuese, aun cuando lo más probable es que sí lo sea. Tal probabilismo fue condenado por Alejandro VII (1667) e Inocencio XI (1679).

El último gran teólogo de la escuela dominica salmantina fue Domingo Báñez (1528-1604), cuyo estilo y metodología son más escolásticos y menos humanistas que los de sus antecesores. Buena parte de su importancia se debe a su participación en la controversia sobre la gracia, la predestinación y el libre albedrío, que discutiremos más adelante en el presente capítulo. Empero, Báñez también es importante por otras razones. Por ejemplo, en su refutación del protestantismo llegó a hacer algunas de las afirmaciones más radicales sobre la autoridad de la iglesia y de su tradición por encima del texto escrito de la Biblia. Según él, el texto sagrado está ante todo en el corazón de la iglesia, y de manera secundaria en los libros y ediciones. Aunque tales afirmaciones radicales nunca fueron doctrina oficial de la Iglesia católica, sí encontraron eco en muchos teólogos de los siglos XVIII y XIX.

La teología jesuita

Aunque al principio no causó tanta conmoción como otros acontecimientos del siglo XVI, la fundación de la Sociedad de Jesús fue uno de los acontecimientos más importantes de ese siglo, tanto para la historia institucional de la Iglesia católica como para la historia de su teología. En 1540 Pablo III le dio su aprobación a la nueva orden, e Ignacio de Loyola fue electo como su primer general. Casi inmediatamente la Sociedad de Jesús se volvió un instrumento poderoso en manos de los papas de esa época, quienes buscaban seria y asiduamente la reforma de la iglesia al mismo tiempo que trataban de refutar a los protestantes. Cuando Ignacio murió en 1556 había más de mil jesuitas, y estos se encontraban por toda Europa, así como en Brasil, la India, el Congo y Etiopía.

Aunque al principio Ignacio no pensaba que la Sociedad de Jesús se dedicaría a la enseñanza, siempre tuvo el estudio en alta estima y estaba convencido de que los miembros de su Sociedad deberían tener la mejor educación disponible. Con ese propósito describió en las *Constituciones de la Sociedad de Jesús* el programa de adiestramiento espiritual y educación académica que sus miembros deberían seguir. Estas *Constituciones* muestran un alto interés en la uniformidad y enumeran los libros que han de servir como textos fundamentales para discutirse en clase. En el campo de la filosofía se preferiría a Aristóteles; y en el de la teología la Biblia y las enseñanzas de Santo Tomás de Aquino.

El más distinguido teólogo jesuita del siglo XVI y principios del XVII fue Francisco Suárez (1548-1617). Suárez nació en Granada y más tarde estudió en Salamanca, donde tuvo contacto con la larga y prestigiosa tradición de teología dominica en esa universidad. Tras unirse a la Sociedad de Jesús cuando era todavía adolescente, le dedicó toda su vida. Esa vida transcurrió en la enseñanza en varias ciudades de España, Portugal y Roma.

Aunque no cabe duda de que hay un sistema que se deriva de Suárez, él mismo nunca escribió una teología sistemática. En el campo de la metafísica sus *Disputas de metafísica* ofrecen un recuento sistemático de sus opiniones. Pero sus tratados teológicos, aunque tratan sobre casi todos los aspectos de la teología cristiana, lo hacen como monografías independientes. Los editores de sus obras, sin embargo, han tratado de sistematizar su teología colocando esos diversos tratados en el mismo orden en que el tema de que tratan se discute en la *Suma* de Santo Tomás. Luego, aunque se ha violado el orden cronológico, los veintisiete volúmenes de las obras de Suárez forman una verdadera suma teológica.

Las controversias sobre la gracia, la predestinación y el libre albedrío

En su sexta sesión, el Concilio de Trento, del que trataremos más adelante, discutió la cuestión de la justificación, que era uno de los principales temas debatidos entre católicos y protestantes. En respuesta a las opiniones propuestas por Lutero, el concilio declaró que es imposible volverse hacia Dios sin la gracia previniente, que nos viene aparte de todo mérito, pero que la voluntad humana puede y tiene que cooperar con la gracia aceptándola y colaborando con ella en buenas obras. El concilio pasó entonces a anatematizar a quienes enseñen que la gracia previniente no es necesaria y a quienes pretendan, por otra parte, que la voluntad no puede prepararse para recibir la justificación ni tampoco rechazar la gracia cuando le es ofrecida.

Ignacio de Loyola compartía estas opiniones del concilio, y les había indicado a sus seguidores que debían hablar sobre la gracia divina y alabar a Dios por ella, pero que era necesario cuidar de no hacerlo en detrimento del libre albedrío y de las buenas obras. Luego, aun antes del concilio había ya una tradición tácita entre los jesuitas que insistía en el libre albedrío y buscaba modos de coordinarlo con las doctrinas de la gracia y la predestinación.

En Salamanca, sin embargo, parece haber prevalecido otra opinión desde bastante antes. Los primeros maestros de esa escuela habían dicho que uno decide si ha de aceptar o no el llamado divino. Pero Medina, y especialmente Báñez, estaban convencidos de que existía el peligro de concederle demasiados poderes al ser humano, y con ello reducir la importancia de la gracia. Medina dijo que las buenas obras no nos preparan para recibir la gracia, y que Dios puede decidir otorgar gracia completamente aparte de nuestra preparación para ella mediante las obras. Báñez fue más lejos, declarando que la naturaleza divina es tal que nada fuera de ella puede ser causa de sus acciones, y que ella misma es la causa de todas las cosas y los hechos, incluso el pecado. Luego, Dios les concede gracia eficaz a los electos, y no se la concede a los réprobos, quienes a pesar de ello son justamente condenados por sus pecados. Tales opiniones no fueron bien recibidas por todos en la Universidad de Salamanca, pero a la postre el partido de Báñez resultó victorioso.

Otros debates semejantes estaban teniendo lugar en la Universidad de Lovaina, donde Miguel Bayo (1513-1589) enseñaba que por razón de la caída hemos perdido no solamente un don sobrenatural, sino también algo de nuestra misma naturaleza, que ahora está corrompida. Como resultado de ello no podemos volvernos hacia Dios, porque nos faltan tanto la capacidad como el verdadero deseo de hacerlo. Nuestro libre albedrío corrupto no puede desear el bien. Pío V condenó setenta y nueve proposiciones de Bayo en 1567. La Universidad apoyaba a su profesor, quien más tarde fue electo canciller. Cuando el jesuita Lesio trató de refutar las opiniones de Bayo, la Universidad condenó las tesis del jesuita, quien respondió publicando una defensa de su posición. El conflicto era inevitable. El cuerpo docente acusó a Lesio de pelagianismo, y él a su vez les acusó de calvinismo.

Así estaban las cosas cuando el jesuita Luis de Molina (1536-1600) publicó en Lisboa un tratado sobre *La concordia entre el libre albedrío y los dones de la gracia*. Apenas se había publicado el libro cuando los dominicos comenzaron a dudar de su ortodoxia.

Como su título anuncia, el propósito del libro es mostrar la concordia que existe entre el libre albedrío, por una parte, y la gracia, la presciencia y la predestinación por otra. Su propósito es claramente apologético, puesto que Molina está tratando de responder a las acusaciones por parte de los protestantes de que la doctrina católica del libre albedrío y de los méritos es una negación pelagiana de la eficacia primaria de la gracia. Su perspectiva es tomista, puesto que dice no ser más que un comentario sobre ciertas breves secciones de la *Suma* que tratan sobre estos temas. Su bosquejo es relativamente sencillo, puesto que se divide en cuatro partes que tratan respectivamente sobre el conocimiento de Dios, la voluntad divina, la providencia y la predestinación.

Molina comienza discutiendo el conocimiento de Dios. La primera cuestión que debe plantearse en este contexto es si ese conocimiento es la causa de las criaturas. Molina responde que Dios conoce algunas cosas con un conocimiento «mixto» o «intermedio». Hay realidades y acontecimientos contingentes futuros que Dios conoce, no meramente como posibilidades ni tampoco como producto de su voluntad, sino como producto de otras voluntades libres que Dios ha decidido crear. Luego, la ciencia media es el conocimiento que Dios tiene de los futuros contingentes que serán causados por criaturas libres. En resumen, Dios tiene un conocimiento natural de todas las cosas posibles, un conocimiento libre de aquellas cosas que Dios mismo ha deseado, y un conocimiento intermedio de aquellas cosas que otras voluntades han de decidir. Dadas tales premisas, la cuestión de la elección y la reprobación puede contestarse de tal modo que concuerde con el libre albedrío. La predestinación depende de la presciencia divina, no en el sentido de que Dios haya decidido no darles su ayuda a quienes la han de rechazar, sino en el sentido de que Dios sabe quiénes libremente decidirán hacer el uso apropiado del auxilio general que todos reciben. Puesto que la gracia no es irresistible, el otorgar la gracia —o, lo que es lo mismo, la ayuda especial— no garantiza la salvación. Toda gracia es eficaz y suficiente para la salvación, pero viene a serlo únicamente mediante nuestra libre decisión de aceptarla.

La oposición de Báñez y de otros teólogos dominicos al sistema de Molina fue inmediata, amarga e inexorable.

Lo que vino a eclipsar la controversia molinista fue otro debate sobre las mismas cuestiones, pero cuyo foco fue un hombre de opiniones radicalmente opuestas a las de Molina: el teólogo holandés Cornelio Jansenio (1585-1638). Como ya hemos visto, la Universidad de Lovaina, bajo la dirección de Bayo, había sostenido que la predestinación es anterior a la presciencia, y que hemos perdido nuestra libertad de volvernos hacia

Dios. Las opiniones de Bayo —condenadas repetidamente por Roma— continuaban circulando en los Países Bajos, y surgieron a la superficie en la obra principal de Jansenio, el *Augustinus*, publicada póstumamente en Lovaina en 1640. Esta era un ataque voluminoso y erudito a las opiniones de Lesio y de Molina sobre la base de un agustinianismo extremo.

Algún tiempo después de la publicación del *Augustinus* apareció el tratado *Sobre la comunión frecuente* de Antoine Arnauld (1612-1694). Con Arnauld el jansenismo se había vuelto un movimiento de resistencia a la autoridad eclesiástica. A la postre, la controversia llevó al cisma. La abadía cisterciense de Port-Royal, bajo la dirección de Arnauld, se negó a someterse. Arnauld tuvo que esconderse y partir hacia el exilio, pero la antorcha pasó entonces a manos de Blaise Pascal (1623-1662), cuyas *Provinciales*, escritas en defensa de Arnauld, pronto eclipsaron al *Augustinus* en su impacto y popularidad. En 1713 Clemente XI volvió a condenarlo en su bula *Unigenitus*. Los intentos de suprimir el jansenismo en Holanda llevaron a un cisma permanente. En Francia, el jansenismo se unió a las fuerzas que a la postre llevaron a la revolución, y su último exponente fue el abad Henri Gregoire (1750-1831), jacobino fanático en quien los propósitos políticos se sobreponían a los intereses religiosos que habían sido primordiales en Jansenio, Arnauld y Pascal.

El Concilio de Trento

La reforma católica tuvo sus principales raíces en España. Cuando ya el programa reformador de Cisneros iba bien encaminado, Roma todavía se encontraba bajo el gobierno de papas indignos. A pesar de las faltas de Pablo III, fue con él que por fin el espíritu reformador tomó posesión de Roma. Varios de los cardenales a quienes nombró eran ardientes propugnadores de la necesidad de purificar la iglesia. Uno de ellos, Caraffa, más tarde sería Pablo IV, otro de los papas reformadores. En todo caso, la principal contribución de Pablo III fue el nombramiento de una comisión que preparase un programa de reforma, a base del cual convocó entonces al Concilio de Trento, con el propósito de tomar medidas para la reforma de la iglesia y de definir la fe frente a las doctrinas protestantes.

La reforma que Pablo III y sus sucesores emprendieron tenía varias características que han de tomarse en cuenta antes de estudiar las decisiones del Concilio de Trento. Su primera característica era que se centraba en el poder del papa. El modo en que esta reforma se concebía comenzaba con la cabeza de la iglesia, el papa, y de él se movía hacia los miembros. Otra característica de esta reforma era su propósito de ser estrictamente ortodoxa. La fe tradicional de la iglesia —incluso aquellas tradiciones que habían surgido durante los últimos años de la Edad Media— no estaba sujeta a reforma. Lo que tenía que cambiar era la vida moral y religiosa de la iglesia y de sus miembros, y no la institución o sus doctrinas. Por último, debe notarse que este modo restringido de entender la reforma tuvo por resultado que el Concilio de Trento no intentase modificar la liturgia a fin de hacerla más pertinente para los tiempos modernos. Esa tarea le tocó al Segundo Concilio Vaticano y la nueva reforma que ese concilio inició. En el siglo XVI se consideraba suficiente condenar al protestantismo definiendo la fe de la Iglesia católica, y entonces reformar la vida moral de la iglesia.

La historia del Concilio de Trento (1545-1563) es larga y compleja. Aunque no podemos contar esa historia aquí, sí es necesario señalar que el resultado final del concilio fue producto de un largo proceso en el que tuvo que sobreponerse a una serie de dificultades políticas y teológicas. En lo político, la principal dificultad fue que el emperador y el papa competían entre sí por el control del concilio. En lo teológico, la dificultad más importante fue la tensión entre quienes pensaban que el concilio debía tratar de atraer al menos a algunos de los protestantes concediéndoles algo de lo que pedían, y otros que estaban convencidos de que la tarea del concilio debía ser sencillamente condenar el protestantismo y lanzarse a su propia reforma. Ambos partidos tenían fuerte apoyo político, y hasta entre los que querían que el protestantismo fuese fuertemente condenado había algunos que querían introducir en la Iglesia católica algunos de los cambios que los protestantes proponían. Así, por ejemplo, Carlos V tenía la esperanza de que el concilio les permitiera a los sacerdotes casarse, ofrecer la comunión en ambas especies y celebrar la liturgia en el idioma vernáculo. Como resultado de tales tensiones, el concilio fue interrumpido frecuentemente, y solamente le faltaron nueve días para durar dieciocho años. Su resultado final fue la Iglesia católica moderna.

El Concilio de Trento tomó acción en dos direcciones fundamentales: la reforma de las costumbres y leyes de la iglesia, y la definición clara del dogma frente a las opiniones protestantes. Los decretos acerca de la reforma pretendían corregir algunos de los abusos contra los que habían protestado los reformadores tanto protestantes como católicos, abusos tales como el ausentismo, el pluralismo, el desconocimiento de las Escrituras, la ordenación irresponsable, etc. Las cuestiones doctrinales que el concilio discutió fueron esencialmente las que la Reforma protestante planteaba: la autoridad de las Escrituras, la naturaleza y consecuencias del pecado original, la justificación, los sacramentos, el purgatorio y la veneración de los santos y sus reliquias. En prácticamente todos estos asuntos el concilio tomó una posición diametralmente opuesta a la de los reformadores protestantes. Luego, la Reforma protestante tuvo sobre la Iglesia católica un efecto contrario al que se buscaba.

Tal fue el caso en lo que se refiere a la autoridad de las Escrituras y su relación con la tradición. En reacción al principio protestante de la *sola scriptura*, el concilio no solamente afirmó la autoridad de la tradición, sino que fue mucho más lejos al ponerla a la par de la Escritura. Entonces, tras enumerar los libros canónicos, el concilio declaró que nadie debía interpretar las Escrituras de tal modo que confligieran con la tradición, y ordenó que no se publicase libro alguno sin el consentimiento de las autoridades eclesiásticas.

Sin lugar a dudas, el decreto sobre la justificación es el más importante entre los muchos promulgados por el concilio. Tiene diecisiete capítulos, a los que siguen treinta y tres anatemas. Al principio se declara que el ser humano caído no puede alcanzar la justificación (cap. 1). Es por esta razón que Cristo vino (cap. 2), de tal modo que quienes reciban sus méritos puedan ser justificados (cap. 3) y transportados de su condición de hijos de Adán a la de hijos del Segundo Adán (cap. 4).

Tras esta introducción general, el decreto aborda los temas debatidos entre protestantes y católicos, y también algunos debatidos por los católicos entre sí. La justificación comienza con la gracia previniente, aparte de todo mérito; pero también el libre albedrío debe entonces aceptar o rechazar la salvación que se le ofrece.

La justificación misma se describe en términos claramente opuestos a los de Lutero. La justificación no es la imputación de la justicia de Cristo al creyente, sino el acto mediante el cual Dios, con la colaboración del libre albedrío humano, de hecho hace al creyente justo.

El resto del decreto sobre la justificación no es sino una elaboración de este punto. La justificación, por ser una realidad objetiva en el creyente, puede aumentarse mediante las buenas obras. Y este modo de entender la justificación se relaciona con el sistema penitencial, puesto que quienes han pecado tras la gracia del bautismo ahora deben tratar de recobrar mediante el sacramento de la penitencia la gracia que han perdido. Ese sacramento —o el deseo de recibirlo— sirve para la remisión del castigo eterno por el pecado; pero la pena temporal ha de ser satisfecha. El pecado mortal ocasiona la pérdida de la gracia, aunque no de la fe, excepto en el caso de la infidelidad religiosa, en el que ambas se pierden. Por tanto, quienes están en pecado mortal, aunque tengan fe, no se salvarán.

Los anatemas que aparecen al final del decreto son demasiado largos y detallados para discutirlos aquí. En general, tras tres anatemas que confirman la condenación del pelagianismo, el resto se dirige a los protestantes. Estos anatemas no se limitan a la cuestión de la justificación, sino que tratan también de otros temas afines tales como la gracia, el libre albedrío y la predestinación. Algunos de ellos se dirigen a las opiniones de unos pocos reformadores, y otros responden a exageraciones o caricaturas de la doctrina protestante. Pero, en general, muestran una clara comprensión de las verdaderas diferencias entre el protestantismo y el catolicismo.

El resto del trabajo doctrinal del concilio tuvo que ver con los sacramentos, como el complemento de la doctrina católica de la justificación. El concilio fijó el número de sacramentos en siete, insistió en el valor objetivo y la necesidad de los sacramentos, y rechazó las opiniones de los anabaptistas y de otros sobre el bautismo y la confirmación. La doctrina de la transubstanciación, definida anteriormente, fue reafirmada. El sacramento ha de ser preservado y venerado con culto de *latría* —es decir, el culto reservado únicamente para Dios— porque Dios está presente en el sacramento reservado. Antes de la comunión, tanto el laicado como los sacerdotes deben confesar sus pecados sacramentalmente; aunque el sacerdote que no tenga oportunidad de hacerlo, puede todavía celebrar la eucaristía en caso de necesidad urgente. No es necesaria la comunión en ambas especies para recibir tanto el cuerpo como la sangre de Cristo. Aunque es cierto que en tiempos antiguos la comunión en ambas especies era la práctica usual, la iglesia tiene autoridad para determinar cómo la comunión ha de ser administrada, y su ley presente de negarle la copa al laicado ha de obedecerse, al menos hasta que la iglesia misma decida lo contrario. La misa es un sacrificio en el que Cristo es ofrecido de nuevo, aunque de manera incruenta. Ese sacrificio es propiciatorio ante Dios. Aunque el concilio prefiere que en la comunión todos los presentes participen, también son válidas las misas en las que solamente el sacerdote participa de los elementos. Todos los ritos instituidos por la santa madre iglesia en relación a la misa han sido establecidos para el bienestar de los creyentes, y deben obedecerse. Esto incluye la prohibición de decir misa en el idioma vernáculo, aunque se invita a los sacerdotes a explicar al pueblo los misterios de la misa.

En cuanto a los otros sacramentos, Trento reafirmó la doctrina tradicional de la Iglesia católica. En relación con esa reafirmación, también se discutieron temas tales como la existencia del purgatorio, el valor de las reliquias de los santos y la autoridad que se recibe en la ordenación. En cada uno de estos casos la decisión del concilio fue o bien reafirmar una doctrina anteriormente definida, o sencillamente aceptar el consenso general de la iglesia medieval. En cada uno de ellos, sin embargo, y especialmente en el contexto del matrimonio y la ordenación, el concilio también legisló contra los varios abusos que los protestantes habían señalado.

Luego, el Concilio de Trento respondió al reto protestante y al deseo general de reforma de dos maneras. En lo referente a la doctrina, optó por la posición conservadora. Todo lo que había llegado a ser creencia generalmente aceptada de la iglesia occidental, y todo lo que los protestantes atacaron, se volvió ahora doctrina oficial y final de la Iglesia católica. Pero en asuntos de moral y del cuidado espiritual de la grey, el concilio optó por la más estricta reforma.

Esta es una de las dos principales razones por las que el Concilio de Trento es símbolo de toda la reforma católica y marca además el comienzo del catolicismo moderno. La otra razón es que durante los largos años que el concilio tomó tuvieron lugar grandes cambios en la autoridad del papa. Cuando el concilio fue convocado, uno de los problemas más urgentes era el de la autoridad papal. No se trataba únicamente de que los protestantes negaran esa autoridad; se trataba además de que muchos buenos católicos dudaban de ella. La razón por la que era necesario convocar un concilio era que los papas no podían hacerse obedecer. La principal razón por la cual la convocatoria demoró tanto, y entonces resultó tan difícil continuar trabajando sin largas interrupciones, fue que varios monarcas católicos —especialmente, durante las primeras negociaciones, Carlos V— insistían en tener cierto control sobre la asamblea, y por tanto no siempre colaboraron con el papa en sus esfuerzos por convocar el concilio. Empero, al llegar la última sesión del concilio las condiciones habían cambiado radicalmente. Pío IV era sin lugar a dudas dueño del concilio, que en su última sesión le pidió que confirmara todos los decretos promulgados, no solamente durante su reinado, sino también bajo Pablo III y Julio III. Pablo lo hizo en una bula en la que declaraba que el concilio era ecuménico y de obediencia obligatoria para todos, y en la que prohibía que se publicasen comentarios u otras interpretaciones de las decisiones conciliares sin el consentimiento expreso de la Santa Sede.

Lo que esto quería decir era que el papa era ahora tanto la fuente de autoridad del concilio como su único intérprete autorizado. El movimiento conciliar de fines del medioevo por fin había muerto. Había nacido la Iglesia católica romana moderna.

XXVII
La ortodoxia protestante
y la reacción pietista

Los fundadores de las dos grandes tradiciones protestantes, Lutero y Zwinglio, tuvieron por sucesores a otros teólogos que sistematizaron esas tradiciones. En ese proceso, algunos exageraron y otros suavizaron las posturas de sus fundadores, y esto a su vez llevó a largas y amargas controversias en cuanto a quiénes eran verdaderamente ortodoxos dentro de su propia tradición y quiénes no.

Entre los luteranos tales debates llevaron por fin a la *Fórmula de Concordia* (1577), en torno a la cual los luteranos se unieron, pero que en el siglo XVII llevó a un énfasis más acendrado sobre la ortodoxia.

La teología de Felipe Melanchthon

En contraste con Lutero, Melanchthon provenía de un trasfondo de estudios humanistas, y aun después del amargo debate sobre el libre albedrío entre Lutero y Erasmo, Melanchthon nunca dejó de admirar al gran humanista holandés. Los dones de Melanchthon como teólogo sistemático se pusieron de manifiesto en el 1521, cuando publicó su obra *Loci communes rerum theologicarum —Temas teológicos—*, que era de hecho la primera sistematización de las principales doctrinas protestantes. Este libro tuvo un éxito enorme, y fue repetidamente reimpreso, traducido y revisado: lo último por el propio Melanchthon. En cada nueva edición de los *Loci*, Melanchthon daba señales de irse apartando del luteranismo original y recibiendo una influencia cada vez más clara del humanismo y de la tradición reformada. A la postre, esto llevó a la división de los luteranos entre «filipistas» y «luteranos estrictos».

Uno de los principales puntos en que los luteranos estrictos criticaban a Melanchthon era lo que llamaban su «sinergismo», es decir, que Dios y el ser humano cooperan en la obra de salvación. También en la doctrina

de la eucaristía se acusó a Melanchthon de haber abandonado su luteranismo anterior. El respeto de Melanchthon hacia lo que Calvino decía al
respecto hizo que sus enemigos le acusaran de «critpocalvinismo»: de ser
un calvinista a escondidas.

Aun antes de que se pusiera en duda la teología de Melanchthon, hubo
dos grandes controversias entre luteranos, una acerca del papel de la ley y
otra en torno a las enseñanzas de Osiandro.

La controversia antinomiana —de *anti* y *nomos*, opuestos a la ley—
empezó todavía en vida de Lutero y Melanchthon, y continuó después de
la muerte de ambos. La controversia surgió cuando Juan Agrícola (1409-
1566), uno de los primeros compañeros de Lutero en la Universidad
de Wittenberg, atacó las *Instrucciones para Visitadores* escritas por
Melanchthon a petición de Lutero, en las que recomendaba que se predicara frecuentemente sobre la ley, y especialmente sobre el Decálogo, no
solo para llamar a los pecadores al arrepentimiento, sino también para
que los creyentes pudiesen comprender algo más de la voluntad de Dios y
tratar de obedecerla. Agrícola se opuso a tales instrucciones, que le parecían ser una concesión al catolicismo romano. Según él, la ley no tenía
función alguna en la predicación del evangelio, y por lo tanto su lugar
adecuado eran los tribunales civiles más que el púlpito. Moisés debería
ser enviado al cadalso, y quienquiera predique sus doctrinas ni siquiera ha
comenzado a comprender el evangelio. Después de largas controversias,
el antinomismo fue rechazado en la *Fórmula de Concordia*, en el 1577.

La otra gran controversia de este período giró alrededor de las enseñanzas de Andrés Osiandro (1498-1552), un teólogo de tendencias místicas quien sostenía que la justicia del creyente es Dios mismo: el Verbo
que mora en el creyente. Lo que de hecho sucede cuando Cristo mora en
el creyente es que el océano de la justicia divina envuelve la pequeña gota
de la pecaminosidad humana, de tal modo que cuando Dios declara justo
al pecador lo hace con miras a este vasto océano de pureza, que oculta la
pequeña gota de pecado. Lo que nos justifica entonces es la divinidad de
Cristo, que nos arropa en su justicia. Esta controversia también culminó
en la *Fórmula de Concordia*, que afirma que Cristo nos justifica tanto por
su divinidad como por su humanidad.

Las dos controversias que acabamos de discutir —la una con respecto
a las doctrinas de Osiandro y la otra con respecto al antinomismo—
nunca dividieron a los principales dirigentes del luteranismo. Tanto los
luteranos estrictos como los filipistas concordaban en rechazar las opiniones de Osiandro y las de los antinomianos. Empero, las controversias que
ahora ocuparán nuestra atención sí produjeron divisiones más profundas.

En toda ellas, de un modo o de otro, el conflicto era entre la adherencia estricta a los principios de Lutero por una parte y la tendencia de los filipistas a suavizar esos principios por otra.

La primera gran controversia que hemos de discutir se refiere al *Ínterin*, y también se le conoce como la «controversia adiaforista». Cuando Carlos V y la Dieta de Augsburgo (1548) proclamaron el *Ínterin de Augsburgo*, que parecía refrendar el catolicismo romano, la mayor parte de los protestantes se negó a aceptarlo. Cientos de ellos fueron muertos, y muchos pastores se vieron obligados a partir al exilio. En la Sajonia electoral, empero, Melanchthon y la mayoría de los teólogos de Wittenberg llegaron a la conclusión de que podían aceptar una versión modificada del *Ínterin de Augsburgo*, conocida como el *Ínterin de Leipzig*. La justificación teológica para tal paso estaba en la distinción entre lo que es esencial y lo periférico, llamado también la a*diáfora*. En lo esencial —especialmente en la justificación por la fe— no es lícito ceder en modo alguno. Empero, sí hay condiciones en las que la paz de la iglesia requiere que se hagan concesiones en cuanto a la adiáfora. Confundir lo esencial con la adiáfora, e insistir en todo detalle de esta última, es negar la libertad cristiana, y puede hasta llevar de regreso a la justificación por las obras.

Empero, al tomar tal posición no habían tenido en cuenta a los protestantes en otras partes de Alemania, quienes sufrían por haberse negado a aceptar el *Ínterin de Augsburgo*. A los ojos de tales personas lo que se había hecho en Leipzig no era sino traición. ¿Cómo podían los teólogos de Wittenberg pretender ser fieles al evangelio por el solo hecho de haber salvaguardado uno o dos elementos de lo que se discutía? Tal fue la posición de Matías Flacio (1520-1575), el principal teólogo entre los luteranos estrictos. A la postre, la *Fórmula de Concordia*, al tiempo que aceptaba la distinción de Melanchthon entre lo esencial y la adiáfora, declaraba, como lo había hecho Flacio, que en tiempos de persecución la adiáfora puede venir a ser esencial.

La controversia mayorista puede interpretarse como un episodio ulterior de la que acabamos de discutir. Jorge Maior (1502-1574), rector de la Universidad de Wittenberg, había seguido la posición de Melanchthon en cuanto a la cuestión del *Ínterin*. Maior afirmó que las buenas obras son necesarias para la salvación y para no perderla. Las palabras descuidadas de Maior pronto trajeron los ataques de Flacio y de los principales dirigentes del partido luterano estricto. Algunos, tomando hasta las afirmaciones más exageradas de Lutero en contra de las obras y exaltándolas al nivel de afirmaciones doctrinales, llegaron a la conclusión de que las buenas obras destruyen la salvación.

En esta controversia la *Fórmula de Concordia* tomó una posición intermedia, reafirmando la doctrina de la salvación por la fe al mismo tiempo que recordaba que la *Confesión de Augsburgo* había afirmado la necesidad de las buenas obras, y rechazaba las posiciones extremas de ambos partidos.

La controversia sinergista fue otro episodio del continuo debate entre los filipistas y los luteranos estrictos. El *Ínterin de Leipzig* afirmaba que la voluntad humana colabora con Dios en el proceso de salvación. En 1555, el teólogo filipista Juan Pfeffinger publicó una serie de *Proposiciones sobre el libre albedrío* en las que repetía la fórmula tripartita de Melanchthon en cuanto a las causas concurrentes en la conversión, es decir, la Palabra, el Espíritu y la voluntad. Esa cuestión siguió siendo tema de debate entre los filipistas y los luteranos estrictos. En respuesta a esta controversia, la *Fórmula de Concordia* afirma que hay una distinción entre la naturaleza humana y el pecado original, no solamente en el estado original de la creación, sino también actualmente. La criatura humana caída sigue siendo criatura de Dios, y Dios no crea sustancias malas. Por lo tanto, la *Fórmula* condena tanto la doctrina de la corrupción de la naturaleza humana como la postura contraria, que el pecado no tiene mayores consecuencias. Hay solo dos causas eficientes de la conversión: el Espíritu Santo y la Palabra de Dios, y la voluntad no puede contarse como una tercera causa.

La controversia eucarística tuvo como trasfondo el desacuerdo entre Lutero y Zwinglio con respecto a la presencia de Cristo en la Cena del Señor, que varios teólogos habían tratado de subsanar mediante posiciones intermedias. Así estaban las cosas cuando Joaquín Westphal, un pastor luterano estricto de Hamburgo, publicó un libro en el que señalaba las diferencias entre Lutero y Calvino, especialmente en lo que se refería a la Cena de Señor. Hasta esa fecha (1552) tales diferencias habían pasado generalmente desapercibidas. El ataque de Westphal hizo poco impacto entre los calvinistas; pero en el campo luterano la reacción fue muy distinta, puesto que muchos luteranos que no estaban completamente de acuerdo con Lutero en cuanto a la presencia de Cristo en la Cena se vieron ahora forzados a tomar posición. Desde el punto de vista del partido luterano estricto, la diferencia entre Zwinglio y Calvino era de poca monta, pues ambos negaban la ubicuidad del cuerpo glorificado de Cristo, su presencia física en la Cena y la participación en ese cuerpo por parte de los incrédulos que toman la comunión.

Melanchthon se negó a tomar posición. Estaba convencido de que tales controversias solo servirían para perturbar la paz de la iglesia.

Melanchthon mismo era amigo de Calvino, a quien había conocido en Frankfurt en 1539. También tenía como precedente el hecho de que Lutero, quien había conocido la *Institución* y otros escritos de Calvino, siempre se había expresado en términos favorables con respecto a él.

La reticencia de Melanchthon, unida al hecho de que varios filipistas sí adoptaron posturas de carácter calvinista, les ganó tanto a él como a su partido el título de «criptocalvinistas». Pronto hubo disputas en toda Alemania. El Palatinado se declaró calvinista, y lo expresó el *Catecismo de Heidelberg* de 1563, compuesto por varios teólogos reformados.

En Sajonia la lucha fue amarga. Una vez más los luteranos estrictos salieron a la batalla contra los filipistas. Puesto que Melanchthon ya había muerto, se declaró sin más que su doctrina había sido exactamente la misma de Lutero.

Al igual que lo habían hecho antes los luteranos estrictos, la *Fórmula de Concordia* se niega a reconocer diferencia alguna entre Zwinglio y Calvino. A los seguidores de Zwinglio les da el título de «sacramentarios burdos», mientras que los calvinistas son «sacramentarios sutiles, los más peligrosos». Frente a estas dos clases de «sacramentarios», se afirma que el cuerpo y la sangre de Cristo están verdaderamente presentes, que se distribuyen y reciben en el pan y el vino, y que esto es cierto tanto para los creyentes como para los que no lo son; aunque quienes no están convertidos y no se arrepienten comen para su propio juicio y condenación.

La controversia eucarística llevó necesariamente a la cuestión de la unión hipostática, porque el desacuerdo entre Lutero y los reformados se relacionaba estrechamente con sus distintas opiniones sobre la unión de las dos naturalezas en la persona de Cristo. La posición luterana, que requería la ubiquidad del cuerpo de Cristo, se basaba en la opinión de que la unión de las dos naturalezas era tal que las propiedades de la divinidad se transferían a la humanidad —la *communicatio idiomatum*— de un modo literal, y que por lo tanto el cuerpo resucitado de Cristo había recibido de su divinidad la capacidad de estar en varios lugares al mismo tiempo. La posición reformada, por otra parte, subrayaba la distinción entre las dos naturalezas y entendía la *communicatio idiomatum* de un modo mucho más restringido, insistiendo por tanto en la imposibilidad de que el cuerpo de Cristo estuviese presente al mismo tiempo en el cielo y en una multitud de iglesias. Luego, los «criptocalvinistas» o bien rechazaban o al menos limitaban la *communicatio idiomatum*, mientras los luteranos estrictos la subrayaban.

Estos fueron los principales temas que se debatieron dentro de la tradición luterana en el período formativo después del primer gran impulso reformador, y especialmente después de la muerte de Lutero. Como hemos visto repetidamente, la *Fórmula de Concordia* intentaba ponerles fin a estas controversias, y en buena medida tuvo éxito, pues logró establecer una clara línea entre el luteranismo y el calvinismo, y al mismo tiempo unir a la mayoría de los cuerpos luteranos. Publicada juntamente con el Credo de los Apóstoles, el de Nicea y el de Atanasio, y con la *Confesión de Augsburgo* y otros documentos luteranos fundamentales, se le conoce como *El libro de la Concordia*, y durante cuatro siglos ha sido uno de los principales elementos unificadores de la confesión luterana.

La ortodoxia luterana

El siglo XVII fue en el continente europeo un período de ortodoxia confesional. Tanto el luteranismo como la tradición reformada y el catolicismo romano pasaron por un proceso de sistematización y de clarificación de las posiciones doctrinales que cada una de esas tradiciones había adoptado durante el siglo anterior. En Inglaterra la situación fue algo distinta, pues el movimiento reformador sobrepasó los límites que Isabel y sus ministros habían establecido, y surgieron movimientos nuevos y mucho más radicales.

La ortodoxia luterana del siglo XVII no ha de confundirse con el luteranismo estricto del XVI. Es cierto que en casi todo lo que se había discutido en el siglo anterior los luteranos ortodoxos del XVII concordaban con los luteranos estrictos. Pero su actitud teológica fundamental era muy distinta. Mientras los luteranos estrictos interpretaban a Lutero y Melanchthon en oposición mutua, los ortodoxos del siglo XVII pensaban que mucho de lo que Melanchthon había dicho era de gran valor, y por tanto trataban de compaginar sus opiniones con las de Lutero. Según el siglo fue avanzando, comenzaron a utilizar la metafísica, particularmente la aristotélica, como base para su teología, y en esto también se apartaron notablemente de los luteranos estrictos del siglo anterior.

El gran precursor de la ortodoxia luterana fue Martín Chemnitz (1522-1586), conocido también por su participación en la redacción de la *Fórmula de Concordia*. También produjo una obra en cuatro volúmenes en los que trataba de mostrar que el Concilio de Trento se había apartado no solamente de lo que se encuentra en las Escrituras, sino también de la tradición cristiana más antigua. Luego, Chemnitz vino a ser la contraparte luterana de Belarmino, y buena parte de la polémica católica posterior contra el protestantismo consistió en una refutación de lo que Chemnitz había dicho. Al mismo tiempo que aceptaba prácticamente todas las posiciones de los luteranos estrictos, Chemnitz sentía gran aprecio hacia

Melanchthon, de quien había aprendido buena parte de su método y estilo. Luego, con Chemnitz —y con su más importante logro, la *Fórmula de Concordia*— la tradición luterana entró en una nueva etapa en la que la teología sería más positiva, y la labor polémica se dirigiría principalmente contra los no luteranos.

No cabe duda de que el principal teólogo de la ortodoxia luterana fue Johann Gerhard (1582-1637), quien estudió en Wittenberg y Jena, pasó varios años en tareas de administración eclesiástica, y por último regresó a Jena como profesor en 1616. Su principal obra es su *Loci theologici*, cuyos amplios nueve volúmenes —una edición posterior los publicó en veintitrés— vinieron a ser la teología sistemática de la ortodoxia luterana. A pesar de su título, la obra de Gerhard sigue una metodología muy distinta de la de Melanchthon bajo un título semejante. Lo que Gerhard pretende hacer no es sencillamente exponer una serie de temas teológicos con escasa conexión interna, sino más bien mostrar la cohesión interna y sistemática de todo el corpus del conocimiento teológico. Luego, Gerhard hizo una contribución importante a la disciplina que más tarde se llamaría «teología sistemática».

Johann Andreas Quenstedt (1617-1688) compiló lo mejor de la tradición luterana ortodoxa en su *Sistema de teología*, publicado en 1683. Esta obra es la culminación sistemática de la ortodoxia luterana. Aunque presentada todavía en términos de oposición al catolicismo y al calvinismo, no se deja dominar por consideraciones polémicas, como fue el caso de tantas obras de la época, en las que frecuentemente se da la impresión de que eran los adversarios del luteranismo quienes señalaban la agenda. Quenstedt toma, reconoce y utiliza los resultados de la obra teológica anterior, especialmente de los luteranos, pero a pesar de ello el estilo general de la obra sigue siendo claro y conciso. Por esas razones la obra de Quenstedt vino a ocupar un lugar importante junto a las de Melanchthon, Chemnitz y Gerhard en la biblioteca básica de la ortodoxia luterana.

Los elementos melanchthonianos y «criptocalvinistas» en las iglesias luteranas no habían sido completamente destruidos por los debates del siglo XVI, y surgieron a la superficie en la obra de Jorge Calixto (1585-1656), quien se había impuesto la tarea de llamar a las diversas tradiciones del cristianismo a reconocerse mutuamente. El modo en que Calixto esperaba lograr esto se centraba en su distinción entre los artículos de fe fundamentales y los secundarios. Calixto sostenía que tal distinción debía hacer posible que los cristianos de distintas confesiones se reconocieran mutuamente como verdaderos creyentes, puesto que todo lo que se necesitaba para ser reconocido como cristiano era adherirse a los artículos fundamentales de la fe, aunque hubiese diferencias importantes en otras cuestiones. Solamente es fundamental lo que se requiere para la salvación. Todo lo demás es secundario. Esto no quiere decir que esas cuestiones secundarias sean indiferentes. Al contrario, los artículos de fe secundarios también son parte de la verdad cristiana, y uno debe servir a la verdad en lo secundario así como en lo fundamental. Los teólogos y todos los cristianos en general deberían tratar de descubrir la opinión correcta y asirse a ella. Pero los luteranos deberían aceptar a los católicos y los reformados como cristianos, aun cuando insistan en no concordar con ellos en cuanto a la cuestión de la Cena.

¿Cómo se sabe qué artículos de fe son fundamentales y han de ser creídos por todos los cristianos? A base de su erudición patrística, Calixto respondía en términos de lo que él llamaba el consenso de los primeros cinco siglos. Solamente aquello que fue parte de la tradición cristiana más antigua ha de requerirse de todos. Lo demás es importante porque toda verdad es importante; pero no es fundamental.

De la distinción entre lo fundamental y lo secundario sigue la conclusión de que ya hay cierta unión entre los cristianos. Esta «comunión interna» ha de reconocerse si uno ha de entender correctamente la verdadera naturaleza de la catolicidad. En cierto sentido, los cristianos ya son uno, aunque les separen las diferencias teológicas. Esto, sin embargo, no basta para alcanzar la «comunión externa», que incluiría la participación conjunta en la Cena del Señor. A fin de lograr esto, las Iglesias tienen que reconocer la diferencia entre la herejía y el error. La herejía consiste en apartarse de un artículo fundamental de fe, mientras el error tiene que ver con las muchas otras verdades del cristianismo que no son necesarias para la salvación.

La propuesta de Calixto recibió la oposición casi unánime de los teólogos luteranos. Su único éxito fue en Polonia, donde el rey Ladislao IV trató de seguirla. En Alemania, la ortodoxia luterana vio las propuestas de Calixto como una negación de sus más caros principios.

Breve exposición de la teología de la ortodoxia luterana

Puesto que resulta imposible exponer aquí cada sistema de teología propuesto durante el período de la ortodoxia luterana, nos limitaremos a ofrecer una breve exposición general de la teología del movimiento, tomando elementos de diversos teólogos y sin tratar de distinguir entre ellos.

Dado el principio luterano de la *sola scriptura*, era inevitable que la ortodoxia luterana del siglo XVII le dedicara atención al origen, inspiración y autoridad de las Escrituras. Ciertamente, esa doctrina frecuentemente se volvió el centro mismo de los prolegómenos a la teología, porque si las Escrituras son la única fuente de la teología resulta necesario aclarar ese punto antes de abordar cualquier otra cuestión teológica. Aunque Lutero y sus contemporáneos insistieron en la autoridad única de las Escrituras, no llegaron a desarrollar una teoría de su origen e inspiración. Por lo tanto, la ortodoxia del siglo XVII, ávida de responder a todas las cuestiones planteadas por la Reforma, se dedicó a llenar lo que parecía ser esta laguna teológica.

El texto escriturario fue inspirado por el Espíritu Santo. La inspiración no es una iluminación general de algunos creyentes, tales como los profetas y los apóstoles, quienes entonces escribieron sus pensamientos. La inspiración es una acción especial del Espíritu, relacionada específicamente con el acto de escribir el texto. Los escritores inspirados lo fueron solo mientras escribían. Este punto es importante para la ortodoxia luterana, puesto que de otro modo el énfasis de los católicos en la tradición podría justificarse diciendo que los apóstoles, quienes gozaban de una inspiración general, escribieron algunas cosas y les entregaron otras a sus sucesores, con lo cual se garantizaría la autoridad infalible de la tradición.

La inspiración de las Escrituras es total y verbal. Es total, porque todo lo que hay en ellas fue escrito por inspiración divina. Esto es cierto tanto de los más altos misterios como de las aseveraciones más sencillas y cotidianas. La doctrina de la inspiración plena de las Escrituras lleva a la inspiración verbal. El Espíritu Santo no les dio a los autores unas reglas generales acerca de lo que debían escribir, sino que de hecho les guio al escribir cada palabra. Según fue avanzando el siglo XVII, las aseveraciones sobre la inspiración verbal de las Escrituras se hicieron cada vez más abarcadoras. Para fines de ese período, Hollaz llegó a afirmar que los puntos de vocalización del texto masorético en el Antiguo Testamento eran tan antiguos como el texto mismo, y su autoridad era igual a la de las consonantes.

Puesto que el contenido de la teología no es otro que Cristo mismo, quien solamente puede conocerse mediante la fe, únicamente quienes creen en Cristo pueden ser teólogos. Su tarea es práctica, no en el sentido de que se limite a las cuestiones éticas, sino en el sentido de que su propósito es llevar a la creencia correcta y a la piedad que conduce a la salvación.

Fue la existencia de tales sistemas detallados, formulados casi siempre en las cátedras de teología de las universidades alemanas, lo que dio origen al título de «escolasticismo protestante» para referirse a la teología del siglo XVII. Ese título se emplea normalmente en términos despectivos, e implica que la teología del siglo XVII perdió de vista los grandes descubrimientos de Lutero y volvió a caer en metodologías y metas que eran semejantes a las de los peores tiempos del escolasticismo medieval. No cabe duda de que hay cierta verdad en tal juicio; pero también hay buena parte de falsedad. Ciertamente, la ortodoxia luterana carecía de la frescura y libertad de Lutero y de los primeros reformadores. Su intento de sistematizarlo todo frecuentemente se acercó a un legalismo que el propio Lutero habría rechazado. Su uso de la metafísica de Aristóteles —otra razón por la que se le ha llamado «escolasticismo»— tampoco hubiera sido del agrado de Lutero. Su doctrina de la justificación por la fe frecuentemente parecía no ser sino otra versión de la justificación por las obras. Y, sin embargo, también es preciso decir que, en su sistematización misma, y en su atención a las cuestiones de detalles, el escolasticismo protestante mantuvo viva la herencia de la tradición luterana. Su insistencia en la necesidad de la revelación ciertamente se acerca mucho más a Lutero que a los racionalistas que en el siglo XVIII la acusaron de haber abandonado los descubrimientos de Lutero. En resumen, los teólogos de la ortodoxia luterana fueron para Lutero lo mismo que sus epígonos fueron para Alejandro: miembros de una generación posterior, carentes del genio del fundador, pero sin los cuales la obra de ese fundador hubiera sido en vano.

La teología reformada después de Calvino

Aunque frecuentemente se piensa que el calvinismo y la teología reformada son idénticos, en realidad esto no es del todo exacto. Algunas de las características de la teología reformada ya habían tomado forma en la obra de Zwinglio, Bucero y otros que habían precedido a Calvino. En tiempos de Calvino varios teólogos hicieron sus propias contribuciones a la tradición reformada relativamente independientes de la obra del propio Calvino. El nombre que se daban a sí mismos era «reformados», y el de «calvinistas» solamente les fue aplicado posteriormente como señal de herejía por sus opositores, tanto luteranos como católicos. Lo que es más, lo que a la postre recibió el nombre de «calvinismo», aunque se derivaba principalmente de Calvino mismo, de varias maneras sutiles difería de lo que se encuentra en la *Institución de la religión cristiana*.

La indudable grandeza de Calvino como teólogo, organizador y líder de la iglesia tiende a eclipsar la importancia de varias luces menores que brillaron en Suiza y en otros lugares antes, durante, y después del propio Calvino. Tal es ciertamente el caso de Zwinglio, quien fue el primer gran teólogo reformado, pero cuya estatura sufre en comparación con Calvino.

Según las opiniones de Calvino sobre la eucaristía iban logrando mayor aceptación entre los protestantes suizos, la teología de Zwinglio fue quedando relegada. Y, sin embargo, en un punto importantísimo mucho de lo que después se llamó «calvinismo» se asemejaba más a Zwinglio que a Calvino. Este punto es la doctrina de la predestinación, que Zwinglio había discutido en relación con la providencia y la creación, mientras que Calvino la había colocado dentro del marco de la soteriología. Esto tuvo por resultado el desarrollo de una doctrina «calvinista» de la predestinación que iba mucho más allá de la de Calvino. La influencia de Bucero sobre Calvino, especialmente en lo que se refiere a la eucaristía y la eclesiología, fue importante. Por lo tanto, Calvino tuvo varios antecesores cuya obra a la postre se unió a la gran corriente de lo que después se llamó calvinismo.

Tres nombres se destacan como los más importantes y característicos de la teología reformada durante el siglo XVI, después de Calvino: Pedro Mártir Vermigli, Teodoro Beza y Zacarías Ursino.

La importancia de Pedro Mártir Vermigli (1499-1562) en el desarrollo de la ortodoxia reformada se encuentra más en cuestiones metodológicas que de contenido. Esto se debe a que, aunque en el contenido de su teología Vermigli se aproximaba a Calvino y Bucero, su metodología llevaba el sello de Aristóteles en mucho mayor grado que cualquier otro teólogo reformado de su época. Mientras Calvino partía de la revelación concreta de Dios, y siempre tuvo un sentido sobrecogedor del misterio de la voluntad divina, la teología reformada posterior cada vez más tendió a seguir un proceso deductivo que se iniciaba en los decretos divinos y a partir de ellos se movía a los casos y circunstancias particulares. Ese método es también la razón por la que los teólogos reformados posteriores colocaron la doctrina de la predestinación bajo el encabezado de la doctrina de Dios, abandonando así la práctica de Calvino de colocarla bajo el encabezado de la soteriología.

Teodoro Beza (1519-1605) fue invitado por Calvino a enseñar en la Academia de Ginebra. Después de la muerte de Calvino vino a ser líder del movimiento reformado, tanto en Ginebra como en el resto de Suiza. Beza, al mismo tiempo que no pretendía ser más que expositor y continuador de las opiniones de Calvino, distorsionó esas opiniones de maneras sutiles pero importantes. Por ejemplo, Beza —como varios otros teólogos reformados— hizo de la predestinación una consecuencia que podía deducirse del conocimiento, la voluntad y el poder divino, y por lo tanto tendió a confundirla con el predeterminismo. En breve, Beza fue en varios modos un exponente claro y consecuente de la teología de

Calvino, pero esa misma claridad y consecuencia implicaban que había perdido mucho del sentido de misterio y del frescor que se encontraban en la obra de su maestro. Para él la Biblia parecía ser más bien una serie de proposiciones, todas inspiradas de igual modo y por tanto todas de igual importancia, y esas proposiciones se unían todas para formar el sistema calvinista.

Zacarías Ursino (1534-1583) pasó la mayor parte de su juventud en Wittenberg, donde fue amigo y discípulo de Melanchthon. También viajó extensamente, y sus visitas a Suiza parecen haber fortalecido su inclinación hacia una interpretación «calvinista» de la Cena del Señor. En todo caso, cuando se desataron entre los luteranos las controversias que hemos estudiado anteriormente, se le acusó de ser «criptocalvinista» y a la postre se le forzó a refugiarse en el Palatinado. Ursino era menos dogmático que otros teólogos reformados, y hasta parece haber comprendido a Calvino mejor que ellos, al menos en algunos puntos. Así, por ejemplo, el *Catecismo de Heidelberg* —que es mayormente obra suya— no pretende probar la predestinación como consecuencia de la naturaleza de Dios, sino que más bien la coloca tras la doctrina de la iglesia como expresión de la experiencia de la salvación. Al comentar sobre el *Catecismo*, Ursino no trata de probar lo que esa confesión dice relacionando la predestinación con los atributos divinos, sino que más bien trata de mostrar la importancia pastoral de la predestinación.

La ortodoxia calvinista

El desarrollo de la ortodoxia calvinista, que había comenzado ya en el siglo XVI, se aceleró en el XVII a consecuencia de las controversias en que el calvinismo se vio involucrado, particularmente en Suiza, Alemania, los Países Bajos y Gran Bretaña.

El documento teológico más importante que se produjo en Suiza tras la muerte de Calvino fue la *Segunda confesión helvética*, que no fue compuesta por un calvinista en el sentido estricto, sino más bien por el zwingliano Bullinger. Esta confesión, compuesta con propósitos de conciliación, amortiguó en algo el desarrollo de una ortodoxia calvinista rígida. Lo que es más, en las regiones donde se le aprobó oficialmente hubo menos controversias entre calvinistas que en otras regiones.

En lo que se refiere a la predestinación, esta confesión la coloca tras la doctrina de Dios, pero de tal modo que casi parece ser un prefacio a la doctrina de la salvación. Por tanto, la doctrina de la predestinación de la *Segunda confesión helvética* puede interpretarse como un eslabón entre Calvino y los calvinistas posteriores.

El otro punto en que la *Segunda confesión helvética* sirve de puente entre Calvino y la ortodoxia calvinista es la inspiración de la Escritura. Calvino ciertamente creía en esa inspiración. Empero, no comenzaba su teología con una discusión de ella. De hecho, nunca la discutió detalladamente, y hasta parece haberse percatado de los peligros del literalismo bíblico extremo. La *Segunda confesión helvética*, por otra parte, comienza afirmando que la Sagrada Escritura es la Palabra de Dios completamente inspirada por Dios. Una vez más, este cambio en la estructura del sistema teológico no parece afectar grandemente el contenido de la *Confesión* misma. Pero es el principio de un proceso que llevó a hacer de la Biblia un libro de decretos divinos de cuyo texto se deriva la teología como una serie de proposiciones. En ese sentido la *Segunda confesión helvética* es precursora de la *Confesión de Westminster*.

Por otra parte, en Ginebra la influencia de Beza era grande, y a partir de esa ciudad su forma de calvinismo se fue expandiendo por otras partes de Suiza. Tras la muerte de Beza los principales líderes de la ortodoxia calvinista en Suiza fueron Benedicto y François Turretin, padre e hijo. Benedicto Turretin —o Turretini— (1588 -1631) era italiano de nacimiento, y fue parte de la misma escuela sostenedora de la doctrina extrema de la predestinación que ya hemos visto representada en Vermigli. Fue factor determinante en el proceso que llevó a los reformados suizos a apoyar las decisiones del Sínodo de Dort (o Dordrecht), que condenó a los arminianos y que discutiremos más adelante.

El hijo de Benedicto, François (1623-1687), fue probablemente el teólogo más importante en toda la ortodoxia calvinista en el continente europeo. Aunque participó en las controversias relacionadas con la teología calvinista procedente de Francia —que discutiremos en breve— su obra más conocida es su *Institutiones theologiae elenchticae* en tres volúmenes, publicados entre 1679 y 1685. Estos tres volúmenes son probablemente el tratado de teología dogmática más sistemático y completo que los reformados produjeron tras la *Institución* de Calvino, y un breve examen de algunos de sus puntos bastará para mostrar la naturaleza del calvinismo en el continente europeo durante el siglo XVII. Tras varios prolegómenos que son muy semejantes a lo que podría encontrarse en cualquier otra teología escolástica, Turretin se ocupa de la autoridad de las Escrituras. Pero entonces pasa a discutir detalles tales como si la Septuaginta es inspirada o no, y si el texto de las Escrituras ha sido de alguna manera transformado por la tradición de los manuscritos. En ambos casos su respuesta es negativa; pero es importante notar que su argumento con respecto a la posible corrupción del texto se basa en la autoridad del texto mismo: es necesario afirmar que el texto de las Escrituras se ha preservado en toda su pureza porque negarlo sería una negación de la divina providencia. Ciertamente, Dios ha querido revelarnos en las Escrituras todo lo que es necesario para nuestra salvación, y Dios también ha determinado que no habrá otra revelación más allá de esa. Si Dios permitiera entonces que el texto de la Palabra revelada fuera corrompido por los copistas, esto sería un fracaso por parte de la divina providencia.

En lo que se refiere a la doctrina de la predestinación, Turretin es típico del calvinismo posterior. Su padre era ardiente defensor de los decretos de Dort. En sus *Instituciones*, François coloca la doctrina de la predestinación precisamente donde hemos visto a otros calvinistas ortodoxos colocarla: tras la doctrina de Dios, casi como un corolario que se sigue de la naturaleza divina. Al igual que a otros calvinistas de la misma época y de fecha posterior, esto le lleva a la cuestión del orden de los decretos divinos, y la cuestión paralela de si Dios decretó la caída o no. Calvino se había abstenido de discutir tales cuestiones, que le parecían encontrarse allende los límites del misterio. La conclusión de Turretin es que el supralapsarianismo —es decir, la opinión según la cual el decreto de la elección y la reprobación fue anterior al decreto sobre la caída— es herejía. Dios decretó primero crear la humanidad; segundo, permitir la caída; tercero, elegir algunos de entre la masa de la perdición, al tiempo que permitir a otros permanecer en su corrupción y miseria; cuarto, enviar a Cristo al mundo como mediador y salvador de los electos; y, por último, llamar a esos electos a la fe, la justificación, la santificación y la glorificación final. Esto es en el sentido estricto el significado original de la doctrina «infralapsaria». Lo que Turretin afirma no es que Dios haya decretado la predestinación después que la caída tuvo lugar, o que Dios no haya decretado la caída —aunque mediante un decreto permisivo más bien que activo— sino que en el orden de los decretos divinos la predestinación viene después de la caída, y no viceversa. (En el uso posterior, el término «infralapsario» se volvió ambiguo, puesto que se emplea tanto para referirse a la posición de Turretin como a la opinión de que el decreto de la elección se sigue de la presciencia de Dios con respecto a la caída; o a veces que viene después de la caída misma).

En cuanto a la cuestión de si Cristo murió por toda la humanidad, Turretin sostiene la opinión que ya para esa fecha se había vuelto orto- doxa dentro del calvinismo, según la cual Cristo murió únicamente para los electos, aunque en sí misma esa muerte pudo haber sido suficiente para la redención de todos si Dios así lo hubiese decretado.

Hay otro punto en el que Turretin es exponente típico de la ortodoxia protestante: su estilo y metodología escolásticos. En su obra encontramos una vez más las distinciones interminables y sutiles, los bosquejos rígidos, la sistematización estricta y la teología proposicional que habían caracterizado al escolasticismo medieval tardío. Hay por tanto razón suficiente para llamar a Turretin y a sus contemporáneos «escolásticos protestantes».

Fue en Holanda, a principios del siglo XVII, que tuvieron lugar algunos de los acontecimientos más importantes en el desarrollo de la ortodoxia calvinista. Tales acontecimientos giraron alrededor de las enseñanzas de Jacobo Arminio y sus seguidores, y del Sínodo de Dort, que a la postre les condenó.

Arminio (1560-1609), holandés de nacimiento, era calvinista convencido, y siguió siéndolo toda su vida, aunque en varios de los puntos que se debatían se apartó clara y conscientemente de las enseñanzas de Calvino. Por tanto, aunque a la postre el término «arminiano» se volvió sinónimo de anticalvinista, ello no se debe a que Arminio se opusiera a las enseñanzas de Calvino en general, sino que tanto él como el calvinismo ortodoxo se dedicaron con tanta atención a las cuestiones de la predestinación, la expiación limitada y otras semejantes, que perdieron de vista el hecho de que la controversia, lejos de ser un debate entre calvinistas y anticalvinistas, era un desacuerdo entre dos grupos de seguidores de Calvino.

La controversia explotó cuando Arminio chocó con su colega en la Universidad de Leiden Francisco Gomaro, quien no solamente era calvinista estricto, sino que era también supralapsario. Según él, Dios decretó primero la elección de algunos y la condenación de otros, y luego decretó permitir la caída como medio mediante el cual esa elección y reprobación tendrían efecto. Lo que es más, después de la caída toda la naturaleza humana está totalmente depravada, y Cristo solamente murió por los electos. Su reacción a las enseñanzas de Arminio no demoró, y su ira se exacerbó cuando, tras la muerte de Arminio (1609), la cátedra vacante fue ocupada por Simón Bisschop (1583-1643), cuyas convicciones seguían las mismas líneas generales de las de Arminio. Cuando Gomaro y sus seguidores trataron de ejercer presión para que todos los arminianos fuesen destituidos de sus posiciones docentes, cuarenta y seis pastores firmaron la *Remonstrancia* (1610). Este documento rechazaba tanto el supralapsarianismo como el infralapsarianismo, así como la opinión de que los electos no podían caer de la gracia, y la teoría de la expiación limitada, es decir, que Cristo no murió por todos.

En todos estos puntos, los «remonstrantes» —como se les llamaba entonces— no hacían sino tomar la posición que antes había sostenido Arminio, y por esa razón se les llama arminianos.

Aunque en cierta medica Arminio era racionalista, es necesario señalar que lo mismo podía decirse de sus opositores, quienes pretendían probar la predestinación como consecuencia de la naturaleza de Dios. Frente a ellos, Arminio insistía en que cualquier doctrina de la predestinación ha de ser cristocéntrica, e ir dirigida a la edificación de los fieles. Según él, la predestinación se basa en la presciencia de Dios, quien conoce la fe futura de los elegidos.

En cuanto a la predestinación, Arminio había comenzado estando en desacuerdo con el supralapsarianismo extremo de Gomaro, pero a la postre había llegado a la conclusión de que también el infralapsarianismo erraba. Aunque es cierto que en muchos puntos Arminio era racionalista, es importante señalar que también sus opositores eran racionalistas en el sentido de que trataban de probar la predestinación como consecuencia de la naturaleza de Dios, y que Arminio insistía en que cualquier doctrina de la predestinación ha de ser cristocéntrica y ha de servir para edificación de los fieles. Por tanto, tenían razón los calvinistas estrictos al afirmar que el modo en que Arminio entendía la predestinación destruía el propósito mismo de esa doctrina, que consistía en asegurarse de que nadie pudiera jactarse de su propia salvación. Ciertamente, si la causa de nuestra elección no es otra que la presciencia que Dios tiene de nuestro arrepentimiento y fe, se sigue que lo que determina la salvación es nuestra propia respuesta al llamado del evangelio, es decir, nuestra propia fe, y no la gracia de Dios.

A fin de evitar esa consecuencia, Arminio apelaba a lo que llamaba la «gracia previniente». Según él, esa gracia previniente le ha sido dada por Dios a todos, es suficiente para poder creer a pesar de nuestra pecaminosidad, y por tanto basta para la salvación. Luego, la diferencia entre los electos y los réprobos se encuentra en que unos creen y otros no, al mismo tiempo que Dios siempre ha sabido cuál ha de ser la decisión de cada cual. La gracia, entonces, no es irresistible, como sostenían los gomaristas. Esto a su vez implica que Cristo murió por toda la raza humana, y que la doctrina de la expiación limitada debe rechazarse. Por último, Arminio sostenía que, precisamente porque la gracia es resistible, es posible abandonarla y caer de ella. Tal opinión les parecía particularmente ofensiva a los calvinistas que pensaban que el más alto valor de la doctrina de la predestinación estaba en la seguridad de la propia salvación que se derivaba de ella, y que ahora la posición de Arminio ponía en dudas.

Cuando se convocó a un sínodo que se reuniría en Dort (Dordrecht), resultaba claro que el sínodo rechazaría las enseñanzas de los remonstrantes. Según los cánones de ese sínodo, la elección es completamente incondicional, pues no se basa en la presciencia divina, sino solo en la decisión soberana de Dios. En cuanto al alcance de la expiación, el sínodo declaró que, aunque la muerte de Cristo sería suficiente para todos, sus beneficios alcanzan solo a los electos. En cuanto a la depravación total del género humano, Dort la relacionó con la gracia irresistible, pues solo tal gracia puede mover a un pecador completamente depravado. Por último, el sínodo de Dort declaró que la perseverancia de los santos —la imposibilidad de caer de la gracia— es un elemento necesario de la fe cristiana.

En resumen, la controversia arminiana y el Sínodo de Dort que fue su resultado constituyen otro episodio en el proceso mediante el cual la teología de la Reforma se sistematizó hasta llegar a formar una ortodoxia estricta. Según las medidas del siglo XVI, Arminio y los remonstrantes hubieran sido considerados calvinistas tanto por los católicos como por los luteranos. Su doctrina eucarística, así como su modo de entender la naturaleza de la iglesia, eran típicamente calvinistas. Y, sin embargo, en menos de un siglo la doctrina de la predestinación —que Lutero había defendido al menos con tanto ardor como Calvino— se había vuelto la marca principal del calvinismo ortodoxo.

El calvinismo en Francia

La sobrevivencia del protestantismo en Francia estuvo en duda por largo tiempo, y ese hecho ha dominado su historia. No fue sino hasta 1598, con el Edicto de Nantes, que se les garantizó a los hugonotes el derecho de adorar y creer según les pareciera; y aun entonces solamente en ciertas ciudades y territorios especialmente designados. En el siglo XVII estallaron de nuevo las guerras religiosas, y cuando concluyeron en 1629 el poderío político y militar de los hugonotes había sido destruido. Por último, en 1685 Luis XIV revocó el Edicto de Nantes, creyendo que los hugonotes no eran sino era insignificante minoría, y se sorprendió al ver que casi medio millón de sus súbditos abandonaron sus territorios.

El protestantismo francés nunca aceptó la ortodoxia calvinista estricta del siglo XVII, sino que en muchos aspectos siguió la teología e inspiración de Calvino mucho más de cerca que la ortodoxia calvinista de Ginebra y de Dort.

Tal fue ciertamente el caso de Moisés Amyraut (1596-1664), el más notable teólogo protestante francés del siglo XVII, cuya teología difería tanto del calvinismo tradicional que se le llamó «el azote de Beza», pero quien era probablemente el más asiduo y profundo estudioso de las obras de Calvino en su época, y declaraba que lo que él hacía era defender las enseñanzas de Calvino frente a los énfasis e interpretaciones erradas de quienes se consideraban a sí mismos calvinistas estrictos.

El calvinismo en Escocia

Juan Knox (ca. 1513-1572) fue quien le dio forma al calvinismo escocés, y a través de él a la tradición presbiteriana en diversas partes del mundo. Knox pasó algún tiempo en Ginebra, donde recibió un impacto profundo de la teología de Calvino. Además, no cabe duda de que él mismo estaba convencido de que Calvino había influido profundamente en su vida, y por tanto siempre insistió en que en Escocia se estudiara la teología de Calvino. Empero, la interpretación tradicional de la relación entre Calvino y Knox ha de corregirse de manera paralela a lo que hemos tratado de hacer al corregir la interpretación tradicional de la relación entre Calvino y otras formas del calvinismo. Como en el caso de otros calvinistas, el estudio de la doctrina de Knox sobre la predestinación muestra que en cierto sentido Knox recibió mayor influencia de Zwinglio —a través de Bullinger, con quien pasó algún tiempo en Zúrich— que de Calvino. Fue sobre este tema que Knox escribió su única obra teológica extensa, y en ella encontramos una vez más, aunque no tan señaladamente, lo que ya hemos visto en Beza, Vermigli y otros, es decir, una defensa de la doctrina de la predestinación sobre la base de la naturaleza divina más bien que de la experiencia de la gracia. La influencia de Zwinglio y de la teología de Zúrich sobre Knox puede verse también en su actitud hacia la autoridad civil. Sobre este punto, Calvino había sido más conservador que Zwinglio.

A pesar de todo ello, Knox es probablemente el reformador más genuinamente calvinista de toda la segunda mitad del siglo XVI, y la *Confesión escocesa* de 1560, que parece haber sido compuesta principalmente por él, sin lugar a dudas se acerca mucho más al pensamiento original de Calvino que la mucho más famosa *Confesión de Westminster*.

El movimiento puritano

El arreglo a que había llegado la reina Isabel no satisfizo a un amplio número de personas pías y celosas de su fe que pensaban que la tarea de la reforma en Inglaterra no se había llevado a una conclusión adecuada. Puesto que tales personas deseaban purificar a la iglesia de todas las creencias y prácticas no bíblicas, se les llamó «puritanos». El propósito de los puritanos no era destruir la Iglesia anglicana. Al contrario, estaban de acuerdo en que debía haber una iglesia nacional. Lo que buscaban al principio era un cambio radical en la Iglesia de Inglaterra. A pesar de ello, tales propulsores de una reforma más extrema subvertían el arreglo a que Isabel había llegado. Muchos de ellos sostenían una teología del pacto según la cual en las Escrituras Dios establece pactos con su pueblo, y este tiene que obedecer esos pactos para que Dios cumpla su parte. Lo que le daba un carácter particularmente subversivo a tal opinión era que muchos puritanos llegaban a la conclusión de que el estado también constituye un pacto. Sobre esa base, era dado intentar modificar, o hasta cambiar radicalmente, la estructura misma del gobierno. Aunque esta tendencia revolucionaria difícilmente se veía —aun en los casos en que existía— en los primeros puritanos, a la postre le costaría la cabeza al rey Carlos I. Algunos entre los primeros puritanos sostenían que el verdadero gobierno de la iglesia debería ser de carácter presbiteriano, y que el episcopado debía abolirse. Otros tomaban una posición intermedia, aceptando la ordenación por los obispos, pero se negaban a hacerse cargo de una congregación a menos que esta les llamase. Y a la postre un tercer grupo llegó a la conclusión de que, puesto que la iglesia del estado nunca llegaría a reformarse según Dios lo requería, era necesario formar una iglesia aparte.

Aunque el puritanismo tenía profundas raíces en el movimiento de los lolardos y en varias de las tradiciones reformadoras de principios del siglo XVI, pronto se le asoció con el calvinismo. Esto se debió en parte al regreso del exilio, después de la muerte de María Tudor, de muchos que habían encontrado refugio en Ginebra, Frankfurt y otras ciudades donde la influencia de Calvino era grande. A ello contribuyeron también los muchos discípulos que había tenido Martín Bucero en Cambridge, donde enseñó durante el reinado de Eduardo VI. Además, en parte debido al éxito de la reforma en Escocia, y a la forma presbiteriana de gobierno que la iglesia había adoptado en ese país vecino, los puritanos se convencieron cada vez más de que el cristianismo bíblico exigía que las iglesias se gobernaran según el sistema presbiteriano.

Aunque todos los puritanos estaban de acuerdo sobre la necesidad de que el gobierno de la iglesia se ajustara a las normas bíblicas, pronto surgieron entre ellos diferencias en cuanto al contenido mismo de esas normas. La mayoría continuó fiel a la posición presbiteriana. Pero otros pensaban que la organización de la iglesia en el Nuevo Testamento era congregacional, y que por tanto el presbiterianismo no era sino otra componenda. Aun otros iban más lejos, y decían que tanto Calvino como los principales reformadores habían cedido demasiado ante el poder de la tradición. Según ellos, la iglesia del Nuevo Testamento era estrictamente una comunidad de creyentes unida por un pacto o alianza entre sí y con Dios. Tal iglesia tiene que mantenerse libre de toda relación con el estado, que no es una comunidad voluntaria como ella. Sus miembros tienen que serlo por decisión personal, y por tanto solamente pueden unirse a ella siendo adultos. En consecuencia, el bautismo de niños no es legítimo. Dada la necesidad de ajustarse a las prácticas bíblicas en todo detalle, a la postre tales grupos solo aceptaron el bautismo por inmersión, y se les comenzó a llamar «bautistas». Mientras los llamados «bautistas generales» rechazaban la doctrina de la predestinación de los calvinistas estrictos, otros, los «bautistas particulares», sí la aceptaban. En cuanto a los sacramentos, casi todos los puritanos se acercaban más a Zwinglio que a Calvino.

En 1640, el rey Carlos I se vio obligado a convocar al Parlamento para solicitar su apoyo en la guerra contra Escocia. El Parlamento aprovechó esa oportunidad para favorecer la causa puritana. Entre las muchas acciones de este «Parlamento Largo», la más importante para la historia del pensamiento cristiano fue que convocó la Asamblea de Westminster, un grupo de ciento cincuenta y una personas cuya tarea sería aconsejar al Parlamento en asuntos religiosos. Esta asamblea produjo, entre otros documentos, la famosa *Confesión de Westminster* y dos catecismos, el «breve» y el «largo». Estos documentos —particularmente la *Confesión*— han venido a ser parte esencial del calvinismo presbiteriano.

La *Confesión de Westminster* comienza con un capítulo sobre la Sagrada Escritura. En él se afirma que los textos griego y hebreo del Antiguo y el Nuevo Testamentos, que han sido mantenidos puros a través de las edades, son «inmediatamente inspirados» por Dios. La regla infalible para interpretar la Escritura no es sino la Escritura misma, donde se encuentran claramente expuestos todos los elementos necesarios para la salvación, aun cuando otros temas menores pueden ser de más difícil interpretación para los iletrados. Aunque Calvino hubiera estado de acuerdo en la importancia que la *Confesión* le da a la Biblia, hay dos puntos en los que este documento difiere de él. El primero es el lugar mismo que la doctrina de la inspiración ocupa en la estructura de la teología. Para Calvino los puntos de partida de la teología eran la condición humana y la meta de la existencia humana. La Biblia era entonces importante como medio para ayudarnos a alcanzar la meta para la que fuimos creados. En la *Confesión de Westminster*, por otra parte, la Biblia se vuelve casi un libro de jurisprudencia en el que se encuentran textos que sirven para probar y para apoyar diversos puntos, inclusive lo que significa ser humano. En este punto es interesante notar que los dos catecismos producidos por la Asamblea de Westminster, que fueron escritos por personas diferentes, concuerdan con Calvino más bien que con la *Confesión*. El otro punto en que la *Confesión* difiere de Calvino es en su énfasis sobre la inerrancia de la Biblia. Aunque Calvino creía en la inspiración divina de las Escrituras, nunca la explicó de modo detallado ni mecanicista. Lo que Calvino subrayaba era que el Espíritu Santo hace uso de la Escritura dentro de la comunidad de fe, especialmente en el acto de la predicación. La *Confesión* coloca el texto sagrado dentro de un contexto más individualista, haciendo de él la guía para la fe de cada cristiano particular.

De semejante modo, la *Confesión de Westminster* concuerda con la mayoría de los calvinistas posteriores al colocar la doctrina de la predestinación en tal lugar en la estructura de la teología que parece derivarse de la naturaleza de Dios más bien que de la experiencia de la gracia dentro de la comunidad de fe. Así, inmediatamente tras afirmar la autoridad de las Escrituras, la *Confesión* pasa a discutir la deidad en el segundo capítulo, y los decretos eternos de Dios en el tercero.

En resumen, la *Confesión de Westminster*, como la mayor parte del calvinismo del siglo XVII, al tiempo que afirma muchos puntos de la teología de Calvino, se aparta de él en cuanto al tono y espíritu de la teología. Luego, en cierto modo la ortodoxia calvinista le hizo mal al verdadero calvinismo por cuanto las generaciones posteriores creyeron que ella era expresión correcta de las opiniones de Calvino, y por tanto vieron en él una rigidez que no fue suya. La consecuencia ha sido que el reformador de Ginebra no ha recibido fuera de la tradición calvinista el estudio y atención que su teología merece.

La reacción pietista

La ortodoxia protestante le prestó servicio al desarrollo de la teología protestante, puesto que sirvió para aclarar algunas de las implicaciones de los grandes descubrimientos del siglo XVI. Pero, según las generaciones posteriores fueron heredando la obra teológica de sus predecesores, esa obra se volvió cada vez más rígida, como si la importancia de la teología se encontrase ante todo en una serie de verdades que puedan ser expuestas formalmente en proposiciones que entonces se transmiten de una generación a la otra.

Como reacción a la ortodoxia en Alemania, y posteriormente al racionalismo frío en Inglaterra, aparecieron varios movimientos paralelos.

Aunque la forma específica que estos movimientos tomaron fue diferente en cada país, resulta claro que les une la convicción de que la fe cristiana es mucho más vital que las disquisiciones de los teólogos escolásticos o las especulaciones de los filósofos, y que es necesario recuperar esa vitalidad. Estos movimientos no pretendían cuestionar la ortodoxia generalmente aceptada en su tiempo. Lo que procuraban hacer era redescubrir las implicaciones personales más profundas de la fe cristiana. Empero, no es posible hacer una distinción tan tajante entre la teología y la práctica de la vida cristiana. Aun cuando no se lo propusieran, los movimientos que ahora pasamos a estudiar hicieron fuerte impacto tanto sobre la teología como sobre la filosofía, especialmente a través del gran número de protestantes que hasta el día de hoy son sus herederos espirituales.

Los movimientos que hemos de estudiar aquí son el pietismo, los moravos, el metodismo y el gran despertar en las colonias británicas de Norteamérica.

El fundador del pietismo alemán fue Philipp Jacob Spener (1635-1705), quien se había criado en una familia luterana devota, pero no veía mucha relación entre la fe que había recibido en su hogar, que era de gran importancia para él, y la teología que se enseñaba en las universidades. Siendo pastor en Frankfurt publicó (1675) su breve pero importantísimo libro *Pia Desideria* —*Deseos píos*—, que marca el principio del movimiento pietista.

Los seis «deseos píos» que inspiraron el título de *Pia desideria* constituían el programa de todo el movimiento. El primero era que los cristianos se sintieran movidos a buscar una comprensión de las Escrituras más clara y profunda a través del estudio devoto en pequeños grupos o reuniones en los hogares. Spener llamaba a esos grupos *collegia pietatis*, y de ahí se deriva el nombre «pietistas» que les dieron sus opositores. En segundo lugar, Spener deseaba que el laicado redescubriese el sacerdocio universal de los creyentes, y con ese propósito en mente les daba a los laicos posiciones de responsabilidad en los grupos que fundaba. En tercer lugar, llamaba a todos a reconocer que la naturaleza del cristianismo es tal que no puede limitarse a las fórmulas doctrinales, sino que es más bien toda una experiencia de la fe, y una actitud que abarca toda la vida. Las doctrinas son importantes, pero mucho más importante es la experiencia y la práctica de la vida cristiana. Cuarto, como consecuencia de su tercer deseo, Spener abrigaba la esperanza de que todas las controversias tuvieran lugar en un espíritu de caridad, puesto que negar tal espíritu es pecado al menos tan grave como el error doctrinal. En quinto lugar, Spener deseaba que el adiestramiento de los pastores fuese más allá de la fría lógica y la teología ortodoxa, e incluyese una inmersión profunda en la literatura y la práctica devocional, así como adiestramiento y experiencia en el trabajo actual de servir como pastores del rebaño. Por último, como resultado de este clero así adiestrado, Spener deseaba que el púlpito recuperara su propósito original de instruir, inspirar y alimentar a los creyentes, en lugar de ser utilizado para disquisiciones doctas sobre puntos de doctrina recónditos o irrelevantes.

El amigo y seguidor de Spener, August Hermann Francke (1633-1727), le dio al movimiento continuidad institucional al fundar centros de obra caritativa tales como una escuela para niños pobres y un orfanatorio. Cuando se unió a la recién formada Universidad de Halle, hizo de ella un centro para el adiestramiento de líderes pietistas que pronto se encontraron en toda Alemania y aun en ultramar. Llevó el énfasis de Spener sobre la experiencia personal más allá que su maestro, afirmando que los verdaderos creyentes pasan por una «lucha del arrepentimiento» en la que, confrontados por la ley y por su propia pecaminosidad, han llegado a tener una experiencia de conversión tal que pueden decir el lugar y fecha en que tuvo lugar. También subrayó la importancia de leer las Escrituras con sencillez de mente, hasta tal punto que a veces pareció oponerse al conocimiento excesivo.

Una diferencia importante entre el pietismo y el protestantismo ortodoxo estaba en su actitud hacia las misiones. Por varias razones, ninguno de los principales líderes protestantes del siglo XVI se había mostrado favorable al trabajo misionero, y algunos hasta se habían opuesto a él. En este punto, como en tantos otros, los protestantes ortodoxos les seguían al pie de la letra. Frente a tal opinión, tanto Spener como Francke afirmaban que la Gran Comisión les había sido dada por Cristo a todos los cristianos, y que por tanto todos eran responsables de la conversión de los no creyentes. Por tanto, la Universidad de Halle vino a ser un centro para el adiestramiento de misioneros. Este interés del pietismo y sus varios movimientos afines en las misiones es una de las razones por las que su influencia ha sido tan grande aun hasta el tiempo presente en las iglesias más jóvenes en diversas partes del mundo, que son el resultado de la obra de misioneros pietistas.

El conde Nicolaus Ludwig von Zinzendorf (1700-1760) fue persona de profunda convicción religiosa que había estudiado en la Universidad de Halle. En 1722 un grupo procedente de Moravia que huía de la persecución aceptó la invitación a establecerse en los territorios del conde en Sajonia. Al principio Zinzendorf ni siquiera era miembro de la comunidad, pero poco a poco su propia sinceridad religiosa, unida a sus dotes personales, le hicieron el jefe de la comunidad. Debido a su lugar de origen, estos hermanos bohemios fueron conocidos como «moravos».

Como casi todos los pietistas, Zinzendorf era luterano y ortodoxo en sus creencias, aunque al mismo tiempo reaccionaba contra el espíritu rígido de la ortodoxia luterana. Siguiendo su dirección los moravos aceptaron la *Confesión de Augsburgo* como declaración de su propia fe, pero siempre siguieron insistiendo en la prioridad de la vida devocional y moral por encima de las fórmulas teológicas. Esta vida devocional se centraba en la contemplación de Cristo y de sus sufrimientos en la cruz. En Cristo veían ellos la suma de su teología, porque Dios no puede conocerse por medio natural o filosófico alguno, sino únicamente a través de su revelación en Cristo. Esta asidua contemplación de Cristo llevaba al creyente a confiar absolutamente en el Señor para el perdón de sus pecados, así como para todo otro aspecto de su vida. Es por esa razón que los moravos a quienes Wesley conoció durante una difícil travesía del Atlántico le impresionaron tan profundamente por su confianza en Dios.

Debido a su escaso número, los moravos pudieron haber tenido poca importancia en la historia del cristianismo. Empero, su importancia no guarda proporción alguna con esos números. Su interés en las misiones tuvo por resultado que propagaron la fe a diversas partes del mundo, donde su influencia se ha hecho sentir no solamente entre sus descendientes espirituales directos, sino también entre los otros protestantes que han convivido con ellos. Su impacto sobre Wesley fue profundo. Y a través de su influencia sobre Friedrich Schleiermacher hicieron una contribución importante a la teología de los siglos XIX y XX.

Mientras en el continente europeo los pietistas y los moravos trataban de ofrecer una alternativa a la ortodoxia fría, había también en Inglaterra muchos a quienes la forma tradicional en que habían escuchado el cristianismo no parecía decirles gran cosa ni a ellos mismos ni a las masas. Eran días de importantes cambios que llevaban a la población a abandonar las áreas rurales y radicarse en las ciudades, donde aparentes oportunidades económicas atraían a muchos de entre la población pobre de los campos. Las ciudades se llenaron de grandes masas de población con escaso contacto con la vida de la Iglesia anglicana. Tanto los anglicanos como los de las Iglesias disidentes parecían contentarse con un cristianismo inocuo que consistía en observancias externas, pero que no cultivaba la fe del creyente. La predicación frecuentemente era poco más que una mera exhortación moral. A esto se añadía la influencia del racionalismo, cuya consecuencia era una «teología natural» que tenía poco que decir sobre Jesucristo, excepto quizá como ejemplo moral.

Por tanto, aunque por distintas razones, la cuestión que se planteaba en Inglaterra era en su esencia la misma que se planteaba en el continente: ¿cómo vivir la fe, cuando un cristianismo tradicional y al parecer frío parece decir tan poco? ¿Cómo podrá presentarse el evangelio de una manera sencilla, pero al mismo tiempo conmovedora y teológicamente correcta? Hubo muchas respuestas, y la mayoría de ellas sugería medios semejantes a los *collegia pietatis* de Spener.

El nombre mismo del metodismo se deriva de unos de esos pequeños grupos de cristianos. Ya en 1702 Samuel Wesley, el padre de Juan Wesley, había organizado una sociedad religiosa en su parroquia en Epworth. Años después, cuando Juan Wesley (1703-1791) y su hermano Carlos (1707-1788) estudiaban en Oxford, fueron miembros de una sociedad parecida, organizada por Carlos y otros para ayudarse mutuamente en los estudios. Empero, ese grupo pronto se volvió semejante a los *collegia pietatis* que Spener había sugerido, con la diferencia notable de que siguió siendo un centro de actividad académica y de estudios. Fueron algunos compañeros, probablemente con espíritu de burla, quienes le dieron a este grupo el nombre de «club santo» y más tarde de «metodistas».

Juan Wesley, quien pronto descolló como jefe del club metodista, siguió un camino tortuoso, siempre tratando de servir a Dios, pero repetidamente sufriendo fracasos y desesperanza. Camino a Georgia como misionero, cuando el barco estaba a punto de zozobrar, la fe y confianza de unos moravos que viajaban con él le impresionaron. De regreso a Inglaterra tras un humillante fracaso en Georgia, volvió a establecer contacto con los moravos, quienes le ayudaron en su búsqueda de la fe y de su propio sentido de dignidad. Por fin, el 24 de mayo de 1738, tuvo lugar la famosa experiencia de Aldersgate, que más tarde él contaría como una certeza de que Dios le había perdonado todos sus pecados.

Puesto que los moravos le habían impresionado repetidamente, Wesley decidió viajar a Alemania, donde se reunió con Zinzendorf y visitó Herrnhut. Como anteriormente, se conmovió por la profunda convicción de los moravos y por su vida moral y religiosa. Empero, no estaba completamente convencido de que debía seguirles en todo, especialmente en lo que a su temperamento activo parecía ser un quietismo exagerado, y en las inclinaciones místicas de los moravos. A la postre, tras su regreso a Inglaterra, se separó de los moravos.

Wesley hizo su impacto principalmente a través del «sociedades metodistas» que fundó. Su propósito no era que tales «sociedades» estuvieran en oposición o en competencia con la Iglesia de Inglaterra. Al contrario, siempre continuó creyendo que los sacramentos administrados en esa iglesia eran medios de gracia válidos y efectivos, y que quienes eran miembros de ella, y no del movimiento metodista, eran verdaderos cristianos que tenían la fe que justifica, aunque les faltara el grado de fe y de seguridad que él mismo había encontrado en la experiencia de Aldersgate. Wesley no consideraba que estuviera predicando el evangelio en territorio de paganos, sino más bien que estaba trabajando entre otros cristianos para renovar y fortalecer su fe.

Dadas tales consideraciones, era de esperarse que la teología de Wesley concordara en términos generales con la de la Iglesia de Inglaterra. Y ciertamente tal fue el caso, puesto que Wesley siempre afirmó las doctrinas de los *Treinta y nueve artículos* y les recomendó a sus seguidores el uso del *Libro de oración común*. Hubo sin embargo dos puntos en los que su teología merece atención especial: su doctrina de la vida cristiana y su eclesiología.

Wesley tuvo que aclarar el modo en que entendía la vida cristiana y el proceso de la salvación cuando se le acusó de ser arminiano. Fue una acusación que aceptó gustoso, aunque no le gustaba la controversia infructuosa entre arminianos y calvinistas. Siempre insistió en que ni él ni los arminianos negaban el pecado original ni la justificación por la fe. Los tres puntos que se discutían, según Wesley, eran si la predestinación es absoluta o es condicional, si la gracia es irresistible, y la perseverancia de los santos. En último análisis, según Wesley, todo radica en la cuestión de la predestinación, de la cual los otros dos puntos no son sino corolarios. El único sentido en el que Wesley aceptaba una predestinación absoluta e incondicional era en el sentido de que a veces Dios escoge a ciertos individuos para tareas particulares, y entonces es imposible evadir tales tareas. Pero en lo que se refiere a la salvación eterna, la predestinación siempre es condicional, y depende de la fe de la persona. Esto significa que, aunque en algunos casos la gracia sea irresistible, no es lícito pretender que no se tiene fe por falta de gracia irresistible, cuando la verdadera razón es que uno se resiste a la gracia misma.

¿Cómo, entonces, se las arreglaba Wesley para evitar llegar a la conclusión de que el primer movimiento en la fe, el *initium fidei*, es iniciativa humana? Le era necesario evitar tal consecuencia para que no se le acusara de ser pelagiano, y de hacer la gracia de Dios algo innecesario o algo que es el resultado del mérito humano. Su respuesta a esta cuestión era paralela a la de Arminio: hay una gracia previniente universal. Puesto que esta gracia les es dada a todos, todos son capaces —no por sí mismos, sino por obra de la gracia en Dios— de aceptar la gracia mayor de la fe, que les lleva entonces a la fe justificadora y a la postre a la seguridad de su propia salvación.

Otro elemento en la doctrina de Wesley sobre la vida cristiana que fue motivo de controversia entre sus contemporáneos, y que desde entonces ha sido debatido entre los metodistas, es la doctrina de la santificación total. Wesley no entendía por santificación algo que tiene lugar después de la justificación, ni tampoco algo que se relacione con las obras, mientras que la justificación tiene que ver con la fe. En el sentido estricto, la santificación es el resultado de haber sido pronunciado justos, pues es por una sola acción que Dios tanto justifica como comienza a santificar al pecador. Pero no se trata de una santificación instantánea. Al contrario, la santificación es un proceso, un peregrinaje que todo creyente ha de emprender. Su meta es la santificación total, también llamada perfección cristiana. Esa perfección no quiere decir que el cristiano que la ha alcanzado ya no yerre, o ya no necesite de la gracia y sostén que vienen de Dios. Lo que en realidad significa es que quien la ha alcanzado ya no viola voluntariamente la ley de Dios, sino que más bien actúa a base del amor. Wesley no creía que todo cristiano llegue a tal condición durante el curso de la vida presente; lo que es más, creía que muy pocos llegan. Pero sí creía que la perfección cristiana debía predicarse, a la vez como una preparación para el reino venidero, y como un modo de mantenerla constantemente ante todos los creyentes como meta de su fe, de modo que puedan avanzar firmemente hacia ella.

Esto nos lleva al último punto sobre la vida cristiana que hemos de discutir aquí: el modo en que Wesley entiende la seguridad cristiana. Puesto que había rechazado la doctrina de la predestinación incondicional, tenía que rechazar igualmente la teoría de la perseverancia de los santos, que para él no era más que un corolario de la predestinación. Empero, esta doctrina ocupaba un papel importante en el calvinismo, y especialmente en el puritanismo, puesto que les aseguraba a los fieles que, si se contaban entre los electos, no tenían que temer por su salvación. La doctrina de la seguridad cristiana, o del testimonio interno del Espíritu, ocupaba un lugar semejante en la teología de Wesley. Lo que esa doctrina quiere decir es que el Espíritu de Dios le da testimonio a nuestro espíritu de que somos perdonados y adoptados como hijos de Dios. Pero esta seguridad difiere de la doctrina calvinista de la perseverancia de los santos por cuanto Wesley no cree que le garantice a quien la tiene que permanecerá firme. La doctrina de Wesley sobre la seguridad sencillamente nos asegura que todos nuestros pecados nos son perdonados; pero no nos libra de la constante posibilidad de caer de la gracia.

Si Wesley se hubiera contentado con predicar estas doctrinas, probablemente el movimiento metodista nunca se habría vuelto una denominación aparte dentro de la iglesia cristiana. Ciertamente, Wesley nunca deseó que tal separación tuviera lugar, y siempre insistió en que era miembro fiel de la Iglesia de Inglaterra. Las razones que llevaron al metodismo a volverse una denominación separada fueron la decisión de Wesley de ordenar ministros para sus seguidores y su propia habilidad como organizador. Al principio, Wesley utilizaba clérigos anglicanos para administrarles los sacramentos a sus seguidores; y siempre insistió en que sus sociedades no eran en modo alguno un sustituto que ocupaba el lugar de la iglesia del estado, sino que más bien le servían de complemento. Empero, en vista de que muy pocos clérigos participaban del movimiento, y que se necesitaban líderes que enviar al nuevo mundo para supervisar el metodismo en las colonias, él y unos pocos otros ordenaron a tales líderes. Su justificación histórica y teológica al dar tal paso consistía en que en la iglesia antigua no había distinción entre presbíteros y obispos y que, por lo tanto, puesto que él era presbítero, podía ordenar a otros para ejercer el mismo ministerio. Probablemente tenía razón en el sentido histórico. Pero, en términos prácticos, esto llevó a una ruptura con la Iglesia Anglicana que no sería fácil de sanar. Luego, al mismo tiempo que insistía en que no había fundado una nueva iglesia, Wesley dio pasos decisivos que en términos prácticos consistieron precisamente en una fundación tal.

Esta ambigüedad se reflejó más tarde en la eclesiología de la Iglesia metodista. Según Wesley, las sociedades metodistas no eran iglesias, y por tanto podía él retener su alta eclesiología sin que esta les diese forma a las sociedades. Los metodistas eran anglicanos, y su iglesia era la Iglesia de Inglaterra. Empero, cuando los dos cuerpos se separaron el metodismo vino a ser una organización que se asemejaba en mucho a las iglesias libres, que no tenían un alto concepto de los sacramentos ni de la liturgia; pero al mismo tiempo había heredado en la teología de su fundador una eclesiología que era muy distinta de la que en práctica vivía. Los diferentes modos en que se ha tratado de resolver esa ambigüedad son una de las razones por las que el metodismo británico difiere del norteamericano.

Antes de terminar con el movimiento metodista, debemos mencionar la contribución de Jorge Whitefield (1714-1770), quien era también miembro del «club santo» de Oxford, y cuya obra fue en buena medida paralela a la de Wesley, aunque ambos diferían en su teología. La importancia de Whitefield para la historia del pensamiento cristiano radica en que, aunque en todo otro respecto era metodista, sin embargo, su teología era calvinista más que arminiana. Sus contemporáneos afirman que como predicador era más persuasivo que Juan Wesley, y su éxito como predicador muestra que se equivocan quienes dan por sentado que la doctrina de la predestinación de algún modo estorba la predicación evangelizadora.

Durante el siglo XVIII las colonias británicas en Norteamérica vieron una serie de movimientos semejantes al despertar en la piedad personal que acabamos de ver en Europa. Hubo cierta conexión entre ambos, puesto que Jorge Whitefield fue uno de los predicadores más influyentes en el nuevo mundo, y Francis Asbury y otros trajeron el metodismo wesleyano a través del Atlántico. Había condiciones en las colonias que requerían soluciones semejantes a las que ofrecían los pietistas, moravos y metodistas. También allí la religión se había estancado dentro de las iglesias y sus propias ortodoxias, mientras había una vasta población que todavía conservaba la fe cristiana, pero tenía muy poca relación con iglesia alguna. La respuesta a tal situación fue un movimiento semejante a sus contrapartes europeas en su insistencia en la piedad personal y la salvación, pero diferente por cuanto cruzó todas las líneas denominacionales y contribuyó así a darle forma al cristianismo protestante en lo que después serían los Estados Unidos.

La teología de los diversos movimientos que se incluyen bajo el nombre general de «Gran Despertar» variaba de grupo en grupo. En la práctica, sin embargo, todos estos movimientos eran semejantes en su énfasis en la conversión, la experiencia personal, la lectura privada de la Escritura, y en su tendencia hacia la adoración entusiasta.

El teólogo más importante del Gran Despertar fue Jonatán Edwards (1703-1758), quien tuvo una experiencia de conversión semejante a la de Wesley, aunque se centraba más en la gloria sobrecogedora de Dios. Esta experiencia, así como su propio trasfondo, hicieron de él un calvinista convencido, especialmente en lo que se refiere a la doctrina de la elección, puesto que creía que la doctrina de la predestinación incondicional según la enseñaba el calvinismo era consecuencia necesaria de la soberanía divina. Como ministro congregacionalista, y como uno de los oradores más elocuentes del Gran Despertar, predicaba la doctrina de la elección divina como base para entender la vida cristiana. Su calvinismo puritano le llevaba a aplicar la disciplina de la iglesia tan rígidamente que su congregación le despidió. Durante sus últimos años como pastor había escrito su *Tratado sobre las afecciones religiosas* (1746), en el que buscaba un equilibrio entre quienes condenaban las manifestaciones emotivas del despertar y quienes trataban de fomentar y explotar esas mismas manifestaciones.

Con el correr del tiempo, el Gran Despertar fue volviéndose cada vez más emotivo. Aunque surgió primero entre los presbiterianos y los congregacionalistas, pronto echó raíces entre los metodistas y los bautistas, para quienes vino a ser una experiencia formativa. Durante muchos años a partir de entonces, particularmente entre algunos bautistas y metodistas, las experiencias de aquel Gran Despertar le dieron forma a buena parte de la vida de las iglesias y al modo en que entendían su misión.

XXVIII
La teología protestante en el siglo XIX

Nuevos contextos filosóficos

En capítulos anteriores ofrecimos un breve resumen del fermento que bullía en Europa a principios del siglo XVI. Por razones obvias, nuestra atención se ha centrado en las reformas protestante y católica y en las varias corrientes teológicas que aparecieron dentro de ellas. Pero el gran fermento del siglo XVI no se circunscribía a los confines de la teología eclesiástica, ya fuera protestante o católica. Cuando apareció en escena la Reforma había muchos intereses aparte de los religiosos que cautivaban la imaginación de Europa. Estos se dirigían en dos sentidos: el descubrimiento del mundo natural y el descubrimiento de los poderes de la mente. El interés en la mente por una parte y en el mundo por otra produjo así dos corrientes de pensamiento que durante las generaciones posteriores se encontrarían, mezclarían y separarían repetidamente. Estas dos corrientes pueden verse claramente en el siglo XVII: la primera en Galileo y Bacon, y la segunda en Descartes.

Galileo Galilei (1564-1642) se dedicó a la observación del universo. Según él, no hay otra fuente del conocimiento que no sea la experiencia, y por tanto no sentía respeto alguno hacia los «filósofos» que pretendían estudiar el universo leyendo las obras de Aristóteles. Francis Bacon (1561-1626) fue más allá de Galileo por cuanto pensaba que la ciencia no era únicamente un modo de entender el universo, sino también y sobre todo un modo de dominar la naturaleza. Quien entienda los principios que gobiernan los fenómenos naturales podrá manejar esos fenómenos obedeciendo y aplicando esos principios. En todo esto fue precursor del empirismo inglés.

René Descartes (1596-1650) fue, como Galileo, hombre de profunda curiosidad, aunque dirigía tal curiosidad al estudio de la metafísica y del mundo de las ideas. Fue en 1619 que hizo su gran descubrimiento filosófico de un método para entender la realidad. El propio Descartes describe esa experiencia en términos que nos recuerdan los que emplea Agustín para contar su experiencia en el jardín de Milán, y los de Wesley con respecto a Aldersgate. El punto de partida del método cartesiano (el nombre latino de Descartes era Cartesius, y por lo tanto su filosofía se llama «cartesianismo») es la duda de todo conocimiento que se derive de los sentidos, unida a la certeza absoluta del conocimiento puramente racional. Esto se ve en el primer principio de su método, es decir, no creer cosa alguna que no haya sido comprobada más allá de toda duda. Es por la misma razón que, al tratar de construir su propio sistema filosófico, Descartes comenzó con una actitud de duda universal, pues todo lo que los sentidos nos dicen puede engañarnos. Dada esa actitud de duda universal, la búsqueda del filósofo en pos de la verdad ha de comenzar por la mente misma. Es por esto que Descartes comienza su sistema a partir de su famoso dicho *cogito, ergo sum*: pienso, luego existo. Cuando la mente decide ponerlo todo en duda, hay algo que no puede dudar: su propio acto de dudar. Resulta entonces obvio que para dudar la mente tiene que existir. A partir de ese punto, Descartes pasa a probar, primero, que Dios existe; y, segundo, que el mundo también existe.

Descartes siempre tuvo cuidado de evitar la enemistad de las autoridades. Sin embargo, tanto él como sus seguidores frecuentemente eran vistos con suspicacia por las autoridades eclesiásticas y académicas, y sus obras fueron prohibidas en más de una universidad. La razón es que Descartes proponía un sistema en el que la autoridad final no era la revelación, sino la razón.

La forma característica que el cartesianismo tomó en el campo de la teología puede verse en la obra del francés Nicolás de Malebranche (1638-1715), quien no fue cartesiano en el sentido estricto, puesto que combinó la filosofía con una fuerte tendencia mística de inspiración agustiniana. El misticismo de Malebranche le llevó a centrar toda su filosofía en Dios. Sus contribuciones más importantes fueron dos: su doctrina según la cual todas las ideas se conocen en Dios, y su afirmación de que Dios es la única causa eficiente de todas las cosas. En ambos puntos llevó el cartesianismo en direcciones que Descartes no había seguido. El primero quiere decir que Dios no es solamente la garantía, como Descartes había afirmado, sino también el objeto de todo conocimiento. Todo lo que conocemos, lo conocemos en Dios. La afirmación de Malebranche de que Dios es la causa eficiente de todas las cosas era su modo de responder a la cuestión de cómo la diversa substancias actúan entre sí. La respuesta es que no hay tal acción directa, sino que es Dios quien actúa de tal modo que las substancias parecen comunicarse. Cuando mi alma parece ordenarle a mi cuerpo que realice una acción, lo que en realidad sucede es que Dios, conociendo lo que mi alma desea, hace que mi cuerpo realice la acción correspondiente. Lo mismo sucede en dirección inversa cuando el cuerpo parece comunicarse con mi alma, y aun cuando un cuerpo parece comunicarse con otro, como en el caso de una bola de billar que parece mover a otra. En todos estos casos, y en todo caso concebible, Dios es la causa eficiente de todo efecto.

En Alemania, el famoso matemático Gottfried Wilhelm Leibnitz (1646-1716) propuso que en realidad no hay tal comunicación, sino que cada entidad es una «mónada» completa y cerrada que ha sido predeterminada para actuar de tal modo que las diversas mónadas parecen comunicarse.

Aunque el empirismo británico tuvo sus precursores en Bacon y otros, fue John Locke (1632-1704) quien le dio al sistema su mejor expresión. Esto lo hizo en 1690, en su *Ensayo sobre el entendimiento humano*, en el que afirmaba que, aparte de la percepción de los sentidos, la mente es como una tabla rasa, pues no hay tal cosa como ideas innatas. Esto no quiere decir que Locke haya sido escéptico en asuntos religiosos. Al contrario, estaba convencido de que, aun deshaciéndose de las ideas innatas y de los primeros principios, podía todavía sostener las doctrinas fundamentales del cristianismo tradicional. Aún más, el deshacerse de las ideas supuestamente innatas en la teología y mostrar que todo el conocimiento tiene que basarse en la experiencia, ayudaría a llevar al cristianismo de nuevo a su sencillez original y a deshacerse de las interminables disputas que lo dividen y de las especulaciones fútiles de toda suerte de escolasticismo teológico.

El intento por parte de Locke de simplificar el cristianismo, al mismo tiempo que retenía lo que le parecía ser esencial, tenía un propósito muy práctico. Su nación estaba dividida por controversias teológicas acerca de lo que le parecían ser cuestiones insignificantes y a menudo inescrutables. Por lo tanto, mostrar la futilidad de la investigación teológica más allá de ciertos límites, y definir la esencia del cristianismo, le parecía ser una tarea importante en el proceso de reconciliar al país y a los cristianos dentro de él. Esto se puede ver particularmente en sus *Cartas sobre la tolerancia*, donde defendió la libertad religiosa para todos excepto los católicos y los ateos, a quienes consideraba subversivos.

El empirismo que Hobbes y Locke proponían en la filosofía encontró su expresión teológica en el deísmo. En este contexto, el término significa el intento de reducir la religión a sus elementos fundamentales, universales y razonables. Sin embargo, los deístas iban mucho más allá de tratar de mostrar que el cristianismo es razonable. Su tema era la religión natural, con la que toda religión debe concordar. Por cuanto el cristianismo concuerda con la religión natural, es verdadero y razonable; empero cuando trata de añadir un elemento de revelación especial o positiva cae en la superstición.

El deísmo atrajo numerosos ataques por parte de quienes veían en él una amenaza a la fe cristiana. Pero el más rudo golpe al deísmo no vino de los teólogos que se le oponían, sino del filósofo David Hume (1711-1776). Tomando el empirismo de Locke como punto de partida, Hume lo llevó hasta sus últimas consecuencias, y con ello mostró los puntos débiles del empirismo mismo. En su *Investigación acerca del entendimiento humano*, Hume concordaba con la tradición empirista en que lo único que puede ser conocido es lo que se ha experimentado. La mente es una tabla rasa en la que no hay ideas innatas. Pero esto significa entonces que en realidad no conocemos muchas cosas cuya existencia damos por sentada. En particular, no conocemos ni la causalidad ni la sustancia. Nuestra experiencia nunca nos ha mostrado que un hecho cause otro. De manera semejante, también la sustancia es algo que nunca hayamos experimentado, pero que a pesar de ello damos por sentado. Así, Hume le dio el golpe de muerte al deísmo al señalar que los argumentos mediante los cuales pretendía probar que la religión natural es eminentemente razonable no eran en sí mismos tan racionales como al principio parecieron.

Todo esto llegó a su conclusión en la filosofía de Emmanuel Kant (1724-1804). Al igual que muchos de sus contemporáneos, Kant recibió inicialmente el influjo del racionalismo de Descartes y Leibniz. Pero, como él mismo diría más tarde, fue Hume quien le despertó de su «sueño dogmático». La importancia de la filosofía de Kant se encuentra precisamente en que les prestó atención a los puntos válidos tanto del empirismo de Locke como del idealismo de Descartes, y luego ofreció su propia solución. Esa solución consistía en afirmar que, aunque todos los datos del conocimiento tienen un origen empírico, hay también estructuras en la mente misma que nos es necesario emplear al recibir y organizar tales datos. La mente puede conocer los fenómenos solamente cuando los coloca en sus propias estructuras fundamentales, el tiempo y el espacio. Si hay fenómenos que no se ajustan a esos patrones, la mente no puede conocerlos, puesto que se encuentran allende el alcance de la cognición y experiencia humanas: como el silbato de alta frecuencia que se emplea para llamar a los perros y que el oído humano no puede escuchar.

Los sentidos no proveen sino una mezcla amorfa de percepciones, sin relación alguna entre ellas. La experiencia es el resultado del proceso mediante el cual la mente ordena los datos de la percepción. Hay por tanto limitaciones muy importantes a las que la mente humana tiene que sujetarse; limitaciones que son producto de su propia estructura. Pero hay también un sentido en el que la mente, tal como Kant la entiende, tiene en el conocimiento un papel mucho más positivo y creador que el que le daban los empiristas.

La filosofía de Kant tuvo enormes repercusiones en el desarrollo posterior tanto de la teología como de la filosofía. En lo que a la filosofía se refiere, su obra ha sido comparada con la revolución copernicana en la astronomía. Pero en lo que se refiere a la teología su obra, más que el comienzo de una nueva era es la culminación del racionalismo del siglo XVIII. De un modo típicamente racionalista, Kant piensa que la única función de la religión es apoyar la vida moral. El principio fundamental de la moralidad, lo que Kant llama «el imperativo categórico», es universalmente conocido. Ese imperativo nos dice sencillamente que el principio motor de nuestras acciones debe ser tal que estemos dispuestos a verlo elevado al nivel de regla universal para toda la humanidad. La razón, y no la religión, es la fuente de nuestro conocimiento de ese imperativo. La función de la verdadera religión consiste en ayudarnos a cumplir con esa obligación.

En cierto sentido, esta verdadera religión es racional. Esto no quiere decir que sus doctrinas puedan demostrarse mediante la razón. Cuando se trata de asuntos religiosos, tales como la existencia de Dios, la inmortalidad del alma y la libertad individual, la razón pura no puede sobreponerse a una serie de antinomias, es decir, situaciones en las que tanto la respuesta afirmativa como la negativa parecen ser igualmente razonables. Y, sin embargo, hay razones válidas para afirmar la existencia de Dios, la inmortalidad del alma y la libertad individual. La base para tales afirmaciones se encuentra allende los límites de la razón pura, en lo que Kant llama «la razón práctica». En su *Crítica de la razón práctica* (1788) Kant sostiene que hay ciertas afirmaciones que han de ser tenidas por verdaderas porque son la base de la vida moral. Por lo tanto, en el sentido práctico es racional afirmar la existencia de Dios como fuente de las acciones morales, la vida del alma tras la muerte como ocasión para la retribución, y la libertad del individuo como agente responsable. Estos tres puntos constituyen el meollo de la religión verdadera y natural, de la cual el cristianismo es expresión.

El impacto de la obra de Kant en el desarrollo posterior de la filosofía y la teología fue enorme. Lo primero que ha de decirse acerca de la importancia de Kant para la teología es que su obra marcó el fin del racionalismo fácil y superficial que había sido tan popular durante las generaciones anteriores. Aquel deísmo que vimos florecer en el siglo XVIII resultaba ser ahora tan dudoso desde el punto de vista estrictamente racional como cualquier intento de basar la religión en la verdad revelada. Esto a su vez quería decir que los teólogos que a partir de Kant se ocuparan de estos temas tenían ciertas opciones.

La primera opción, y también la más obvia, era tratar de basar la religión en alguna facultad de la mente que no fuera la razón pura. El propio Kant, en su *Crítica de la razón práctica* y en *La religión dentro de los límites de la sola razón*, siguió esta dirección, tratando de salvar algo de la tradición racionalista en la religión, y de hacerlo apelando no a la razón pura, sino a la razón práctica o moral. Durante el siglo XIX habría también algunos —especialmente Ritschl y su escuela— que seguirían esa pauta, intentando fundamentar la religión sobre los valores morales. Otros, al tiempo que rechazaban tal intento de fundamentar la religión sobre la ética, tratarían de buscar otro sitio o aspecto de la mente humana diferente tanto de la razón especulativa como de la moral. En ese sentido, Schleiermacher puede interpretarse como una respuesta a Kant.

La segunda opción era regresar a la revelación. Si se ha mostrado que la razón pura es incapaz de penetrar las cuestiones religiosas más importantes, esa razón ya no puede creerse superior a quienes se atrevan a fundamentar su fe en la revelación divina. La razón no es ya el juez supremo. A fin de cuentas, se trata de una decisión de la voluntad. Si alguien decide creer en la revelación, la razón no puede ya declarar que tal fe es insostenible. Si, por otra parte, alguien decide no creer, no hay cosa alguna que la razón pueda hacer para probar la validez de la revelación. Tal fue la opción que tomaron Søren Kierkegaard en el siglo XIX y Karl Barth en el XX. Y, sin embargo, tras la obra de Kant esto no podía consistir ya en un regreso simplista a las formulaciones teológicas anteriores. Si, como Kant había mostrado, la mente ocupa un papel activo en el pensamiento de tal modo que le da forma y determina lo que sabemos, se sigue que ocupa también un papel en el modo en que la mente recibe la revelación. Luego, no es ya solamente Dios quien determina la naturaleza de la revelación. Nosotros, quienes la recibimos, también le damos forma a la revelación, no en el sentido de que la creemos, sino en el sentido de que la revelación siempre tendrá que ser Dios hablándonos en términos humanos.

La tercera opción consistía en aceptar lo que Kant dice con respecto al papel que la mente ocupa en el conocimiento, pero entonces ampliar esa conclusión afirmando que la racionalidad es la naturaleza misma de las cosas —que el universo y su historia se comportan como una vasta mente cósmica. Tal fue el camino que siguieron Hegel y el idealismo alemán.

La labor teológica que resultó de todo esto fue tan vasta y variada que es imposible resumirla aquí. Cubrió todo el espectro, desde el intento por parte de Feuerbach de mostrar que la doctrina cristiana no es sino el resultado de la proyección humana, hasta los más oscurantistas conatos de suprimir y ridiculizar la teoría de la evolución.

Empero, en medio de toda esta complejidad hay unos pocos teólogos que parecen haber sido los más importantes para el desarrollo del pensamiento cristiano, y que también son ejemplo de los varios modos en que era posible hacer teología después de Kant. De entre ellos hemos escogido cuatro, de los que trataremos por turno en las secciones que siguen en el presente capítulo: Friedrich Schleiermacher (1768-1834), G. W. F. Hegel (1770-1831), Søren Kierkegaard (1813-1855) y Albrecht Ritschl (1822-1889). Por último, estudiaremos algunos otros temas y movimientos que merecen consideración aparte.

Friedrich Schleiermacher

Friedrich Daniel Ernst Schleiermacher fue ordenado pastor reformado en el 1794, y como tal sirvió en Berlín, donde recibió el influjo del movimiento romántico. En 1799 publicó *Sobre la religión: Discursos a las personas cultas que la desprecian*, donde ya pueden verse los rasgos generales de su sistema teológico, aunque todavía el sello del romanticismo es mucho más marcado de lo que sería después. Finalmente, en 1821 y 1822, publicó *La doctrina de la fe* (y una edición revisada en 1830), donde exponía su pensamiento teológico maduro.

Los *Discursos* de 1799 fueron muy bien recibidos en toda Europa. Lo que Schleiermacher pretendía hacer en ellos era encontrar un lugar para la religión al mostrar que no se trata de un conocimiento ni de una moral. El campo propio de la religión es entonces el sentimiento. La religión es el sentimiento de unidad con el Todo, y el sentido de integridad que ese sentimiento conlleva. Es una conciencia inmediata, y no una serie de doctrinas que el intelecto sostiene ni tampoco un sistema de moral.

El éxito de los *Discursos* le obligó a su autor a tomar en cuenta elementos de la fe cristiana que no había incluido en esa obra, que ya se había vuelto famosa. Según fue madurando su teología llegó a tomar una posición en la que, mientras sostenía todavía que el sentimiento es el lugar propio para la religión, trataba de mostrar lo que ese sentimiento quería decir y el modo en que se relacionaba con las dos otras esferas de la vida: el conocimiento y la moral. El resultado fue *La doctrina de la fe*, que llegó a ser probablemente la obra teológica de mayor impacto en todo el siglo XIX.

En *La doctrina de la fe* se nos dice claramente que el sentimiento religioso es la conciencia de ser completamente dependiente. No se trata, como en el caso de nuestro uso cotidiano del término «sentimiento», de una emoción pasajera. Se trata más bien de una conciencia constante y profunda de Otro cuya presencia es la fuente y fundamento de todo cuanto existe, incluso nosotros mismos.

Empero, en esta obra Schleiermacher ya no se muestra interesado en la religión como fenómeno general. Tal conciencia se desarrolla en comunidades específicas. Esta percepción subyace toda *La doctrina de la fe*, donde Schleiermacher se propone describir en términos intelectuales precisos las doctrinas mediante las cuales la iglesia protestante expresa su experiencia particular de la dependencia absoluta de Dios. Las doctrinas de la iglesia son importantes porque ayudan a mantener la pureza de la experiencia original de la cual surgió la comunidad. Para los protestantes hay dos momentos cruciales, y la tarea de la doctrina es expresar su importancia. El primero de ellos es el impacto de Jesús de Nazaret sobre sus seguidores inmediatos. El Nuevo Testamento es el testigo directo de ese impacto. El segundo momento crucial para la iglesia protestante es la Reforma del siglo XVI, de la cual surgieron varias declaraciones doctrinales que expresan la esencia distintiva del protestantismo.

Schleiermacher define el cristianismo como «una fe monoteísta, perteneciente al tipo de las religiones teleológicas, que se distingue esencialmente de otras religiones por el hecho de que en ella todo se relaciona con la redención alcanzada mediante Jesús de Nazaret». Esta es una definición cuidadosa. El cristianismo es monoteísta porque en él nuestros sentimientos de dependencia se dirigen hacia una sola fuente. Es teleológico porque su resultado es la actividad en el mundo con el propósito de establecer el reino de Dios. Esa actividad con propósito es el contenido de la ética cristiana. Finalmente, todo en el cristianismo se relaciona con Jesús de Nazaret porque él es la fuente de la nueva conciencia religiosa, es decir, de la piedad específica que es característica de la fe cristiana. Esa fe se basa en la experiencia de la redención, que no es un elemento común a todas las religiones. Más que maestro, Jesús es nuestro redentor, porque a través de su persona y su interacción con nosotros nos lleva a un nuevo nivel de existencia que es la vida cristiana. Al subrayar de ese modo la persona de

Cristo y hacer de él más que un mero maestro, Schleiermacher contradecía toda la tradición racionalista del siglo XVIII, para la cual Jesús era ante todo un maestro de una avanzada ética natural.

Como ejemplo de cómo esto se relaciona con las doctrinas tradicionales, podemos considerar el modo en que Schleiermacher trata acerca de la perfección original del mundo y de la humanidad. La doctrina de la creación afirma que Dios es la fuente de todo cuanto existe, y que por tanto nuestra dependencia de Dios es absoluta. La creación no trata sobre la prehistoria o sobre el origen cronológico del mundo, puesto que tal cosa no se incluye en nuestra presente experiencia religiosa. La doctrina de la perfección original señala que el mundo siempre nos ha provisto, y sigue proveyéndonos a cada momento, suficientes estímulos para que se desarrolle la conciencia de Dios. Es en ese sentido que el mundo es perfecto: es capaz de llevarnos a la conciencia de Dios. Al mismo tiempo, ante el mundo somos seres activos, puesto que el mundo tiene suficiente flexibilidad para que podamos moldearlo a base de nuestra conciencia de Dios. Por tanto, la autoconciencia cristiana nos dice dos cosas: en primer lugar, que nuestra incapacidad de desarrollar la conciencia de Dios fue pecado de nuestra parte, puesto que teníamos ante nosotros todo lo que necesitábamos para llegar a esa conciencia; en segundo lugar, que nuestra incapacidad de darle forma al mundo de tal manera que llegue a ser el reino de Dios —o al menos de comenzar ese proceso— también es pecado de nuestra parte, puesto que el mundo siempre ha estado dispuesto a recibir nuestra acción como familia humana total.

La filosofía de Hegel

Hegel siempre se consideró a sí mismo teólogo. Empero, la teología que buscaba no era una mera exposición de la doctrina cristiana tal como se expresa en las fórmulas tradicionales, sino más bien una comprensión abarcadora de la naturaleza de la realidad que incluyera el lugar del cristianismo dentro de esa totalidad.

En cierto sentido, lo que Hegel hizo fue llevar la visión de Kant del papel activo de la mente hasta sus últimas consecuencias, al mismo tiempo que abandonaba otros elementos del sistema de Kant. Por tanto, Hegel no veía la realidad como algo que la mente tuviera que comprender, sino más bien como la manifestación del principio mismo de la racionalidad en el universo: lo que él llamaba el Espíritu. No es solo que la realidad sea lógica, sino también que la lógica es la realidad. Esa lógica es dinámica y se mueve mediante un proceso dialéctico que siempre busca una verdad nueva y más completa. Es dentro de ese contexto que debe entenderse la famosa tríada hegeliana de tesis, antítesis y síntesis.

Dentro del marco de esta filosofía de la historia, Hegel se dedicó entonces a interpretar el cristianismo de tal modo que se le veía como la culminación del desdoblamiento del Espíritu, y por lo tanto como la Religión Absoluta. Rechazaba la teoría racionalista de una religión natural universal que se encontraba bajo todas las religiones históricas y que se ocultaba tras ellas. Todas las religiones revelan la naturaleza última de la realidad, aunque deben ser vistas dentro del proceso histórico del desdoblamiento del Espíritu. Este proceso culmina en la religión cristiana, cuyos dogmas a veces tan despreciados son en realidad representaciones profundas de la naturaleza misma de la realidad. Así, por ejemplo, la doctrina de la encarnación es la expresión religiosa de la unión final entre Dios y la humanidad, que ya no han de verse como términos antitéticos. Y la doctrina de la Trinidad es la afirmación del carácter dialéctico de la realidad última.

El sistema hegeliano pronto se derrumbó, puesto que su misma amplitud le hacía vulnerable a ataques desde varias direcciones. Pero diversos elementos del pensamiento de Hegel luego fueron tomados por otros que a su vez tuvieron gran influencia sobre la teología cristiana. Dos ejemplos de ello son la teoría de la evolución de Charles Darwin (1809-1882) y el materialismo dialéctico de Karl Marx (1818-1883). La doctrina de Hegel sobre el desdoblamiento progresivo del Espíritu fue parte del trasfondo de la teoría de la evolución de Darwin, y el impacto de esa teoría sobre la teología popular es bien conocido. Y la dialéctica de Marx es una transposición de la dialéctica idealista de Hegel a un marco materialista.

La teología de Kierkegaard

Søren Aabye Kierkegaard (1813-1855) es a la vez el teólogo más atrayente y el más repulsivo del siglo XIX. En cierto modo, esto ha sucedido en cumplimiento de sus propios deseos. Su vida fue el drama de un hombre altamente dotado y consciente de su genio, pero que también sentía una profunda antipatía hacia sí mismo e hizo grandes esfuerzos para que otros sintieran igual antipatía hacia él.

Aunque Kierkegaard ha sido alabado como un gran filósofo y fundador del existencialismo moderno, él siempre se vio a sí mismo no como filósofo, sino más bien como un caballero andante de la fe a quien le había sido dada la tarea de hacer el cristianismo difícil. Lo que esto quiere decir no es que se proponga evitar que otros lleguen a ser cristianos, sino, al contrario, que quiere mostrar que el cristianismo es algo que consume toda la vida, a fin de retar a las almas grandes a abrazarlo. El «cristianismo de la cristiandad» no es verdadero cristianismo.

El modo en que Kierkegaard hace que el cristianismo sea difícil consiste en mostrar que hay un enorme abismo entre el nivel más elevado de la decencia humana y la vida cristiana. Hay tres «etapas en la vida humana»; la estética, la ética y la religiosa. Estas tres no son continuas, de modo que el paso de una a otra no tiene lugar sencillamente cuando se llega a la culminación de una etapa inferior. Al contrario, tal paso requiere un «salto». Luego, las tres etapas —la estética, la ética y la religiosa— no se relacionan lógicamente entre sí. No hay modo alguno en que lo ético pueda surgir de lo estético, y es imposible que lo religioso resulte de la exageración de lo ético.

Quienes viven al nivel estético no tienen otra meta que la búsqueda del placer. Viven para el momento, puesto que es en él que se goza del placer. Empero, este placer no se limita a la crasa experiencia sensual. Incluye también al artista refinado que busca la belleza, y hasta al filósofo que gusta de jugar con las ideas. Por tanto, es posible pensar estéticamente de la ética y de la religión sin ser ni ético ni religioso. Pero la vida estética lleva a la desesperación, y es entonces que hay que dar el salto a lo ético.

Kierkegaard ve muchos elementos positivos en la vida ética, que sobrepasa a la estética. Quien vive en tal nivel sigue principios que son universalmente ciertos, y al adaptarse a tales principios encuentra cierta medida de autenticidad. En la vida ética uno sigue los patrones normales de lo que la comunidad considera bueno y decente. Se trata de la vida del deber y de la responsabilidad. Se es buen padre y buen esposo, ciudadano honesto y empleado responsable. Esta etapa, en contraste con la estética, requiere que se reconozca que otras vidas tienen cierto reclamo sobre la vida propia. La vida ética no ha de despreciarse, puesto que es a base de ella que la mayoría vive, y la única base sobre la cual la sociedad puede funcionar.

Pero también lo ético lleva a la desesperación. No puede enfrentarse al pecado y el arrepentimiento. ¿Qué puede hacer uno cuando ha dejado de aplicar los principios éticos en una situación concreta? ¿Qué hace uno cuando se percata de que no se trata solamente de un error, sino de la propia constitución personal? Esta es la fuente de la desesperación que puede empujar al salto de la fe que lleva a la etapa religiosa.

Quien vive en el nivel religioso sabe que las leyes de Dios no son lo mismo que Dios. Es cierto que las leyes vienen de Dios, y que por tanto los principios universales tienen valor general. Pero al saber que Dios se encuentra por encima de las leyes sabemos también que el contenido teológico de esta tercera etapa en la vida es el perdón de los pecados. La fe se relaciona directamente con Dios, y no con la ley. La persona ética conoce los mandamientos de Dios, pero no su perdón. La persona religiosa, por otra parte, conoce tanto los mandamientos como el perdón de Dios. Lo que en última instancia vence al pecado no es la virtud, porque tanto la virtud como el pecado son elementos de la etapa ética. Lo que vence al pecado —lo que es estrictamente opuesto al pecado— es la fe.

Empero Kierkegaard no está hablando de cualquier tipo de religiosidad general. Se considera a sí mismo cristiano, y lo que hace es llamar a otros a aceptar los requerimientos del Absoluto tal como han sido revelados en Cristo. Hasta para quienes vieron a Jesús en la carne, esa visión física no les condujo necesariamente a la fe. El ver a Jesús únicamente les abrió la posibilidad de hacerse discípulos; pero la actualización de esa posibilidad solamente tuvo lugar cuando dieron el salto de fe. De igual modo nosotros, quienes vivimos siglos después de aquellos acontecimientos, necesitamos el testimonio de los que vieron a Jesús, porque sin esa percepción de los hechos sería obviamente imposible llegar a ser sus discípulos. Pero es todavía el salto de fe, y no el poder convincente del testimonio, lo que nos hace creyentes. En ambos casos la revelación es necesaria. En el siglo I no bastó con ser pescador galileo para llegar a ser discípulo, y en el XIX tampoco basta con ser luterano danés.

El tiempo de Kierkegaard no estaba listo a escuchar su mensaje. Su influencia en el siglo XIX fue mínima. Pero al ser redescubierto en el siglo XX, cuando se derrumbaban muchas de las antiguas certidumbres de otras generaciones, su impacto fue grande y extenso.

La teología de Ritschl

Albrecht Ritschl (1822-1889) partió de la convicción de que el hegelianismo, así como toda otra forma de especulación metafísica, ha de expulsarse de la teología, puesto que la especulación nunca llevará a la religión. El lugar propio de la religión no es el conocimiento metafísico, sino el valor moral. La religión es esencialmente práctica, y el conocimiento religioso ha de distinguirse del conocimiento teórico. Este énfasis en el carácter práctico de la religión está obviamente tomado de Kant. Lo mismo es cierto de su rechazo de la metafísica. Por ello, en cierto sentido lo que Ritschl hizo fue regresar más allá de Hegel, hasta Kant.

El método y tono general de la teología de Ritschl se ven claramente en sus tres amplios volúmenes sobre *La doctrina cristiana sobre la justificación y la reconciliación*, que comenzó a publicar en 1870. Allí afirma que el cristianismo no es como un círculo que pueda describirse a partir de un solo centro, sino más bien como una elipse con dos focos: la redención y el reino de Dios. La relación entre estos dos focos es tan estrecha que nunca pueden separarse. Con demasiada frecuencia los teólogos han dado la impresión de que el primero de estos dos focos es el campo propio de la teología, y el segundo es la base para la ética. Esto es un error, puesto que cada uno de los dos solamente puede entenderse a la luz del otro.

El perdón de los pecados quiere decir que la pena de la separación de Dios ha sido eliminada. Dios no necesita ser reconciliado con nosotros; somos nosotros quienes necesitamos de reconciliación. Aquí, Ritschl rechaza la teoría de la expiación «objetiva» o «jurídica», que generalmente se relaciona con el nombre de Anselmo, a favor de una versión modernizada de la teoría «subjetiva» de Abelardo. La principal diferencia entre Ritschl y Abelardo en este punto es que no se encuentra en Ritschl el énfasis en lo sobrenatural y en la divinidad esencial de Cristo que resulta tan claro en Abelardo. La reconciliación quiere decir mucho más que la mera justificación, porque mientras esta última se refiere solo al perdón de los pecados, la primera se refiere a la nueva vida a base de ese perdón.

Es aquí que el reino de Dios ocupa un lugar importante, puesto que la nueva relación con Dios que tiene lugar mediante la reconciliación no es cuestión puramente individual. Es una cuestión comunal tanto porque se origina en la comunidad de fe como porque va dirigida hacia el reino de Dios. Ese reino no es un orden sobrenatural que tendrá lugar mediante una intervención de lo alto en una fecha futura. Es más bien el nuevo orden que fue comenzado por Jesús, cuya vocación personal fue precisamente fundar el reino. En cuanto a su contenido, el reino es una vida común en la que el espíritu rige sobre la naturaleza, y donde hay un servicio mutuo libre y amoroso entre los seres humanos. En este reino cada persona tiene una vocación particular, y por lo tanto la responsabilidad moral —que es la esencia de la vida religiosa— consiste en cumplir esa vocación.

Ritschl a tal punto identificó la moral cristiana con la moral típica de su tiempo que se ha dicho que su ideal de la vida cristiana no era sino la visión de un burgués alemán de su época. Por tanto, su teología llevaba fácilmente a esa identificación entre la cultura alemana y el cristianismo que tuvo tan trágicas consecuencias en el siglo XX. Por otra parte, su énfasis sobre los juicios de valor moral, y sobre la aplicación de tales juicios al reino de Dios, llevó al evangelio social de Walter Rauschenbusch, así como a las aplicaciones más recientes de la fe cristiana a la difícil tarea de buscar un nuevo orden social. En todo caso, para más de una generación Ritschl fue el principal exponente de la teología alemana, y es a sus seguidores a quienes mejor se les aplica el nombre de «teólogos liberales», usado hoy con tan poca exactitud.

El movimiento de Oxford

Es necesario decir una palabra sobre el movimiento de Oxford. Este era un esfuerzo, principalmente por parte de un grupo de estudiosos hábiles y devotos centrados alrededor de Oxford, de contrarrestar el influjo de las tendencias liberales y evangélicas en la Iglesia de Inglaterra. A los miembros del movimiento se les dio también el nombre de *tractarians*, porque produjeron una serie de tratados (*tracts*). Estos *tractarians* estaban convencidos de que el protestantismo había ido demasiado lejos en su rechazo de la tradición y su énfasis sobre el juicio individual. Por el hecho mismo de dejar a un lado la tradición, tanto los liberales como los evangélicos habían perdido buena parte de la riqueza del culto cristiano. Su énfasis sobre la autoridad de la Biblia, carente de todo sentido de tradición, les había llevado, aun sin saberlo, a colocar la autoridad del intérprete individual por encima de la autoridad de las Escrituras. La tradición serviría para corregir tal defecto.

El movimiento de Oxford surgió a la luz en 1833, cuando empezaron a publicarse los *Tratados para los tiempos*. Estos eran una serie de publicaciones por varios eruditos que trataban de mostrar el valor de la tradición católica genuina para la Iglesia de Inglaterra, oponiéndose a la vez al «papismo» y a la «disensión». El primero y el último, que fue el número diecinueve, fueron escritos por John Henry Newman, quien pronto vino a ser el principal portavoz del movimiento, después se declaró católico romano, y a la postre llegó a ser cardenal. Otros siguieron el mismo camino, aumentando así las sospechas de quienes se oponían al movimiento.

Empero, la inmensa mayoría de los miembros del movimiento permaneció dentro de la Iglesia de Inglaterra, donde ejerció gran influencia. Gracias a ello hubo un profundo despertar litúrgico, se volvieron a crear órdenes monásticas y se promovió una religiosidad que se relacionaba más estrechamente con la tradición antigua de la iglesia. A la postre su impacto se hizo sentir más allá de los límites de la comunión anglicana, y alcanzó a otras varias iglesias protestantes. Ese impacto se pudo ver también años más tarde en la contribución que la Iglesia de Inglaterra pudo hacer al movimiento ecuménico.

La cuestión de la historia

Un tema que permeó toda la investigación teológica del siglo XIX fue la historia. Esto se debió en parte al intento de Hegel de colocar la historia en el centro mismo de la realidad; en parte fue reflejo del optimismo de la época y de su confianza en el progreso, y en parte resultó de los estudios críticos en el campo de la historia misma.

En Tubinga, F. C. Baur intentó aplicar los métodos hegelianos al estudio del Nuevo Testamento. Esta «escuela de Tubinga» estudió las diversas tendencias teológicas que aparecen en el Nuevo Testamento, donde creía encontrar la síntesis de otras opiniones teológicas anteriores. En particular, la escuela de Tubinga subrayaba el contraste entre la «teología petrina» y una «teología paulina» posterior. Más tarde en los Estados Unidos, Philip Schaff (1819-1893) y la «escuela de Mercersburg» aplicarían estos mismos principios a la historia eclesiástica, al proponer que el catolicismo romano encarnaba el principio petrino y el protestantismo el paulino, y al buscar entonces una nueva síntesis.

Fue en tal contexto que tuvo lugar el largo proceso que Alberto Schweitzer repasó en 1906 en su famoso libro *La búsqueda del Jesús histórico*, donde señalaba que las opiniones sobre Jesús y el modo en que se llevaba a cabo la investigación de su vida habían evolucionado durante el siglo XIX, reflejando siempre los valores e intereses de cada autor.

Al mismo tiempo que el interés en la historia lanzaba al siglo XIX a la búsqueda del Jesús histórico, ese mismo interés también se manifestaba en múltiples investigaciones sobre la historia del cristianismo. El personaje más notable en tales investigaciones fue Adolf von Harnack (1851-1930), cuya *Historia de los dogmas* es un monumento a la investigación histórica. Harnack era un entusiasta seguidor de Ritschl, a quien llamó «el último de los padres de la iglesia». Por lo tanto, pensaba que las enseñanzas de Jesús se podían resumir en tres puntos: primero, el reino de Dios y su venida. Segundo, Dios el Padre y el valor infinito del alma humana. Tercero, la justicia superior y el mandamiento del amor.

Empero, el más influyente autor procedente de esta escuela fue Ernst Troeltsch (1865-1923), quien se interesaba sobre todo en la relación entre la religión y la cultura, o en el lugar que la religión ocupa dentro de la totalidad de la vida. Aunque ocupaba una cátedra en teología, pensaba que los libros de teología sistemática, precisamente por no tomar en cuenta los factores culturales e históricos, eran de carácter devocional, aunque se hicieran pasar por eruditos. Su obra más famosa fue *Las enseñanzas sociales de las iglesias cristianas*. En esta obra clasificaba los diversos grupos cristianos según el modo en que se relacionan con la sociedad circundante. Según esa clasificación, que ha alcanzado alta popularidad entre los sociólogos de la religión, hay iglesias, sectas y grupos místicos.

Una de las contribuciones más importantes de los Estados Unidos al desarrollo del pensamiento cristiano fue el Evangelio Social. Este surgió a fines del siglo XIX y principios del XX, cuando el capitalismo corría desbocado y había pocas leyes que limitaran sus excesos. La joven nación, nacida poco más de un siglo antes con la esperanza de «libertad y justicia para todos», comenzaba a llenarse de barrios pobres que eran claramente el resultado de la injusticia económica y social. Al tiempo que esto tenía lugar, las iglesias parecían contentarse con continuar la tarea de llamar a los individuos al arrepentimiento y la conversión, diciendo a menudo que la conversión de los individuos bastaría para crear una nueva estructura social.

Fue contra ese modo de ver la tarea cristiana que el movimiento del Evangelio Social protestó. Aunque el movimiento había comenzado unos pocos años antes, encontró su expresión más clara y racional en la obra de Walter Rauschenbusch (1861-1918), y especialmente en sus dos libros *El cristianismo y la crisis social* y *Una teología para el evangelio social*. En parte debido a la influencia de Ritschl, Rauschenbusch sabía que el pecado tiene dimensiones que van más allá de lo individual, y se percataba de la importancia que tiene el reino de Dios en el Nuevo Testamento. Uniendo todo esto al uso de instrumentos científicos para el análisis de la sociedad, llegó a la conclusión de que los problemas que resultaban tan claros en los barrios bajos de Nueva York no podrían resolverse por la mera filantropía o mediante la conversión de un individuo tras otro. Era necesario afectar el orden mismo de la sociedad, sus leyes e instituciones, a fin de proveer un ambiente más justo para la vida humana.

En respuesta a las muchas formas de teología que parecían retar las presuposiciones tradicionales, y también al individualismo del pietismo, hubo en diversos círculos y en varios momentos del siglo XIX un nuevo énfasis sobre el confesionalismo que trataba de responder a los retos de la época: el racionalismo —en particular la teoría de la evolución de Darwin—, el individualismo de los movimientos de avivamiento, y el crecimiento del liberalismo político y de las ideas igualitarias. En los Estados Unidos esto se manifestó en los cinco «fundamentos» proclamados por una conferencia en Niagara Falls en 1895 que le dieron nombre al fundamentalismo. Estos cinco fundamentos eran la infalibilidad de las

Escrituras, el nacimiento virginal, la muerte de Jesús como expiación, su resurrección física y su pronto retorno.

En resumen, aunque los teólogos posteriores lo han criticado severamente, y aunque buena parte de su teología difícilmente puede servir de guía para nuestros tiempos, el siglo XIX sigue siendo —junto al XVI—, una de las dos grandes centurias de la teología protestante.

XXIX

La teología católica romana hasta la Primera Guerra Mundial

Como hemos visto, durante el siglo XVI la Iglesia católica romana atravesó por un período de intensa actividad teológica y profunda reforma. Al terminar ese período se había vuelto, al menos en teoría, un cuerpo fuertemente centralizado, porque tras algunas vacilaciones Roma se había puesto a la cabeza del movimiento reformador. Esa centralización tuvo lugar precisamente al tiempo en que las nuevas naciones europeas afirmaban su propia autonomía, y no veían con simpatía la existencia dentro de sus propios territorios de una iglesia cuya lealtad parecía deberse a otro monarca, el papa. Por tanto, alentaron a aquellos dentro de la Iglesia católica que por diversas razones deseaban limitar el poder del papado. El resultado fue que durante todo el período que va del siglo XVII al XIX una de las principales cuestiones teológicas que se debatieron fue precisamente el carácter y alcance de la autoridad del papa. El segundo tema de que se ocuparon los teólogos católicos durante este período fue el modo en que la iglesia debería responder a las nuevas corrientes del mundo.

La autoridad del papa

Al mismo tiempo que el protestantismo atacaba la autoridad del papado, había dentro de la Iglesia católica romana quienes dudaban también de esa autoridad y buscaban determinar sus límites. Las ideas conciliaristas del siglo XV nunca habían desaparecido del todo. Muchos prelados participaban de la misma preocupación, puesto que su poder y autoridad también parecían irse perdiendo mientras los del papa crecían.

Aunque tal oposición a la centralización eclesiástica excesiva estaba bastante generalizada por toda la Europa católica, era particularmente fuerte en Francia, y por lo tanto recibió el nombre de «galicanismo». Quienes se oponían a los galicanos y defendían la autoridad del papa recibieron el nombre de «ultramontanos»: porque su autoridad estaba «más allá de los montes», es decir, los Alpes.

Durante su residencia en Aviñón, el papado le había hecho varias concesiones a la corona francesa y ahora los reyes de Francia tenían interés en retener esas concesiones. Muchos de los más destacados propulsores del movimiento conciliar habían sido franceses, y sus ideas todavía circulaban en su país nativo. En 1516, debido a razones políticas complejas, el papa León X había firmado con el rey Francisco I de Francia un concordato que les daba al rey y a sus sucesores amplios poderes sobre la iglesia en sus dominios. Por lo tanto, cuando los franceses se referían a las «libertades galicanas», no se referían a metas futuras, sino a prácticas tradicionales que ahora parecían estar amenazadas.

El siglo XVIII señaló el apogeo del galicanismo. Empero, ya para entonces resultaba claro que había al menos dos formas de galicanismo. Una de ellas era el intento genuino por parte de los obispos y algunos del clero de defender la autoridad y autonomía de la iglesia nacional. La otra era el deseo por parte de los reyes y su corte de extender su autoridad sobre la iglesia. La creciente convicción por parte de quienes deseaban una genuina reforma de la iglesia de que tal reforma no sería producto de la actividad de la corona fue uno de los principales factores que contribuyeron a la decadencia del galicanismo. El otro factor fue la Revolución Francesa.

Pronto aparecieron otros dos movimientos íntimamente relacionados con el galicanismo, como el febronianismo. Este deriva su nombre de Justino Febronio (1701-1790), quien sostenía que los soberanos no están sujetos al papa, quien está sujeto a toda la iglesia, la cual puede juzgarle y deponerle en una reunión conciliar. Lo que es más, el papa no es superior a los demás obispos, y no tiene autoridad directa sobre otra diócesis que no sea la de Roma. La autoridad que tiene en el resto de la iglesia se deriva únicamente de su función como guardián de los cánones y ejecutor de los dictámenes de toda la iglesia. Como se ve, el febronianismo era poco más que la contraparte alemana del galicanismo. También en Alemania los monarcas veían en tal doctrina un instrumento útil para su política.

Fue la Revolución Francesa la que le dio el golpe de gracia tanto al galicanismo como al febronianismo. La caída de los Borbones, el baño de sangre de la revolución y la tendencia general hacia la separación entre la iglesia y el estado, todos contribuyeron a la desaparición del galicanismo. De igual modo que el siglo XVIII vio el apogeo del galicanismo, así también el XIX fue testigo del rápido proceso a través del cual el ultramontanismo ganó la partida.

En todo esto estaban teniendo lugar dos procesos al parecer opuestos, pero en realidad complementarios: mientras el papa aumentaba su autoridad sobre toda la Iglesia católica, el poder político del papa y de esa iglesia iban disminuyendo.

Uno de los hitos más importantes en el desarrollo de la autoridad pontificia fue la bula *Ineffabilis Deus* (1854), de Pío IX. En el conflicto con el galicanismo, muchos ultramontanos habían afirmado que el papa era infalible. Algunos iban más allá de la infalibilidad en cuestiones dogmáticas y decían que el papa era también infalible en cuestiones de moral y de política. Por siglos, la cuestión de la inmaculada concepción de María había dividido a los teólogos. Pío IX decidió entonces que la promulgación de la doctrina de la inmaculada concepción le prestaba una buena oportunidad para afirmar su autoridad en cuestiones dogmáticas. En esto tenía razón, puesto que la bula *Ineffabilis* fue generalmente aceptada sin mayor debate. Empero, la importancia de la bula iba mucho más allá de las cuestiones de mariología. Ahora, por primera vez en la historia de la iglesia, un papa se había atrevido a definir un dogma a base de su propia autoridad. El hecho de que hubiera poca oposición o reacción a esta declaración llevó al partido ultramontano al convencimiento de que se acercaba el momento propicio para la declaración dogmática formal de la infalibilidad papal. Esto sería el principal propósito del Primer Concilio Vaticano (1869-1870).

Aunque este concilio trató de varios temas, el más importante fue el de la infalibilidad papal. Sobre esta cuestión las opiniones estaban divididas, aunque la mayoría estaba a favor de declarar que esa infalibilidad era dogma de la iglesia. Algunos de quienes favorecían esa definición no querían que se colocara límite alguno sobre la infalibilidad papal, y algunos de los más extremistas llegaban al punto de afirmar que cuando el papa piensa es Dios quien piensa en él. Otros —probablemente la mayoría— opinaban que se debía promulgar la infalibilidad papal como dogma de la iglesia, pero que había que tener en cuenta el hecho de que algunos papas en la antigüedad habían caído en la herejía. Un número importante de obispos procedentes de países donde los católicos eran la minoría —especialmente en Europa oriental— favorecían la doctrina, pero no creían que el momento fuese oportuno para su promulgación. Otros, como el obispo de Baltimore, sugerían definiciones dogmáticas en las que no se usara la palabra «infalible». La minoría, dirigidos por los arzobispos de Viena y Praga, sencillamente se oponía a la doctrina. Puesto que la oposición a la doctrina misma era mínima, y puesto que el concilio había aceptado reglas estrictas limitando el debate, pronto resultó claro que el concilio promulgaría la infalibilidad papal. Esto se hizo el 18 de julio de 1870 con 522 votos a favor, dos en contra y más de cien abstenciones, mediante una afirmación de la infalibilidad del papa, pero solo cuando habla *ex cathedra*, es decir, en virtud de su oficio y en cuestiones de fe y moral. Además, el papa tiene autoridad administrativa sobre toda la iglesia. El movimiento conciliar por fin moría, y fue un concilio el que le dio el golpe de gracia.

La nueva doctrina encontró poca resistencia. Juan José I. Döllinger, quien había dirigido la oposición, se negó a aceptar la definición, y fue excomulgado. En Holanda, Alemania y Austria algunos abandonaron la Iglesia católica romana, tomaron el nombre de «católicos antiguos» y formaron pequeñas iglesias nacionales. Los ortodoxos rusos y griegos, así como muchos protestantes, sencillamente vieron en la promulgación de la infalibilidad papal una prueba más del carácter herético de Roma. Pero entre los católicos romanos hubo poco debate.

Sin embargo, era una victoria de escaso valor para el papado, puesto que la principal razón por la cual la doctrina de la infalibilidad papal encontró tan poca resistencia era que la iglesia había perdido mucha de su influencia en el mundo. Dos meses después de esta declaración el papa perdió el gobierno de la ciudad de Roma, que fue tomada por el reino de Italia.

La iglesia y el mundo moderno

Las nuevas ideas en la ciencia y en la filosofía que hemos discutido en capítulos anteriores le planteaban a la Iglesia católica serias amenazas. El creciente racionalismo retaba las ideas tradicionales sobre lo sobrenatural y la revelación. Los estudios históricos cuestionaban tanto la credibilidad de la Biblia como la autoridad de una tradición cuyo lado obscuro era cada vez más conocido. Pero, por encima de todo, donde la iglesia se sentía más amenazada era en la idea cada vez más generalizada del estado secular. Los líderes católicos romanos veían tras todas estas corrientes una amenaza al principio fundamental de la autoridad, y por tanto para ellos la idea de un estado secular, con libertad de prensa y pluralismo religioso, era el epítome de todo lo que amenazaba y negaba la fe.

La iglesia tenía razones para temer. Aunque la Revolución Francesa le había puesto fin al galicanismo, su ideal del estado secular persistía y se expandía por toda Europa. La mayor parte de América Latina se hizo independiente en el siglo XIX, y el apoyo que Roma le prestó a España durante la lucha por la independencia —y después— produjo fuertes sentimientos anticlericales en muchas de las clases gobernantes de los nuevos países. En 1848 fue publicado el *Manifiesto comunista*, se proclamó la Segunda República Francesa, e Italia comenzó su guerra de independencia. En Roma el pueblo se rebeló, forzó al papa a nombrar un ministro democrático y proclamó la República Romana. En 1860, mediante un plebiscito, la mayoría de los estados pontificios pasaron a la autoridad de la corona italiana. Diez años más tarde el papa perdió Roma, y su poder temporal quedó reducido al Vaticano.

La reacción de la Iglesia católica a estas pérdidas y amenazas fue sencillamente defender sus posiciones y privilegios tradicionales. La vieja política de colocar libros en el *Índice* de los libros prohibidos, y de condenar a quienes sostenían opiniones contrarias a las de la iglesia, se usaba ahora en toda Europa contra los elementos liberales y democráticos.

La oposición de la iglesia a las nuevas ideas encontró su expresión más fuerte y abarcadora en el *Sílabo de errores* publicado por Pío IX en 1864. Se trata de una lista de errores sostenidos —o supuestamente sostenidos— por personas de toda clase de persuasión, pero opuestos todos a la autoridad de la iglesia. El último error de la lista bien pudo haber sido el primero, puesto que expresa el tono de la lista entera. Ese error es sostener que «el pontífice romano puede y debería reconciliarse y estar de acuerdo con el progreso, el liberalismo y la civilización moderna». Otros errores incluyen la separación entre la iglesia y el estado, la educación pública a cargo del estado y la libertad religiosa.

Empero el *Sílabo* no reflejaba la opinión de todos los católicos. En varias partes de Europa, pero especialmente en Francia y Gran Bretaña, había líderes católicos que se mostraban más abiertos hacia el mundo moderno, y más dispuestos a trabajar dentro del contexto cada vez más pluralista de los tiempos modernos. El mejor conocido de ellos era John Henry Newman (1801-1890), a quien ya hemos encontrado en nuestra discusión del movimiento de Oxford. Es muy probable que se le hubiera condenado de no haber sido porque vivía en un país protestante donde llevaba a cabo una importante labor apologética a favor del catolicismo romano. Hacia fines del siglo XIX y principios del XX surgió una joven generación de eruditos católicos que también trataban de relacionar la fe católica con los tiempos modernos. Puesto que en ese momento la crítica bíblica e histórica en Alemania había evolucionado hasta llegar al escepticismo, las opiniones de estos jóvenes eruditos eran mucho más radicales que las de Newman, a veces cuestionando los orígenes históricos del cristianismo y atreviéndose a criticar el «medievalismo» que les parecía prevalecer en la iglesia. Los católicos más tradicionales les dieron el nombre de «modernistas», y a principios del siglo XX sus opiniones por fin fueron condenadas.

Los modernistas se llenaron de esperanzas cuando León XIII fue electo papa, puesto que se le conocía como hombre de estudios y respetuoso de la sólida erudición. En 1893 León promulgó la encíclica *Providentissimus Deus*, que se declaraba a favor del uso de los descubrimientos modernos en los estudios de la Biblia, pero al mismo tiempo advertía contra los peligros del uso equivocado de tales descubrimientos. Pío X, quien sucedió a León, regresó a las posiciones abiertamente conservadoras de Pío IX. Siguiendo las directrices del papa, el Santo Oficio publicó en 1907 el decreto *Lamentabili*, en el que se condenaban sesenta y siete proposiciones modernistas. Más tarde, en el mismo año, Pío X confirmó esa condenación con su encíclica *Pascendi*.

La ambigüedad de *Providentissimus Deus* acerca de la erudición crítica moderna refleja la actitud de León XIII hacia toda la gama de retos a que la iglesia tenía que enfrentarse. Luego, aunque no era en modo alguno un papa liberal, sí se le puede ver como un papa moderado e ilustrado, que trataba de encontrar modos en que la fe tradicional pudiese hablarles a los tiempos modernos; y, como un paréntesis entre los pontificados de Pío IX y Pío X, ya esto de por sí era un gran alivio. Su encíclica *Aeterni Patris* (1879) recomendaba el estudio de Tomás de Aquino no como un intento simplista de regresar al pasado, sino más bien porque le parecía que la filosofía tomista brindaba la oportunidad de establecer relaciones entre la doctrina cristiana y la ciencia humana. Al abrir los archivos del Vaticano a la investigación histórica, León XIII también estimuló los estudios críticos de la historia cristiana. Su encíclica *Rerum Novarum* (1891) marca un hito en la historia de las declaraciones eclesiásticas sobre la justicia social. En esa encíclica se defendía el derecho de los obreros —y los patronos— a organizarse, y se declaraba que un salario justo debería ser lo suficiente para permitirles a un obrero y su familia vivir con cierta comodidad. La encíclica también afirmaba que el lugar propio de la mujer era el hogar, y afirmaba el derecho a la propiedad privada y a la herencia, con lo cual se oponía al socialismo que iba en aumento. Esta encíclica fue tan importante que cuarenta años más tarde el papa Pío XI, en *Quadragesimo anno*, la aplicó a las nuevas condiciones de su tiempo, y Juan XXIII hizo lo mismo en el septuagésimo aniversario de su proclamación en su encíclica *Mater et magistra*. Había, sin embargo, un aspecto del mundo moderno que León rechazaba tajantemente, al igual que los otros papas del siglo XIX. Este aspecto inaceptable era la idea del estado secular y pluralista. En su encíclica *Immortale Dei* (1885), León afirmaba que el estado ideal era católico, pues el error y la verdad no tienen iguales derechos, y por lo tanto la tolerancia religiosa debía apoyarse únicamente en los países no católicos; y aun entonces como una necesidad, y no como algo bueno en sí mismo. La libertad de conciencia debería existir únicamente para la verdad, y no para el error. Tal aseveración tuvo profundas repercusiones en los Estados Unidos, donde aumentaba la inmigración católica, y donde muchos comenzaron a temer que si algún día los católicos llegaban a ocupar el poder tratarían de implementar el ideal del papa León de un estado católico. Empero, a la larga el resultado fue todo lo contrario, puesto que la declaración sobre la libertad religiosa del Segundo Concilio Vaticano (1965) se debió en parte a la influencia de los católicos de los Estados Unidos, quienes habían experimentado personalmente la reacción negativa que las opiniones de León habían provocado.

Este breve resumen de la teología católica romana bastará para mostrar que el siglo XIX fue —aún más que el XVI— el más conservador de toda la historia del catolicismo romano. Frente a un mundo que cambiaba rápidamente, la Iglesia católica escogió, al menos oficialmente, formular un modo de entenderse a sí misma que reflejaba condiciones que ya no existían. En tiempos en que el escepticismo aumentaba y toda autoridad se cuestionaba, el papa fue declarado infalible. En tiempos cuando se dudaba del nacimiento virginal de Jesús, el papa proclamó la inmaculada concepción de María. Europa se encontraba inundada de ideas nuevas y radicales, y la iglesia seguía contando con el *Índice de libros prohibidos* y con el Santo Oficio para combatir esas ideas. Cuando aparecieron las formas modernas de la investigación crítica, Roma condenó a quienes trataron de relacionarlas con cuestiones religiosas. Y, sin embargo, las mismas condenaciones oficiales son testimonio de que el conservadurismo oficial de la iglesia no era universal, y que había todavía en ella mucho vigor intelectual. Condenaciones tan fuertes e insistentes se hacen necesarias únicamente cuando se dirigen a opiniones que ya existen. Es sobre ese trasfondo que debemos entender los cambios dramáticos producidos por Juan XXIII y el Segundo Concilio Vaticano.

XXX
La teología oriental tras la caída de Constantinopla

L as circunstancias en que la mayor parte del cristianismo oriental se encontró tras la caída de Constantinopla (1453) no eran aptas para producir gran originalidad teológica. La expansión turca no cesó con la caída de la antigua sede patriarcal, sino que siguió hasta conquistar a Grecia e invadir Europa hasta las puertas mismas de Viena. Esa expansión iba unida a un gran celo por el islam, y como resultado se les plantearon serias dificultades a las iglesias en los territorios conquistados. Aunque los cristianos estaban exentos de toda política de conversión forzada por ser «un pueblo del Libro», los turcos les colocaron bajo tal presión que muchos abandonaron su fe para seguir al Profeta. Frecuentemente el patriarca de Constantinopla se volvió poco más que un oficial cuya principal función era servir de vínculo entre el sultán y sus súbditos cristianos. La única iglesia oriental que pudo continuar existiendo bajo un poder político favorable fue la Iglesia ortodoxa rusa. Muchas de las demás iglesias orientales, ahora separadas todavía más de la iglesia occidental, continuaron el proceso de lenta decadencia que ya había comenzado en la Edad Media.

La teología en la Iglesia ortodoxa griega
Como antes, el factor dominante en la teología griega fue la cuestión de las relaciones con Occidente. Dada la decadencia general de la mayor parte de las escuelas teológicas en Asia Menor y Grecia tras las conquistas turcas, muchos teólogos griegos estudiaban en Occidente. Puesto que Occidente estuvo profundamente dividido durante los siglos XVI y XVII por el conflicto entre protestantes y católicos, esa controversia y todos los temas que se relacionaban con ella fueron trasplantados a la Iglesia griega. Más tarde, cuando los retos del racionalismo y de la relación entre

la ciencia y la teología vinieron a ocupar la atención en Occidente, una vez más esas cuestiones fueron introducidas en Oriente. Por lo tanto, aunque hubo otras cuestiones que se discutieron en la Iglesia griega, las dos que cobraron mayor importancia fueron, en primer lugar, el debate sobre la actitud que debía tomarse ante la Reforma protestante y, después, las cuestiones planteadas por la nueva ciencia.

El primero de esos dos temas se hizo crítico durante el patriarcado de Cirilo Lucaris, quien en el 1629 publicó una *Confesión de fe* que causó gran furor tanto en Oriente como en Occidente. Ciertamente, no era cosa de todos los días el que un patriarca de Constantinopla publicase una confesión de fe calvinista, y esto era precisamente lo que muchos decían que Lucaris había hecho. En su confesión, Lucaris afirmaba que la autoridad de las Escrituras se encuentra por encima de la tradición, que Dios ha predestinado a algunos a salvación y a otros a condenación eterna, y que hay solamente dos sacramentos: el bautismo y la comunión.

Tras la publicación de la *Confesión*, las intrigas alrededor del trono patriarcal se acrecentaron. Cirilo fue depuesto y vuelto a colocar en la sede varias veces —en total subió al trono patriarcal siete veces—, hasta que fue asesinado en 1638. Sin embargo, con esto no terminó toda la cuestión, puesto que hubo quien comenzó a venerar a Lucaris como mártir. Por último, un sínodo que se reunió en Jerusalén en 1672 condenó a Lucaris, aunque aclarando que esa condenación era válida solamente «si Lucaris fue verdaderamente un hereje calvinista».

El otro punto en que resultaba claro que Occidente tenía enorme impacto sobre el cristianismo oriental fue la cuestión de la relación entre la teología por una parte y la nueva filosofía y la nueva ciencia por otra. Aunque la cuestión se había debatido desde mucho antes, el debate llegó a su culminación en el siglo XIX, en el encuentro entre Constantino Economos y Teocleto Farmaquides. Economos estaba convencido de que toda la enseñanza tradicional ha de ser sostenida, de modo que el error no penetre en la iglesia y subvierta todo el edificio de la fe. Farmaquides, quien había estudiado teología en Göttingen, se oponía radicalmente a Economos. Estableció una distinción entre la tradición auténtica y la que no es más que adiciones posteriores carentes de todo fundamento. El modo en que se ha de determinar si una opinión o práctica cualquiera es parte de la tradición auténtica es la investigación histórica científica que no se deje llevar por la opinión común. Y, puesto que Grecia era ahora un país independiente de Turquía, la iglesia en la nueva nación debería reflejar esas circunstancias independizándose del patriarcado de Constantinopla.

La teología rusa

La caída de Constantinopla en 1453, tras ceder a las presiones de Occidente, llevó a muchos rusos a pensar que la «segunda Roma», al igual que la primera, había caído en el error y por lo tanto había sido entregada al infiel. La antorcha de la ortodoxia pasaba ahora a la tercera Roma, Moscú. A principios del siglo XVI el monje Filoteo de Pskov desarrolló esta teoría colocándola dentro del amplio marco de la historia universal con el propósito de mostrar, entre otras cosas, que Constantino había transferido la autoridad de Roma a Constantinopla antes de que la vieja ciudad cayera en manos de los bárbaros, y ahora era la tarea de Rusia transferirla a Moscú. En 1547 Iván tomó el título de «zar», la forma rusa de la palabra «césar», con lo cual afirmaba ser el sucesor de los viejos césares de Roma y Constantinopla. Por último, en 1596 el metropolitano de Moscú tomó el título de patriarca.

Aunque la Iglesia rusa siempre había producido buen número de escritos polémicos anticatólicos, el tema de las relaciones con el catolicismo romano se volvió crucial a fines del siglo XVI y principios de XVII, cuando los polacos intentaron colocar a uno de los suyos en el trono de los zares, y con él imponer la fe de Occidente. La reacción contra el catolicismo no se hizo esperar. Un sínodo reunido en 1620 declaró que los romanos eran herejes cuyo bautismo no era válido. También se dijo que los romanos subvertían la Trinidad al incluir el *Filioque* en el Credo. Rusia se había vuelto ahora la guardiana de la verdadera fe, y en su nuevo papel sencillamente dio por sentado que todos los demás eran herejes de la peor clase. Esto incluía a los protestantes, y hasta Iván el Terrible se dedicó a refutar sus herejías.

Cuando Nikon fue hecho patriarca de Moscú en 1652, Rusia pasaba por un período floreciente en el que aumentaba su poder político. Esto parecía confirmar la tesis según la cual Moscú era la tercera Roma que debería guiar a la ortodoxia oriental. Aparentemente por razones políticas, Nikon introdujo cambios en la liturgia que parecían tomados de los griegos.

La oposición que surgió frente a las órdenes de Nikon tenía fuertes motivaciones políticas y sociales: Moscú, la tercera Roma, no debía estar buscando el modo de congraciarse con Constantinopla. ¡Que sea Constantinopla la que ajuste su liturgia a la de Moscú, y de ese modo se acerque a la verdad!

La influencia occidental sobre la Iglesia rusa aumentó con el advenimiento al trono de Pedro el Grande (1682), quien pensaba que Rusia era tierra bárbara que necesitaba mayores contactos con lo que él creía ser el mundo más civilizado de Occidente. Por eso favorecía mayores contactos con los católicos romanos, y por lo tanto buena parte de la teología rusa durante su reinado e inmediatamente después fue dominada por quienes, al mismo tiempo que seguían siendo ortodoxos rusos, derivaban buena parte de su inspiración de la teología católica romana. Esta orientación teológica se relacionaba estrechamente con los nombres de Pedro Mogila y de la Escuela de Kiev. Frente a ellos, Teófanes Prokopovic y sus seguidores trataban de acercar la teología rusa al protestantismo. La escuela de Prokopovic llegó a su cenit a principios del siglo XIX. Fue entonces que surgió una reacción cuyo propósito era volver a las fuentes tradicionales rusas y ortodoxas.

El intento de aplicarle las categorías del idealismo a la cuestión de la identidad rusa dio origen al movimiento eslavófilo. Su principal portavoz fue Alexis Khomyakov, quien había recibido una profunda influencia de Hegel y Schelling. Khomyakov se dedicó a desarrollar un modo de ver la eclesiología rusa tradicional que mostrara que en ella se encontraba la síntesis entre la tesis católica romana y la antítesis protestante. Los católicos romanos y la escuela de Kiev subrayan la unidad de la iglesia, mientras los protestantes y prokopovicianos subrayan la libertad que el evangelio requiere. La verdadera visión ortodoxa de la *sobornost* (catolicidad) incluye ambos elementos en una síntesis perfecta. Los protestantes tienen libertad, pero no unidad. Los católicos tienen unidad, pero carecen de libertad. La ortodoxia tiene ambas, puesto que la unidad de que sus miembros disfrutan es tal que todavía se permite la libertad del evangelio, y la unidad misma se basa en el amor más bien que en la ley, lo cual la hace una unidad libre. Por tanto, la Iglesia rusa no tiene que decidir entre las dos ramas occidentales del cristianismo. Ya incluye lo mejor de ambas. Las teorías de Khomyakov no fueron bien recibidas por las autoridades eclesiásticas dentro de Rusia, pero encontraron apoyo en Fëdor Dostoievski (1821-1881), el famoso novelista ruso.

La Revolución Rusa de 1917 creó nuevas condiciones para la teología en ese país. Baste decir que durante las primeras décadas después de la revolución la más notable labor teológica de los ortodoxos rusos tuvo lugar en el exilio, particularmente en París. Más avanzado el siglo XX, sin embargo, la Iglesia rusa una vez más comenzó a producir sus propios teólogos, muchos de los cuales trataban sobre la cuestión del papel del cristianismo dentro de un estado marxista. Cuando por fin la Unión Soviética se disolvió, la Iglesia ortodoxa rusa tuvo que planteare de nuevo la cuestión de sus relaciones con el estado, pero también la de sus relaciones con otras iglesias de origen ruso que ahora existían en el resto del mundo.

La teología nestoriana y monofisita

En 1258 los mongoles tomaron Bagdad, y la comunidad nestoriana nunca volvió a ser la misma. Como resultado de ello, su actividad teológica siguió decayendo. Los escritos nestorianos de los siglos XV y XVI que se han preservado consisten mayormente de versificaciones de hagiografías más antiguas, cronologías, y otros materiales semejantes. La única actividad teológica relativamente importante tuvo lugar entre quienes se sometieron al papa: los «católicos caldeos».

La Iglesia copta, debilitada ya por el régimen árabe, perdió aún más fuerza bajo los turcos (1517-1798). La Iglesia de Etiopía, que siempre había estado estrechamente unida a la copta, se debilitó debido a su falta de contacto con otros cristianos. Cuando los musulmanes invadieron Etiopía en 1520, la fe cristiana vino a ser el eje alrededor del cual cristalizó el sentimiento nacionalista, y por lo tanto la iglesia surgió de ese conflicto con más poder que el que había tenido anteriormente. Empero, en el campo de la literatura teológica las circunstancias mismas del conflicto promovieron poca cosa que no fuera material hagiográfico cuyo propósito era fortalecer a los fieles en medio de su lucha. Tras el avance turco, los jacobitas sirios produjeron poco digno de mención. Ni siquiera la Iglesia de Armenia estuvo exenta de dificultades, pues en el siglo XVI el país fue conquistado por Persia, y desde entonces no volvió a tener su independencia hasta la disolución de la Unión Soviética. Empero, esto resultó en un despertar de la teología, puesto que muchos que partieron al exilio establecieron contacto con nuevas ideas, y produjeron obras que después fueron llevadas a Armenia. Pronto hubo centros armenios de estudio en Viena, Venecia, Moscú, Estambul, Calcuta y Jerusalén. Probablemente el punto culminante de esta renovación armenia tuvo lugar en el siglo XVII cuando Juan Agop —u Holov— escribió importantes obras apologéticas, exegéticas y sistemáticas, mientras que en su *Libro de historia* Aracel de Tauriz contaba los sufrimientos y las glorias de la Iglesia de Armenia. En el siglo XIX los armenios de Venecia lograron fama debido a sus valiosas publicaciones de textos antiguos, y por tanto sus estudios patrísticos hicieron una contribución modesta pero importante a la erudición teológica. Empero, en términos generales puede decirse que la teología en toda la tradición monofisita continuó en declive tras la caída de Constantinopla.

XXXI
La teología en el siglo XX y principios del XXI

En Europa, el siglo XIX fue un período de paz y prosperidad sin precedentes. A pesar de algunas guerras relativamente locales y de intentos revolucionarios, fue un siglo de progreso y expansión. En los Estados Unidos, con la excepción altamente dramática de la Guerra Civil, fue una época de paz dentro de las fronteras de la nueva nación, y de expansión continua de la frontera occidental. A ambos lados del Atlántico la ciencia y la tecnología habían comenzado a resolver muchos de los problemas que habían pesado sobre la humanidad desde tiempos inmemoriales. Por fin parecía que el mundo natural se mostraba moldeable a los deseos y designios humanos. El uso del vapor y de otras formas de energía acortó las distancias, y les facilitó el ocio a ciertos segmentos de la sociedad, precisamente aquellos segmentos que más se dedicaban a la reflexión teológica. De uno y otro lado del Atlántico se creía que la civilización occidental tenía la misión específica de comenzar una nueva etapa en la historia de la humanidad.

Entonces estalló la guerra. Fue el conflicto más costoso que la humanidad había visto hasta entonces, puesto que involucró a todo el globo. Fue una guerra en la que precisamente aquellas potencias cuya tarea se suponía fuese la de civilizar a la humanidad de hecho arrastraron a todo el mundo, involucrándole en sus conflictos. Fue una guerra en la que el progreso y la tecnología mostraron su cara oscura, multiplicando el poder destructor del odio humano. Y fue una guerra que resolvió poco, puesto que unos años después de su conclusión la tierra se vio otra vez envuelta en otro conflicto armado que solo se distinguió del primero en que su alcance geográfico fue aún mayor, y el poder destructor que se desató eclipsó al del conflicto anterior. Poco después del fin de la Segunda Guerra Mundial resultaba claro que por primera vez la humanidad tenía el poder de destruirse a sí misma: y a buena parte de la tierra consigo.

Mientras todo esto estaba teniendo lugar en el mundo, otros cambios parecidos estaban teniendo lugar en la iglesia. El más notable era que el cristianismo, que a principios del siglo XIX había estado estrechamente asociado a la civilización occidental, vino a ser verdaderamente un movimiento mundial. Durante la segunda mitad del siglo XX la fuerza numérica del cristianismo dejó de estar en el Atlántico Norte, pasó al hemisferio sur, y no estuvo ya entre los pueblos de raza blanca. Fue así que surgió una teología verdaderamente ecuménica: una teología que se caracterizaba por un diálogo mundial en el que todos, si bien no estaban de acuerdo, sí se enriquecían mutuamente.

Mientras tanto, también estaban teniendo lugar cambios radicales en los centros tradicionales de la actividad teológica y eclesiástica en el Atlántico Norte. Desde tiempos de Constantino el cristianismo había contado con el apoyo del estado y de la cultura circundante. Aquella porción del mundo cuyos gobernantes y poblaciones se llamaban cristianos recibía el nombre global de «cristiandad». Ahora, gracias a un proceso que había comenzado siglos antes, la iglesia no podía ya contar con el apoyo de la sociedad civil. Lo que era cierto al nivel del apoyo político también lo era al nivel de lo personal. En los centros tradicionales del cristianismo, números cada vez mayores se apartaban de la vieja fe. En la Europa occidental la participación en la vida de la iglesia y la asistencia al culto decayó notablemente. En los Estados Unidos hubo una caída semejante, aunque no tan marcada ni tan constante. A ambos lados del Atlántico a muchos les parecía que la cosmovisión moderna no dejaba lugar al cristianismo, o a cualquier religión. Luego, la secularización progresiva de sus sociedades sería uno de los muchos temas que preocuparían a los teólogos occidentales durante el siglo XX.

Fue sobre ese trasfondo que se desarrolló la teología cristiana durante el siglo XX y principios del XXI. A base de tal trasfondo, no ha de sorprendernos el que la teología de este período se caracterice tanto por su vitalidad como por su variedad, y que sea difícil o hasta imposible organizar las distintas corrientes del pensamiento teológico según un bosquejo coherente. Sin embargo, sí parece ser posible distinguir entre la primera parte del siglo XX, cuando todavía los centros tradicionales de la actividad teológica dominaban, y un período posterior, que comenzó después de la Segunda Guerra Mundial.

Un nuevo comienzo: la teología de Karl Barth

No cabe duda de que la figura cimera en la teología cristiana entre las dos guerras fue el suizo reformado Karl Barth (1886-1968). Como resultado de su educación teológica, llegó al pastorado convencido de mucho de lo que sostenía la teología liberal. Mientras el joven Barth se preocupaba por los derechos sociales de su grey campesina y obrera, el mundo en derredor se lanzaba al desastre. La Primera Guerra Mundial fue para él un gran desengaño. Las noticias continuas de las atrocidades que se cometían en la guerra le dificultaban cada vez más la tarea de establecer una relación entre la teología que se le había enseñado y las crudas realidades de su tiempo. Algunas nuevas lecturas le convencieron de la necesidad de recuperar la dimensión escatológica de la fe cristiana. Conversando con su íntimo amigo Eduard Thurneysen llegó a la convicción de que era necesario revisar buena parte de la teología que había aprendido.

El primer resultado de esa revisión fue su *Comentario a Romanos*, escrito originalmente para un pequeño círculo de amigos, pero por fin publicado en el 1919. Lo que Barth proponía en esta obra, particularmente en su edición revisada, era una teología que no se basara en la continuidad entre lo humano y lo divino, sino en su discontinuidad.

Se le ha dado a la corriente teológica que Barth fundó al nombre de «teología dialéctica», aunque al usar este término debemos estar bien conscientes de que se refiere a una dialéctica que se parece más a la de Kierkegaard que a la de Hegel. Especialmente en sus primeros años, la teología de Barth y la de sus compañeros también recibió el nombre de «teología de la crisis», en el sentido de que subrayaba la crisis de la humanidad cuando se enfrenta a Dios. Por último, y especialmente después de que rompiera con el existencialismo, muchos le han dado a esta nueva tendencia el nombre de «neoortodoxia», porque trataba de recobrar buena parte de las enseñanzas cristianas tradicionales que los principales teólogos del siglo XIX habían abandonado.

Pronto Barth descubrió que había otros que concordaban con buena parte de su crítica a la teología liberal. Su amigo Thurneysen, el teólogo luterano Friedrich Gogarten (1887-1967) y otros más se unieron para fundar en 1922 la revista teológica *Zwischen den Zeiten —Entre los tiempos—* que pronto vino a ser una de las publicaciones teológicas más influyentes de su tiempo. Uno de los frecuentes colaboradores de esa revista, aunque no se contaba entre sus fundadores, era el teólogo reformado Emil Brunner (1889-1966), profesor en Zúrich. En aquellos primeros años también se

402   Historia abreviada del pensamiento cristiano

consideraba al erudito bíblico Rudolf Bultmann (1884-1976) como uno de los líderes de la nueva «teología dialéctica».

Empero, el propio Barth estaba sacando consecuencias de sus primeras aseveraciones que pronto le llevarían a romper con la mayoría de estos primeros colaboradores. Esto era el resultado de su creciente convicción de que la Palabra de Dios tiene un contenido. No se trata únicamente de un encuentro. Hay también un «logos», una racionalidad, de tal modo que la Palabra nos lleva a su propia comprensión. Esto quería decir por una parte que la filosofía existencialista, con su énfasis sobre el momento, tenía que ser abandonada; y, por otra parte, que la teología podía y debía buscar el modo de entender la Palabra de Dios, y de elucidar su significado, no a base del existencialismo o de cualquier otra filosofía, sino a base de la «lógica de la fe». En 1927 Barth había publicado el primer volumen de la que pensó sería su gran obra sistemática, la *Dogmática cristiana*. Pero el nuevo énfasis en su teología le convenció de que debía moverse más en la dirección de la «lógica de la fe». Por ello abandonó el proyecto de la *Dogmática cristiana* y publicó el primer volumen de su nuevo intento, la *Dogmática eclesiástica*. Este nuevo título indicaba tanto su ruptura con el existencialismo como su creciente énfasis sobre el papel de la iglesia en la tarea teológica.

La próxima ruptura tendría lugar con Brunner, y en cierta medida no sería sino el resultado de la misma dirección en que Barth se movía. Con el correr del tiempo, Barth llegó a la convicción de que la «teología natural» debía ser rechazada. De otro modo, temía que de nuevo se opacara la distancia entre lo divino y lo humano, entre la razón y la revelación.

Aunque este debate puede dar la impresión de que Barth no hacía sino insistir en su extremismo, se le verá de manera muy diferente si se recuerda que era la época en que surgía el Tercer Reich. Barth estaba profundamente preocupado por la posibilidad de que la facilidad con que los liberales confundían el evangelio con los más altos logros humanos les haría víctimas fáciles de una ideología que pretendía emplear a la iglesia para lograr sus propias metas de supremacía mundial. Estaba convencido de que, a fin de resistir a las tentaciones del nazismo, los cristianos debían tener bien claro que su única fuente de autoridad era la Palabra de Dios, y que todo lo que él llamaba teologías del «y» podía ser empleado para los fines del Reich. Ciertamente, cuando en 1934 un grupo de líderes eclesiásticos alemanes, luteranos tanto como reformados, proclamaron la *Declaración de Barmen*, que vino a ser el centro de cristalización de la «Iglesia confesante», no había duda alguna de que esa declaración derivaba buena parte de su fuerza e inspiración del propio Barth.

Aunque es imposible ofrecer aquí siquiera el bosquejo general del contenido de la *Dogmática* (sus «cuatro volúmenes» son en realidad divisiones que consisten en trece gruesos volúmenes) sí debemos ofrecer aquí al menos algunas de sus características generales.

La primera y más obvia es la vastedad y alcance de la empresa. En una época en que se pensaba que había pasado la edad de las «sumas», Barth produjo un monumento digno de comparación con las mejores obras de la Edad Media o de los escolásticos protestantes.

En segundo lugar, la obra tiene una coherencia notable. Ciertamente, de un volumen a otro hay cambios de énfasis y cierto desarrollo en el pensamiento. En particular, Barth poco a poco suavizó algo de su énfasis en la «otredad» radical de Dios. A pesar de ello, una vez que Barth hubo empezado su *Dogmática* por segunda vez, las líneas fundamentales de su teología estaban lo suficientemente fijas como para que pudiera continuar escribiendo por espacio de más de tres décadas permaneciendo fiel a lo que había dicho al principio.

Por último, la obra es notable por su «concentración cristológica». Aunque cada uno de sus volúmenes trata sobre un tema diferente, en último análisis todos tratan de la revelación de Dios en Jesucristo. Más bien que peldaños sucesivos en una escalera, son como una serie de estudios detallados del mismo tema desde ángulos diversos.

Esta concentración cristológica es parte de la esencia misma del método de Barth, pero la grandeza de su logro teológico yace no sencillamente en el método y en la forma del todo, sino también en el modo en que de ese modo logró reintegrar y arrojar nueva luz sobre todos los grandes temas principales de la ortodoxia clásica. No es sin razón que su impacto sobre la teología se ha comparado al de Einstein sobre la física.

Este impacto es tal que resulta difícil exagerarlo. Su teología le dio ímpetu no solo a la Iglesia confesante en Alemania, sino también al movimiento ecuménico que tomaba forma por ese entonces. Cuando, poco después de la guerra, se organizó el Consejo Mundial de Iglesias (1948), muchos de sus dirigentes habían sido profundamente influidos por la teología de Barth. Lo mismo era cierto de la Federación Mundial de Estudiantes Cristianos, que produjo buena parte de los dirigentes de la siguiente generación, tanto para el movimiento ecuménico como para las iglesias a través de todo el mundo. Entre los dirigentes protestantes del Tercer Mundo no hubo teología de mayor influencia que la de Karl Barth; influencia que todavía puede verse en buena parte de la teología protestante del Tercer Mundo.

Barth desarrolló una teología que iba más allá de las estrecheces de la ortodoxia sin por ello abandonar ninguno de sus temas tradicionales. De igual modo, su teología evitaba la flexibilidad extrema del liberalismo sin por ello rechazar los logros de los estudios históricos, de la crítica bíblica y otros movimientos modernos. Esto llevó a la recuperación de buena parte de la herencia del período patrístico y de la Reforma, y también tuvo por resultado que Barth fuese ampliamente leído y respetado por los teólogos católicos contemporáneos, y que su impacto pudiera verse en buena parte del pensamiento católico moderno.

Rudolf Bultmann y la desmitologización

Temprano en el siglo XX, Rudolf Bultmann se hizo famoso por sus estudios bíblicos, especialmente en lo que los eruditos bíblicos llaman «crítica de las formas». Sin embargo, estaba particularmente interesado en interpretar el mensaje del Nuevo Testamento de tal modo que pudiese ser comprendido y recibido por sus contemporáneos.

Según Bultmann, los modernos no pueden ya aceptar el marco mitológico del Nuevo Testamento. Ya no vivimos en un universo en tres pisos, habitado por espíritus. Ya no creemos en los milagros, sino que estamos convencidos de que todos los acontecimientos pueden explicarse mediante causas naturales. El Nuevo Testamento se refiere a un «Espíritu» y a sacramentos que no tienen sentido alguno para nosotros. La teoría de que la muerte es castigo por el pecado se opone a todo el pensamiento moderno. La idea de que somos salvos a través de la muerte de Jesús se opone a nuestro más alto sentido moral. Y también la idea de la resurrección física de Jesús está llena de dificultades.

Todo esto hace que el *kerygma* no sea creíble por parte de los modernos, quienes están convencidos de que la visión mitológica del mundo es obsoleta. Para ellos, el mundo no es una realidad «abierta», sujeta a misteriosas intervenciones sobrenaturales, sino que es por el contrario una entidad «cerrada» en la que todo tiene lugar a causa de una serie ininterrumpida de causas y efectos. Naturalmente, la fuerza de la voluntad por encima de la mente puede llevar a algunos a aceptar y creer lo que racionalmente no es aceptable. Cuando esto sucede, el creyente se esconde tras ese asentimiento, y por lo tanto evita el encuentro existencial con el verdadero mensaje del Nuevo Testamento. Al desproveernos de tal subterfugio, Bultmann esperaba forzarnos a un encuentro directo con el Señor del Nuevo Testamento. Esto requiere un proceso de *desmitologización* que se deshaga de lo mítico en el Nuevo Testamento y nos deje al descubierto su mensaje existencial.

Cuando lo leemos existencialmente, vemos que la vida aparte de la fe es lo que el Nuevo Testamento llama «según la carne». Esto se refiere a la vida que se basa en la confianza en las cosas que nos rodean, en lo perecedero y en nosotros mismos. Quienes viven «según la carne» se preocupan por sí mismos, por su propia seguridad, y son presa de la ansiedad.

Por otra parte, hay la vida «auténtica», la vida que se basa en las realidades invisibles. Esto requiere abandonar toda seguridad que se base en nosotros mismos. Esto es lo que el Nuevo Testamento llama vida «en el Espíritu», o «en la fe». En tal vida auténtica uno confía plenamente en la gracia de Dios, que significa el perdón de los pecados. Ya no tenemos que buscar nuestra propia seguridad. Ya no tenemos que confiar en el mundo de la realidad «objetiva». Ya no somos presa de la angustia y la ansiedad. Es a esto que Pablo se refiere cuando habla de «morir al mundo», o de ser «nuevas criaturas en Cristo». Y es también esto lo que el existencialista llama una vida «auténtica».

Otras corrientes en la teología protestante europea

Por las mismas décadas en que Barth y sus compañeros en la revista *Zwischen den Zeiten* trataban de aclarar la naturaleza de la tarea teológica, tenían lugar en Suecia otros acontecimientos importantes, relativamente independientes de la obra de Barth. La teología que allí surgió, llamada comúnmente «escuela lundense», tenía profundas raíces en el estudio de la historia de las doctrinas. A partir de esa base, y en parte gracias a sus estudios históricos, los lundenses tomaron la vanguardia en la tarea de reinterpretar a Lutero y de redescubrir a Ireneo.

Dos obras famosas pueden servirnos de ejemplo del trabajo de la escuela lundense: *Ágape y Eros*, publicada por Anders Nygren en 1930 y en 1936, y *Christus Victor*, publicada por Gustaf Aulén en 1930. En *Ágape y Eros*, Nygren compara estos dos términos griegos, ambos normalmente traducidos como «amor», y sostiene que representan dos modos distintos de entender la vida y la salvación, que a través de la historia cristiana se les ha confundido, y que la Reforma —y particularmente la teología de Lutero— era un intento de redescubrir el carácter único del *ágape*.

El *Christus Victor* de Aulén es una investigación de la obra salvífica de Cristo. Lo que Cristo hace no es tanto pagar (como en Anselmo), ni dar un buen ejemplo (como en Abelardo), sino vencer los poderes del mal. Esto no es una cuestión de mero interés histórico. Se refiere al corazón mismo de la fe, porque estas diversas teorías responden a modos distintos de entender la situación humana y el proceso todo de la salvación. El pecado humano no es sencillamente algo que pueda deshacerse mediante un mero ejemplo o un mero pago. Es la esclavitud humana sometida a los poderes del mal, y solamente puede ser destruido derrotando tales poderes.

La teología lundense es importante por varias razones. Al redescubrir la importancia del tema del mal para entender el mensaje cristiano, esta teología ofrece una respuesta al liberalismo que en muchos modos es paralela y complementa a la de Barth. Con su énfasis en el carácter comunitario, no solo del pecado, sino también de la redención, ha vuelto a subrayar la importancia de la iglesia y abierto el camino a importantes discusiones eclesiológicas. Por último, al descubrir ciertos elementos olvidados tanto en el cristianismo antiguo como en la Reforma, la teología lundense ha contribuido significativamente al movimiento ecuménico.

Dietrich Bonhoeffer (1906-1945) fue probablemente el teólogo alemán más importante de la generación que siguió a la de Barth. Tras una carrera brillante y prometedora como pastor, erudito, maestro y dirigente de la Iglesia confesante, fue ejecutado por la Gestapo unos pocos días antes de que el lugar en que estaba encarcelado fuese liberado por las fuerzas aliadas.

En 1937, en *El costo del discipulado*, acuñó la famosa frase «gracia barata», con lo cual se quejaba del modo en que el principio de Lutero de la *sola gratia*, que para el reformador era la respuesta a una lucha interior intensa, se ha vuelto una doctrina que nos sirve precisamente para evitar esa lucha. Aunque es cierto que solamente quien cree puede ser obediente, también es cierto que solamente quien es obediente cree. En *Sanctorum communio*, Bonhoeffer subrayaba el carácter comunitario de la fe cristiana, y acuñaba la frase famosa que «la iglesia es Cristo existiendo como comunidad». En *Vida en comunidad*, basándose en la experiencia de una escuela clandestina de teología y de carácter semimonástico que había dirigido, Bonhoeffer reflexionaba sobre los valores y la práctica de tal vida en común.

Empero, el mayor impacto lo hizo Bonhoeffer gracias a su énfasis en el valor positivo de un cristianismo «del mundo». Fue en sus *Cartas y papeles desde la prisión*, publicados después que ya había sellado con la muerte su vida de obediencia al evangelio, que Bonhoeffer ofreció sus comentarios más fascinantes sobre este tema; tanto más fascinantes por cuanto son, como es el caso en cualquier correspondencia, fragmentarios, exploratorios y sugestivos más que sistemáticos y completos. En esos apuntes se refería a «un mundo llegado a la mayoría de edad», donde ya no se podría dar por sentado que los seres humanos son religiosos por naturaleza, y proponía un «cristianismo sin religión».

Bonhoeffer nunca tuvo la oportunidad de explicar ampliamente lo que entendía por tal «cristianismo sin religión». Desde mucho antes Barth había subrayado el contraste entre la religión y el cristianismo. Bonhoeffer concordaba con Barth en este punto, pero lo llevaba mucho más lejos, pues para él esto se refería a un cristianismo «secularizado», es decir, un cristianismo que ya no pensaría y actuaría en términos de la esfera de lo «religioso» o de la esfera de la «fe», sino que sería «cristianismo sin religión».

Como era de esperarse, los comentarios de Bonhoeffer sobre un «mundo llegado a la mayoría de edad» y sobre un «cristianismo sin religión» se han interpretado de modos diversos. Pero no es posible poner en dudas el valor positivo que Bonhoeffer veía en el proceso de la secularización.

Ese tema también fue explorado por Wolhart Pannenberg, quien rechazaba la distinción corriente entre la «historia del mundo» y la «historia de la salvación»: *Weltgeschichte* y *Heilsgeschichte*. No existe dimensión alguna con la que la teología pueda trabajar que se encuentre más allá de la historia. Si hemos de tomar la historia seriamente, ha de tener unidad, y toda la historia ha de ser de interés para el teólogo y para el cristiano. De igual modo, tal historia, si ha de tener sentido, ha de tener fin. En esto radica la importancia de la resurrección de Jesús, que es el acontecimiento escatológico mediante el cual es posible discernir el fin, de tal modo que ahora los cristianos podemos afirmar que hay sentido en la historia, y también podemos decir que tenemos una clave acerca de cuál sea ese sentido.

Mientras tanto, se iba desarrollando el diálogo entre marxistas y cristianos. Una figura destacada en las primeras etapas de ese diálogo fue Josef L. Hromádka, cuya perspectiva teológica concordaba con la de Barth en muchos puntos. Como europeo oriental, veía la cara oscura de la civilización occidental con mucha mayor claridad que la mayoría de los teólogos occidentales.

A base de la encarnación, Hromádka estaba convencido de que el mejor modo de entender lo que es ser verdaderamente humano es mirar hacia la Palabra de Dios en Cristo. Esto no quiere decir, sin embargo, que los cristianos deban interesarse únicamente por lo «religioso» en el sentido tradicional, puesto que creer en Jesucristo involucra inmediatamente al creyente en el mundo al cual Dios vino.

El propósito o meta de este mundo que Dios ha creado es el reino. Por tanto, la tarea de los cristianos, sea en Oriente o en Occidente, es colaborar con aquellas fuerzas e individuos en la sociedad que buscan los propósitos de la paz y la justicia. En particular, esto requiere que se trabaje en pro de los oprimidos, los hambrientos o aquellos a quienes se les niega su dignidad humana de cualquier otro modo. En cuanto al ateísmo marxista, Hromádka afirma que se ha de ver en él algo negativo a la vez que algo positivo. Del lado negativo, tal ateísmo lleva a una interpretación del mundo, de la humanidad y de la historia que es harto superficial y que a la postre no tiene sentido. Empero, del lado positivo, los cristianos han de recordar que el Dios cuya existencia los marxistas niegan no es el Dios cristiano. Se trata más bien de un dios como los ídolos a quienes los profetas de la Biblia ya atacaron.

Probablemente el teólogo alemán de mayor impacto a fines de siglo fue Jürgen Moltmann, quien ha mantenido un vivo diálogo con los teólogos latinoamericanos de la liberación. Durante la Segunda Guerra Mundial fue capturado por los ingleses y comenzó a estudiar teología mientras era prisionero de guerra. Más tarde recibió el impacto de la mayor parte de los teólogos que acabamos de mencionar; en particular, de Barth. En su libro *Teología de la esperanza*, publicado en el 1965, trataba de recobrar el carácter central de la escatología para la fe cristiana, y al mismo tiempo demostrar que la escatología era más que «la doctrina de las últimas cosas». Al contrario, la escatología es tanto lo que la iglesia espera como la esperanza por la que la iglesia vive. Puesto que en el corazón mismo de la escatología cristiana se encuentra la esperanza y promesa del reino, una fe escatológica ha de ser necesariamente política. Hablar de un evangelio no político es necedad y contradicción.

La teología protestante en los Estados Unidos

Al repasar el curso de la teología en los Estados Unidos, y más particularmente la vida misma de las iglesias, de inmediato se nota hasta qué punto los Estados Unidos han permanecido aislados de muchos de los cambios drásticos del siglo XX. Aunque en ningún lugar influyen tanto los cambios tecnológicos como en los Estados Unidos, los grandes cataclismos políticos, económicos y sociales del siglo escasamente han turbado la superficie de las aguas en ese país. Aunque los Estados Unidos participaron en ambas guerras mundiales, la consecuencia inmediata en ambos casos fue un sentido de victoria y de euforia, un optimismo que contrastaba señaladamente con el ambiente que reinaba en Europa. Por esas razones Barth y su escuela no tuvieron sobre los Estados Unidos el mismo impacto inmediato que sobre Europa, o aun entre los teólogos y dirigentes eclesiásticos del Tercer Mundo. Fue solamente tras sufrir los efectos devastadores de la depresión económica que los círculos eclesiásticos norteamericanos comenzaron a mostrarse dispuestos a escuchar lo que Barth decía en su obra *Palabra de Dios y palabra humana*, que había sido recientemente traducida al inglés. Aparte de la traducción directa de las obras de Barth y Brunner, la nueva teología se manifestó especialmente en las obras de los dos hermanos Niebuhr, Reinhold (1892-1971) y H. Richard (1894-1962).

Antes de unirse al cuerpo docente del Union Theological Seminary, en Nueva York, Reinhold Niebuhr había sido pastor en Detroit, donde el sufrimiento de las clases obreras, y su deshumanización tanto por la mecanización como por las estructuras sociales y económicas, le tornaron hacia la crítica marxista del capitalismo. Aunque no se hizo marxista, sí se convenció de que Marx tenía razón en mucho de lo que decía sobre el funcionamiento interno del capitalismo, y que por tanto los cristianos debían rechazar la fácil ecuación entre el capitalismo liberal demócrata y un orden económico justo. También se convenció de que las sociedades actúan de modos que contrastan con los principios y acciones de sus miembros individuales. Tal fue la tesis de su libro *El individuo moral y la sociedad inmoral*, donde exploraba la profundidad del pecado humano y cómo funciona, no solamente en los individuos, sino también de modo exacerbado en las sociedades. Más tarde, en *La naturaleza y el destino humanos*, continuó trabajando sobre este tema.

Mientras tanto, su hermano H. Richard trabajaba sobre un análisis sociológico y teológico de la vida religiosa norteamericana. En *Las fuentes sociales del denominacionalismo* acusaba a las iglesias de haberse rendido ante los dioses de la clase social y del interés propio. Según él, lo que había sucedido en el denominacionalismo era que el cristianismo había capitulado, no llevando ya la vanguardia, sino dejándose amoldar por «las fuerzas sociales de la vida nacional y económica». Cuando tal sucede, la iglesia tiene muy poca esperanza que ofrecer al mundo, porque pierde su carácter profético.

Cuando el nazismo comenzó a avanzar en Alemania, Reinhold Niebuhr dio los pasos necesarios para llevar a Paul Tillich (1886-1965) a los Estados Unidos, donde pasó el resto de su carrera como profesor en el Union Theological Seminary. Es probable que Niebuhr tuviera la esperanza de que su nuevo colega en Union, bien conocido en Alemania por su posición socialista, le ayudara en la tarea de criticar las estructuras económicas y sociales norteamericanas. Empero, tal no fue el caso, porque el interés de Tillich en la psicología moderna, así como en el existencialismo y las religiones orientales, pronto eclipsó su interés en la economía y en el orden social.

A diferencia de Barth, Tillich pensaba que la tarea de la teología era ante todo apologética, y que a fin de llevarla a cabo debía basarse en la filosofía. Por esa razón proponía el «método de correlación», que esencialmente consistía en analizar las preguntas existenciales que la vida lleva a las gentes a plantearse, y luego contestarlas en términos del evangelio.

Mientras Tillich vivió, su teología fue muy influyente, especialmente en los Estados Unidos. Empero, en años recientes esa influencia ha decaído, en parte porque la teología norteamericana en los últimos años no puede describirse sino en términos de una gran variedad de esfuerzos en direcciones divergentes. Ha habido intentos de desarrollar una teología a base de la filosofía del proceso, siguiendo la pauta trazada antes por Charles Hartshorne. Tal es la obra de John B. Cobb, quien afirma que a base de la filosofía del proceso es posible desarrollar una nueva teología natural, y que tal teología es necesaria si la fe ha de relacionarse activamente con la vida contemporánea. El tema de la secularización y su valor positivo ha sido tomado por varios teólogos, quienes sin embargo siguen direcciones diversas. Los teólogos negros y feministas también están haciendo una contribución señalada a la vida toda de la iglesia; aunque en realidad tales teologías se pueden entender mejor dentro del contexto de las nuevas teologías que van surgiendo en el Tercer Mundo.

Por último, hay que señalar que posiblemente el acontecimiento teológico de más importancia en los Estados Unidos en años recientes haya sido el abismo creciente, aun entre conservadores, entre una nueva teología conservadora que es radicalmente anticomunista —a veces hasta el punto de que se aproxima al fascismo— y que cree que la principal tarea de la iglesia es fortalecer la posición de los Estados Unidos entre las naciones del mundo, y otra teología que, haciéndose eco de algunas de las afirmaciones de la *Declaración de Barmen*, y siguiendo frecuentemente la pauta de otras teologías conservadoras en el resto del mundo, afirma la absoluta autoridad de Cristo sobre toda la vida, y trata de colocar la vida y las políticas norteamericanas bajo el juicio de ese señorío.

Nuevas direcciones en la teología católica

Cuando por última vez discutimos la teología católica romana, en el capítulo veintinueve, vimos que, durante el siglo XIX, frente a los diversos retos del mundo moderno, la tendencia general de esa teología fue la de una reacción conservadora. Durante la primera mitad del siglo XX el papado siguió la misma política, aunque ahora es posible ver algunas tendencias que ya en aquel tiempo iban abriendo el camino hacia la mayor apertura del Segundo Concilio Vaticano.

La corriente dominante durante la primera parte del siglo fue el neo-tomismo de teólogos filosóficos tales como Jacques Maritain (1882-1973) y Étienne Gilson (1884-1978). Empero, ya para la década de 1930 había otras señales de desasosiego y de renovación teológica. La ciencias his-tóricas y exegéticas, que por entonces avanzaban rápidamente entre los protestantes, también se abrieron camino entre los teólogos católicos. Ya para 1946, la «nueva teología» era tema de controversia. El teólogo R. Garrigou-Labrange acusó a la «nueva teología» de capitular ante las ideas del progreso y de la evolución, tomadas del mundo moderno. Por algún tiempo el debate tomó la forma de un conflicto entre los jesuitas y los dominicos, que eran más conservadores. El resultado fue que varios de los «nuevos teólogos» fueron silenciados, y la promulgación de la enci-clica *Humani géneris* en 1950, en la que se reiteraba la condenación del modernismo y se advertía contra toda innovación en teología. Ese mismo año de 1950 el papa Pío XII promulgó el dogma de la asunción de María, con lo cual aumentó la distancia entre católicos y protestantes.

Entre los teólogos silenciados durante ese período el más original fue Pierre Teilhard de Chardin. Su teología era apologética en el sentido amplio de que trataba de mostrar la validez del cristianismo al mundo científico. Pero iba más allá de la apologética tradicional por cuanto también buscaba un nuevo modo de entender el cristianismo, y Teilhard estaba convencido de que la ciencia moderna tenía una contribución importante que hacer en este sentido. Según Teilhard, en la base misma del pensamiento moderno se encuentra el principio de la evolución, con el cual él concordaba entusiastamente. Difería sin embargo del modo en que Darwin entendía ese principio como la supervivencia de los más aptos. Frente a esto, Teilhard proponía que la evolución cósmica sigue «la ley de la complejidad y la conciencia», según la cual toda la realidad va evolucionando hacia una complejidad cada vez mayor y un mayor grado de conciencia.

La meta de este movimiento es el «punto omega», que no es otro que Jesucristo. Jesucristo es el *homo futurus*, la meta misma de la evolución, porque el fin de todo es la comunión con Dios, y en Jesús esa comunión ha llegado a su grado más excelso. La iglesia, como cuerpo de Cristo, la comunidad gobernada por la mente de Cristo, está llamada a un papel central en este proceso.

El hecho de que no se le permitió a Teilhard publicar sus obras mientras vivió, y que en los primeros años tras su muerte era visto con suspicacia por las autoridades eclesiásticas, ha demorado su impacto, de modo que vino a ser un contemporáneo y una luz conductora para muchos teólogos y filósofos que comenzaban a descubrir su pensamiento diez años después de su muerte.

Sin embargo, el gran maestro y sistematizador de la teología católica en el siglo XX fue Karl Rahner (1904-1984). Al mismo tiempo que fue estrictamente ortodoxo, insistía sobre la necesidad de que cada generación comprendiera de nuevo la verdad que se encuentra tras las fórmulas de la ortodoxia. Fue así que logró combinar una ortodoxia impecable con un espíritu creador sorprendente. Sería difícil encontrar un tema teológico tradicional que Rahner no examinara, discutiera, reinterpretara y revitalizara. Un tema determinante que se encuentra en todos sus escritos es el misterio. El misterio hace que el teólogo se encuentre sobrecogido ante el tema de que trata. Pero el misterio, lejos de ser una excusa para la pereza intelectual o para un oscurantismo fideísta, es un llamado al entusiasmo y a la reflexión.

Puesto que la obra de Rahner es demasiado vasta para resumirla aquí, centraremos nuestra atención en dos temas que son de importancia singular. El primero es la cristología de Rahner. Al tiempo que concuerda con la Definición de Calcedonia, Rahner afirma que esa definición frecuentemente se ha interpretado de una manera monofisita o casi docética, como si de algún modo la encarnación disminuyera o redujera la verdadera humanidad de Jesús. Esto es importante para Rahner, porque la antropología cristiana debe basarse en lo que vemos en Jesús, quien manifiesta lo que es ser verdadera y completamente humano. La encarnación no es solamente la respuesta de Dios al pecado humano, sino que es la meta misma de la creación, la razón de la existencia humana. Tal existencia solamente es posible porque Dios ha querido ser humano.

Otro tema de gran importancia en la teología de Rahner es el modo en que entiende la catolicidad de la iglesia. Mientras la mayoría de los teólogos en su derredor entendían esa catolicidad en términos de uniformidad, Rahner la entendía en términos de encarnación en las diversas situaciones que se dan en el mundo. Luego, mientras otros veían en el uso del latín una señal de la catolicidad, Rahner apoyaba el uso del vernáculo como señal de esa forma de catolicidad que se manifiesta en el hecho de que la iglesia está verdaderamente presente —es decir, encarnacionalmente presente— en todas partes del mundo. También, mientras otros insistían en el poder y la autoridad centralizada del papa como garantía de esa catolicidad, Rahner desarrollaba el tema de la colegialidad de todo el episcopado, no como límite a la autoridad papal, sino más bien como otra marca de la verdadera catolicidad de la iglesia. Como es bien sabido, ambos temas fueron tomados y apoyados por el Segundo Concilio Vaticano, y han hecho un fuerte impacto en la vida de los católicos en todo el mundo.

Luego, mientras la jerarquía de la iglesia continuaba tratando de aplastar prácticamente todo esfuerzo que tratara de relacionar el cristianismo de manera positiva con el mundo moderno, iba surgiendo toda una gama de teólogos cuya obra llegaría a su fruición en el acontecimiento más importante de toda la vida católica en el siglo XX, el Segundo Concilio Vaticano, que comenzó sus sesiones en 1962.

Desde los mismos inicios del concilio resultó claro que lo que estaba en juego era la dirección que tomaría la vida toda de la iglesia por lo menos durante el resto del siglo, especialmente en lo que se refiere a su relación con el mundo moderno. Mientras la Comisión Teológica que preparó los documentos que el concilio debería discutir estaba bajo el dominio de los elementos conservadores, el papa y el concilio mismo veían las cosas de otro modo.

Tras largos debates y conflictos, el concilio promulgó documentos importantes sobre la reforma litúrgica —lo cual incluía la autorización para que se celebrase la misa en el idioma vernáculo, y la invitación a que las conferencias episcopales de diversas regiones del mundo adaptaran la liturgia según las necesidades de cada cultura—, sobre la libertad religiosa y la tolerancia —con lo cual el concilio completamente revocó el *Sílabo de errores* de Pío IX—, sobre el ecumenismo, sobre las iglesias orientales, sobre las órdenes religiosas, sobre las religiones no cristianas, y una multitud de otros temas. Empero, el documento que más claramente expresa el nuevo tono de la iglesia es la *Constitución pastoral sobre la iglesia en el mundo moderno*, conocida también por sus palabras iniciales, *Gaudium et spes*. Este documento, que ni siquiera se encontraba en la lista de temas presentados originalmente por las comisiones preparatorias, trata sobre los cambios que han tenido lugar en generaciones recientes y ve en ellos mucho que merece el apoyo de los cristianos.

Esto marcó la tesitura teológica del catolicismo durante la segunda mitad del siglo XX y los albores del XXI. Aun cuando en ocasiones pareció que el impacto del concilio se amortiguaba por papas tales como Paulo VI, Juan Pablo II y Benedicto XVI, la elección de un papa del Tercer Mundo que tomó el nombre de Francisco, y las primeras actuaciones de ese papa, mostraban que las acciones del concilio en busca de una mayor apertura hacia el mundo moderno no habían sido en vano. Todo esto le dio al catolicismo romano del siglo XXI una enorme creatividad y variedad teológica.

Las teologías del Tercer Mundo

Quizá el acontecimiento más importante en la teología de los siglos XX y XXI sea el desarrollo de las teologías del Tercer Mundo. Nos referimos al trabajo teológico —tanto católico como protestante, y frecuentemente ecuménico— de quienes, debido a su tradicional carencia de poder, normalmente no se han encontrado en el centro mismo del diálogo teológico. Por tanto, esto incluye las teologías del Tercer Mundo, así como otras teologías que han aparecido dentro del mundo «desarrollado» pero que expresan las experiencias, aspiraciones y perspectivas de las mujeres y de las minorías oprimidas.

Una de las primeras expresiones de este tipo de teología surgió en los Estados Unidos, en el seno del movimiento negro en pro de los derechos civiles, y particularmente en los sermones y escritos de Martín Luther King, Jr. Aunque los dones de King como orador y adalid, así como su valor personal, han sido frecuentemente reconocidos, también debe vérsele como un teólogo importante. Aunque doctor en teología por la Universidad de Boston, su propia teología tenía raíces profundas en la tradición de la iglesia negra, con su énfasis sobre el Éxodo y su esperanza escatológica radical. Por tanto, en los escritos de King puede ya encontrarse buena parte de lo que después recibió el nombre de «teología negra».

Por la misma época, el movimiento feminista iba ganando nuevo impulso, en parte como resultado de la Segunda Guerra Mundial. Primero en el Atlántico Norte y luego a través de todo el mundo, las mujeres comenzaron a insistir en su derecho de ser vistas y tratadas como partícipes plenos en la aventura humana. En el campo de la teología las mujeres hicieron contribuciones importantes hacia un nuevo entendimiento de la fe cristiana que incluía la experiencia y los intereses de las mujeres.

Por último, en los países que reciben comúnmente el título de «Tercer Mundo» también surgían nuevas teologías. En diferentes áreas tales teologías tomaron diversas direcciones. En Asia y algunas regiones de África, aunque la justicia social es siempre tema importante, el tema central ha sido la relación entre el cristianismo y las tradiciones culturales de cada nación. En Sudáfrica la teología ha tratado principalmente sobre el tema del *apartheid* y la reconciliación. En América Latina el tema más urgente ha sido la justicia social y económica, y varios teólogos han tratado de entender el carácter de la opresión existente a base de métodos de análisis desarrollados inicialmente por Marx y sus seguidores.

Aunque estas teologías difieren grandemente entre sí, tienen varias características en común. La mayoría de ellas rechaza el liberalismo clásico, que no les parece ser sino el reflejo de un momento particular dentro de un contexto cultural y social muy limitado. En contraste con el liberalismo, muchas de estas teologías tratan de basarse en la Palabra de Dios. Entre los protestantes, la influencia de Barth puede verse claramente en este punto. También hay en varias de las teologías del Tercer Mundo un fuerte elemento escatológico, y en este punto los trabajos de Teilhard de Chardin y de Jürgen Moltmann han sido de especial importancia. En tercer lugar, la mayoría de estas teologías toman la encarnación en su sentido más radical. Esto quiere decir no solo que ven en Jesucristo el corazón de la fe cristiana, sino también que a partir de la doctrina de la encarnación tratan de desarrollar su interpretación del modo en que Dios actúa en el mundo, de la unidad de la historia humana —es decir, que no hay dicotomía entre la «historia mundial» y la «historia de la salvación»— y de la colaboración entre los cristianos y los que no lo son en el campo de la política y en otras actividades sociales. En cuarto lugar, hay un fuerte énfasis ecuménico en estas teologías. La mayoría de ellas o bien trata de sobreponerse o bien sencillamente se desentiende de los temas que tradicionalmente han dividido al cristianismo occidental. Por último, mientras cada una de estas teologías trabaja de manera muy específica sobre sus intereses concretos —la justicia social, el cristianismo y la cultura, los derechos de la mujer, etc.—, normalmente van más allá del mero intento de relacionar la teología tradicional con esos intereses. Lo que tratan de hacer es más bien reconstruir toda la teología de tal modo que esos intereses se reflejen a cada paso. En esto difieren de los intentos anteriores de «aplicar» la teología a los diversos problemas humanos, y ven esos problemas más bien como retos y llamados a una nueva investigación teológica.

Aunque frecuentemente se les critica por ser limitadas en sus perspectivas, estas teologías responden señalando que la teología supuestamente tradicional es igualmente limitada, por cuanto en ella lo que se refleja no son sino las condiciones y las perspectivas del Atlántico Norte, y que la razón por la que tal limitación no se ve es precisamente el modo en que el Atlántico Norte tradicionalmente ha dominado la actividad teológica. En todo caso, mientras se escriben estas líneas va aumentado el diálogo entre estas diversas teologías, así como entre ellas y su contraparte más tradicional del Atlántico Norte.

XXXII
Una palabra final

Al llegar al final de nuestra historia —que en realidad no es el fin, sino un jalón más en una historia que continúa— lo primero que debemos señalar en nuestros días es una reducción en la base del poder político de la iglesia. La Revolución Rusa y sus repercusiones en Europa oriental, el lejano Oriente, América Latina y otros lugares han tenido por consecuencia que ahora, mucho más que en cualquier otro momento a partir del siglo IV, la teología ha de hacerse desde una postura de debilidad política. Lo mismo puede decirse acerca del surgimiento y crecimiento del estado secular liberal, cuyos orígenes vimos ya en el siglo XIX. En Francia, Polonia y América Latina se ve cada vez con mayor claridad que buena parte de la mejor teología se escribe precisamente como respuesta a este reto, y aceptando la nueva situación.

En segundo lugar, y en parte como resultado de lo anterior, el alcance de la teología se ha reducido porque en muchos casos su audiencia también se ha reducido. La teología no es ya «la reina de las ciencias», y los teólogos son los primeros en declarar que nunca debió haberlo sido. Los teólogos se dirigen principalmente a la iglesia, o a aquellos que se encuentran en sus mismas fronteras, y a quienes la teología llama a la fe. Empero, en el foro de la humanidad la voz de los teólogos apenas se hace oír. El punto en que el resto del mundo a veces escucha a los teólogos con interés —o por lo menos con curiosidad— es en lo que se refiere a sus pronunciamientos sobre la justicia social y sobre temas relacionados con ella tales como la violencia, la revolución, etc.

Por otra parte, empero, también ha habido una gran expansión en el alcance de la teología. Esa expansión ha sido geográfica, confesional y sociológica. La expansión geográfica de la teología puede a la postre resultar el acontecimiento más importante en la teología del siglo XXI. Ya la teología no es ocupación exclusiva del Atlántico Norte. Las llamadas «iglesias jóvenes» de Asia, África y América Latina son importantes partícipes en la tarea teológica. Esto tendrá importantes repercusiones por varias razones. Naturalmente, ayudará a contrarrestar el provincialismo estrecho, y hasta nacionalista, que tan frecuentemente ha tentado a los teólogos en el pasado. También planteará la cuestión de la relación del cristianismo y la cultura de un modo radical en que no se ha hecho desde los primeros siglos de la historia del cristianismo. Todo el desarrollo del pensamiento cristiano ha tenido lugar hasta ahora dentro del contexto del trasfondo filosófico griego, y por lo tanto la pregunta radical que las iglesias jóvenes plantearán, y que tendrá consecuencias enormes para la teología cristiana, será si otras perspectivas filosóficas y culturales pueden verse como una *praeparatio evangélica,* de igual modo que los antiguos escritores cristianos vieron tal *praeparatio* en la cultura en que nacieron. Comparadas con esto, las preguntas planteadas por la teología occidental en los siglos XVI y XIX parecen ser de menor importancia. Y el impacto que esto puede tener en la teología del futuro bien puede aumentar debido a que, en términos numéricos, el centro del cristianismo no se encuentra ya en el Atlántico Norte.

La teología también se ha ampliado en términos confesionales. Hasta este punto ha sido posible narrar el desarrollo de la teología cristiana siguiendo líneas confesionales. Tal situación cambió en el siglo XX, y sigue cambiando. Un historiador dentro de cien años no podrá escribir un capítulo sobre la «Teología reformada en el siglo XX» sin tener en cuenta el catolicismo romano, el luteranismo, etc. La clara distinción entre las diversas tradiciones que fue posible antes ya no lo es. Y esto afectará no solo lo que se diga de nuestro siglo, sino también el modo en que se escriba toda la historia de la teología cristiana.

También es necesario señalar que uno de los fenómenos más notables en la historia del cristianismo tuvo lugar en los siglos XX y XXI, con el movimiento pentecostal. Al tiempo que el pentecostalismo va tomando las características de una familia confesional, su impacto se va viendo en toda otra tradición confesional. Una consecuencia de esto es el renovado interés en el Espíritu Santo y en la escatología. Y, aunque muchos ven un distanciamiento y hasta enemistad entre el despertar pentecostal y las varias teologías que abogan por la liberación social y política, ambas coinciden en su énfasis en la esperanza como elemento fundamental en la fe cristiana.

Por último, lo que he llamado «expansión sociológica» de la teología implica dos cosas. Implica, en primer lugar, una expansión en cuanto al contenido mismo de la teología, de modo que ahora incluye el tema crucial de la actitud de los cristianos en la lucha en pro de la justicia social.

E incluye, en segundo lugar, una expansión sociológica en el sentido de que grupos que hasta hace poco estaban excluidos de los círculos teológicos van haciendo oír su voz.

Si todo esto es cierto, parece que nos abocamos a un período de creatividad teológica sin precedentes. Pero también podemos afirmar que, aun en medio de la casi increíble complejidad de nuestra escena teológica, que frecuentemente nos deja perplejos, va surgiendo una unidad a través de las barreras de confesión, clase, nacionalidad, raza y sexo. Y que esa creciente unidad bien puede ser señal de que una vez más, como antes de generación en generación, Dios está utilizando a la iglesia para proclamar el mensaje inicial y central de la fe cristiana: que Dios estaba en Cristo reconciliando al mundo consigo.